C++ Kurs

technisch orientiert

von
Professor Dipl.-Ing. Günter Schmitt

4., überarbeitete Auflage

R. Oldenbourg Verlag München Wien 1999

Die Deutsche Bibliothek - CIP-Einheitsaufnahme

C++-Kurs [Medienkombination]: technisch orientiert / von Günter
Schmitt. – München ; Wien : Oldenbourg
  2. Aufl. u.d.T.: C-Kurs
  ISBN 3-486-25046-9
  ISBN 3-486-24318-7 (3. Aufl.)

  Buch. – 4., überarb. Aufl. - 1999

  Diskette. – 4., überarb. Aufl. - 1999
  Auch im Internet unter der Adresse http://www.oldenbourg.de/verlag
  verfügbar

© 1999 R. Oldenbourg Verlag
Rosenheimer Straße 145, D-81671 München
Telefon: (089) 45051-0, Internet: http://www.oldenbourg.de

Lektorat: Margarete Metzger, Birgit Zoglmeier
Herstellung: Rainer Hartl
Umschlagkonzeption: Kraxenberger Kommunikationshaus, München
Gedruckt auf säure- und chlorfreiem Papier
Gesamtherstellung: R. Oldenbourg Graphische Betriebe GmbH, München

Inhaltsverzeichnis

Vorwort zur vierten Auflage

Dieses Buch nennt sich "technisch orientiert". Dies bedeutet, daß es für die Aus- und Fortbildung von Technikern, Ingenieuren und Naturwissenschaftlern bestimmt ist, die hier auch eine Einführung in die digitale Rechentechnik finden. Die Beispiele und Übungsaufgaben orientieren sich an technischen und naturwissenschaftlichen Aufgabenstellungen.

Das Erlernen einer höheren Programmiersprache gehört heute zu den Grundlagen einer technischen und naturwissenschaftlichen Ausbildung, selbst wenn in der Praxis oft mit fertigen Anwendungsprogrammen gearbeitet wird. Die Wahl der Sprache (C, Pascal oder Fortran) und des verwendeten Entwicklungssystems (Turbo usw.) ist dabei von untergeordneter Bedeutung. Gleiches gilt für die oft überschätzte Versionsnummer, die sich von Jahr zu Jahr um 1 erhöht, ohne daß wirklich entscheidende Neuigkeiten dazukämen. Einsteiger sollten sich zunächst mit den grundlegenden Programmstrukturen Verzweigung, Schleife und Funktion sowie mit den Datenstrukturen Zahl, Zeichen, Feld, Text und Datei beschäftigen. Die Abschnitte Sonderfragen enthalten z.T. Sprachelemente, die nicht bei allen Compilerherstellern und in allen Versionen verfügbar sind. Die abschließenden Kapitel über Objektorientierte Programmierung und die Zusammenarbeit mit dem Betriebssystem und der Hardware sind für Fortgeschrittene vorgesehen.

Trotz der gerade geäußerten Unabhängigkeit von Sprache, Compiler und Version mußte für dieses Buch ein geeignetes Entwicklungs- und Übungssystem verwendet werden. Die Beispiele und Übungsaufgaben wurden mit der Turbo C++ Version 4.5 des Herstellers Borland unter dem Betriebssystem DOS getestet.

Die Programme zu diesem Buch sind auch in Datenform erhältlich. Der Leser kann entweder eine Diskette mit den Beispielen und Lösungen bestellen (Bestellkarte am Ende des Buches) oder sich die Datei aus dem Internet holen - zu finden unter "Downloads" auf der Verlagsseite mit der URL `http://www.oldenbourg.de/verlag`.

Die vorliegende vierte Auflage wurde gegenüber den Vorgängern übersichtlicher gestaltet und "entschärft". Der Schwerpunkt liegt auf den Grundlagen und einfachen Strukturen und nicht auf einer besonders eleganten Programmierung, die zu den berüchtigten "kryptischen" C-Ausdrücken führt.

Günter Schmitt

1. Einführung

Dieses Kapitel beschreibt die Grundlagen der digitalen Rechentechnik. Die Verfahren und Schaltungen werden später mit Beispielprogrammen und Übungsaufgaben behandelt. Eilige Leser können dieses Kapitel zunächst überschlagen.

1.1 Die Darstellung von Daten

Daten sind Zahlen (Gehalt in DM), Zeichen (Buchstabe X), digitalisierte Meßwerte (Raumtemperatur) oder Steuersignale (Meldeleitung eines Druckers). Sie werden im Rechner *binär* gespeichert und verarbeitet. Binär bedeutet zweiwertig:

falsch	*oder*	FALSE	*oder*	**0**	*oder*	Low-Potential
wahr	*oder*	TRUE	*oder*	**1**	*oder*	High-Potential

Bei der Ausgabe erscheinen binäre Speicherinhalte normalerweise in einer verkürzten hexadezimalen Darstellung entsprechend *Bild 1-1*.

binäre Darstellung	hexadezimale Darstellungen			dezimale Darstellung
0 0 0 0	0H	$0	0x0	0
0 0 0 1	1H	$1	0x1	1
0 0 1 0	2H	$2	0x2	2
0 0 1 1	3H	$3	0x3	3
0 1 0 0	4H	$4	0x4	4
0 1 0 1	5H	$5	0x5	5
0 1 1 0	6H	$6	0x6	6
0 1 1 1	7H	$7	0x7	7
1 0 0 0	8H	$8	0x8	8
1 0 0 1	9H	$9	0x9	9
1 0 1 0	0AH	$A	0xA	10
1 0 1 1	0BH	$B	0xB	11
1 1 0 0	0CH	$C	0xC	12
1 1 0 1	0DH	$D	0xD	13
1 1 1 0	0EH	$E	0xE	14
1 1 1 1	0FH	$F	0xF	15

Bild 1-1: binäre, hexadezimale und dezimale Darstellung

Ein *Bit* ist eine Speicherstelle, die einen der beiden logischen Zustände 0 oder 1 enthält. Ein *Byte* (8 bit) besteht aus 8 Bits, ein *Wort* (16 bit) aus zwei Bytes und ein *Doppelwort* (32 bit) aus vier Bytes. Weitere Einheiten sind das *Kilobyte* (1024 byte) und das *Mega-byte* (1024 kilobyte). Die klein geschriebenen Bezeichnungen bit, byte usw. sind Maßeinheiten für den Informationsgehalt wie z.B. cm für die Länge; groß geschrieben bezeichnen sie Speicherstellen.

Die Assemblersprache kennzeichnet binäre Speicherinhalte durch ein vorangestelltes Zeichen % oder durch den nachgestellten Buchstaben B. Bei hexadezimalen Inhalten wird das Zeichen \$ vorangestellt oder der Kennbuchstabe H angehängt; vor den Ziffern A bis F muß eine führende Null stehen. In der höheren Programmiersprache C setzt man die Zeichen 0x vor den hexadezimalen Wert. Beispiele:

```
%0000 = 0000B =  0H = $0 = 0x0
%1001 = 1001B =  9H = $9 = 0x9
%1010 = 1010B = 0AH = $A = 0xA
%1111 = 1111B = 0FH = $F = 0xF
```

Für die binäre Speicherung von **Zeichen** verwendet man im Betriebssystem DOS den ASCII-Code, einen auf 8 bit erweiterten Fernschreibcode; Windows arbeitet mit einem ähnlich aufgebauten ANSI-Code. Im Bereich der üblichen Textzeichen sind beide Codes im wesentlichen gleich. Der Anhang zeigt die Codetabellen. Man unterscheidet:
Steuerzeichen wie z.B. 00001101 = 0x0D für den Wagenrücklauf,
Sonderzeichen wie z.B. 00101010 = 0x2A für das Zeichen *,
Ziffern wie z.B. 00110000 = 0x30 für die Ziffer 0,
Buchstaben wie z.B. 01000001 = 0x41 für den Buchstaben A sowie
Umlaute wie z.B. ü als 10000001 = 0x81 (ASCII) 11111100 = 0xFC (ANSI).

Ziffer	0	1	2	3	4	5	6	7	8	9
Code	0000	0001	0010	0011	0100	0101	0110	0111	1000	1001

Bild 1-2: BCD-Code zur Darstellung von Dezimalzahlen

Für die binäre Speicherung von Dezimalzahlen kann der in *Bild 1-2* dargestellte BCD-Code verwendet werden. Er entsteht aus der Zeichencodierung der Ziffern durch Entfernen des linken Halbbytes. Beispiel für die Dezimalzahl 13:
Zeichencode: 00110001 00110011 binär = 0x3133 hexa
    BCD-Code: 0001   0011 binär = 0x13 hexa

Wegen der schnelleren parallelen Rechenwerke arbeitet man jedoch fast ausschließlich nicht im dezimalen, sondern im **dualen Zahlensystem**. Dies ist ein Stellenwertsystem mit den beiden binären Ziffern 0 und 1; die Wertigkeiten der Dualstellen sind Potenzen zur Basis 2. Negative Exponenten ergeben Stellen hinter dem Dualkomma.

$$Z_3 * 2^3 + Z_2 * 2^2 + Z_1 * 2^1 + Z_0 * 2^0 + Z_{-1} * 2^{-1} + Z_{-2} * 2^{-2}$$

Bei der *Umrechnung* einer Dualzahl in eine Dezimalzahl werden die Dualstellen mit ihrer Stellenwertigkeit multipliziert; die Teilprodukte sind zu addieren. Zur Kennzeichnung des Zahlensystems kann man die Basis als tiefergestellten Index hinter die Ziffernfolge setzen. Beispiel:

```
1101,101=1*2³ + 1*2² + 0*2¹ + 1*2⁰ + 1*2⁻¹ + 0*2⁻² + 1*2⁻³
        =1*8 + 1+4 + 0*2 + 1+1 + 1*0,5 + 0*0,25 + 1*0,125
1101,101₂ = 13,625₁₀
```

Bei einer **Dezimal-Dualumwandlung** wird die Dezimalzahl in die dualen Stellenwertigkeiten zerlegt. Das folgende Beispiel verwandelt die Dezimalzahl 13,625 durch Subtrahieren der dualen Stellenwertigkeiten in eine Dualzahl. Stellen vor der höchsten und nach der niedrigsten Wertigkeit sind 0 und werden nicht berücksichtigt.

```
13,625    5,625    1,625    1,625    0,625    0,125    0,125
-8,000   -4,000   -2,000   -1,000   -0,500   -0,250   -0,125
------   ------   ------   -------   -----   ------   ------

 5,625    1,625 negativ!    0,625    0,125 negativ!    0,000 fertig!


=1*8    + 1*4    + 0*2    + 1*1    + 1*½    + 0*¼    + 1*⅛
=1101,101₂
```

Ist der Teiler enthalten, so wird er subtrahiert; und die Dualstelle ist 1. Ist er nicht enthalten, so ist die Dualstelle 0. Ersetzt man die Subtraktionen durch ganzzahlige Divisionen, so ist die Dualstelle gleich dem ganzzahligen Quotienten, das Verfahren ist mit dem ganzzahligen Rest fortzusetzen. Im Rechner werden die Dualzahlen in einer festen Länge als Byte, Wort oder Doppelwort gespeichert und verarbeitet, die Umwandlungsverfahren müssen also auch führende Nullen berücksichtigen.

Das **Teilerverfahren** dividiert die Vorkommastellen einer Dezimalzahl nacheinander durch die dualen Stellenwertigkeiten; bei einer 8-bit-Darstellung im dezimalen Bereich von 0 bis 255 beginnt man mit dem Teiler $2^7 = 128$. Der ganzzahlige Quotient liefert die höchste Dualstelle; der ganzzahlige Rest wird weiter zerlegt. Das folgende Beispiel verwandelt die Dezimalzahl 26 in acht Schritten in eine achtstellige Dualzahl.

```
26 : 128 = 0 Rest 26     26 = 0*128 + 26
26 :  64 = 0 Rest 26        = 0*64  + 26
26 :  32 = 0 Rest 26        = 0*32  + 26
26 :  16 = 1 Rest 10        = 1*16  + 10
10 :   8 = 1 Rest  2        = 1*16  + 1*8 + 2
 2 :   4 = 0 Rest  2        = 1*16  + 1*8 + 0*4 + 2
 2 :   2 = 1 Rest  0        = 1*16  + 1*8 + 0*4 + 1*2 + 0
 0 :   1 = 0 Rest  0        = 1*16  + 1*8 + 0*4 + 1*2 + 0*1 + 0

26 = 0*128 + 0*64 + 0*32 + 1*16 + 1*8 + 0*4 + 1*2 + 0*1
26₁₀ = 00011010₂
```

Das **Divisionsrestverfahren** dividiert die Vorkommastellen der Dezimalzahl durch die Basis des neuen Zahlensystems. Der ganzzahlige Divisionsrest ergibt eine Stelle des neuen Zahlensystems. Das Verfahren wird mit dem ganzzahligen Quotienten fortgesetzt, bis dieser Null ist. Das folgende Beispiel zerlegt die Dezimalzahl 26 in eine Dualzahl (Basis 2) ohne führende Nullen.

```
26 : 2 = 13 Rest 0
13 : 2 =  6 Rest 1
 6 : 2 =  3 Rest 0
 3 : 2 =  1 Rest 1
 1 : 2 =  0 Rest 1
fertig!
          Dualzahl: 1 1 0 1 0   mit führenden Nullen: 00011010₂
```

Dualzahl: 1 1 0 1 0   mit führenden Nullen: 00011010_2

Die folgende Darstellung zeigt, wie die Reste fortlaufend zerlegt werden, so daß geschachtelte Klammern mit dem Faktor 2 entstehen. Multipliziert man in der letzten Zeile die Faktoren 2 wieder in die Klammern hinein, so entstehen Potenzen zur Basis 2.

$$26 = 2*\mathbf{13} + 0$$
$$= 2*(2*6 + 1) + 0$$
$$= 2*(2*(2*3 + 0) + 1) + 0$$
$$= 2*(2*(2*(2*\mathbf{1} + 1) + 0) +1) + 0$$
$$= 2*(2*(2*(2*(2*0 + 1) + 1) + 0) + 1) + 0$$
$$= 0*2^5 + 1*2^4 + 1*2^3 + 0*2^2 + 1*2^1 + 0*2^0$$
$$= 011010_2 \qquad \text{mit führenden Nullen: } 00011010_2$$

Bei der ersten Division entsteht die niedrigste Dualstelle, bei der letzten die höchste. Ist die Speicherlänge vorgegeben, so darf das Verfahren nicht beim Quotienten Null abgebrochen werden, sondern ist entsprechend der Anzahl der Stellen mit führenden Nullen fortzusetzen.

Die Umwandlungsverfahren lassen sich auch auf andere Zahlensysteme anwenden. Das folgende Beispiel zeigt das Divisionsrestverfahren zur Umrechnung in das Hexadezimalsystem, das mit der Basis 16 und den Ziffern 0 bis 9 sowie A bis F für die Reste von 10 bis 15 arbeitet. Das **hexadezimale** Zahlensystem entsteht aus dem dualen durch Zusammenfassen bzw. Ausklammern von jeweils vier Dualstellen.

```
26 : 16 = 1  Rest  10    liefert  16*1 + 10
 1 : 16 = 0  Rest   1    liefert  16*(16*0 + 1) + 10

   Hexadezimalzahl: 1 A  = 1*16¹   + 10*16⁰  = 0x1A
                         = 0001*2⁴ + 1010*2⁰ = 00011010₂
```

$$\text{Hexadezimalzahl: 1 A} = 1*16^1 + 10*16^0 = \text{0x1A}$$
$$= 0001*2^4 + 1010*2^0 = 00011010_2$$

Die Umwandlung der Nachkommastellen wird im Zusammenhang mit der Darstellung reeller Zahlen behandelt. Bei der Darstellung von ganzen Zahlen im Rechner unterscheidet man vorzeichenlose und vorzeichenbehaftete Dualzahlen.

Vorzeichenlose ganze Zahlen werden als natürliche Dualzahlen ohne Vorzeichen gespeichert, die linkeste Stelle hat die höchste Wertigkeit. Bei der Speichereinheit Byte (8 bit) ist dies der Wert 128. *Bild 1-3* zeigt die wichtigsten ganzzahligen Datentypen Byte, Wort und Doppelwort. Der C-Datentyp unsigned char kann sowohl Zeichen (Characters) im 8-bit-Code als auch vorzeichenlose Dualzahlen im Bereich von 0 bis 255 speichern.

Typ	Länge	dezimal	hexadezimal	C-Datentyp
Byte	8 bit	0...255	00....FF	unsigned char
Wort	16 bit	0....65535	0000....FFFF	unsigned int
Doppelwort	32 bit	0....4294967295	00000000....FFFFFFFF	unsigned long

Bild 1-3: Vorzeichenlose (unsigned) duale Datentypen

Bei **vorzeichenbehafteten Dualzahlen** verwendet man aus rechentechnischen Gründen eine Zahlendarstellung, bei der negative Werte durch ihr *Komplement* dargestellt werden, positive Zahlen bleiben unverändert. Zur Beseitigung des negativen Vorzeichens addiert man zur negativen Zahl zunächst einen Verschiebewert, der nur aus den größten Ziffern des Zahlensystems (z.B. 11111111 bei 8 bit) besteht. Da der Verschiebewert nur die Ziffern 1 enthält, läßt sich die duale Subtraktion auf die Fälle 1 - 0 = 1 und 1 - 1 = 0 und damit auf die bitweise Negation zurückführen. Es entsteht das *Einerkomplement*, das rechentechnisch durch einen einfachen Negierer (aus 1 mach 0 und aus 0 mach 1) realisiert wird.

Addiert man einen um 1 größeren Verschiebewert (z.B. 11111111 + 1 = 100000000 bei 8 bit), so entsteht das *Zweierkomplement*, das sich durch Weglassen der linkesten (z.B. 9. Stelle) einfacher korrigieren läßt. Das folgende Beispiel zeigt die Darstellung der Zahl $-26_{10} = -00011010_2$ im Zweierkomplement.

```
Verschiebewert:     1 1 1 1 1 1 1 1    (für Einerkomplement)
negative Zahl:    - 0 0 0 1 1 0 1 0
Einerkomplement:    1 1 1 0 0 1 0 1
                +                 1    (für Zweierkomplement)
Zweierkomplement:   1 1 1 0 0 1 1 0
```

Positive Zahlen werden nicht komplementiert, sie müssen in der linkesten Bitposition eine führende Null als positives Vorzeichen enthalten. Bei *negativen* Zahlen entsteht durch die Zweierkomplementdarstellung immer eine 1 in der linkesten Bitposition. Durch *Rückkomplementieren* läßt sich das negative Vorzeichen wiederherstellen. Dabei wird wieder *erst* komplementiert und *dann* eine 1 addiert. Das folgende Beispiel verwandelt die negative Zahl 11100110 aus der Zweierkomplementdarstellung wieder in eine Dualzahl mit Vorzeichen:

```
Zweierkomplementdarstellung:    1 1 1 0 0 1 1 0
       bilde Einerkomplement:   0 0 0 1 1 0 0 1
           addiere eine 1: +                  1
          negative Dualzahl: - 0 0 0 1 1 0 1 0 = - 26₁₀
```

Vorzeichenbehaftete Dualzahlen der Länge 8 bit liegen im Bereich von -128 bis +127; die linkeste Bitposition ist keine Dualstelle, sondern enthält das Vorzeichen. Bei vorzeichenlosen Dualzahlen gleicher Länge, die den Zahlenbereich von 0 bis 255 umfassen, hat die linkeste Bitposition die Stellenwertigkeit $2^7 = 128$. *Bild 1-4* zeigt die wichtigsten vorzeichenbehafteten Datentypen.

Typ	Länge	dezimal	hexadezimal	C-Datentyp
Byte	8 bit	-128....+127	80....7F	char
Wort	16 bit	-32768....+32767	8000....7FFF	int
Doppelwort	32 bit	±2147483648	80000000....7FFFFFFF	long int

Bild 1-4: Vorzeichenbehaftete (signed) Datentypen

Reelle Zahlen können Stellen vor und hinter dem Dezimalkomma enthalten. Bei der Umwandlung einer reellen Dezimalzahl in eine Dualzahl werden die Vorkommastellen wie eine vorzeichenlose ganze Zahl behandelt; die Nachkommastellen müssen in die Stellenwertigkeiten $2^{-1} = 0{,}5$ bzw. $2^{-2} = 0{,}25$ bzw. $2^{-3} = 0{,}125$ usw. zerlegt werden. Das dem Divisionsrestverfahren entsprechende Umwandlungsverfahren multipliziert die Dezimalzahl kleiner 1 (nur Nachkommastellen!) fortlaufend mit der Basis des neuen Zahlensystems. Jedes der dabei entstehenden Produkte wird in eine Vorkommastelle und in die restlichen Nachkommastellen zerlegt. Die Vorkommastelle ergibt die Ziffer des neuen Zahlensystems; mit den Nachkommastellen wird das Verfahren fortgesetzt, bis das Produkt Null ist oder die gewünschte Anzahl von Nachkommastellen erreicht wurde. Die erste Multiplikation liefert die erste Stelle hinter dem Komma. Das folgende Beispiel verwandelt die Dezimalzahl 0,6875 in eine entsprechende Dualzahl durch fortlaufende Multiplikationen der Nachkommastellen mit dem Faktor 2.

```
0,6875 * 2 = 1,3750 = 1          + 0,3750
0,3750 * 2 = 0,7500 = 0          + 0,7500
0,7500 * 2 = 1,5000 = 1          + 0,5000
0,5000 * 2 = 1,0000 = 1          + 0,0000
0,0000 * 2 = 0,0000 = 0          + 0,0000
fertig!
        Dualzahl genau: 0,10110   mit folgenden Nullen: 0,10110000
```

Die folgende Darstellung zeigt, wie durch das Abspalten der Nachkommastellen geschachtelte Klammern mit dem Faktor 0,5 entstehen. Multipliziert man in der letzten Zeile die Faktoren 0,5 wieder in die Klammern hinein, so entstehen Potenzen zur Basis $0{,}5 = \frac{1}{2} = 2^{-1}$.

```
0,6875 = 0,5*(1 + 0,375)
       = 0,5*(1 + 0,5*(0 + 0,7500))
       = 0,5*(1 + 0,5*(0 + 0,5*(1 + 0,5)))
       = 0,5*(1 + 0,5*(0 + 0,5*(1 + 0,5*(1 + 0))))
       = 0,5*(1 + 0,5*(0 + 0,5*(1 + 0,5*(1 + 0,5*(0 + 0)))))
```

$$= 1*2^{-1} + 0*2^{-2} + 1*2^{-3} + 1*2^{-4} + 0*2^{-5} = 0{,}10110_2$$

Das Verfahren kann bei dem Produkt Null beendet werden, da dann nur noch nachfolgende Nullen entstehen, die man in der üblichen Zahlendarstellung fortläßt; bei rechnerinternen Darstellungen wird mit einer festen Anzahl von Nachkommastellen gearbeitet. Im Gegensatz zu Vorkommastellen, die sich immer in eine ganze Dualzahl umwandeln lassen, kann bei der Umwandlung eines endlichen Dezimalbruchs ein *unendlicher* Dualbruch entstehen; das Verfahren muß dann beim Erreichen einer bestimmten Anzahl

von Dualstellen abgebrochen werden; der Rest bleibt als **Umwandlungsfehler** unberücksichtigt. Das folgende *abschreckende* Beispiel zeigt die Umwandlung der Dezimalzahl 0,4 in eine angenäherte Dualzahl mit 8 Dualstellen hinter dem Komma.

```
0,4000 * 2 = 0,8000 = 0                  + 0,8000
0,8000 * 2 = 1,6000 = 1                  + 0,6000
0,6000 * 2 = 1,2000 = 1                  + 0,2000
0,2000 * 2 = 0,4000 = 0                  + 0,4000
0,4000 * 2 = 0,8000 = 0                  + 0,8000
0,8000 * 2 = 1,6000 = 1                  + 0,6000
0,6000 * 2 = 1,2000 = 1                  + 0,2000
0,2000 * 2 = 0,4000 = 0                  + 0,4000
Abbruch!
      Dualzahl genähert: 0,0110 0110   + Restfehler!
```

Bei der Umwandlung der Dezimalzahl 0,4 ergibt sich eine Periode 0110 in den dualen
Nachpunktstellen. Bricht man das Umwandlungsverfahren nach 8 Stellen ab, so entsteht
ein Umwandlungsfehler; die Rückrechnung in das Dezimalsystem ergibt einen kleineren
Wert. Beispiel:

```
0,4 dezimal ≈ 0,01100110 ... dual ≈ 0,3984375 dezimal
```

Reelle Dezimalzahlen werden zunächst getrennt nach Vorkomma- und Nachkommastellen in Dualzahlen verwandelt. Das folgende Beispiel zeigt die Dezimalzahl 26,6875
in der dualen *Festkommadarstellung* (Fixed Point oder Festpunkt) mit jeweils 8 Stellen
vor und hinter dem Komma.

```
26,6875 dezimal = 00011010,10110000 dual
```

In der üblichen *Gleitkommadarstellung* (Floating Point oder Gleitpunkt) besteht die
Zahl aus einer normalisierten Mantisse und einem Faktor mit einem ganzzahligen
Exponenten zur Basis des Zahlensystems. In den folgenden Beispielen enthält die
Mantisse eine Vorkommastelle; andere Darstellungen arbeiten nur mit Nachkomma-
stellen.

```
   26,6875 dezimal = 2,66875     * 10¹   dezimal
11010,1011 dual     = 1,10101011 * 2⁴    dual
```

Normalisieren bedeutet, das Dezimal- bzw. Dualkomma so zu verschieben, daß es vor
bzw. hinter der werthöchsten Ziffer steht; bei Zahlen kleiner als 1 wird der Exponent
negativ. Die folgenden Beispiele zeigen den reellen Datentyp `float` der Programmiersprache C, der 4 Bytes (32 bit) im Speicher belegt. Das Vorzeichen der Zahl steht in der
linkesten Bitposition, dann folgt der *Absolutwert*, nicht das Komplement wie bei ganzen
Zahlen. Die 8-bit-Charakteristik setzt sich zusammen aus dem dualen Exponenten und
einem Verschiebewert (127 dezimal = 01111111 dual), der das Vorzeichen des Exponenten beseitigt. Damit ergibt sich ein Zahlenbereich von ca. $-3,4*10^{-38}$ bis $+3,4*10^{+38}$.
Die 23-bit-Mantisse bedeutet eine Genauigkeit von ca. 7 Dezimalstellen. Die führende
1 der Vorpunktstelle wird bei der Speicherung unterdrückt und muß bei allen Umwandlungen und Rechnungen wieder hinzugefügt werden. Das folgende Beispiel zeigt die
rechnerinterne Darstellung einer reellen Dezimalzahl als Datentyp `float`. Der gleiche
Zahlenwert gespeichert als Datentyp `double` hat ein Format der Länge 64 bit.

Umwandlung der Dezimalzahl 26,6875 in die normalisierte Gleitkommadarstellung:

$$+26,6875_{10} = +\;11010,1011_2 \quad \text{dual}$$
$$= +\;1,10101011_2 * 2^4 \quad \text{normalisiert}$$
$$= +\;1,10101011000000000000000_2 * 2^4 \;\text{mit 23 Stellen}$$

Darstellung der Dezimalzahl 26,6875 als Datentyp `float`:

```
   Vorzeichen:   0
Charakteristik:  |10000011  = 4 + 127 = 131
     Mantisse:   ||||||||10101011000000000000000
Speicher binär:  01000001110101011000000000000000
   hexadezimal:   4   1   D   5   8   0   0   0
```

Gemäß dem Standard IEEE 754 bestehen für den Wert Null sowohl Charakteristik als auch Mantisse aus lauter Nullerbits; wegen des Vorzeichenbits gibt es sowohl eine **+0** als auch eine **-0**, die jedoch normalerweise als "reine" **0** ausgegeben wird. Ist die Charakteristik 0, die Mantisse aber ungleich 0, so entstehen sehr kleine nicht normalisierte Zahlen verminderter Genauigkeit, die unterhalb des normalisierten Zahlenbereiches liegen.

Das Bitmuster 0x7F der Charakteristik dient nicht der Zahlendarstellung, sondern kennzeichnet arithmetische Sonderzustände wie z.B. INF (unendlich) oder NAN (keine Zahl). Das Verhalten des Rechners bei diesen Sonderfällen ist abhängig von den zur Verfügung stehenden Ausgabefunktionen.

In der Borland Compilerversion 3.0 zeigte die formatierte Ausgabefunktion `printf` für den Datentyp `float` folgende Ergebnisse:

```
0x00000000 ergab 0
0x80000000 ergab -0 (was sagt die Mathematik dazu?)
0x00000001 ergab 1.401298e-45 (1,401298*10⁻⁴⁵ nicht normalisiert!)
0x7F800000 ergab +INF (INFinite = unendlich)
0xFF800000 ergab -INF
0x7FC00000 ergab +NAN (Not A Number = keine Zahl)
0xFFC00000 ergab -NAN
0x7F800001 ergab Floating point error: Domain.
                 Abnormal program termination
```

In der Compilerversion 4.5 wurde das Bitmuster 0x80000000 mit `printf` als 0 ausgegeben; das Bitmuster 0x7F800001 ergab +NAN. Die Ausgabe mit `cout` dagegen brachte anstelle von NAN einen Fehlerabbruch:

```
Floating Point: Invalid
```

1.2 Rechenschaltungen

Rechenschaltungen lassen sich mit den in *Bild 1-5* zusammengestellten Symbolen der Digitaltechnik beschreiben.

Funktion	Nicht		Und			Oder			Eoder			Nand		
Symbol														
Tabelle	x	z	x	y	z	x	y	z	x	y	z	x	y	z
	0	1	0	0	0	0	0	0	0	0	0	0	0	1
	1	0	0	1	0	0	1	1	0	1	1	0	1	1
			1	0	0	1	0	1	1	0	1	1	0	1
			1	1	1	1	1	1	1	1	0	1	1	0

Bild 1-5: Die logischen Grundfunktionen der Digitaltechnik

Die *Nicht*-Schaltung liefert das Einerkomplement nach der Regel: aus 0 mach 1 und aus 1 mach 0. Die *Und*-Schaltung hat nur dann am Ausgang eine 1, wenn alle Eingänge 1 sind; sie liefert das Übertragbit der dualen Addition. Bei der *Oder*-Schaltung ist nur dann der Ausgang 0, wenn alle Eingänge 0 sind. Schließt man den Fall 1 1 an den Eingängen aus, so kann die *Oder*-Schaltung für eine einstellige duale Addition verwendet werden. Die *Eoder*-Schaltung liefert eine 1, wenn beide Eingänge ungleich sind, sie bildet das Summenbit der dualen Addition. *Nand* bedeutet Not AND = *Nicht-Und*.

Das **Rechenwerk** des Prozessors dient zur Verknüpfung der Daten. Bei der Addition zweier Dualstellen entsteht eine einstellige Summe und im Fall $1 + 1 = 10_2 = 2_{10}$ ein Übertrag auf die nächsthöhere Dualstelle. Die *Rechenregeln* der dualen Addition lauten:

$$0 + 0 = 0\ 0 = \text{Übertrag } 0 \text{ Summe } 0$$
$$0 + 1 = 0\ 1 = \text{Übertrag } 0 \text{ Summe } 1$$
$$1 + 0 = 0\ 1 = \text{Übertrag } 0 \text{ Summe } 1$$
$$1 + 1 = 1\ 0 = \text{Übertrag } 1 \text{ Summe } 0$$

Für ihre rechentechnische Ausführung lassen sich die in *Bild 1-6* dargestellten **Additionsschaltungen** verwenden. Der *Halbaddierer* verknüpft die beiden Dualstellen a und b zu einer Summe s (*Eoder*-Schaltung) und einem Übertrag c (*Und*-Schaltung) auf die nächsthöhere Dualstelle. Für mehrstellige Additionen ist ein *Volladdierer* erforderlich, der die beiden Dualstellen a und b und den Übertrag Cv der Vorgängerstelle zu einer einstelligen Summe s und einem Übertrag Cn addiert. Der erste Halbaddierer verknüpft die beiden Dualstellen a und b, der zweite die Summe des ersten Halbaddierers mit dem Übertrag Cv der Vorgängerstelle. Die *Oder*-Schaltung addiert die beiden Zwischenüberträge der Halbaddierer zu einem Gesamtübertrag Cn.

a. Halbaddierer

a	b	c	s
0	0	0	0
0	1	0	1
1	0	0	1
1	1	1	0

b. Volladdierer (VA)

a	b	Cv	Cn	s
0	0	0	0	0
0	0	1	0	1
0	1	0	0	1
0	1	1	1	0
1	0	0	0	1
1	0	1	1	0
1	1	0	1	0
1	1	1	1	1

c. Vierstelliger Paralleladdierer

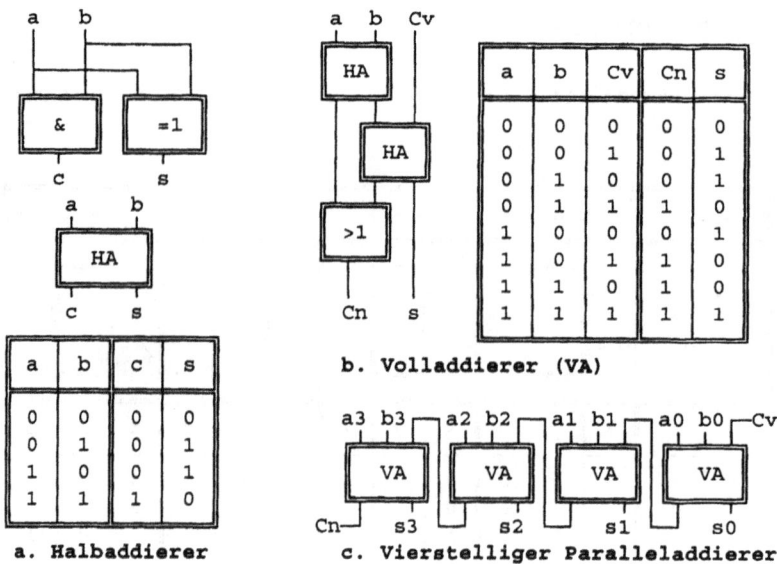

Bild 1-6: Additionsschaltungen

Der *Paralleladdierer* verknüpft zwei vierstellige Dualzahlen zu einer vierstelligen Summe. Ist der Übertrag Cn des linkesten Volladdierers eine 1, so bedeutet dies, daß eine fünfstellige Summe entstanden ist. *Bild 1-7* zeigt die Erweiterung des Paralleladdierers durch zwei Steuereingänge zum **Addierer/Subtrahierer** mit oder ohne *Zwischenübertrag*. Bewertungsschaltungen prüfen das Ergebnis auf Null, Vorzeichen und Überlauf.

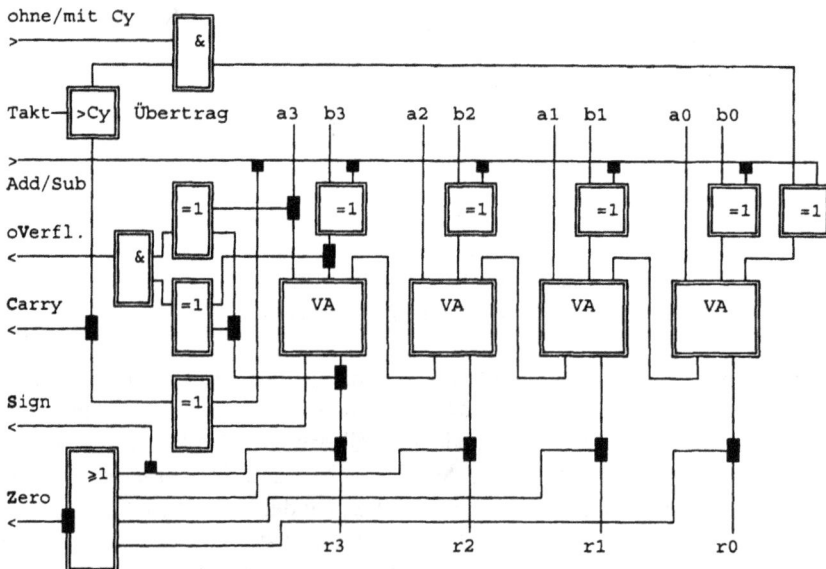

Bild 1-7: Addierer/Subtrahierer mit Bewertungsschaltungen

Bei der **Addition** *vorzeichenloser Dualzahlen* im Bereich von 0 (0000) bis 15 (1111) dient der Carryausgang als Überlaufmarke. Für C = 0 liegt die Summe im zulässigen 4-bit-Bereich; für C = 1 ist ein Ergebnis größer 15 (1111) entstanden. Durch Abschneiden der fünften Stelle entsteht ein Überlauffehler. Beispiel:

```
      1 1 1 1   = 15
    + 1 1 1 1   = 15
    - - - - - - - - - - - - - - - - - - - -
C = 1   1 1 1 0   = 30   abgeschnitten 1 1 1 0 = 14
```

Der Carryausgang wird in einem besonderen Speicherbit festgehalten und kann dann als *Zwischenübertrag* verwendet werden. Bei der Addition von Dualzahlen z.B. der Länge 16 bit mit einem 4-bit-Addierer beginnt man mit der wertniedrigsten 4-bit-Gruppe und muß bei den folgenden Gruppenadditionen den Übertrag der Vorgängergruppe mit berücksichtigen. Dazu enthält das Rechenwerk einen *Steuereingang* ohne/mit Cy. Die wertniedrigste Gruppe wird ohne Zwischenübertrag Cy addiert, alle anderen mit Cy. Nach der letzten Gruppe liefert das Carrybit wieder die Überlaufmarke.

Die Schaltung addiert auch vierstellige *vorzeichenbehaftete Dualzahlen* im Bereich von -8 (1000) bis +7 (0111). Ein Überlauf entsteht, wenn die Summe zweier positiver Zahlen größer als 7 wird; der Addierer liefert in diesem Fall ein negatives Vorzeichen! Bei einem Unterlauf wird die Summe zweier negativer Zahlen kleiner als -8; durch den Addierer entsteht für die Summe ein positives Vorzeichen! Dieser Vorzeichenwechsel wird durch eine Vergleicherschaltung als Overflow-Fehler erkannt. Beispiele:

```
      0 1 1 1 = +7                  1 0 0 0 = -8
    + 0 1 1 1 = +7                + 1 1 1 1 = -1
    - - - - - - - - - - - - -      - - - - - - - - - - - - -
      1 0 0 0 = -8 Überlauf!        0 1 1 1 = +7 Unterlauf!
```

Die **Subtraktion** wird unabhängig von der Zahlendarstellung auf die Addition des Zweierkomplementes zurückgeführt nach der Formel "A - B = A + (-B)". Ist der *Steuereingang* Add/Sub gleich 1, so wird der Operand B durch die *Eoder*-Schaltungen negiert (Einerkomplement); durch die Addition einer 1 am negierten Eingang des wertniedrigsten Volladdierers entsteht das Zweierkomplement. Bei der Subtraktion vorzeichenloser Zahlen kann nun auch ein Unterlauf entstehen, also eine negative Differenz, die ebenfalls durch das nunmehr negierte Carrybit erkannt wird.

Nach einer Operation mit *vorzeichenlosen* Dualzahlen ist das Carrybit auszuwerten:
C = 0 : Ergebnis im zulässigen Bereich
C = 1 : Überlauf (Addition) oder Unterlauf (Subtraktion)

Nach einer Operation mit *vorzeichenbehafteten* Dualzahlen sind das Overflowbit (V-Bit) und das Vorzeichenbit (S = Sign) auszuwerten:
V = 0 : Ergebnis im zulässigen Bereich
V = 1 : Überlauf oder Unterlauf (Addition bzw. Subtraktion)
S = 0 : Ergebnis positiv
S = 1 : Ergebnis negativ

Unabhängig von der Rechenoperation und der Zahlendarstellung prüft das Z-Bit (Zero = Null) das Ergebnis auf **Null**. Die *Oder*-Schaltung ist nur dann 0, wenn alle Eingänge und damit alle Bitpositionen des Ergebnisses 0 sind; mindestens eine 1 bringt den Ausgang des Oder auf 1. Durch die Negation entsteht folgende Zuordnung:

Z = 0 : Ergebnis *nicht* Null (0 = nein)

Z = 1 : Ergebnis *ist* Null (1 = ja)

Für die **Multiplikation** und **Division** gelten die gleichen Kontrollbedingungen wie für die Addition und Subtraktion. Die Division wird ganzzahlig durchgeführt und ergibt einen ganzzahligen Quotienten sowie einen ganzzahligen Rest; Stellen hinter dem Komma entstehen nur bei reellen Rechenwerken! Bei einer Division durch 0 bzw. bei einem Divisionsüberlauf liefert das Rechenwerk ein besonderes Signal *"Divisionsfehler"*, das zum Abbruch des Programms führt. Beispiele für die Division:

```
9 : 3 = 3 Rest 0
9 : 2 = 4 Rest 1    nicht 4,5 wie bei reellen Zahlen!
9 : 0 = "Divisionsfehler!"
```

Für das Rechnen mit **reellen Zahlen**, die in der dualen Mantisse-Exponent-Darstellung vorliegen, sind besondere Verfahren erforderlich. Bei arithmetischen Operationen mit reellen Zahlen können Rundungs- und Anpassungsfehler auftreten. Für die Addition im reellen Rechenwerk wird der Exponent der kleineren Zahl dem der größeren angeglichen. Dies geschieht durch Verschieben des Kommas nach links um die Differenz der Exponenten. Das folgende *dezimale* Beispiel addiert die beiden Zahlen $1,000000*10^7$ und $1,234567*10^1$, die entsprechend dem Datentyp float mit sieben Dezimalstellen, einer Vorkomma- und sechs Nachkommastellen, gespeichert werden sollen. Die Anteil $0,000000234567*10^7$ oder $0,234567*10^1$ oder $2,34567$ der kleineren Zahl geht verloren!

```
Speicher:              Reelles Rechenwerk:
1.000000*10⁷  =>    1.000000        * 10⁷  bleibt
1.234567*10¹  => +  0.000001 234567 * 10⁷  anpassen!
                  -------------------------------------
                  =  1.000001        * 10⁷  abgeschnitten
```

Bei der Arbeit mit *reellen* Zahlendarstellungen können Rundungs- und Anpassungsfehler sowie Fehler bei der Umwandlung von Nachkommastellen zu numerischen Problemen führen; eine Überschreitung des Zahlenbereiches und eine Division durch Null führen in der Regel zu einem Abbruch des Programms.

Dagegen sind die *ganzzahligen* Zahlendarstellungen immer genau. Überlauf- bzw. Unterlauffehler werden zwar vom Rechenwerk erkannt, die Compiler erzeugen jedoch standardmäßig keine Befehle, die diese Fehlerbedingungen auswerten. Eine ganzzahlige Division durch Null bricht das Programm ab.

Vorsicht im Umgang mit Zahlen!
Ganze Zahlen sind immer genau; es können Überlauffehler auftreten!
Reelle Zahlen können Umwandlungs- und Rundungsfehler enthalten!

1.3 Von C zu C++

Am Anfang der *problemorientierten* Programmierung bestand das Bedürfnis, numerische Berechnungen ohne Programmierung in der Maschinensprache (Assembler) auszuführen. Dies führte zu einem Formelübersetzer (Programmiersprache FORTRAN 1954). Zur Formulierung von Algorithmen entstand 1960 die Sprache ALGOL als Werkzeug der Mathematiker; PASCAL wurde ab 1970 als strukturierte Lehrsprache besonders in der Ausbildung eingeführt. Diese als imperativ oder prozedural bezeichneten Sprachen waren ursprünglich auf die Verarbeitung von Zahlen, Zeichen und Zeichenketten (Strings) eingerichtet. Sie unterscheiden streng zwischen Daten und den sie bearbeitenden Funktionen (Unterprogrammen).

Die Programmiersprache **C** entstand in den 70er Jahren bei der Entwicklung des Betriebssystems UNIX, wurde von Kernighan und Ritchie beschrieben und schließlich vom amerikanischen Norminstitut ANSI genormt. Sie wird als K&R C oder auch als ANSI C bezeichnet und folgt im wesentlichen dem prozeduralen Konzept ihrer Vorgängerinnen. Das in *Bild 1-8* dargestellte Programm zeigt die **prozedurale** Programmierung in **C** am einfachen Beispiel der komplexen Rechnung, für die kein Datentyp vordefiniert ist. Die als Struktur vereinbarten komplexen **Daten** x und y werden durch die **Funktion** cadd zur Summe z addiert. Die Operatoren + (Addition) und << (Ausgabe) sind für komplexe Daten nicht verwendbar, die komplexen Operanden werden im Programm mit ihrem Realteil und ihrem Imaginärteil angesprochen.

```
/* klp8.cpp   Bild 1-8: Prozedurales Programmieren in C */
/* Komplexe Variable und komplexe Additions-Funktion    */
#include <iostream.h>              // Ein-/Ausgabe-Funktionen
struct komplex                     // Komplexe Datenstruktur
       {
        double  real;             // Realteil
        double  imag;             // Imaginärteil
       };

komplex cadd(komplex a, komplex b)  // Funktion komplexe Addition
{
 komplex c;
 c.real = a.real + b.real;         // addiere Realteile
 c.imag = a.imag + b.imag;         // addiere Imaginärteile
 return c;
};

main()                             // Hauptfunktion
{
 komplex x, y, z;                  // komplexe Variablen
 x.real = 1.0;   x.imag = 2.0;     // X = 1 + j2
 y.real = 3.0;   y.imag = 4.0;     // Y = 3 + j4
 z = cadd(x,y);                    // Z = X + Y
 cout << "\nZ = " << z.real << " +j " << z.imag;     // Ausgabe
 return 0;
}
```

Bild 1-8: Prozedurales Programmieren in C

In den 80er Jahren führten neue Anwendungen (z.B. graphische Bedienoberflächen) zum Konzept der **Objekt Orientierten Programmierung** (OOP), in der die zu bearbeitenden Dinge (Objekte) als Einheit von Daten und den sie behandelnden Funktionen angesehen werden. Die Eigenschaften der Objekte werden in **Klassen** beschrieben.

In der amerikanischen Firma AT&T entstand die Sprache **C++** mit folgenden wichtigen Erweiterungen gegenüber C, das nun eine Untermenge von C++ darstellt:
- *Klassen* beschreiben Daten und Funktionen von Objekten,
- die Eigenschaften von Klassen lassen sich *vererben* und
- Operatoren (z.B. + und <<) und Funktionen lassen sich *überladen* (umdefinieren).

Das ursprüngliche AT&T C++ wurde später erweitert und 1995 als ANSI C++ genormt. Das in *Bild 1-9* dargestellte Beispiel zeigt die komplexe Addition und Ausgabe, die in Bild 1-8 in C programmiert wurde, nun als objektorientierte Programmierung in C++.

```
/* k1p9.cpp  Bild 1-9: Objektorientiertes Programmieren in C++ */
/* Klasse für komplexe Objekte und überladene Operatoren         */
#include <iostream.h>        // Klasse für Ein-/Ausgabe
class komplex                // Klasse für komplexe Rechnung
      {
        double  re;          // reelles Datenelement
        double  im;          // imaginäres Datenelement
        public:
        komplex ()           // Konstruktor
        {
         re = 0.0;           // Element mit 0 vorbesetzen
         im = 0.0;           // Element mit 0 vorbesetzen
        };
        komplex (double a, double b )  // Konstruktor
        {
         re = a;             // Element mit Wert besetzen
         im = b;             // Element mit Wert besetzen
        };
        // Deklarationen für komplexe Freund-Funktionen
        friend double real(komplex );        // Realteil
        friend double imag(komplex );        // Imaginärteil
        friend komplex operator +(komplex ,komplex);      // +
        friend ostream &operator << (ostream &, komplex);  // <<
      }; // Ende der Klassen-Deklaration
// Definition der Freundfunktionen für komplexe Operationen
double real(komplex a)  { return a.re; };  // liefert Realteil
double imag(komplex b)  { return b.im; };  // liefert Imaginärteil
komplex operator +(komplex a, komplex b)   // + komplexe Addition
{
 return komplex(a.re + b.re, a.im + b.im);
};
ostream &operator <<(ostream &s, komplex a) // << komplexe Ausgabe
{
 char v; double x;
 v = '+'; x = a.im;
 if (x < 0) { v = '-'; x = - x; }
 s << " (" << a.re << " " << v << "j " << x << ") ";
 return s;
}
```

```
// Hauptfunktion verwendet komplexe Objekte
main()
{
  komplex x(1.0, 2.0), y, z;        // komplexe Zahlen als Objekte
  y = komplex(3.0, 4.0);            // Zusammensetzung aus double
  z = x + y;                        // überladener Operator + addiert
  cout << "\nZ_real = " << real(z); // reelle Komponente ausgeben
  cout << "  Z_imag = " << imag(z); // imaginäre Komponente ausgeben
  cout << "        Z_= " << z;      // überladener Operator <<
  return 0;
}
```

Bild 1-9: Objektorientiertes Programmieren in C++

In C (Bild 1-8) wurden eine komplexe Datenstruktur komplex und eine Funktion cadd getrennt vereinbart; in C++ (Bild 1-9) enthält die Klasse komplex sowohl die Beschreibung der Datenelemente als auch der sie bearbeitenden Funktionen real und imag sowie der Operatoren (operator) "+" und "<<", die später auf Objekte der Klasse komplex angewendet werden.

Die Vorteile der objektorientierten Programmierung in C++ zeigen sich erst in der Hauptfunktion main bei der Arbeit mit komplexen Objekten. In C (Bild 1-8) wurden den komplexen Strukturvariablen x und y in Ausdrücken Werte zugewiesen:
x.real = 1.0;   x.imag = 2.0;

In C++ (Bild 1-9) geschieht die Wertzuweisung durch Konstruktoren bei der Vereinbarung der Objekte oder in einer Anweisung:
komplex x(1.0, 2.0), y, z;   // y=(0,0)   z=(0,0) gesetzt
y = komplex(3.0, 4.0);

In C (Bild 1-8) sind die Operatoren + (Addition) und << (Ausgabe) nur für die vordefinierten Datentypen wie z.B. double verfügbar, für die Klasse komplex (Bild 1-9) des C++ sind sie überladen und daher auch für die Objekte x, y und z verwendbar.
z = x + y;   // komplexe Addition
cout << "   Z_=" << z;   // komplexe Ausgabe

Moderne C++-Entwicklungssysteme bieten zusätzliche Spracherweiterungen sowie vordefinierte Klassenbibliotheken an, welche die Programmierung von Bedienoberflächen wesentlich erleichtern. Für den Compiler lassen sich meist eine Reihe von Optionen einstellen wie z.B.:
- Sprachkonventionen K&R C oder ANSI C oder AT&T C++ oder ANSI C++,
- Programmausführung unter DOS oder Windows,
- Code für unterschiedliche Prozessoren wie z.B. 8086 (16 bit) bis 80586 (32 bit) sowie
- mehrere Arten der Syntaxprüfung und Codegenerierung.

1.4 Zusammenfassung

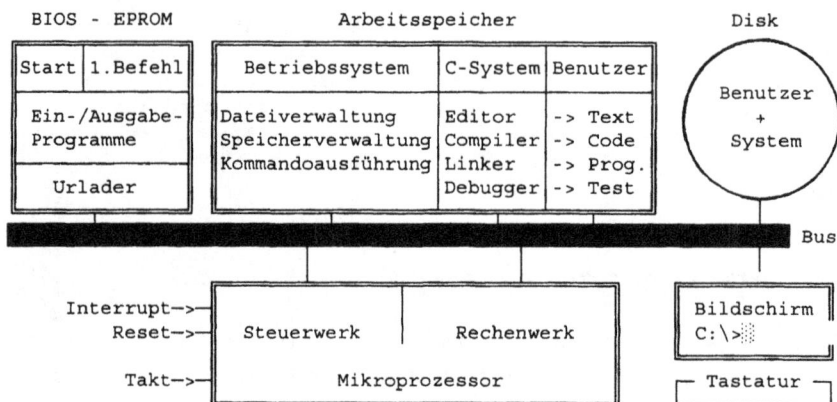

```
BIOS - EPROM              Arbeitsspeicher                    Disk

 Start 1.Befehl    Betriebssystem    C-System Benutzer
                                                              Benutzer
 Ein-/Ausgabe-     Dateiverwaltung   Editor   -> Text           +
 Programme         Speicherverwaltung Compiler -> Code         System
                   Kommandoausführung Linker  -> Prog.
    Urlader                           Debugger -> Test

                                                              Bus

 Interrupt->-                                        Bildschirm
     Reset->-    Steuerwerk    Rechenwerk            C:\>

      Takt->-         Mikroprozessor                  Tastatur
```

Bild 1-10: Hardware und Software einer Rechenanlage

Bild 1-10 zeigt eine zusammenfassende Übersicht über die Hardware und Software einer Rechenanlage. Was ist zu tun, um z.B. in der Sprache C++ zu programmieren? Nach dem Einschalten des Rechners wird der Mikroprozessor durch ein **Reset**-Signal in einen Grundzustand versetzt und startet ein Programm, das sich in einem Festwertspeicher (EPROM) befindet. Es besteht aus Befehlen für die einfache Eingabe und Ausgabe von Daten (BIOS = Basic Input Output System) über die Peripherie sowie aus einem Urlader, der die residenten Teile des Betriebssystems von einem Plattensystem (Disk) in den Arbeitsspeicher lädt.

Das **Betriebssystem** (DOS, Windows, OS/2 oder UNIX) ist meist auf einem Festplattenlaufwerk installiert und besteht aus Programmen, die in der Startphase die Hardware prüfen und die Systemsoftware laden. Zur Arbeit mit dem Rechner gibt der Benutzer Kommandos ein, die vom Betriebssystem kontrolliert und ausgeführt werden. Durch ein Kommando oder Mausklick wird das C++-Entwicklungssystem von der Festplatte in den Arbeitsspeicher geladen und gestartet.

In der Benutzeroberfläche gibt der Benutzer zunächst mit dem **Editor**, einem einfachen Textverarbeitungsprogramm, seinen Programmtext ein. Dieser wird dann von einem **Compiler** geprüft und in binären Maschinencode übersetzt. Für die vom Programmierer vergebenen symbolischen Adressen wie z.B. x, y und z werden nun duale Adressen verwendet. Noch offene Adressen z.B. von Unterprogrammen für die Eingabe und Ausgabe von Daten werden durch den **Linker** (Binder) eingesetzt, der das Benutzerhauptprogramm (main) mit Unterprogrammen aus Bibliotheken verbindet. Beim Laden und Start bestimmt die Speicherverwaltung des Betriebssystems die endgültige Lage des Maschinenprogramms im Arbeitsspeicher. Treten bei der Übersetzung durch den Compiler oder beim Bindevorgang durch den Linker Fehler auf, so werden diese gemeldet und müssen vom Programmierer beseitigt werden, bevor das Maschinenprogramm gestartet werden kann. Fehler, die zur Laufzeit des Programms auftreten, lassen sich durch ein Testhilfeprogramm (Debugger = Entwanzer) erkennen.

2. Grundlagen

Dieses Kapitel behandelt einfache Programm- und Datenstrukturen, mit denen es möglich ist, technische und mathematische Formeln in Programme umzusetzen. Es wird vorausgesetzt, daß die Entwicklungsumgebung installiert ist und daß sich der Leser mit ihrer Bedienung sowie mit dem Betriebssystem vertraut gemacht hat. Alle Angaben beziehen sich auf Standardeinstellungen, die von den meisten Compilern und Systemen verwendet werden. Bei Abweichungen ziehen Sie bitte die Handbücher des Systems zu Rate, mit dem Sie arbeiten.

2.1 Einführendes Beispiel

Aufgabe:
Es ist ein Programm zu entwickeln, das zwei ganze Zahlen liest, die Summe berechnet und diese zusammen mit den eingelesenen Werten ausgibt.

```
/* k2p1.cpp  Bild 2-1: Einführendes Beispiel */
#include  <iostream.h>                 // für cin und cout
main()                                 // Hauptprogramm
{
  int  x, y, z;                        // Variablenvereinbarung
  cout << "\nZwei ganze Zahlen -> ";   // Meldung ausgeben
  cin >> x >> y;                       // zwei Zahlen lesen
  z = x + y;                           // Summe berechnen
  cout << x << " + " << y << " = " << z; // Werte und Summe ausgeben
  return 0;                            // zurück nach System
}
```

Bild 2-1: Einführendes Programmbeispiel

Die erste Zeile des in *Bild 2-1* dargestellten Programms ist eine Kommentarzeile. Sie beginnt mit der Zeichenfolge **/*** und endet mit ***/**. Der Kommentartext enthält Erklärungen für den Programmierer bzw. für den Leser; er wird vom Compiler bei der Übersetzung nicht beachtet. Die Bezeichnung *k2p1.cpp* im Kommentartext ist der Name der Datei im Inhaltsverzeichnis des Betriebssystems und bedeutet *Programm zum Kapitel 2 Bild 2-1*. Die folgenden Programmzeilen enthalten ebenfalls Kommentare hinter dem Doppelzeichen **//**.

Die zweite Zeile beginnt mit dem Nummernzeichen **#**, das Compileranweisungen (Präprozessordirektiven) kennzeichnet. Mit **#include <iostream.h>** wird eine Programmbibliothek für die Eingabe mit **cin** und die Ausgabe mit **cout** zugeordnet.

In der dritten Zeile kennzeichnet **main()** die (Haupt-)Funktion des Benutzers, die zwischen der geschweiften *Klammer auf* **{** und der geschweiften *Klammer zu* **}** angeordnet ist. Es folgen nun Vereinbarungen und Anweisungen; sie werden durch ein Semikolon abgeschlossen.

In der <u>fünften Zeile</u> werden mit dem Kennwort `int` die drei im Programm verwendeten Variablen x, y und z zu ganzzahlig (Integer) erklärt.

Der Ausdruck `cout << "\nZwei ganze Zahlen -> ";` in der <u>sechsten Zeile</u> dient zur Ausgabe einer Meldung. Zur Laufzeit des Programms erscheint auf dem Bildschirm der zwischen den Anführungszeichen stehende Text. Die Zeichenfolge \n bewirkt einen Zeilenvorschub.

Mit dem Ausdruck `cin >> x >> y;` in der <u>siebenten Zeile</u> werden die vom Benutzer einzugebenden Werte gelesen und in den Speicherstellen x und y abgelegt. Auf einer Eingabezeile sind zwei durch mindestens ein Leerzeichen getrennte ganze Zahlen einzugeben und durch einen Wagenrücklauf *cr* abzuschließen.

Die Formel zur Berechnung der Summe z erscheint in der <u>achten Zeile</u> in der gewohnten mathematisch/technischen Schreibweise.

Die <u>neunte Zeile</u> gibt die eingelesenen Werte zusammen mit der errechneten Summe auf dem Bildschirm aus. Bei der Ausgabe der Speicherinhalte von x, y und z erscheinen nur die Ziffernfolgen; alle Abstände und sonstigen Zeichen müssen durch Textkonstanten zwischen Anführungszeichen eingefügt werden.

Die in der <u>10. Zeile</u> stehende Anweisung `return` 0; bewirkt einen Rücksprung in das aufrufende System, also in die Entwicklungsumgebung oder in das Betriebssystem.

Die geschweifte Klammer } der <u>letzten Zeile</u> beendet den mit { begonnenen Programmblock der Benutzer-Hauptfunktion `main`.

Bei der Entwicklung des Programms gibt der Benutzer den Programmtext mit Hilfe eines *Editors* in den Rechner ein. Dann folgt die Übersetzung durch den *Compiler*, der bei Verstößen gegen die Sprachregeln Fehlermeldungen und Warnungen ausgibt. Die Verbindung mit Hilfsprogrammen übernimmt der *Linker* (Binder). Nur fehlerfrei übersetzte und gebundene Maschinenprogramme lassen sich laden und ausführen. *Bild 2-2* zeigt die Ergebnisse mehrerer Testläufe.

```
Zwei ganze Zahlen -> 1 2
1 + 2 = 3

Zwei ganze Zahlen -> -123 +123
-123 + 123 = 0

Zwei ganze Zahlen -> 20000 30000
20000 + 30000 = -15536

Zwei ganze Zahlen -> adam eva
29335 + 8514 = -27687
```

Bild 2-2: Die Ergebnisse der Testläufe

In den beiden ersten Beispielen wurden Zahlen eingegeben, die innerhalb des für int zulässigen Bereiches von -32768 bis +32767 liegen; die Ergebnisse sind richtig. Beim dritten Testlauf lagen die beiden eingegebenen Zahlen 20000 und 30000 im zulässigen Bereich, es wurde jedoch ohne Fehlermeldung ein falscher (negativer) Wert berechnet und ausgegeben. Er entstand durch einen Zahlenüberlauf im Rechenwerk. Bei der Eingabe von Buchstaben anstelle von Ziffern erschienen ebenfalls recht ungewöhnliche Ergebnisse. Das Verhalten im Fehlerfall ist systemabhängig, testen Sie Ihr System!

```
C:\TC\P1>dir k2p1

 Datenträger in Laufwerk C ist MS-DOS_6
 Datenträgernummer: 2D59-0DFA
 Verzeichnis von C:\TC\P1

K2P1      BAK           793 11.11.98      11:11
K2P1      OBJ           786 11.11.98      11:11
K2P1      EXE        18.427 11.11.98      11:11
K2P1      CPP           716 11.11.98      11:11
        4 Datei(en)          20.722 Byte
                         64.245.760 Byte frei
```

Bild 2-3: Die Dateien des einführenden Beispiels

Die *Entwicklungsumgebung* legt normalerweise für jedes Programm mehrere Dateien (*Bild 2-3*) in dem zugeordneten Verzeichnis an. Dabei vergibt der Benutzer einen frei wählbaren Dateinamen aus maximal 8 Zeichen wie z.B. *K2P1*; das System fügt automatisch eine aus maximal 3 Zeichen bestehende Erweiterung des Namens hinzu. Die Datei mit der Erweiterung *.CPP* enthält die mit dem Editor eingegebenen Programmzeilen; die Datei *.BAK* ist eine alte Rettungsdatei (BAcK-up) des Programmtextes. Bei der Übersetzung entsteht die Datei *.OBJ*, die durch den Linker (Binder) mit Systemunterprogrammen zu einem Maschinenprogramm mit der Erweiterung *.EXE* (EXEcutable) verbunden wird. Dieses ausführbare Maschinenprogramm läßt sich auch ohne die Entwicklungsumgebung aus dem Betriebssystem starten, z.B. unter DOS durch die Eingabe des Namens *K2P1* ohne die Erweiterung *.EXE*:
>k2p1

Bei den Kommandos des Betriebssystems kann die Eingabe sowohl mit kleinen als auch mit großen Buchstaben erfolgen. Kleinbuchstaben werden in Großbuchstaben übersetzt; die Ausgabe erscheint immer groß.

In C-Programmen dagegen muß streng zwischen Groß- und Kleinschreibung unterschieden werden. Die vordefinierten Kennwörter wie z.B. int und main **müssen** immer in der vorgeschriebenen Kleinschreibung im Programmtext erscheinen. Üblicherweise schreibt man auch die benutzerdefinierten Bezeichner klein.

2.2 Vereinbarungen

```
/* Präprozessoranweisungen:                      */
#include <datei.typ>        // für Ein-/Ausgabe
#define  SYMBOL text        // Symbolkonstante

/* Hauptfunktion:                                */
main()
{
 Vereinbarungen;
 Anweisungen;

 return 0;                  // zurück nach System
}
```

Bild 2-4: Der Aufbau eines einfachen C-Programms

Ein einfaches *Programm* besteht entsprechend *Bild 2-4* aus einem globalen Vereinbarungsteil und einer Hauptfunktion mit lokalen Vereinbarungen und Anweisungen.

Im *globalen Vereinbarungsteil* erscheinen beispielsweise Präprozessoranweisungen zur Zuordnung von Unterprogrammbibliotheken für die Eingabe und Ausgabe von Daten sowie Vereinbarungen, die in allen folgenden Programmteilen wirksam sind. Die mit dem Zeichen # beginnenden Präprozessoranweisungen des globalen Vereinbarungsteils werden zeilenweise angeordnet und nicht durch ein Semikolon abgeschlossen.

Die *Hauptfunktion*, die später entweder aus der Entwicklungsumgebung oder aus dem Betriebssystem gestartet wird, muß mit main() bezeichnet werden. Die Vereinbarungen und Anweisungen stehen zwischen den Begrenzungszeichen { und }. Die Anweisung return 0; beendet das Programm und kehrt in das aufrufende System (Betriebssystem oder Entwicklungssystem) zurück. Abschnitt 8.1 zeigt weitere Möglichkeiten, main zu vereinbaren und das Programm zu beenden.

Kommentare werden durch die Doppelzeichen /* und */ begrenzt und können auf besonderen Kommentarzeilen oder auf einer Anweisungszeile stehen. Es sind auch Kommentare hinter dem Doppelzeichen // bis zum Zeilenende möglich.

Die Länge einer *Eingabezeile* ist nicht beschränkt. Jede Anweisung ist durch ein Semikolon abzuschließen; der Wagenrücklauf (neue Zeile) ist kein Endezeichen! Daher dürfen mehrere Anweisungen auf einer Zeile stehen oder sich mit Ausnahme von Textkonstanten über mehrere Zeilen erstrecken. Ein Rückstrich (Backslash) \ am Ende einer Zeile bedeutet, daß der Text auf der nächsten Zeile fortgesetzt wird. Durch Leerzeichen und Einrückungen sollte man versuchen, einen übersichtlichen und leicht lesbaren Programmtext aufzubauen.

Der *Zeichensatz* für Programmtexte umfaßt die Buchstaben von A-Z und a-z, die Ziffern von 0 bis 9 und eine Reihe von Sonderzeichen, die auf fast allen Systemen gleich sind. Nicht enthalten sind die deutschen Umlaute, die nur in Kommentaren und Texten zulässig sind und die unter DOS (ASCII) anders als unter Windows (ANSI) dargestellt werden. Der Anhang enthält entsprechende Codetabellen.

Die *Whitespace-Zeichen* Leerzeichen, Tabulator, Wagenrücklauf und Zeilenvorschub dienen als Trennzeichen in Programmtexten und bei der Eingabe von Daten.

Bestimmte *Zeichenfolgen* wie z.B. `/*` oder `//` oder `<<` haben eine besondere Bedeutung als *Doppelzeichen* und dürfen nicht durch ein Leerzeichen getrennt werden!

```
cout << x;      // richtig: den Wert von x ausgeben
cout < < x;     // falsch:  Fehlermeldung (kein Vergleich)
```

Namen (Bezeichner, identifier) kennzeichnen Dinge wie z.B. Datentypen, Variablen, Objekte oder Klassen. Sie können aus folgenden Zeichen bestehen:

Großbuchstaben	**A** bis **Z**
Kleinbuchstaben	**a** bis **z**
Ziffern	**0** bis **9**
Unterstrich	**_**

Das erste Zeichen **muß** ein Buchstabe oder ein Unterstrich sein. Sonderzeichen sowie die deutschen Umlaute ä, ö, ü, Ä, Ö und Ü sowie das ß sind als Bestandteil von Namen nicht zulässig, dürfen jedoch in Kommentaren und Texten sowie als Daten verwendet werden. Ein *Name* wird begrenzt durch ein Whitespace-Zeichen (z.B. Leerzeichen) oder ein Sonderzeichen wie z.B. einen Operator + oder *.

Standardmäßig werden nur die ersten 32 Zeichen eines Bezeichners berücksichtigt. Große Buchstaben werden von kleinen Buchstaben unterschieden; die Bezeichner `Wert`, `WERT` und `wert` sind daher verschiedene Namen. Die festvereinbarten *Kennwörter* wie z.B. die Typvereinbarung `int` dürfen vom Benutzer auf keinen Fall für eigene Bezeichner verwendet werden. Die folgenden Beispiele zeigen gültige benutzerdefinierte Namen in Anweisungen. Durch Kommentare und Leerzeichen werden die Programmtexte übersichtlicher.

```
double  flaeche, durch, const pi = 3.1415027;   // reell
int  a = 11, b = 12, c;            // ganzzahlig
durch = 47.11;                     // Wertzuweisung
flaeche = pi * durch * durch / 4.0 // Formel
c=(a+b)*(a-b)+1;                   // ohne Leerzeichen
c = (a + b) * (a - b) + 1;        // mit Leerzeichen
```

Die Definitionsbereiche der *vordefinierten Datentypen* können je nach Compiler bzw. seinen Einstellungen durchaus verschieden sein. Das einführende Beispiel Bild 2-1 zeigte mit der 32-bit-Option des gleichen Compilers für 20000 + 30000 richtig die Summe 50000 anstelle von -15536 (16-bit-Option)!

Datentyp	Länge	Bereich dezimal	Anwendung
`unsigned char`	8 bit	0..255	Zeichen
`unsigned int`	16 bit	0..65535	vorzeichenlos
`unsigned long`	32 bit	0..4294967295	vorzeichenlos
`char, signed char`	8 bit	-128..+127	Zeichen
`int, short int`	16 bit	-32768..+32767	ganze Zahlen
`long, long int`	32 bit	-2147483648..+2147483647	große Zahlen

Bild 2-5: Die vordefinierten ganzzahligen Datentypen (Standardbereiche)

Die vordefinierten **ganzzahligen Datentypen** werden vorzugsweise für einfache Zählaufgaben verwendet. Bei der Speicherung von Konstanten und eingegebenen Daten findet eine ganzzahlige Umwandlung in das duale Zahlensystem ohne Rundungs- und Umwandlungsfehler statt; während der Verarbeitung können Überlauffehler auftreten. Für fehlende Typbezeichner wird von den meisten Compilern automatisch der Datentyp `int` angenommen. Der besondere Typ `void` zeigt an, daß etwas unbestimmt oder leer ist oder daß ein Ergebnis nicht verwendet wird.

Zahlen erscheinen in Ausdrücken (Formeln) oder bei der Eingabe von Daten. Ganzzahlige *Konstanten* werden normalerweise in der `int`-Darstellung abgelegt; größere in der notwendigen Länge. Durch Anhängen eines der Kennbuchstaben `u` oder `U` für unsigned und `l` oder `L` für `long` an die Ziffernfolge läßt sich eine vorzeichenlose und/oder lange (32 bit) Abspeicherungsform erzwingen.

Ganze Dezimalzahlen bestehen aus einer Folge der Ziffern von 0 bis 9 mit oder ohne Vorzeichen. Sie dürfen, außer für den Wert Null, nicht mit einer führenden Null beginnen, denn eine führende Null kennzeichnet Oktalzahlen! Beispiele:
```
0
4711
+1234
-100
```

Ganze Hexadezimalzahlen beginnen mit den Zeichen `0x` oder `0X` gefolgt von den Ziffern 0 bis 9, `A` bis `F` oder `a` bis `f`. Beispiele:
```
0x1A
0xffff
```

Der Datentyp `char` (Character gleich Zeichen) wird je nach Einstellung eines Compilerschalters (Einstellmenü) als `unsigned char` oder als `signed char` (Voreinstellung) angesehen. Die Bitmuster werden vorzugsweise als Zeichen und nicht als Zahlen behandelt.

Zeichenkonstanten bestehen aus einem (oder zwei) Zeichen zwischen den Begrenzungszeichen Apostroph. Steuerzeichen werden durch den Rückstrich Backslash \ als *Escape*-Sequenz gekennzeichnet. Hinter den Zeichen \x bzw. \X kann auch eine maximal
zweistellige Hexadezimalzahl stehen. Beispiele:

```
'j'      // Buchstabe j
'\n'     // neue Zeile
'\x2A'   // Zeichen *
```

Textkonstanten bestehen aus einem oder mehreren Zeichen zwischen den Begrenzungszeichen Anführungszeichen. Sie dürfen auch *Escape*-Sequenzen (Bild 2-13) enthalten.
Beispiele:

```
"Das ist ein Text"
"\nDies steht auf einer neuen Zeile"
```

Datentyp	Länge	Bereich ca.	Genauigkeit
float	32 bit	$\pm 3.5*10^{\pm 38}$	7 Dezimalstellen (platzsparend)
double	64 bit	$\pm 1.7*10^{\pm 308}$	15 Dezimalstellen (normal)
long double	80 bit	$\pm 1.1*10^{\pm 4932}$	19 Dezimalstellen (wissenschaftl.)

Bild 2-6: Die vordefinierten reellen Datentypen (Standardbereiche)

Die vordefinierten **reellen Datentypen** (*Bild 2-6*) können Stellen hinter dem Dezimalpunkt darstellen und umfassen einen wesentlich größeren Zahlenbereich als die ganzzahligen Datentypen. Vorpunktstellen werden immer genau umgewandelt, bei Nachpunktstellen können gemäß Abschnitt 1.1 Umwandlungsfehler entstehen. Stellen, die
die Genauigkeit (z.B. 7 Stellen bei float) übersteigen, werden nicht berücksichtigt.
Beim Rechnen mit reellen Datentypen können sich Rundungs- und Umwandlungsfehler
zu beträchtlichen Gesamtfehlern summieren.

Reelle Dezimalzahlen erscheinen entweder in der Festpunktschreibweise mit mindestens
einer Ziffer vor oder hinter dem Dezimalpunkt oder in der Exponentenschreibweise.
Dabei wird die Basis 10 durch den Buchstaben e oder E ersetzt. Der Exponent muß
ganzzahlig sein und kann mit oder ohne Vorzeichen geschrieben werden. Beispiele:

```
47.11
4.711e+3
-0.1234E-10
1e3
1.7E-6
```

Reelle *Konstanten* werden normalerweise in der double-Darstellung oder bei größeren
Werten in der notwendigen Länge abgelegt. Durch Anhängen von f oder F für float
bzw. l oder L für long double läßt sich eine andere Abspeicherungsform vorgeben.

In den folgenden Programmbeispielen wird vorzugsweise für ganze Zahlen der Datentyp int und für reelle Zahlen der Datentyp double verwendet. Das in *Bild 2-7* dargestellte Programm untersucht die reelle Division mit dem Datentyp double. Besonders interessant ist natürlich das Verhalten der reellen Arithmetik bei einem Überlauf bzw. bei einer Division durch Null. Man beachte, daß z.B. 10^{+160} dividiert durch 10^{-160} einer Multiplikation $10^{+160} * 10^{+160} = 10^{+320}$ entspricht!

```
/* k2p7.cpp  Bild 2-7: Test der reellen Division          */
#include <iostream.h>                    // für cin und cout
main()
{
  double a, b, c;                        // reelle Datentypen
  cout << "\n  Dividend -> "; cin >> a;  // reelle Eingabe
  cout << "   Divisor -> "; cin >> b;    // reelle Eingabe
  c = a / b;                             // reelle Division
  cout << "Divisionstest " << a << " / " << b << " = " << c;
  return 0;
}


   Dividend -> 1
    Divisor -> 3
Divisionstest 1 / 3 = 0.333333

   Dividend -> 1e160
    Divisor -> 1e-160
Floating point error: Overflow.
Abnormal program termination

   Dividend -> 1
    Divisor -> 0
Floating point error: Divide by 0.
Abnormal program termination
```

Bild 2-7: Untersuchung der reellen Division (Datentyp double)

Variablen sind Speicherstellen, deren Inhalt durch Lesen oder Wertzuweisungen bestimmt wird. Für jede Variable muß vor ihrer ersten Anwendung ein Datentyp vereinbart werden, damit der Compiler Speicherplatz reservieren und der Datendarstellung entsprechende Maschinenbefehle erzeugen kann. Die einfache Variablenvereinbarung hat die allgemeine Form

> **Datentyp**   *Variablenbezeichnerliste;*

Auf einen Typbezeichner folgt ein Variablenbezeichner oder eine Liste von Variablenbezeichnern, die durch ein Komma zu trennen sind. Die Bilder 2-5 und 2-6 zeigen einige vordefinierte Typbezeichner. Beispiele:

```
int  i, j, k;        // drei ganzzahlige Variable
double  strom_22;    // eine reelle Variable
char  ant;           // Zeichenvariable
```

Die Variablen liegen im Arbeitsspeicher, der nach dem Einschalten des Rechners einen zufälligen Inhalt hat. Das Betriebssystem übergibt dem Benutzer normalerweise den Variablenspeicher mit nicht vorhersehbaren Speicherinhalten. Bei der Vereinbarung von Variablen ist es möglich, zusätzlich Anfangswerte anzugeben.

> **Datentyp** *Bezeichner* = Wert;

Dabei steht hinter dem Namen (Bezeichner) der Variablen eine Konstante, mit der sie beim Start des Programms vorbesetzt wird. Da es sich jedoch um eine Variable handelt, kann dieser Anfangswert im Programm überschrieben werden. Beispiele:

```
double  x, y = 0, z;      // nur y vorbesetzt
int  i = 4712;            // i vorbesetzt
i = 1234;                 // neuer Wert für i
```

Globale, also außerhalb von Funktionen definierte Variablen liegen in einem besonderen "statischen" Speicherbereich und werden von den meisten Systemen mit dem Anfangswert Null übergeben. Dies gilt besonders für Variablen, die vor main im globalen Vereinbarungsteil erscheinen.

Lokale, also innerhalb von Funktionen, auch main, vereinbarte Variablen liegen "automatisch" in einem besonderen Speicherbereich, dem Stapel, der bei jedem Aufruf der Funktion neu angelegt wird. Der Inhalt dieser Variablen nach dem Aufruf ist zufällig und geht nach dem Verlassen der Funktion verloren. Mit Hilfe des Speicherklassenspezifizierers **static** ist es jedoch möglich, auch lokal vereinbarte Variablen statisch zu machen

> **static** **Datentyp** *Bezeichnerliste*;

Da jedoch nicht bei allen Systemen sichergestellt ist, daß statische Variablen mit Null vorbesetzt übergeben werden, sollte man Anfangswerte vorsichtshalber bei der Typvereinbarung angeben. Die folgenden Beispiele zeigen globale und lokale Variable der Speicherklassen automatisch und statisch.

```
#include  <iostream.h>    // für cout
int  wert            // global statisch mit 0 vorbesetzt
main()
{
int  x;              // lokal automatisch undefiniert
static int  y;       // lokal statisch mit 0 vorbesetzt
double  z = 1.0;     // Anfangswert vorbesetzt
cout << wert << "     " << x << "     " << y << "     " << z;
```

Ergebnisse:
```
0    4914    0    1
```

Konstanten sind Datenspeicherstellen, die beim Start des Programms vorbesetzt werden und die während des Programmlaufes *nicht verändert* werden dürfen.

```
const  Datentyp  Bezeichner = Wert;
```

Der Inhalt aller mit dem Modifiziererkennwort `const` bezeichneten und mit einem Anfangswert vorbesetzten Speicherstellen bleibt während des Programmlaufes konstant und darf nicht geändert werden, dies wird vom Compiler kontrolliert. Das folgende Beispiel vereinbart eine reelle Konstante `pi` von Datentyp `double`:

```
const double  pi = 3.1415927;
```

Mit Hilfe der ***Präprozessoranweisung***

```
#define  SYMBOL   Text
```

ist es möglich, vor der Übersetzung das `SYMBOL` durch den dahinter definierten `Text` ersetzen zu lassen. Es ist üblich, den Bezeichner einer Symbolkonstanten mit Groß-buchstaben zu schreiben. Der Ersatztext beginnt mit dem ersten Zeichen hinter dem Symbolbezeichner und endet mit dem Ende der Eingabezeile. Daraus folgt, daß die Eingabezeile nicht mit einem Semikolon abgeschlossen oder mit einem Kommentar /* versehen werden darf, die in diesem Fall als Bestandteil des Ersatztextes angesehen würden. Der Präprozessor ersetzt an allen Stellen, außer in Zeichen- und Textkon-stanten, das `SYMBOL` durch den Ersatztext, mit dem dann die Übersetzung durchgeführt wird. Beispiel:

```
#define PI 3.1415927     // Symbol PI = 3.1415927
main()
{
double  u, r = 1.5;      // r mit Testwert vorbesetzt
u = 2 * PI * r;          // u = 2 * 3.1415927 * r
```

2.3 Die Programmierung von Formeln

Eine der häufigsten Aufgaben in der technisch orientierten Programmierung besteht darin, Formeln auszuwerten. Ein einfaches Beispiel ist die Berechnung der Kreisfläche aus dem Kreisdurchmesser:

Formel:

$$F = \frac{\pi * d^2}{4}$$

Zunächst werden der Datentyp (z.B. `double`) und die Bezeichner (z.B. `flae` und `durch`) der Formelgrößen in einer Variablenvereinbarung festgelegt. Die Variable `durch` erhält in dem Beispiel den Anfangswert 1.5.

```
double  flae, durch = 1.5;        // oder durch lesen
```

Die Konstante π könnte als Zahlenwert in der Formel erscheinen oder ließe sich durch eine Symbolkonstante (#define) oder Datenkonstante (const) vereinbaren. Ordnet man mit der Präprozessoranweisung #include <math.h> die mathematische Systembibliothek zu, so steht π als vordefinierte Konstante unter dem Bezeichner M_PI zur Verfügung. Die ganze Zahl 4 der Formel wird vom Compiler automatisch in die reelle Zahlendarstellung 4.0 des Datentyps double überführt. Damit lautet die Formel als *arithmetische Anweisung:*

```
flae = M_PI * durch * durch / 4;
```

Die ***Zuweisung*** eines Wertes an eine Variable hat die allgemeine Form

```
Variable = Ausdruck;
```

Links vom Zuweisungsoperator = steht der Bezeichner einer *Variablen*, der das Ergebnis des rechts stehenden Ausdrucks zugewiesen wird. Der alte Inhalt dieser Variablen geht verloren und wird durch den neuen Wert überschrieben. Rechts vom Zuweisungsoperator = steht ein *Ausdruck* aus Konstanten, Variablen, Operatoren und Funktionsaufrufen. Beispiele:

```
x = 1.5;                  // = Zahlenkonstante
y = PI;                   // = Symbolkonstante
z = x;                    // = Variable
z = (x + y) * (x - y);    // = arithmetischer Ausdruck
z = sqrt(x + y);          // = Funktionsaufruf
```

Rang	Richtung	Operator	Wirkung	Beispiel
1	--->	Name ( )	Funktionsaufruf	x = 1 - sqrt(a);
1	--->	( )	Formelklammern	x = (a+b)/(a - b);
2	<---	(Typ)	Typumwandlung	x = (double) i;
2	<---	+	positives Vorzeichen	x = + a;
2	<---	-	negatives Vorzeichen	x = -a;
4	--->	*	Multiplikation	x = a * b;
4	--->	/	Division	x = a / b;
4	--->	%	Divisionsrest(nur ganz)	r = i % j;
5	--->	+	Addition	x = a + b;
5	--->	-	Subtraktion	x = a - b;
15	<---	=	Wertzuweisung	x = a; x=a=b=0;
16	--->	,	Folge	a = 1, b = 2;

Bild 2-8: Arithmetische Operatoren

Bild 2-8 zeigt die wichtigsten ***Operatoren*** für die Programmierung von arithmetischen Formeln. Die in der Spalte Rang angegebene Rangstufe stimmt mit der im Anhang zusammengestellten Gesamttabelle überein. Operatoren einer kleineren Rangstufe werden vor den Operatoren einer größeren Stufe ausgeführt; also die Multiplikation (Stufe 4) vor der Addition (Stufe 5). Die Spalte Richtung zeigt an, in welcher Reihenfolge gleiche oder gleichrangige Operationen ausgeführt werden. Der arithmetische Ausdruck x = a + b - c enthält die gleichrangigen Operatoren + und - der Richtung ---> und wird in folgender Reihenfolge ausgewertet:

```
Addition a + b
Subtraktion Zwischensumme - c
Ergebnis nach x
```

Die Operatoren lassen sich mit Ausnahme des Divisionsrestes % sowohl auf die ganzzahligen (z.B. int) als auch auf die reellen Datentypen (z.B. double) anwenden. Bei der *ganzzahligen Division* entsteht ein ganzzahliger Quotient ohne Stellen hinter dem Komma. Der Operator % liefert den ganzzahligen Divisionsrest und darf nur auf die ganzzahligen Datentypen angewendet werden. Beispiel:

```
double  a = 1, b = 2, divi;        // reell
int   x = 1, y = 2, quot, rest;    // ganzzahlig
quot = x / y;                      // Ergebnis 0
rest = x % y;                      // Ergebnis 1
divi = a / b;                      // Ergebnis 0.5
```

Wie üblich lassen sich Teilausdrücke durch *runde Klammern* zusammenfassen, die sich beliebig tief schachteln lassen und die dann von innen nach außen ausgeführt werden. Es sind nur runde Klammern zulässig; eckige Klammern kennzeichnen Feldelemente und geschweifte Blöcke. Durch Klammern läßt sich eine bestimmte Reihenfolge in der Auswertung von Ausdrücken erzwingen. Das folgende Beispiel ersetzt den Bruchstrich durch das Rechenzeichen / für die Division:

Formel:

$$x = \frac{a + b}{a - b}$$

Anweisung:
```
x = (a + b) / (a - b);
```

Reihenfolge:
```
berechne a + b
berechne a - b
dividiere die Summe durch die Differenz
```

In der syntaktisch richtigen, aber unlogischen Schreibweise x = a + b / a - b hätte die Division Vorrang vor der Addition und Multiplikation. Die Reihenfolge wäre:
```
dividiere b durch a
addiere a
subtrahiere b
```

Standardmäßig werden Bereichsüberschreitungen bei ganzzahligen Operationen nicht erkannt. Bei einer ganzzahligen (`int`) Division bzw. einem Divisionsrest durch 0 erscheint die Meldung
Divide error

Bereichsüberschreitungen bei reellen Operationen führen in der Regel zu einem Fehlerabbruch. Bei einer reellen (`double`) Division durch 0 erscheint die Meldung
Floating point error: Divide by 0.
Abnormal program termination

Eine *Anweisung* ist eine Aufforderung an den Rechner, eine bestimmte Aufgabe durchzuführen. Enthält sie einen *Ausdruck*, so wird dieser berechnet. Ein Ausdruck besteht aus Konstanten, Variablen, Operatoren und Funktionsaufrufen. Die *Ausdruckanweisung* wird mit einem Semikolon abgeschlossen. Die Berechnung eines Ausdrucks, also die Ausführung der Operationen, bezeichnet man auch als bewerten.

Der Wert eines Ausdrucks kann mit dem *Zuweisungsoperator* = einem L-Wert, normalerweise also einer Variablen, zugewiesen werden. Der Zuweisungsoperator kann wie alle anderen Operatoren mehrmals in einer Ausdruckanweisung erscheinen. Die Reihenfolge der einzelnen Zuweisungen geht dabei von rechts nach links (<---). Beispiel:
```
int a, b, c, d;      // Typvereinbarung
a = b = c = d = 0;   // d=0; c=d=0; b=c=0; a=b=0;
```

Der *Kommaoperator* mit der niedrigsten Rangstufe wird zuletzt ausgeführt und erlaubt eine Folge von Teilausdrücken in einer Anweisung. Mehrere, durch Komma getrennte Ausdrücke, werden von links nach rechts ausgeführt (--->): dabei stellt der rechte letzte Teilausdruck den Wert des Gesamtausdrucks dar. Beispiel:
```
int  a, b, c, d;          // Typvereinbarung
d = (a=1, b=2, c=333); // der Wert des Ausdrucks ist 333
```

Rang	Richtung	Operator	Wirkung	Beispiel
2	<---	++	zählen +1	x++; wie x = x + 1;
2	<---	--	zählen -1	x--; wie x = x - 1;
15	<---	*=	erst * dann zuweisen	x *= y; wie x = x*y;
15	<---	/=	erst / dann zuweisen	x /= y; wie x = x/y;
15	<---	%=	erst % dann zuweisen	x %= y; wie x = x%y;
15	<---	+=	erst + dann zuweisen	x += y; wie x = x+y;
15	<---	-=	erst - dann zuweisen	x -= y; wie x = x-y;

Bild 2-9: Zähloperatoren und zusammengesetzte Operatoren

Der Zuweisungsoperator läßt sich entsprechend *Bild 2-9* mit arithmetischen Operatoren kombinieren. Dabei wird die arithmetische Operation vor der Wertzuweisung ausgeführt. Der Zähloperator ++ erhöht eine ganzzahlige oder auch reelle Variable um 1. Der Zähloperator -- vermindert sie um 1. Steht der Operator *vor* der Variablen, so wird der Inhalt der Variablen zunächst um 1 erhöht bzw. vermindert; mit dem neuen Wert wird in dem Ausdruck weitergerechnet. Steht der Operator *nach* der Variablen, so wird zunächst mit dem alten Wert gerechnet, danach wird der Inhalt der Variablen um 1 erhöht bzw. vermindert. Da die Zähloperatoren Speicherinhalte verändern, dürfen sie nur auf Variablen (allgemein L-Werte) angewendet werden. Bespiele:

```
int   i=0, j, k;    // Typvereinbarung
j = i++;            // wirkt wie j = i; dann i = i + 1;
k = --i;            // wirkt wie i = i - 1; dann k = i;
```

Funktion	Wirkung	Beispiel
abs(i)	$|i|$ Betrag ganzzahlig	j = abs(i);
fabs(x)	$|x|$ Betrag reell	z = fabs(x);
pow(x, y)	x^y Exponentiation x,y pos. reell	z = pow(x, 0.5);
pow10(x)	10^x Exponentiation x ganz	z = pow10(i);
sqrt(x)	$\sqrt{x}$ Quadratwurzel $x \geq 0$ reell	z = sqrt(x);
sin(x)	Sinus im Bogen von 0 bis 2π	z = sin(wink*M_PI/180);
cos(x)	Cosinus im Bogen von 0 bis 2π	z = cos(wink*M_PI/180);
tan(x)	Tangens im Bogen von 0 bis 2π	z = tan(wink*M_PI/180);
M_PI	Zahlenwert $\pi = 3.1415927...$	bogen = wink*M_PI/180;
asin(x)	Arcussinus im Bogen $-\pi/2..+\pi/2$	wink=asin(x)*180/M_PI;
acos(x)	Arcuscosinus im Bogen $-\pi/2..+\pi/2$	wink=acos(x)*180/M_PI;
atan(x)	Arcustangens im Bogen $-\pi/2..+\pi/2$	wink=atan(x)*180/M_PI;
atan2(y,x)	Arcustangens y/x Bogen $-\pi..+\pi$	w=atan2(b,a)*180/M_PI;
sinh(x)	hyperbol. Sinus $\frac{1}{2}(e^x - e^{-x})$	z = sinh(x);
cosh(x)	hyperbol. Cosinus $\frac{1}{2}(e^x + e^{-x})$	z = cosh(x);
tanh(x)	hyperbol. Tangens sinh(x)/cosh(x)	z = tanh(x);
exp(x)	Exponentialfunktion e^x	z = exp(1); liefert Zahl e
log(x)	ln x Logarithmus Basis e $x > 0$	z = log(x);
log10(x)	log x Logarithmus Basis 10 $x > 0$	z = log10(u2/u1);

Bild 2-10: Mathematische Standardfunktionen in `<math.h>`

Die in *Bild 2-10* zusammengestellten mathematischen Standardfunktionen werden mit
```
#include <math.h>
```

dem aufrufenden Programm zugeordnet. Eine ausführliche Beschreibung sowie weitere
Funktionen können dem Referenzhandbuch entnommen werden. Die Funktionen
werden mit einem arithmetischen Ausdruck als Argument aufgerufen; mit dem Ergebnis
kann in einem arithmetischen Ausdruck weitergerechnet werden. Die Funktionen lassen
sich auch schachteln. Bei einem Aufruf mit mehr als einem Argument (z.B. pow und
atan2) werden die übergebenen Ausdrücke durch ein Komma getrennt. Beispiele:
```
double   x = 45, y, z, erg;
y = 0.5 * sin(x * M_PI / 180);   // Ausdrücke
z = sqrt(fabs(x));               // Schachtelung
erg = pow(x*x, 4);               // zwei Argumente
```

Nur die Funktion abs zur Berechnung des ganzzahligen Absolutwertes wird für ein
ganzzahliges (int) Argument aufgerufen und liefert ein ganzzahliges (int) Ergebnis.
Alle anderen Funktionen mit Ausnahme des Exponenten von pow10 werden mit reellen
(double) Argumenten aufgerufen und liefern ein Ergebnis vom Datentyp double.
Man beachte, daß die ganzzahlige Funktion abs angewendet auf ein reelles Argument
die Nachpunktstellen abschneidet; richtig ist fabs. Abschreckendes Beispiel:
```
double   x = -47.11;
cout << "\n abs(x) = " << abs(x);     //  abs = 47
cout << "\nfabs(x) = " << fabs(x);    //  fabs = 47.11
```

Mit dem in *Bild 2-11* dargestellten Testprogramm läßt sich das Verhalten der trigonometrischen Funktionen untersuchen. Der Aufruf der *Tangensfunktion* tan an den
Polstellen 90°, -90°, 270° und -270° brachte keine Fehlermeldung, sondern es wurde
mit sehr großen positiven bzw. negativen Werten (10^{15}) weitergerechnet. Der Tangens
von 0 ist allerdings genau 0, und dann führt der Ausdruck ct = 1 / tg auf eine
Division durch Null mit Fehlerabbruch!

```
/* k2p11.cpp Bild 2-11: Trigonometrische Funktionen */
#include <iostream.h>          // für cin und cout
#include <math.h>              // für M_PI, sin, cos, tan
main()
{
 double   grad, bogen, si, co, tg, ct, f;
 cout << "\nWinkel in Grad -> "; cin >> grad;
 bogen = grad * M_PI / 180;
 si = sin(bogen);   cout << "\nSin(" << grad << "°) = " << si;
 co = cos(bogen);   cout << "\nCos(" << grad << "°) = " << co;
 tg = tan(bogen);   cout << "\nTan(" << grad << "°) = " << tg;
 ct = 1 / tg;       cout << "\nCtg(" << grad << "°) = " << ct;
 f = si*si + co*co;
 cout << "\nsin²(" << grad << "°) + cos²(" << grad << "°) = " << f;
 return 0;
}
```

Bild 2-11: Untersuchung der trigonometrischen Funktionen

Ein *gemischter Ausdruck* besteht aus Operanden, die unterschiedlichen Datentypen angehören. Jeder Datentyp hat im Rechner eine ihm eigene Speicherlänge und Zahlendarstellung. Für jeden Datentyp sind daher eigene Übertragungs- und Rechenbefehle erforderlich. Der ganzzahlige Datentyp `int` wird als vorzeichenbehaftete Dualzahl von 16 bit Länge in zwei Speicherbytes abgelegt und kann mit den Befehlen des Rechenwerks direkt bearbeitet werden. Der reelle Datentyp `double` der Länge 64 bit besteht aus einem Vorzeichen, einer Charakteristik und einer Mantisse. Für seine Bearbeitung sind besondere Rechenverfahren erforderlich, die entweder von der Systembibliothek als Unterprogramme zur Verfügung gestellt oder von einem Arithmetikprozessor als feste Mikroprogramme ausgeführt werden. In dem folgenden Beispiel ist die Variable i vom ganzzahligen Datentyp `int`, die Variable d vom reellen Datentyp `double`.

```
int   i = 1;          // 16-bit-Dualzahl
double  d = 1.5, x;   // 64-bit-Mantisse-Exponent
x = d + i;            // gemischter Ausdruck double + int
```

Der Compiler erzeugt automatisch Befehle, welche die Operanden gemischter Ausdrücke in eine gemeinsame Datendarstellung umwandeln. Die Berechnung erfolgt mit dem Datentyp, der den größeren Zahlenbereich umfaßt; sie wird also mit höchstmöglicher Genauigkeit durchgeführt. Die Umwandlung findet nur im Rechenwerk statt, die Operanden im Arbeitsspeicher bleiben unverändert.

Allgemein gelten folgende Regeln:

Die *ganzzahligen* 8-bit-Datentypen `signed char` und `unsigned char` werden zu `int` umgeformt. Die Behandlung von `char` allein hängt von der Einstellung eines Compilerschalters ab (standardmäßig `signed`). Aufzählungstypen (`enum`) werden wie `int` behandelt. Der Datentyp `int` wird gegebenenfalls zu `long int` umgeformt. Bei gleicher Länge wird `signed` zu `unsigned` umgeformt.

Bei den *reellen Datentypen* wird gegebenenfalls `float` zu `double` und `double` zu `long double` umgeformt.

Bei einer *Mischung* von reellen und ganzzahligen Operanden in einem *Ausdruck* wird der ganzzahlige in einen reellen Operanden umgeformt, und es wird reell gerechnet.

Bei einer *Wertzuweisung* mit dem Zuweisungsoperator = wird der rechts stehende *R-Ausdruck* in die Darstellung der links stehenden *L-Variablen* umgewandelt. Dabei kann es zu Umwandlungsfehlern durch Abschneiden kommen. Bei der Umwandlung eines längeren in einen kürzeren ganzzahligen Datentyp gehen die nicht darstellbaren höherwertigen Stellen verloren. Bei der Umwandlung eines reellen Datentyps in einen ganzzahligen werden die Stellen hinter dem Komma ohne Rundung abgeschnitten. Beispiel:

```
int   i;
double  d = 3.1415927;
i = d;                    // Das Ergebnis ist i = 3
```

Wegen der automatischen Typumformung des Compilers gibt es normalerweise nur bei der ganzzahligen Division Schwierigkeiten. In dem folgenden Beispiel wird zunächst ganzzahlig dividiert, und dann erst wird der ganzzahlige, also abgeschnittene, Quotient in eine reelle Zahl umgeformt.

```
int   i = 1 , j = 2;      // 1 : 2 = 0 Rest 1
double  d;
d = i / j;                // Das Ergebnis ist d = 0
```

In besonderen Fällen kann durch das Vorsetzen eines **Typ- oder Castoperators** vor einen Ausdruck eine ausdrückliche Typumwandlung vorgenommen werden.

> **(Datentypbezeichner)**   *Ausdruck*

Als Datentypbezeichner werden die vordefinierten Kennwörter wie z.B. `int` und `double` verwendet. Die Typumwandlung hat die Rangstufe 2 und wird daher vor den arithmetischen Operationen, aber nach den Klammern, ausgeführt. In dem folgenden Beispiel werden die ganzzahligen Operanden i und j vor der (reellen) Division in die `double`-Zahlendarstellung überführt.

```
int   i = 1, j = 2;
double  d;
d = (double)i/(double)j;   // Ergebnis d = 0.5
```

Für weitere Aufgaben stellen die C++ Systeme vordefinierte Funktionen zur Verfügung, wie z.B. die *Zufallszahlen* in `stdlib.h`:

Ergebnis	Funktion	Aufgabe
	`randomize()`	Startwert für Zufallszahlen erzeugen
`int`	`rand()`	liefert Zufallszahl im Bereich von 0 bis 32767
`int`	`random(`*bereich*`)`	liefert Zufallszahl im Bereich von 0 bis (*bereich* - 1)

Das folgende Beispiel veranlaßt mit `randomize()` die Vorgabe eines "zufälligen" Startwertes. Der Aufruf `random(i)` leitet daraus einen "zufälligen" Folgewert ab, der kleiner ist als der übergebene Wert i.

```
#include <iostream.h>    // für die Ein-/Ausgabe
#include <stdlib.h>      // für die Zufallszahlen
main()
{
  int   i;
  randomize();                      // Startzahl "mischen"
  cout << "\nganze Zahl -> "; cin >> i;   // Bereich
  cout << "Zufallszahl = " << random(i);  // abgeleitet
  return 0;
}
```

2.4 Die einfache Eingabe und Ausgabe von Daten

In C++ wird für die Ein-/Ausgabe von Daten eine Klassenbibliothek verwendet, die mit
#include <iostream.h>

zugeordnet werden muß. Die älteren C-Funktionen in <stdio.h> und <conio.h>
stehen weiterhin zur Verfügung. Dieser Abschnitt behandelt nur die einfachen vordefinierten Datentypen (ganzzahlig, reell und Zeichen) ohne Formatierung. Weitere
Möglichkeiten finden sich in den Abschnitten:
- 2.6 Die formatierte Eingabe und Ausgabe von Daten,
- 6.2 Zeichen und Texte,
- 6.4 Datendateien sowie
- 8.2 Der Bildschirm im Text- und Graphikbetrieb

Für die *Ausgabe auf der Konsole* (Bildschirm) mit

```
cout << Ausdruck;
cout << Ausdruck_1 << . . . << Ausdruck_n;
```

werden voreingestellte Formate (Umwandlungsverfahren) entsprechend dem Datentyp
verwendet. Der Übernahmeoperator << , der den Linksschiebe-Operator überlädt, wird
mit dem Rang 6 nach den arithmetischen und vor den logischen Operatoren ausgeführt
und läßt sich aneinanderreihen. Auf der *Ausgabe* erscheinen die Ausdrücke von links
nach rechts beginnend mit *Ausdruck_1* bis zum letzten *Ausdruck_n*. Zulässig sind
arithmetische Konstanten, Variablen und Ausdrücke sowie Konstanten und Variablen
für Zeichen und Texte (Strings). Für den unüblichen Fall, daß Ausdrücke Wertzuweisungen bzw. Zähloperatoren enthalten, erfolgt die Bewertung von rechts nach links, die
Ausgabe jedoch von links nach rechts.

Zahlen erscheinen standardmäßig (voreingestellt) nur als Ziffernfolgen, dabei entfällt
das positive Vorzeichen. Durch Zeichen- bzw. Textkonstanten lassen sich Leerzeichen
und Texte einbauen (Fließtextausgabe). Abschnitt 2.6 behandelt die formatierte Ausgabe z.B. von Tabellen. Das Programmbeispiel *Bild 2-12* gibt Werte für mathematische
Funktionen aus.

```
/** k2p12.cpp Bild 2-12: Fliesstextausgabe von Funktionswerten */
#include   <iostream.h>
#include   <math.h>
main()
{
 int expo = 3;
 double x = 10, y = 3, z = 1e10;
 cout << "\n  pow(" << x << " hoch " << y << ") = " << pow(x,y);
 cout << "\n        pow10(" << expo << ") = " << pow10(expo);
 cout << "\nWurzel aus " << z << " = " << sqrt(z);
 cout << "\n        e hoch " << x*5 << " = " << exp(x*5);
 return 0;
}
```

```
pow(10 hoch 3)  = 1000
       pow10(3) = 1000
Wurzel aus 1e+10 = 100000
      e hoch 50 = 5.18471e+21
```

Bild 2-12: Fließtextausgabe von Funktionswerten

Zur Ausführung von **Steuerfunktionen** dienen die in *Bild 2-13* zusammengestellten *Escape*-Sequenzen, die mit einem Rückstrich (Backslash \) eingeleitet werden. Sie erscheinen als einzelnes Zeichen zwischen Hochkommas oder als Bestandteil eines Textes zwischen Anführungszeichen.

Zeichen	hexadezimal	ASCII	Wirkung
\a	0x07	BEL	Bell = Hupe = Alarm
\b	0x08	BS	Backspace = Rücktaste
\f	0x0C	FF	Form Feed = Seitenvorschub (nur Drucker)
\n	0x0A	LF	Line Feed = Zeilenvorschub
\r	0x0D	CR	Carriage Return = Wagenrücklauf
\t	0x09	HT	Horizontaler Tabulator (Tab-Taste)
\v	0x0B	VT	Vertikaler Tabulator
\\	0x5C	\	Backslash = Rückstrich
\'	0x27	'	Apostroph = Hochkomma
\"	0x22	"	Anführungszeichen = Gänsefüße
\xhh			hexadezimaler Zeichencode hh (ASCII)

Bild 2-13: Escape-Sequenzen

Formelzeichen des Zeichensatzes, die nicht auf der Tastatur zur Verfügung stehen, lassen sich über die *Alt*-Taste und die Ziffern des numerischen Tastenblocks als Textzeichen erzeugen oder werden mit hexadezimalen *Escape*-Sequenzen ausgegeben. Ein Beispiel ist das Zeichen Ω mit dem dezimalen Wert 234 bzw. dem hexadezimalen Wert xEA. Das folgende Beispiel zeigt den Aufbau einer Ausgabezeile mit den voreingestellten Standardformatierungen und dem Zeichen Ω.

```
#include <iostream.h>       // für cout
main
{
  double x = 47.123456789;  // Ausgabe: 6 Nachkommastellen
  cout << "\nWiderstand R = " << x << " k\xEA";  // xEA = Ω
```

Auf einer neuen Zeile erscheint der Zahlenwert mit 6 Nachpunktstellen gerundet:
```
Widerstand R = 47.123457 kΩ
```

Für die ***Eingabe von der Konsole*** (Tastatur) mit

```
cin >> Bezeichner;
cin >> Bezeichner_1 >> . . . >> Bezeichner_n;
```

werden entsprechend dem Datentyp voreingestellte Formate (Umwandlungsverfahren) verwendet. Der Übernahmeoperator `>>`, der den Rechtsschiebe-Operator überlädt, hat den Rang 6 und läßt sich aneinanderreihen, so daß mehrere Werte beginnend mit *Bezeichner_1* von einer Eingabezeile gelesen werden können. In einfachen Anwendungen sollte man mit `cout` eine Meldung ausgeben und mit `cin` jeweils nur *einen* Wert einlesen. Die Dateneingabe wird mit einem Wagenrücklauf *cr* abgeschlossen. Beispiel:

```
#include <iostream.h>    // für cout und cin
main()
{
 int  a, b;
 cout << "\nganze Zahl für a ->"; cin >> a;
 cout << "\nganze Zahl für b ->"; cin >> b;
```

Eingabezeilen:
```
ganze Zahl für a -> 1234 cr
ganze Zahl für b -> 100 cr
```

Die auf der Tastatur eingegebenen Zeichen erscheinen als Echo auf dem Bildschirm. Die Eingabezeile kann mit den Tasten *Cursor_links* und *Rücktaste* (Backspace) korrigiert werden. Zusammen mit dem abschließenden Wagenrücklauf *cr* gelangen die Eingabezeichen in einen Pufferspeicher und werden dort entsprechend dem Datentyp ausgewertet und dabei aus dem Puffer entfernt; der abschließende *Wagenrücklauf verbleibt* als Code 10 dezimal im Puffer. Bei der Eingabe mit `cin` werden standardmäßig alle *Whitespace-Zeichen* (Leerzeichen sowie die Steuerzeichen Wagenrücklauf, Zeilenvorschub und Tabulatoren) überlesen und nicht ausgewertet.

Die Eingabe von ***Zahlen*** auf der Eingabezeile erfolgt mit oder ohne Vorzeichen wie die Schreibweise von Zahlenkonstanten im Programm. Die Auswertung endet mit dem ersten Zeichen, das nicht zur Zahlendarstellung gehört. Eingabebeispiele:

ganze Zahlen:	0	12	+34	-56
reelle Festpunktzahlen:	0	2.5	-2.1	.5
reelle Gleitpunktzahlen:	1e3	-1e-3	0.2E-5	.5e+10

Bei der Eingabe von *Zeichen* (Datentyp `char`) werden *Whitespace*-Zeichen überlesen; das erste Nicht-*Whitespace*-Zeichen wird als Ergebnis gespeichert. Im Gegensatz dazu liefert die Funktion **`cin.get()`** das nächste Zeichen der Eingabe, auch wenn es sich um ein *Whitespace*-Zeichen handelt. Werden mehr Daten als erforderlich eingegeben oder tritt ein Eingabefehler auf, so verbleibt der Rest der Eingabezeile zusammen mit dem Endezeichen *cr* im Eingabepuffer und wird bei der nächsten Eingabe ausgewertet. Der Eingabepuffer kann mit **`cin.seekg(0)`** gelöscht werden.

Bei der Arbeit unter DOS oder im DOS-Fenster von Windows kann es vorkommen, daß das Ausgabefenster sofort nach Beendigung des Programms geschlossen wird. Dann kann es zweckmäßig sein, das Programm bis zur Eingabe der *Return*-Taste (Wagenrücklauf) warten zu lassen, um in Ruhe die Ergebnisse zu betrachten. Beispiel:

```
cout << "\nWiderstand R = " << x << " k\xEA";
cout << "\nWeiter mit cr -> "; cin.seekg(0); cin.get();
return 0;
```

Bei einfachen Berechnungen (z.B. Formeln) ist es zweckmäßig, das Programm nicht für jeden Wert neu zu starten, sondern in einer **Schleife** solange Wert lesen zu lassen, bis eine Abbruchbedingung eingegeben wird. Das in *Bild 2-14* dargestellte Programm zeigt Beispiele für die Ein-/Ausgabe über iostream in einer Leseschleife, die bei einem Radikanden <= 0 beendet wird. Damit wird gleichzeitig auch der "gefährliche" Fall negativer Radikanden abgefangen!

```
/* k2p14.cpp  Bild 2-14: Leseschleife für Wurzelfunktion */
#include <iostream.h>                  // für cin cout
#include <math.h>                      // für sqrt
main()
{
 double  radi;
 cout << "\nEnde mit Eingabe <= 0";
 while (1)                             // Leseschleife
 {
  cout << "\n\nRadikand -> "; cin >> radi;
  if (radi <= 0) break;               // Abbruchbedingung
  cout << " Wurzel aus " << radi << " = " << sqrt(radi);
 }                                     // zurück nach System
 return 0;
}

Ende mit Eingabe <= 0

Radikand -> 9
 Wurzel aus 9 = 3

Radikand -> 1000
 Wurzel aus 1000 = 31.6228

Radikand -> -1

C:\BC45\bsp>
```

Bild 2-14: Die Ein-/Ausgabe über iostream

Beim Testen von Leseschleifen kann es vorkommen, daß durch Programmierfehler Schleifen entstehen, die sich nicht mehr beenden lassen. Ein Programm, das mit cin auf die Eingabe von Daten wartet, läßt sich meist durch Eingabe der Tastenkombination **Strg** *und* C (^C) abbrechen.

2.5 Übungen zur Formelprogrammierung

Die Aufgaben bestehen aus einer einfachen Auswertung von Formeln. Die Lösungsvorschläge im Anhang machen noch keinen Gebrauch von den Lese- und Kontrollschleifen des nächsten Kapitels.

1. Aufgabe:
Für den Durchmesser D einer Kugel berechne man das Volumen V und die Oberfläche M nach folgenden Formeln:

$$V = \frac{\pi * D^3}{6} \qquad M = \pi * D^2$$

Man lese den Durchmesser D und gebe ihn zusammen mit dem berechneten Volumen V und der Oberfläche M aus.

2. Aufgabe:
Den Widerstand Z [Ω] einer Spule berechnet man aus dem Ohmschen Widerstand R [Ω], der Induktivität L [Henry] und der Frequenz f [Hz] nach der Formel

$$Z = \sqrt{R^2 + (2 * \pi * f * L)^2}$$

Für R, L und f sind Zahlenwerte zu lesen, der daraus berechnete Widerstand Z ist auszugeben.

3. Aufgabe:
Für einen Träger der Länge l [m] bei einer Belastung von q [kp/m] berechnet man die Auflagerkraft A [kp] und das Biegemoment M [kpm] nach den Formeln

$$A = \frac{q * l}{2} \qquad M = \frac{q * l^2}{8}$$

Es sind Zahlenwerte für q und l zu lesen, A und M zu berechnen und mit den Maßeinheiten auszugeben.

4. Aufgabe:
Es sind Zahlenwerte für zwei Widerstände R_1 und R_2 in der Einheit Ohm einzulesen. Man berechne den Reihen- und den Parallelwiderstand nach den Formeln

$$R_r = R_1 + R_2 \qquad R_p = \frac{R_1 * R_2}{R_1 + R_2}$$

und gebe R_r und R_p zusammen mit den Einheiten aus. In Testläufen sind die Sonderfälle zu untersuchen, daß einer der beiden Widerstände Null ist bzw. daß beide Null sind. Elektrotechnisch einwandfreie Lösungen lassen sich erst mit den Programmstrukturen des folgenden Kapitels erzielen.

2.6 Die formatierte Eingabe und Ausgabe von Daten

Die Arbeit der Ein-/Ausgabefunktionen in **iostream** wird von internen Variablen gesteuert, die mit Standardwerten für die Fließtextausgabe (Abschnitt 2.4) vorbesetzt sind und die der Benutzer durch den Aufruf von Funktionen und Manipulatoren einstellen kann. Die Variable *Format* enthält in einzelnen Bitpositionen Angaben über die Formatierung der Daten. In der Variablen *Füllzeichen* ist standardmäßig ein Leerzeichen zum Auffüllen des Ausgabefeldes enthalten. Die Variable *Genauigkeit* der reellen Zahlenausgabe ist mit dem Wert 6 voreingestellt. Die Variable *Weite* gibt die Feldbreite für die Ausgabe aller Datentypen an. Sie ist mit 0 vorbesetzt und wird nach jeder Ausgabe wieder auf 0 zurückgesetzt. Die Ausgabe erfolgt jedoch unabhängig von der eingestellten *Weite* in der notwendigen Länge, bei Zahlen mit allen auszugebenden Stellen. Die in *Bild 2-15* zusammengestellten Funktionen liefern einen alten Wert zurück und stellen mit dem als Argument übergebenen Wert die Variablen neu ein. Bei einem Aufruf ohne Argument wird nur der alte Inhalt zurückgegeben.

Ergebnis	Funktion	Aufgabe
`int`	`cout.width(int n)`	*nur folgende* Ausgabe n Stellen breit
`int`	`cout.precision(int n)`	*alle* reellen Ausgaben mit n Stellen
`char`	`cout.fill(char c)`	legt Füllzeichen c fest
`long`	`cout.flags(long f)`	legt Formatvariable (Bild 2-16) fest
`long`	`cout.setf(long f)`	setzt Einzelbits im Format (Bild 2-16)
`long`	`cout.unsetf(long f)`	löscht Einzelbits im Format (Bild 2-16)

Bild 2-15: Ausgabe-Formatierungsfunktionen (Auszug)

Das folgende Beispiel stellt die Feldweite auf 10 Stellen und die reelle Genauigkeit auf 5 Stellen ein und vereinbart als neues Füllzeichen den Stern. Die Weite von 10 Stellen gilt nur für das erste `cout << x` und wird für die beiden folgenden Ausdrücke auf 0 zurückgesetzt.

```
double  x = 123.456789;
cout.width(10); cout.precision(5); cout.fill('*');
cout << x << " == " << x;
```

Auf der Ausgabe erscheint:
```
****123.46 == 123.46
```

Die *Format*-Variable enthält in jeder Bitposition ein Flag, das bei 1 (gesetzt) die entsprechende Formatierung vornimmt. Sind Positionen nicht oder widersprüchlich besetzt, so gelten Standardeinstellungen. *Bild 2-16* zeigt die in `ios` vordefinierten Bezeichner, die mit dem Vorsatz `ios::` versehen werden müssen. Die standardmäßige Voreinstellung ist `0x2001` hexadezimal (`skipws = 1` und `unitbuf = 1`).

Bezeichner	Muster	Wirkung
`ios::skipws`	0x0001	Whitespace-Zeichen bei der Eingabe übergehen
`ios::left`	0x0002	linksbündige Ausgabe
`ios::right`	0x0004	rechtsbündige Ausgabe
`ios::internal`	0x0008	Füllzeichen nach Vorzeichen bzw. Basis
`ios::dec`	0x0010	dezimales Zahlensystem (*immer* Voreinstellung)
`ios::oct`	0x0020	oktales Zahlensystem (nur ganzzahlig)
`ios::hex`	0x0040	hexadezimales Zahlensystem (nur ganzzahlig)
`ios::showbase`	0x0080	Zahlenbasis mit ausgeben (nur ganzzahlig)
`ios::showpoint`	0x0100	reelle Ausgabe immer mit Punkt und allen Stellen
`ios::uppercase`	0x0200	hexadezimale Ausgabe mit Großbuchstaben
`ios::showpos`	0x0400	Vorzeichen + bei ganzzahliger Ausgabe
`ios::scientific`	0x0800	reelle Ausgabe in Exponentendarstellung
`ios::fixed`	0x1000	reelle Ausgabe in Festpunktdarstellung
`ios::unitbuf`	0x2000	alle Streams nach Ausgabe leeren
`ios::stdio`	0x4000	`stdout` und `stderr` nach Ausgabe leeren

Bild 2-16: Die Formatierungsflags in `ios`

Durch den logischen Operator | (Oder) lassen sich mehrere Formatierungsflags in einem Funktionsaufruf einstellen. Beispiel zur ganzzahligen hexadezimalen Ausgabe:
`cout.setf(ios::hex | ios::uppercase | ios::showbase);`

Manipulator	Klasse	Aufgabe
`dec`		dezimale Ein-/Ausgabe (voreingestellt)
`hex`		hexadezimale Ein-/Ausgabe
`endl`		Zeilenvorschub wie `"\n"`
`setw(`**`long`**` n)`	`iomanip`	*nur folgende* Ausgabe mit n Stellen
`setfill(`**`int`**` c)`	`iomanip`	Füllzeichen c
`setprecision(`**`int`**` n)`	`iomanip`	reelle Genauigkeit n Stellen
`setiosflags(`**`long`**` f)`	`iomanip`	Formatflags (Bild 2-16) setzen
`resetiosflags(`**`long`**` f)`	`iomanip`	Formatflags (Bild 2-16) löschen

Bild 2-17: Manipulatoren in `<iomanip.h>` *(Auszug)*

Die in *Bild 2-17* zusammengestellten ***Manipulatoren*** lassen sich wie ein Ausdruck in die Ausgabe mit cout einbauen. Manipulatoren, die Argumente übergeben, benötigen eine Zuordnung mit #include <iomanip.h>. Sie übernehmen Formatierungen, die sich auch mit Funktionen und Flags einstellen lassen. Beispiel für die Weite der folgenden Ausgabe statt cout.width(10):

```
cout << "\nX = " << setw(10) << x << endl;
```

Man beachte, daß **alle Einstellungen** mit Ausnahme der **Weite (width** bzw. **setw)** so lange gültig sind, bis sie neu gesetzt bzw. zurückgesetzt werden. Die Genauigkeit (precision) bezieht sich bei der unformatierten (voreingestellten) Ausgabe auf die Anzahl aller Stellen, bei der Formatierung mit fixed und scientific nur auf die Nachpunktstellen. Das in *Bild 2-18* dargestellte Beispiel zeigt ein Testprogramm, mit dem sich die Wirkung der Formatierungen untersuchen läßt.

```
/* k2p18.cpp  Bild 2-18: Test der Formatierung */
#include <iostream.h>
#include <iomanip.h>        // Manipulatoren
main()
{
  int nst, nw;   // nst = Zahl der Stellen  nw = Weite der Ausgabe
  double x;
  cout << "\nAbbruch der Schleife mit Strg - Z";
  while (1) // Leseschleife bis Strg - Z oder Eingabefehler
  {
   cout << "\n\n  reelle Zahl eingeben -> "; cin >> x;
   if (cin.eof() || cin.fail() ) break;        // Abbruch
   cout << "cout.precision Stellen -> "; cin >> nst;
   if (cin.eof() || cin.fail() ) break;        // Abbruch
   cout.precision(nst);
   cout << "        setw Feldweite -> "; cin >> nw;
   if (cin.eof() || cin.fail() ) break;        // Abbruch
   cout << "\nunformatiert";
   cout << "\nWeite 0  >" <<  x;
   cout << "\nsetw(" << setw(2) << nw << ") >" << setw(nw) << x;
   cout.setf(ios::showpoint);
   cout << "\n\nios:showpoint";
   cout << "\nWeite 0  >" <<  x;
   cout << "\nsetw(" << setw(2) << nw << ") >" << setw(nw) << x;
   cout.unsetf(ios::showpoint);
   cout.setf(ios::fixed);
   cout << "\n\nios:fixed";
   cout << "\nWeite 0  >" <<  x;
   cout << "\nsetw(" << setw(2) << nw << ") >" << setw(nw) << x;
   cout.unsetf(ios::fixed);
   cout.setf(ios::scientific);
   cout << "\n\nios:scientific";
   cout << "\nWeite 0  >" <<  x;
   cout << "\nsetw(" << setw(2) << nw << ") >" << setw(nw) << x;
   cout.unsetf(ios::scientific);
  }
  cout << "\nDas war das Ende";
  return 0;
}
```

```
Ende der Schleife mit Strg - Z
  reelle Zahl eingeben -> 12.34
cout.precision Stellen -> 3
        setw Feldweite -> 10

unformatiert
Weite 0  >12.3
setw(10) >       12.3

ios:showpoint
Weite 0  >12.3
setw(10) >       12.3

ios:fixed
Weite 0  >12.340
setw(10) >     12.340

ios:scientific
Weite 0  >1.234e+01
setw(10) > 1.234e+01
```

Bild 2-18:Test der Formatierungen

Die in *Bild 2-19* zusammengestellten Funktionen dienen zur **Kontrolle der Eingabe** mit `cin`. Werden z.B. bei der Eingabe von Zahlen anstelle von Ziffern Buchstaben eingegeben, so tritt ein *Fehlerzustand* ein, der mit dem Ergebnis von `cin.fail()` ungleich 0 oder *wahr* erkannt werden kann. Der *Eingabeausdruck* von `cin` liefert im Fehlerfall einen Zeiger gleich 0. Die Tastenkombination *Strg* und *Z* (^Z) wird als *Endemarke* von Leseschleifen verwendet und kann mit dem'Ergebnis von `cin.eof()` ungleich 0 oder *wahr* erkannt werden. Sowohl die Fehler- als auch die Endemarke müssen mit `cin.clear()` zurückgesetzt werden, sonst wäre die Eingabe blockiert.

Ergebnis	Funktion	Aufgabe
int	`cin.get()`	liefert das nächste Zeichen
int	`cin.fail()`	liefert Fehlerstatus: == 0:kein Eingabefehler != 0: Eingabefehler
int	`cin.eof()`	liefert Endestatus: == 0: keine Endemarke ^z != 0: Endemarke ^z
	`cin.clear()`	setzt Fehler- und Endestatus zurück
	`cin.seekg(0)`	leert Eingabepuffer

Bild 2-19: Kontrollfunktionen in `iostream.h` *(Auszug)*

Bild 2-20 zeigt die Anwendung der Kontrollfunktionen in einer Schleife, die durch Eingabe von Strg und Z (^Z) beendet wird, Eingabefehler (z.B. Buchstaben) werden mit der Hupe **\a** und einer Meldung zurückgewiesen. Eine Bereichüberschreitung (wie z.B. > 1e308) wird jedoch nicht erkannt; der Inhalt von x bleibt dabei unverändert!

```
/* k2p20.cpp Bild 2-20: Lese- und Kontrollschleife */
#include <iostream.h>
#include <iomanip.h>
main()
{
 double x ;
 while ( 1 )                              // Lese- und Kontrollschleife
 {
  cout << "\nreell -> "; cin >> x;
  if ( cin.eof() )                        // Ende mit Strg-Z ?
    {cin.clear(); cin.seekg(0); break;}
  if ( cin.fail() )                       // Eingabefehler ?
    {cin.clear(); cin.seekg(0); cout << "\aFehler" ; continue;}
  cout << setw(9) << "x =" << x << " gute Eingabe";
 }
 cout << "\nEnde mit cr -> "; cin.get();
 return 0;
 }


reell -> 47.11
      x = 47.11 gute Eingabe
reell -> otti
Fehler
reell -> ^Z

Ende mit cr ->
```

Bild 2-20: Kontroll- und Leseschleife

Zur **formatierten Ausgabe** von Daten sowie von zusätzlichen Text- und Steuerkonstanten dient die in **<stdio.h>** definierte Funktion

> **printf**("Formatangaben", *Liste von Ausdrücken*);

Die *Formatangaben* stehen üblicherweise zwischen Hochkommazeichen in einer Textkonstanten. Sie bestehen aus Steuerzeichen, aus Texten und aus Umwandlungsvorschriften wie z.B. %i für int-Zahlen. Für jeden auszugebenden Wert ist eine durch das Zeichen % eingeleitete Formatangabe erforderlich. Beispiel:

```
int  x = 1, y = 2;
printf("\n%i + %i = %i", x, y, x + y);
```

Die in *Bild 2-21* zusammengestellten Formate für die Eingabe und Ausgabe von Zahlen beginnen mit dem Zeichen %, dann folgen Kennbuchstaben für den Datentyp und die Zahlendarstellung. Für jeden Ausdruck muß genau eine Formatangabe (%) vorhanden sein. Fehlen Formatangaben, so werden die entsprechenden Ausdrücke nicht ausgegeben. Überflüssige Formatangaben, für die keine entsprechenden Ausdrücke vorhanden sind, geben zufällige Werte aus. Es gelten die in Bild 2-13 zusammengestellten *Escape*-Sequenzen. Die printf-Funktion hängt an das Steuerzeichen \n (Zeilenvorschub) automatisch noch das Zeichen \r für einen Wagenrücklauf an, so daß auf den Anfang der nächsten Zeile vorgeschoben wird.

Datentyp	Eingabeformat (scanf)	Ausgabeformat (printf)
`unsigned char`	`%c` (nur Zeichen)	`%c` (Zeichen) `%u` `%x` (Zahl)
`unsigned int`	`%u` (`%x` für hexa)	`%u` (`%x` `%X` hexa)
`unsigned long`	`%lu` (`%lx` für hexa)	`%lu` (`%lx` `%lX` hexa)
`signed char`	`%c` (nur Zeichen)	`%c` (Zeichen) `%i` `%d` (Zahl)
`int, short int`	`%d` `%i` (auch hexa)	`%d` `%i` (`%x` `%X` hexa)
`long, long int`	`%ld` `%li` (auch hexa)	`%ld` `%li` (`%lx` `%lX` hexa)
`float`	`%e` `%f` `%g` `%E` `%G`	`%e` `%f` `%g` `%E` `%G`
`double`	`%le` `%lf` `%lg` `%lE` `%lG`	`%le` `%lf` `%lg` `%lE` `%lG`
`long double`	`%Le` `%Lf` `%Lg` `%LE` `%LG`	`%Le` `%LF` `%Lg` `%LE` `%LG`

Bild 2-21: Formate für die Eingabe (`scanf`) und Ausgabe (`printf`)

Alle Zeichen innerhalb des Formates, die weder zu einer mit % eingeleiteten Format-beschreibung noch zu einer mit \ beginnenden *Escape*-Sequenz gehören, werden als Texte zwischen den umgewandelten Zahlen ausgegeben; dazu gehören auch die Leer-zeichen. Formelzeichen des ASCII-Zeichensatzes, die nicht auf der Tastatur zur Verfü-gung stehen, lassen sich über die *Alt*-Taste und die Ziffern des numerischen Tasten-blocks als Textzeichen erzeugen oder mit einer *Escape*-Sequenz ausgeben.

Bei der Ausgabe von reellen Zahlen in den Formaten %f, %lf und %LF erscheint der Wert mit Stellen vor und hinter dem Dezimalpunkt. Die Formate %e, %le und %Le arbeiten in der dezimalen Mantisse-Exponent-Darstellung mit einer Vorpunktstelle. Bei der Ausgabe in den Formaten %g, %lg und %LG richtet sich die Darstellung nach der Größe der Zahl. Bei der Ausgabe von Zahlen *innerhalb* eines Textes verwendet man vorzugsweise die Formate %i (`int`) und %lg (`double`) ohne Formatierung. Für die Ausgabe von *Zahlentabellen* ist es zweckmäßig, Angaben über die Breite des Ausgabe-feldes und, bei reellen Zahlen, über die Anzahl der Nachpunktstellen zu machen; sie stehen ohne Leerzeichen zwischen den Zeichen % und den Kennbuchstaben **bu**.

```
    alle Datentypen:    %Breite bu
reelle Zahlentypen:    %Breite.Nachpunktstellen bu
```

Die Ausgabe erfolgt rechtsbündig mit führenden Leerzeichen. Reicht die Angabe Breite nicht aus, so wird sie automatisch erweitert, bis alle Ziffern ausgegeben werden können.

Für die *formatierte Eingabe* von Daten dient die in <stdio.h> definierte Funktion

```
scanf("Formatangaben", Variablenliste)
```

Die Formatangaben stehen üblicherweise zwischen Anführungszeichen in einer Textkonstanten. Die Bezeichner der Variablen sind durch ein vorangestelltes & als Zeiger zu
kennzeichnen, damit der aufgerufenen scanf-Funktion die Adressen der Variablen und
keine Inhalte übergeben werden. Beispiel:

```
int  x, y;              // Variablen  Datentyp Integer
scanf("%i %i", &x, &y); // Formatangabe %i für Integer
```

Die in Bild 2-21 zusammengestellten Formatangaben (%) gelten auch für die Eingabe
von Zahlen. Die char-Datentypen können nur für die Eingabe von Zeichen verwendet
werden. Die Anzahl der Formatangaben muß mit der Anzahl der Variablen in der Liste
übereinstimmen. Fehlen Formatangaben, so erhalten die entsprechenden Variablen
keine neuen Werte zugewiesen. Die Formatangaben werden üblicherweise durch ein
Leerzeichen getrennt; hinter der letzten Angabe sollte kein Leerzeichen mehr stehen, da
sonst bei der Eingabe ein weiteres Datenfeld erwartet wird. Für die Eingabe von double-Größen muß ein **l** für long zwischen den Zeichen % und den Kennbuchstaben
verwendet werden. Die Schreibweise von reellen Zahlen auf der Eingabezeile ist
unabhängig von der Formatbeschreibung e, f oder g. Eingabebeispiele:

```
Festpunktschreibweise:    2.5        2.        .5
Gleitpunktschreibweise:   2.5e-3     1E5       1e-6
```

Die Funktion scanf liest die Zeichen aus einer Eingabedatei stdin und gibt sie im
Echo auf dem Bildschirm aus. Eine Eingabezeile ist erst gültig, wenn sie mit einem
Wagenrücklauf (*Return, cr*) abgeschlossen wird. Sie kann vorher mit der Rücktaste
korrigiert werden. Die Zahlen der Eingabezeile werden üblicherweise durch mindestens
ein Leerzeichen oder durch ein Tabulatorzeichen getrennt. Ihre Anzahl und ihre
Schreibweise sollten mit der Typvereinbarung, der Formatbeschreibung und mit der
Variablenliste übereinstimmen. Werden weniger Daten als erwartet eingegeben, so
fordert das System mit dem Cursor weitere an; werden mehr eingegeben, so verbleiben
die überzähligen in der Eingabedatei stdin und werden beim nächsten Aufruf von
scanf ausgewertet. Der die Eingabe abschließende Wagenrücklauf (*cr*) verbleibt
immer, stört aber bei der Eingabe von Zahlen nicht weiter. Die Eingabedatei stdin
kann mit fflush(stdin) oder reset(stdin) geleert werden.

Besonders bei der Eingabe von Zahlen kommt es häufig zu Eingabefehlern, die einen
Absturz des Programms zur Folge haben können. Der häufigste Fehler ist die Eingabe
von Buchstaben anstelle von Ziffern. Die Auswertung der Eingabezeile wird ohne
Fehlermeldung abgebrochen und gegebenenfalls mit der nächsten Eingabeanweisung
fortgesetzt. Dabei können unendliche Schleifen entstehen, oder es wird mit alten oder
zufälligen Werten weitergerechnet. Für eine Fehlerkontrolle liefert die scanf-Funktion
die Anzahl der richtig umgewandelten Parameter als Funktionsergebnis zurück:

```
Anzahl = scanf("Formatangaben", Variablenliste)
```

Der Fehlerfall läßt sich durch einen Vergleich der erwarteten mit der tatsächlichen Anzahl der umgewandelten Datenfelder erkennen. Beispiel:
```
int  x, ein;
ein = scanf("%i", &x);
if(ein != 1) printf("Eingabefehler");
```

Bei der Eingabe von *Strg* und *Z* anstelle von Daten liefert die `scanf`-Funktion den vordefinierten Wert EOF (meist -1). Damit läßt sich eine Leseschleife steuern. Beispiel:
```
while (scanf("%i", &x) != EOF)
{
    Folge von Anweisungen;
}
```

Für die *Eingabe von einzelnen Zeichen* verwendet man die in `<conio.h>` definierten Funktionen

```
Zeichenvariable = getch()
Zeichenvariable = getche()
```

Die Funktionen warten auf die Betätigung einer Taste; `getch()` liefert den Code ohne Echo, `getche()` liefert den Code mit Echo zurück. Sie können auch ohne Wertzuweisung aufgerufen werden, um das Programm bis zur Betätigung einer Taste warten zu lassen. Das in *Bild 2-22* dargestellte Programm zeigt als Beispiel die Eingabe und Ausgabe mit `stdio`-Funktionen anstelle von `iostream` (Bild 2-14).

```
/* k2p22.cpp  Bild 2-22: Leseschleife mit stdio */
#include <stdio.h>          // für printf scanf
#include <conio.h>          // für getch
#include <math.h>           // für sqrt
main()
{
 double  radi;
 printf("\nEnde mit Eingabe <= 0");
 while(1)                            // Leseschleife
   {
    printf("\n\nRadikand -> ");  scanf("%lg", &radi);
    if(radi <= 0) break;             // Endebedingung
    printf(" Wurzel aus %lg = %lg" , radi, sqrt(radi));
   }
 printf("\nWeiter -> "); getch();    // warte auf Taste
 return 0;                           // zurück nach System
}
```

Bild 2-22: Die Ein-/Ausgabe über stdio

3. Programmstrukturen

Eine Programmdatei besteht aus Vereinbarungen und Funktionen. Vor der Haupt-funktion `main()`, dem Hauptprogramm, können Präprozessoranweisungen und globale Vereinbarungen stehen. Eine Funktion wird mit ihrem Namen aufgerufen; dahinter steht zwischen runden Klammern eine Parameterliste, die wie z.B. bei `main()` und `cin.get()` auch leer sein kann. Die Vereinbarungen und Anweisungen der Funktion befinden sich in einem Block zwischen den Begrenzungszeichen { und }. Alle Bezeich-ner (z.B. Variablennamen) müssen vor ihrer ersten Anwendung vereinbart worden sein. Obwohl eine bestimmte Anordnung nicht vorgeschrieben ist, faßt man normalerweise die Vereinbarungen am Anfang des Funktionsblocks zusammen. Die Anweisungen lassen sich entsprechend *Bild 3-1* durch ein Struktogramm übersichtlich darstellen.

```
/* k3p1.cpp Bild 3-1*/
#include <iostream.h>
#include <math.h>
main()           // Vereinbarungen erscheinen nicht im Struktogramm
{
  double a, b, c, f;
  cout << "\na -> ";
  cin >> a;
  cout << "b -> ";
  cin >> b;
  c = sqrt(a*a + b*b);
  f = 0.5 * a * b;
  cout << "c = " << c;
  cout << " F = " << f;
  cout << "\n -> ";
  cin.seekg(0);
  cin.get();
  return 0;
}
```

	Eingabedaten lesen	Meldung und a lesen
		Meldung und b lesen
	Formeln berechnen	$c = \sqrt{(a^2 + b^2)}$
		$f = \frac{1}{2} a * b$
	Ergebnisse ausgeben	c und f ausgeben
		Meldung und warten

a. **Programm**   b. **Grobstruktogramm**   c. **Feinstruktogramm**

Bild 3-1: Programm und Struktogramm einer Folge

Das **Struktogramm** nach Nassi-Shneiderman verwendet als Grundsymbol das Rechteck, das die Aktion (Tätigkeit) einer oder mehrerer Anweisungen beschreibt. Die Oberkante kennzeichnet den Anfang der Tätigkeit, die Unterkante das Ende. Beim Entwurf beginnt man mit dem umfassenden Rechteck (Gesamtlösung), das in immer feinere Blöcke (Teillösungen) unterteilt werden kann. Teilaufgaben lassen sich durch ein besonderes Struktogramm darstellen und als Funktion programmieren. Die Beschriftung ist dem Anwender freigestellt.

Der **Programmablaufplan** verwendet einzelne Symbole, die durch Ablauflinien verbun-den werden. Diese Darstellung dient besonders in der Maschinenorientierten Program-mierung zur Beschreibung einzelner Befehle. Vereinbarungen erscheinen weder im Struktogramm noch im Ablaufplan. Die Sinnbilder für Struktogramme und Ablaufpläne sind genormt. Bei Bedarf lassen sich auch Datenstrukturen graphisch darstellen.

3.1 Die Folgestruktur

Das in Bild 3-1 dargestellte Beispiel besteht aus einer Folge von Anweisungen, die in der Reihenfolge von oben nach unten ausgeführt werden. Dieser Abschnitt zeigt einige Regeln, nach denen der Compiler Ausdrücke und Anweisungen in eine Folge von Maschinenbefehlen umwandelt. Ein *Ausdruck*

```
Operand_1 Operator_1 . . . . Operator_n Operand_n
```

besteht aus Operanden (Konstanten, Variablen und Funktionsergebnissen), die durch *Operatoren* in einer bestimmten Reihenfolge (Bilder 2-8 und 2-9) miteinander verknüpft werden. Der *Kommaoperator*

```
Ausdruck_1 , Ausdruck_2 , . . . , Ausdruck_n
```

verbindet Teilausdrücke zu einem Gesamtausdruck. Er hat die niedrigste Rangstufe 16 und wird *nach* allen anderen Operatoren ausgeführt. Die Berechnung der Teilausdrücke erfolgt von links nach rechts ($- - ->$); der Wert des Gesamtausdrucks ist gleich dem des letzten rechten Teilausdrucks `Ausdruck_n`. In dem folgenden Beispiel hat der Gesamtausdruck den Wert $d = 3$:

```
d = (a = 1, b = 2, c = 3);   // a = 1 dann b = 2 dann c = 3
```

Auch das *Wertzuweisungszeichen* =

```
Variable = Ausdruck
Variable_1 = Variable_2 = . . . = Ausdruck
```

ist ein Operator der vorletzten Rangstufe 15. Die Ausführung mehrerer Wertzuweisungsoperatoren in einem Ausdruck erfolgt von *rechts nach links* ($< - - -$) und ermöglicht eine Kette von Wertzuweisungen. In dem folgenden Beispiel werden alle Variablen auf den Wert Null gesetzt:

```
a = b = c = 0;     // Reihenfolge: c = 0; b = c; a = b;
```

Der Wertzuweisungsoperator kennzeichnet keine mathematische Gleichung, sondern eine Tätigkeit: *bewerte den Ausdruck der rechten Seite und speichere das Ergebnis in der links stehenden Variablen*, die auch L-value (Links-Wert) genannt wird. Die folgenden Wertzuweisungen sind mathematisch gesehen "Ungleichungen".

```
x = x + 1;   // x++; erhöhe den Inhalt von x um 1
x += 10;     // x = x + 10; addieren, dann Summe zuweisen
```

Eine *Anweisung* ist eine Aufforderung, eine bestimmte Tätigkeit auszuführen, sie wird als besonderes Kennzeichen durch ein Semikolon abgeschlossen. Erst das Semikolon macht den *Ausdruck* "a = b" zu einer **Anweisung** "a = b;"

Eine *Ausdruckanweisung*

```
                                    Ausdruck ;
Teilausdruck_1 , . . . , Teilausdruck_n ;
```

besteht aus einem Ausdruck mit abschließendem Semikolon. Dazu gehören auch Wertzuweisungen und Funktionsaufrufe. In C++ werden auch Deklarationen (Vereinbarungen) als Anweisungen betrachtet. Ein überflüssiges Semikolon gilt als leere Anweisung. Beispiele:

```
char  z;                // Typvereinbarung für Zeichen
int a = 1, b = 1, c;    // Typvereinbarung mit Wertzuweisung
c = a + b;              // Ausdruckanweisung (Wertzuweisung)
a = 2, b = 3, c = 4;    // Folge von Teilausdrücken
cin.get();              // Anweisung Funktionsaufruf
z = cin.get();          // Wertzuweisung durch Funktion
;;;                     // leere Anweisungen stören nicht
```

Eine *Blockanweisung*

```
{ Anweisung_1; . . . Anweisung_n; }
oder
{
   Anweisung_1;
   . . .
   Anweisung_n;
}
```

besteht aus einer Folge von Anweisungen, die zwischen den Begrenzungszeichen { und } stehen und die von oben nach unten bzw. von links nach rechts ausgeführt werden. Hinter dem abschließenden Zeichen } steht **kein** *Semikolon*. Allgemein wird ein Semikolon nach dem Zeichen } als leere Anweisung angesehen. Block- oder Verbundanweisungen werden an den Stellen verwendet, an denen aus syntaktischen Gründen nur eine Anweisung zulässig ist, aber mehrere ausgeführt werden müssen.

Blöcke kennzeichnen gleichzeitig den *Gültigkeitsbereich* von Vereinbarungen. Alle außerhalb von Funktionen definierten Bezeichner sind in allen folgenden Funktionsblöcken gültig; dies gilt auch für Unterblöcke zwischen { und }. Alle innerhalb eines Blocks definierten Bezeichner sind nur in diesem Block und in allen Unterblöcken gültig; außerhalb nicht. Innerhalb eines Blocks darf ein Bezeichner nur einmal verwendet werden. Ein bereits außerhalb eines Blocks definierter Bezeichner läßt sich in einem Unterblock neu definieren. Außerhalb gilt wieder die ursprüngliche Definition. Damit wird verhindert, daß Definitionen von innen nach außen übertragen werden, während umgekehrt äußere Definitionen global auch innen zur Verfügung stehen.

3.2 Vergleichsausdrücke

Bei der Programmierung von Rechenverfahren ergeben sich oft Aussagen, die eine oder
mehrere Bedingungen enthalten:

```
Wenn A gleich B, dann . . .
Für x > 0 und y < 0 setze . . .
Für 0 < x < 9 berechne . . .
Solange Zähler <= 100 gib den Zähler aus
Wenn z kleiner 0 . . . . sonst . . . .
Für Anfangswert 1 bis Endwert 100 mit Schrittweite 1
```

Ist die Bedingung *erfüllt* bzw. lautet die Antwort *ja*, so ist das Ergebnis *wahr* oder
logisch 1, und die Anweisung wird ausgeführt. Bei *nicht erfüllt* oder *nein* oder *falsch*
oder logisch 0 unterbleibt die Ausführung. Die in *Bild 3-2* zusammengestellten Operatoren führen Vergleiche und logische Verknüpfungen ihrer Ergebnisse durch.

Rang	Richtung	Operator	Wirkung	Beispiel
2	<---	!	logisches Nicht	if (!ende)
4	--->	* / %	arithmetisch	if (n % 2 == 0)
5	--->	+ -	arithmetisch	if (a + b == 0)
7	--->	<	kleiner als	if (a < b)
7	--->	<=	kleiner oder gleich	if (a <= b)
7	--->	>	größer als	if (a > b)
7	--->	>=	größer oder gleich	if (a >= b)
8	--->	==	gleich (**Vergleich!**)	if (a == b)
8	--->	!=	ungleich	if (a != b)
12	--->	&&	logisches Und	if (a<0 && b<0)
13	--->	||	logisches Oder	if (0 < x || x < 9)
14	<---	b? j : n	bedingter Ausdruck	a < b ? a : b

Bild 3-2: Vergleichs- und Verknüpfungsoperatoren

Die zu vergleichenden Operanden müssen vom gleichen (einfachen) Datentyp sein oder
entsprechend den Regeln für gemischte Ausdrücke umgewandelt werden können.
Ganzzahlige (int) Operanden werden bei einem Vergleich mit reellen (double)
Operanden nach reell umgeformt. Bei der Untersuchung von reellen Größen auf Gleich-
heit (Operator ==) bzw. Ungleichheit (Operator !=) sollte man bedenken, daß reelle
Zahlendarstellungen durch Umwandlungs- und Rundungsfehler verfälscht werden
können! Dies betrifft besonders Nachpunktstellen und Ergebnisse, die durch fortlaufende Additionen und Subtraktionen entstanden sind. Eine Abfrage gelesener bzw.

mit Konstanten besetzter reeller Variablen ist unkritsch. Als Vergleichsoperanden sind
alle Arten von arithmetischen Ausdrücken zulässig. Beispiele:

```
int   a = 1, b = 2;        // ganze Anfangswerte
double x = 1.5, y = 0.4;   // reelle Anfangswerte
if (a == 2) . . . ;        // für a gleich 2
if (b != 2) . . . ;        // für b ungleich 2
if (x >= a) . . . ;        // vergleiche reell mit ganz
if (x + y < 0) . .;        // erst Summe, dann Vergleich
if (y == 0.2) . . ;        // Vorsicht! besser >= oder <=
```

Vergleichsergebnisse lassen sich mit den logischen Operatoren ! (Negation), &&
(logisches Und) sowie | | (logisches Oder) verknüpfen. Das logische Und liefert nur
dann wahr, wenn beide Operanden wahr sind. Beim logischen Oder ist das Ergebnis
wahr, wenn bereits einer der Operanden wahr ist. Beispiele:

```
int   a = 1, b = 2, c = 3, d = 4; // Anfangswerte
if (a == 0  &&  b == 0) . . . ;   // wenn beide Null
if (a != 0  ||  b != 0) . . . ;   // wenn einer ungleich 0
```

Man beachte, daß die einfachen Zeichen & und | auch für Bitoperationen verwendet
werden. Sie sind bei ganzzahligen Variablen zulässig, können aber andere Ergebnisse
liefern als die Doppelzeichen && und | | für logische Operationen. Der Operator =
allein ist eine *Wertzuweisung*; nur das Doppelzeichen == führt einen *Vergleich* durch.

Das **Ergebnis** eines Vergleichs bzw. einer logischen Verknüpfung ist ein Zahlenwert
vom Datentyp int und kann daher auch einer ganzzahligen Variablen (Schalter)
zugewiesen werden. Es gilt folgende Zuordnung:

```
      der Wert 0 gilt als falsch
jeder Wert ≠0 gilt als wahr
```

Bei der Programmierung mathematischer Formulierungen können leicht Fehler entstehen. Die Aussage "0 < x < 10" direkt als if (0 < x < 10) geschrieben ist
syntaktisch korrekt, aber logisch falsch, denn der erste Vergleich 0 < x liefert eine
Zahl 0 oder 1, die dann mit der Zahl 10 verglichen wird. Richtig muß die Bereichs-
abfrage in zwei Vergleiche der Eckwerte "0 < x Und x < 10" zerlegt werden:

```
if (0 < x && x < 10) . . . ; // erst vergleichen, dann Und!
```

Will man einen Vergleich erst später oder mehrmals auswerten, so vereinbart man eine
sogenannte **Schaltervariable** (Schalter) vom Datentyp int und weist ihr das Ergebnis
einer Vergleichsoperation zu. In dem folgenden Beispiel negiert der Operator ! die
Stellung des Schalters.

```
int   ende = 0;           // Schaltervariable vorbesetzt
double x  = 0, y = 1;     // Vergleichswerte
ende = x == 0 && y == 0;  // Wertzuweisung an Schalter
if (!ende) . . . ;        // Wenn kein Ende, dann . . .
if (ende) . . . ;         // Wenn Ende, dann . . .
```

3.3 Programmverzweigungen

Als Programmverzweigung bezeichnet man die Möglichkeit, durch einen Vergleich eingegebener oder berechneter Daten bestimmte Anweisungen auszuführen oder Programmzweige zu durchlaufen.

3.3.1 Der bedingte Ausdruck

```
Bedingungsausdruck ? Ja_ausdruck : Nein_ausdruck
```

```
        Bedingungsausdruck ?
    wahr            :           falsch
    ─────────────────:─────────────────
    Ja_ausdruck    :  Nein_ausdruck
```

der Operatoren **?** und **:** besteht aus drei Teilen. Der vor dem Fragezeichen stehende *Bedingungsausdruck* wird bewertet. Ist er *wahr* (nicht Null), so wird der folgende *Ja_ausdruck* bewertet und ergibt den Wert des Gesamtausdrucks. Ist der Bedingungsausdruck *falsch* (Null), so wird der hinter dem Doppelpunkt stehende *Nein_ausdruck* bewertet und ergibt den Wert des Gesamtausdrucks. Im Gegensatz zu einer bedingten Anweisung kann mit dem Ergebnis eines bedingten Ausdrucks sofort weitergearbeitet werden. Das folgende Beispiel gibt den Inhalt der Speicherstelle k entweder mit einem positiven oder einem negativen Vorzeichen aus.

```
cout << "k = " << ((k < 0) ? '-' : '+') << abs(k);
```

3.3.2 Die einseitig bedingte Anweisung

```
if (Bedingungsausdruck) Ja_anweisung;
```

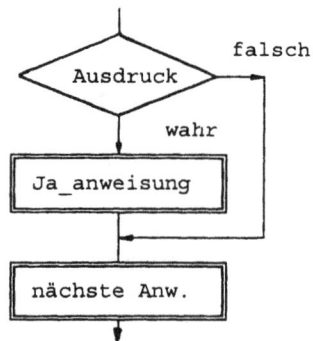

Struktogrammdarstellung   *Programmablaufplan*

beginnt mit dem Kennwort **if**. Der in Klammern folgende *Ausdruck* wird bewertet. Ist der Wert 1 bzw. ungleich 0, also *wahr*, so wird die dahinter stehende *Ja_anweisung* ausgeführt. Ist der Wert des Bedingungsausdrucks gleich 0, also *falsch*, so wird die *Ja_anweisung* übergangen. Das folgende Beispiel liest einen Radikanden `radi`. Ist der Wert größer *oder* gleich 0, so wird die Quadratwurzel ausgegeben; anderenfalls unterbleibt die Ausgabe.

```
double  radi;
cout << "\nRadikand -> ";  cin >> radi;
if (radi >= 0) cout "Wurzel = " << sqrt(radi);
```

Als Bedingungsausdruck dienen vorwiegend die im vorigen Abschnitt erläuterten Vergleiche und ihre logischen Verknüpfungen sowie Schaltervariablen. Beispiele:

```
double  radi = 47.11;              // oder radi lesen
int  null;                         // Schaltervariable
null = radi == 0;                  // Schalter setzen
if (radi < 0) cout << "kleiner  0";
if (0 <= radi && radi <= 10) cout << "0..10";
if (null) cout << "Null";          // Schalter auswerten
```

Müssen bei *wahr* mehrere Anweisungen ausgeführt werden, so ist die **Blockanweisung** oft übersichtlicher als eine Folge von Teilausdrücken, die durch den Kommaoperator getrennt werden. Beispiel für einen Block:

```
if (radi < 0)
{
 radi = fabs(radi);
 cout << "\nWurzel = " << sqrt(radi);
 cout << " imaginär" << endl;
}
```

Das in *Bild 3-3* dargestellte Beispiel zeigt das vollständige Programm zur Berechnung der Quadratwurzel unter Berücksichtigung des Vorzeichens des Radikanden. Für jeden der beiden Fälle ist eine einseitig bedingte Anweisung erforderlich. Anstelle des aus zwei Anweisungen bestehenden Blocks hätte auch eine Folge von zwei Ausdrücken (Kommaoperator) verwendet werden können.

```
if (radi >= 0) wurz = sqrt(radi) , cout << radi << . . .;
```

Meldung und Radikand radi lesen	
radi >= 0	
wahr	falsch
wurz = sqrt (radi) radi und wurz ausgeben	|
radi < 0	
wahr	falsch
wurz = sqrt (|radi|) radi und wurz ausgeben	|
Rücksprung	

```
/* k3p3.cpp  Bild 3-3: Beispiel einseitig bedingte Anweisung */
#include <iostream.h>
#include <math.h>
main()
{
 double radi, wurz;
 cout << "\nRadikand -> "; cin >> radi;
 if (radi >= 0)
 {
  wurz = sqrt(radi);
  cout << " Wurzel aus " << radi << " = " << wurz << " reell";
 }
 if (radi < 0)
 {
  wurz = sqrt(fabs(radi));
  cout << " Wurzel aus " << radi << " = " << wurz << " imaginär";
 }
 return 0;
}
```

Bild 3-3: Beispiel für einseitig bedingte Anweisungen

Eine Aufgabe verlangt oft, daß entweder das eine *oder* das andere Verfahren durchgeführt werden soll. Ein Beispiel ist die Ermittlung des Vorzeichens einer Zahl. Die beiden einseitig bedingten Anweisungen

```
if (radi >= 0) cout << "positiv";
if (radi < 0)  cout << "negativ";
```

lassen sich durch eine einzige zweiseitig bedingte Anweisung ersetzen. Beispiel:

```
if (radi >= 0) cout << "positiv"); else cout << "negativ";
```

3.3.3 Die zweiseitig bedingte Anweisung

```
if (Bedingungsausdr.) Ja_anweisung; else Nein_anweisung;
```

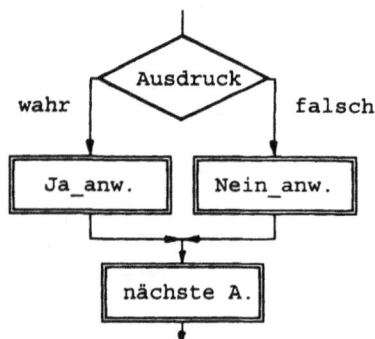

Struktogrammdarstellung   Programmablaufplan

beginnt mit dem Kennwort **if**. Der in Klammern folgende Ausdruck wird bewertet. Ist der Wert 1 bzw. ungleich 0, also *wahr*, so wird die dahinter stehende *Ja_anweisung* ausgeführt, und die hinter dem Kennwort **else** stehende *Nein_anweisung* wird übergangen. Ist der Wert des Bedingungsausdrucks gleich 0, also *falsch*, so wird die *Ja_anweisung* übergangen, und die hinter dem Kennwort **else** stehende *Nein_Anweisung* wird ausgeführt. Das folgende Beispiel liest einen Radikanden radi. Ist der Wert größer oder gleich 0, so wird die Quadratwurzel ausgegeben; andernfalls die Quadratwurzel aus dem Absolutwert mit dem Zusatz "imaginär". Der alternative **else**-Zweig wird in dem Beispiel eingerückt dargestellt.

```
double  radi;
cout << "\nRadikand -> "; cin >> radi;
if (radi >= 0) cout << "√ = " << sqrt(radi);
    else cout << "√ = " << sqrt(fabs(radi)) << " imaginär";
```

Als *Bedingungsausdruck* dienen vorwiegend die im vorigen Abschnitt erläuterten Vergleiche und ihre logischen Verknüpfungen sowie Schaltervariablen. Beispiel:

```
int   marke;                          // Schaltervariable
if (radi < 0) cout << "negativ"); else cout << "positiv";
marke = radi == 0;                    // Schalter setzen
if (marke) cout << "null"; else cout << "nicht null";
```

Müssen in einem Zweig mehrere Anweisungen ausgeführt werden, so ist die **Blockanweisung** oft übersichtlicher als eine Folge von Teilausdrücken, die durch den Kommaoperator getrennt werden. Man beachte, daß ein Semikolon hinter dem Blockendezeichen } eine leere Anweisung bedeutet. Hinter dem *Ja_block*, also vor dem **else**, führt ein Semikolon zu einer Fehlermeldung; hinter dem *Nein_block* darf eine leere Anweisung stehen. Beispiel:

```
if (radi < 0)
{
 cout << "Radikand negativ";
 wurz = sqrt(fabs(radi));
}                                // kein Semikolon !!!
else
{
 cout << "Radikand positiv";
 wurz = sqrt(radi);
}                                // Semikolon wäre unschädlich
cout << " Wurzel = " <<  wurz;
```

Das in *Bild 3-4* dargestellte Programm zeigt das Beispiel zur Berechnung der Quadratwurzel, das bereits in Bild 3-3 mit zwei einseitig bedingten Anweisungen behandelt wurde, jetzt als *zweiseitig* bedingte Anweisung. Anstelle der Blöcke hätte auch eine Folge von zwei Ausdrücken getrennt durch den Kommaoperator verwendet werden können. Beispiel:

```
if (radi >= 0) wurz = sqrt(radi) , cout << . . .;
    else wurz = sqrt(fabs(radi)) , cout << . . .;
```

```
┌─────────────────────────────────────────────────┐
│  ┌───────────────────────────────────────────┐  │
│  │    Meldung und Radikand radi lesen        │  │
│  ├───────────────────────────────────────────┤  │
│  │                 radi >= 0                  │  │
│  │  wahr                      │      falsch   │  │
│  ├────────────────────────────┼──────────────┤  │
│  │  wurz = f(radi)            │ wurz =f(|radi|) │
│  │  radi und wurz             │ radi und wurz │  │
│  │  ausgeben                  │ ausgeben      │  │
│  ├───────────────────────────────────────────┤  │
│  │                 Rücksprung                 │  │
│  └───────────────────────────────────────────┘  │
└─────────────────────────────────────────────────┘
```

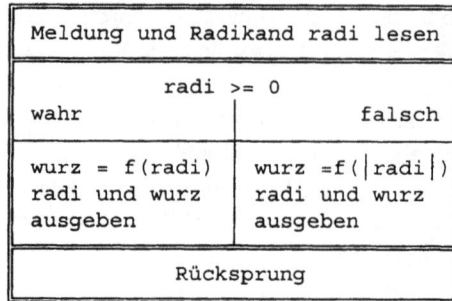

```cpp
/* k3p4.cpp  Bild 3-4: Beispiel zweiseitig bedingte Anweisung */
#include <iostream.h>
#include <math.h>
main()
{
 double radi, wurz;
 cout << "\nRadikand -> "; cin >> radi;
 if (radi >= 0)
 {
  wurz = sqrt(radi);
  cout << " Wurzel aus " << radi << " = " << wurz << " reell";
 }
 else
 {
  wurz = sqrt(fabs(radi));
  cout << " Wurzel aus " << radi << " = " << wurz << " imaginär";
 }
 return 0;
}
```

Bild 3-4: Beispiel für eine zweiseitig bedingte Anweisung

Bei einem Vergleich wie z.B. x < 0 oder x >= 0 werden die Operanden nicht verändert, so daß sich eine Variable in mehreren aufeinanderfolgenden bedingten Anweisungen auswerten läßt. Sowohl einseitig als auch zweiseitig bedingte Anweisungen lassen sich beliebig aneinanderreihen und bilden dann ein Folge. Das nächste Beispiel untersucht den Wert x auf gleich, kleiner oder größer Null.

```cpp
if (x == 0) cout << "Null";
if (x < 0)  cout << "negativ";
if (x > 0)  cout << "positiv";
```

Für eine **Auswahl verschiedener Programmzweige** verwendet man oft Kennzahlen oder Kennbuchstaben, die der Benutzer einzugeben hat. Das folgende Programmbeispiel zeigt die Auswahl von drei trigonometrischen Funktionen durch die Buchstaben *s* (für Sinus), *c* (für Cosinus) oder *t* (für Tangens). Dabei ist auch der Fehlerfall zu berücksichtigen, daß keine der vereinbarten Kennungen eingegeben wurde.

winkel und kenn lesen, bogen =	

kenn = 's'	
wahr	falsch

Sinus ausgeben	|

kenn = 'c'	
wahr	falsch

Cosinus ausgeben	|

kenn = 't'	
wahr	falsch

Tangens ausgeben	|

keine Kennung 's' 'c' 't'	
wahr	falsch

Fehlermeldung ausgeben	|

Rücksprung

```
/* k3p5.cpp  Bild 3-5: Beispiel Folge bedingter Anweisungen */
#include <iostream.h>
#include <math.h>
main()
{
 char  kenn;
 double  win, bog;
 cout << "\nWinkel [°] -> "; cin >> win;
 cout << "s = Sinus  c = Cosinus  t = Tangens-> "; cin >> kenn;
 bog = win * M_PI / 180;
 if (kenn == 's') cout << "\nSin " << win << " = " << sin(bog);
 if (kenn == 'c') cout << "\nCos " << win << " = " << cos(bog);
 if (kenn == 't') cout << "\nTan " << win << " = " << tan(bog);
 if (kenn != 's' && kenn != 'c' && kenn != 't') cout << "\aFehler";
 return 0;
}
```

Bild 3-5: Auswahl durch eine Folge einseitig bedingter Anweisungen

Jeder Zweig einer bedingten Anweisung kann weitere bedingte Anweisungen enthalten; bedingte Anweisungen lassen sich beliebig tief **schachteln**. Das folgende Beispiel untersucht den Wert x auf gleich, kleiner oder größer Null. Die alternativen Zweige wurden eingerückt.

```
if (x == 0) cout << "Null";
    else if (x > 0) cout << "positiv";
            else cout << "negativ";
```

Kommt es bei mehrfachen Schachtelungen zu Mehrdeutigkeiten, welches `else` zu welchen `if` gehört, so wurde festgelegt, daß in Zweifelsfällen ein `else` zu dem letzten `if` gehört, dem noch kein `else` zugeordnet ist. Zur klaren Formulierung einer geschachtelten Struktur dienen Blockanweisungen und Einrückungen. Beispiel:

```
if (x == 0) cout << "Null";
else
{
  if (x > 0) cout << "positiv";
        else cout << "negativ";
}
```

Das in *Bild 3-6* dargestellte Programmbeispiel zeigt die Auswahl der drei trigonometrischen Funktionen durch geschachtelte zweiseitig bedingte Anweisungen. Der Fehlerfall ergibt sich automatisch im letzten Zweig.

winkel und kenn lesen, bogen berechnen			
kenn = 's' wahr ... falsch			
	kenn = 'c' wahr ... falsch		
		kenn = 't' wahr ... falsch	
Sinus ausgeben	Cosinus ausgeben	Tangens ausgeben	Fehlerm. ausgeben

```
/* k3p6.cpp  Bild 3-6: Beispiel Schachtelung von Alternativen */
#include <iostream.h>
#include <math.h>
main()
{
 char  kenn;
 double  win, bog;
 cout << "\nWinkel [°] -> "; cin >> win;
 cout << "s = Sinus  c = Cosinus  t = Tangens -> "; cin >> kenn;
 bog = win * M_PI / 180;
 if (kenn =='s') cout << "\nSin " << win << " = " << sin(bog);
   else
   if (kenn =='c') cout << "\nCos " << win << " = " << cos(bog);
     else
     if (kenn == 't') cout << "\nTan " << win << " = " << tan(bog);
       else
       cout << "\n\aFehler: kein Kennbuchstabe s c t ";
 return 0;
}
```

Bild 3-6: Auswahl durch verschachtelte bedingte Anweisungen

3.3.4 Die Fallunterscheidung

```
switch (Auswahlausdruck)
{
    case Konstante_1 : Anweisungsfolge_1; break;
    .    .    .    .    .    .    .    .    .    .    .
    case Konstante_n : Anweisungsfolge_n; break;
             default : Anweisungsfolge_s; break;
}
```

Auswahlausdruck				
case_1	case_2	. . .	case_n	default
Folge_1	*Folge_2*		*Folge_n*	*Folge_s*
break	break		break	break
nächste Anweisung				

dient zur *Auswahl von Programmzweigen* durch Kennbuchstaben und Kennziffern. Hinter dem Kennwort **switch** (Schalter) steht in Klammern ein ganzzahliger Ausdruck vom Datentyp int, der bewertet wird. Reelle Datentypen wie z.B. double werden nach den Regeln für gemischte Ausdrücke ganzzahlig gemacht; Stellen hinter dem Komma werden dabei abgeschnitten. Hinter dem *Auswahlausdruck* steht zwischen geschweiften Klammern { } eine Folge von alternativ auszuführenden Programmzweigen.

Jeder Zweig beginnt mit dem Kennwort **case** (Fall) gefolgt von einem konstanten Ausdruck (Datentyp int), einem Doppelpunkt : und einer Anweisung bzw. einer Folge von Anweisungen, die normalerweise mit einem **break** abgeschlossen wird.

Für den Fall, daß keine Auswahlbedingung zutrifft, kann *wahlweise* ein Fehlerzweig programmiert werden. Er wird durch das Kennwort **default** (kein Zweig) anstelle von case gekennzeichnet und üblicherweise als letzter Zweig angeordnet; dann kann das break entfallen.

Bei der Ausführung der switch-Anweisung wird der *Auswahlausdruck* bewertet und mit den hinter case stehenden Konstanten verglichen. Das Programm wird mit den Anweisungen des Zweigs fortgesetzt, dessen Konstante mit dem Wert des Auswahlausdrucks übereinstimmt. Stimmt der Wert des Auswahlausdrucks mit keiner Konstanten überein, so geht die Kontrolle an den default-Zweig über; gibt es in diesem Fall jedoch keinen default-Zweig, so wird kein Zweig ausgeführt.

Die **break**-Anweisung beendet normalerweise die Ausführung eines Zweiges. Fehlt das break am Ende, so werden alle folgenden Zweige durchlaufen, bis entweder ein break auftritt oder die switch-Anweisung beendet ist. Ist ein Zweig leer, d.h. enthält er weder eine Anweisung noch ein break, so wird automatisch der folgende Zweig ausgeführt. Dadurch lassen sich mehrere Konstanten auf einen gemeinsamen Zweig zusammenführen.

Die hinter **case** stehenden Konstanten sind üblicherweise ganze Zahlen (z.B. 1) oder Zeichenkonstanten (z.B. 'x'). Das in *Bild 3-7* dargestellte Programmbeispiel wählt eine von drei trigonometrischen Funktionen durch einen Kennbuchstaben s oder c oder t aus und berücksichtigt dabei den Fehlerfall, daß keiner der drei Kennbuchstaben eingegeben wurde, in einem default-Zweig. Die gleiche Aufgabe wurde in Bild 3-5 mit einer Folge einseitig bedingter Anweisungen und in Bild 3-6 mit geschachtelten zweiseitig bedingten Anweisungen (Alternativen) gelöst.

winkel und kenn lesen, bogen berechnen			
Auswahl kenn			
Fall 's'	Fall 'c'	Fall 't'	sonst
Sinus ausgeben	Cosinus ausgeben	Tangens ausgeben	Fehlerm. ausgeben
Rücksprung			

```
/* k3p7.cpp  Bild 3-7: Beispiel Fallunterscheidung mit switch */
#include <iostream.h>
#include <math.h>
main()
{
 char  kenn;
 double  win, bog;
 cout << "\nWinkel [°] -> "; cin >> win;
 cout << "s = Sinus  c = Cosinus  t = Tangens -> "; cin >> kenn;
 bog = win * M_PI / 180;
 switch(kenn)
 {
  case 's' : cout << "\nSin " << win << " = " << sin(bog); break;
  case 'c' : cout << "\nCos " << win << " = " << cos(bog); break;
  case 't' : cout << "\nTan " << win << " = " << tan(bog); break;
  default  : cout << "\n\aFehler: kein Kennbuchstabe s c t ";
 }
 return 0;
}
```

Bild 3-7: Funktionsauswahl durch Fallunterscheidung

Für die Abfrage von Kennbuchstaben lassen die Funktionen tolower (groß -> klein) bzw. toupper (klein -> groß) aus <ctype.h> verwenden.

3.4 Übungen mit Programmverzweigungen

Die Aufgaben können meist wahlweise mit einseitig oder zweiseitig bedingten Anweisungen oder gegebenenfalls auch mit der Fallunterscheidung `switch` programmiert werden. Die Lösungsvorschläge im Anhang verwenden noch keine Schleifen; die Programme müssen für jeden Testwert erneut gestartet werden.

1. Aufgabe:
Es ist eine reelle Zahl x einzulesen. Man prüfe, ob sie in dem Bereich $0 \leq x \leq 100$ liegt und gebe eine entsprechende Meldung aus.

2. Aufgabe:
Man lese zwei nacheinander aufgezeichnete reelle Meßwerte ein und gebe an, ob die Tendenz steigend, fallend oder gleichbleibend ist.

3. Aufgabe:
Man lese die reellen Koordinaten x und y eines Punktes und bestimme seine Lage in den vier Quadranten bzw. ob er auf einer Achse oder im Nullpunkt liegt.

4. Aufgabe:
Man berechne den Reihenwiderstand R_r zweier Widerstände R_1 und R_2

$$R_r = R_1 + R_2$$

Bei der Ausgabe sollen
- alle Werte $< 1\ \Omega$ in der Einheit $m\Omega$ (Faktor 10^{-3}),
- alle Werte $\geq 1\ \Omega$ und $< 1000\ \Omega$ in der Einheit Ω (Faktor 1),
- alle Werte $\geq 1000\ \Omega$ und $< 1000000\ \Omega$ in der Einheit $k\Omega$ (Faktor 10^{+3}) und
- alle Werte $\geq 1000000\ \Omega$ in der Einheit $M\Omega$ (Faktor 10^{+6}) erscheinen.

5. Aufgabe:
Man berechne den Parallelwiderstand R_p zweier Widerstände R_1 und R_2

$$R_p = \frac{R_1 \cdot R_2}{R_1 + R_2}$$

Bei der Eingabe der Werte sollen Widerstände kleiner oder gleich Null mit Fehlermeldungen abgefangen werden, so daß eine Division durch Null ausgeschlossen wird.

Zusatzaufgabe:
Wie bei der 4. Aufgabe soll der Widerstand in den Bereichen Milliohm (Faktor 10^{-3}), Ohm (Faktor 1), Kiloohm (Faktor 10^{+3}) und Megaohm (Faktor 10^{+6}) ausgegeben werden.

6. Aufgabe:
Man berechne den Widerstand eines Drahtes nach den Formeln

$$R = \frac{l}{k \cdot A} \qquad A = \frac{\pi \cdot d^2}{4}$$

Nach Eingabe der Länge 1 [m] und des Durchmessers d [mm] erfrage man durch eine Kennzahl oder einen Kennbuchstaben das Material und verwende den entsprechenden spezifischen Leitwert k [m/(Ω*mm²)].
```
Silber:     k = 60.6
Kupfer:     k = 56.8
Aluminium:  k = 36.0
Messing:    k = 13.3
```

7. Aufgabe:
Eine Funktion y = f(x) ist in folgenden Bereichen definiert:
```
    x ≤ 0:  y = 0      "null"
0 < x ≤ 1:  y = x²     "quadratisch"
1 < x ≤ 10: y = x      "linear"
    x > 10: y = 10     "konstant"
```

Man lese einen reellen Wert für x ein und gebe den entsprechenden Funktionswert zusammen mit einer Meldung über den Verlauf (z.B. "linear") aus.

Der Funktionswert soll mit einer Folge von bedingten Anweisungen, die entsprechende Meldung soll mit einer Schachtelung von bedingten Anweisungen ermittelt werden.

8. Aufgabe:
Man prüfe durch numerischen Vergleich, ob die Formel sin²x + cos²x für einen einzulesenden reellen Winkel x genau den zu erwartenden Wert 1 liefert. Beim Testen gebe man die Winkel von 0, 1, 2 bis 10° ein.

9. Aufgabe:
Man lese zwei ganze Zahlen sowie eines der Operationszeichen
+ für Addition,
– für Subtraktion,
* für Multiplikation bzw.
/ für Division

ein und gebe die Summe, die Differenz, das Produkt bzw. den ganzzahligen Quotienten und Rest aus. Der Fehlerfall einer Division durch Null ist auszuschließen.

Zusatzaufgabe:
Man führe die Aufgabe mit reellen Zahlen durch.

3.5 Programmschleifen

In vielen Anwendungsfällen müssen Anweisungen mehrmals ausgeführt werden. *Bild 3-8* zeigt die allgemeine Struktur von Programmschleifen.

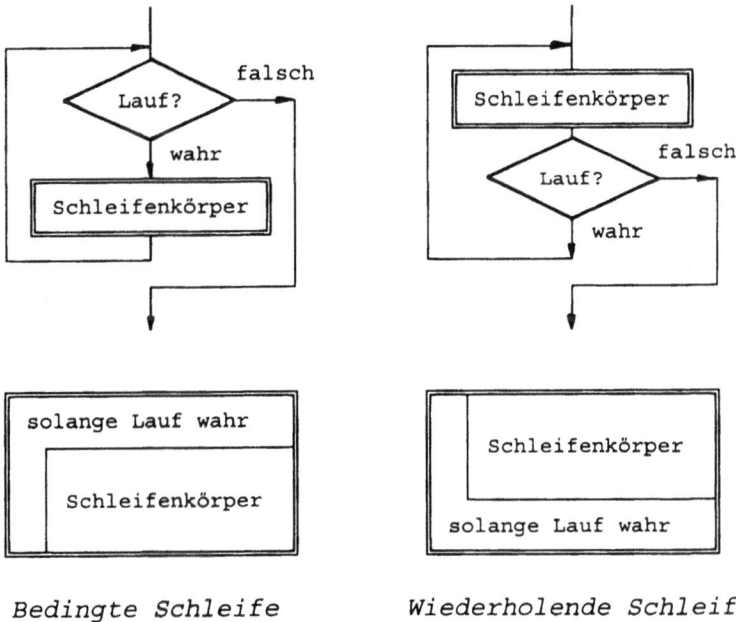

Bild 3-8: Die wichtigsten Schleifenstrukturen

Bei der **bedingten Schleife** (while) liegt die Kontrolle vor dem Schleifenkörper. Dieser wird nur dann ausgeführt, wenn die Laufbedingung erfüllt (*wahr*) ist. Nach jedem Durchlauf findet eine erneute Prüfung der Laufbedingung statt; ist sie erfüllt (*wahr*), so werden die Anweisungen des Schleifenkörpers erneut ausgeführt. Ist sie nicht erfüllt (*falsch*), so ist die Schleife beendet. Die bedingte Schleife verhält sich abweisend; für den Fall, daß die Laufbedingung bereits vor dem Eintritt in die Schleife nicht erfüllt (*falsch*) war, wird der Schleifenkörper nie ausgeführt. Bei der **wiederholenden Schleife** (do-while) liegt die Kontrolle hinter dem Schleifenkörper. Die Anweisungen werden also mindestens einmal ausgeführt. Dann folgt die Kontrolle der Laufbedingung. Ist sie erfüllt (*wahr*), so erfolgt ein neuer Schleifendurchlauf. Ist sie nicht erfüllt (*falsch*), so ist die Schleife beendet. Da die Kontrolle erst nach jedem Durchlauf stattfindet, werden die Anweisungen des Schleifenkörpers mindestens einmal ausgeführt. Falsch programmierte oder mit unsinnigen Laufparametern arbeitende Schleifen finden möglicherweise kein Ende und müssen abgebrochen werden:

Tastenkombination *Strg* und *C* (bei der Dateneingabe)
Tastenkombination *Strg* und *Break* (*Pause*)
Tastenkombination *Strg* und *Alt* und *Del* (*Lösch*, *Entf*)
Reset-Taste am Rechnergehäuse

3.5.1 Die for-Schleifenanweisung

```
for (Anfang; Laufbedingung; Veränderung) Anweisung;
```

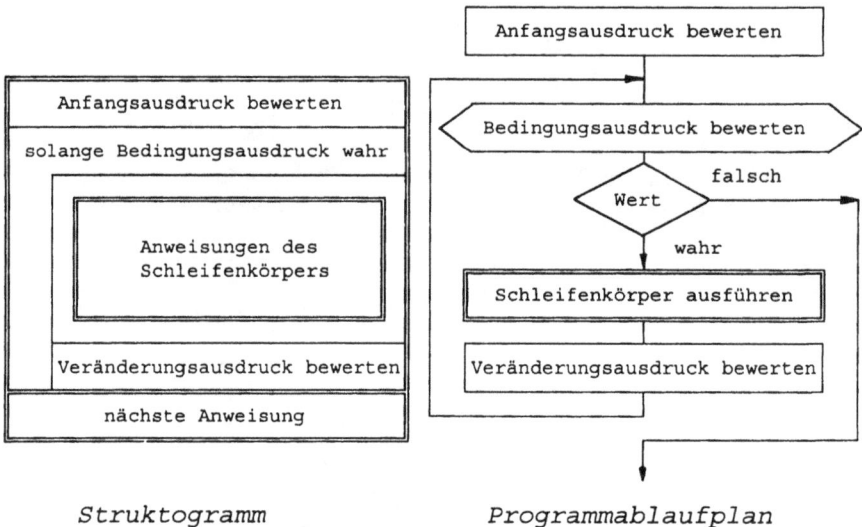

Anfangsausdruck bewerten
solange Bedingungsausdruck wahr
Anweisungen des Schleifenkörpers
Veränderungsausdruck bewerten
nächste Anweisung

Anfangsausdruck bewerten → Bedingungsausdruck bewerten → Wert → falsch / wahr → Schleifenkörper ausführen → Veränderungsausdruck bewerten

Struktogramm   *Programmablaufplan*

enthält in der allgemeinen Form Ausdrücke für die Anfangsbedingung, die Kontrolle der Laufbedingung und die Veränderung der Laufbedingung. Hinter dem Kennwort **for** (für) stehen in einer runden Klammer drei Ausdrücke, die jeweils durch ein Semikolon zu trennen sind.

Der *Anfangsausdruck* wird nur einmal vor der ersten Prüfung der Laufbedingung ausgeführt. Er bestimmt den Anfangswert der Laufbedingung *vor* dem Eintritt in die Schleife.

Der *Bedingungsausdruck* wird *vor* jedem Schleifendurchlauf bewertet. Er beschreibt die Laufbedingung. Ist sein Wert *wahr* (ja, 1 bzw. != 0), so wird die Anweisung des Schleifenkörpers ausgeführt. Ist der Wert des Bedingungsausdrucks *falsch* (nein, 0), so wird die Anweisung des Schleifenkörpers *nicht* ausgeführt. Die Schleife ist damit beendet, es folgt die nächste Anweisung.

Der *Veränderungsausdruck* wird jedesmal *nach* der Ausführung des Schleifenkörpers neu bewertet. Er enthält die Veränderung der Laufbedingung für den nächsten Durchlauf. Hinter der Klammer steht die Anweisung des Schleifenkörpers. Sollen mehrere Tätigkeiten ausgeführt werden, so verwendet man entweder eine Folge von Ausdrücken mit dem Kommaoperator oder eine Blockanweisung, die zwischen geschweiften Klammern mehrere Anweisungen enthalten kann.

Die for-Schleife verhält sich **abweisend**. Ist die Laufbedingung bereits *vor* dem Eintritt in die Schleife nicht erfüllt, so erfolgt kein Durchlauf.

Die häufigste Anwendungsform der *for-Anweisung* ist die **Zählschleife**, bei der eine Laufvariable von einem Anfangswert bis zu einem Endwert mit einer bestimmten Schrittweite verändert wird.

```
for (Laufvariable = Anfangswert;
     Laufvariable verglichen mit  Endwert;
     Laufvariable verändert um  Schrittweite)
     Anweisung oder Blockanweisung { };
```

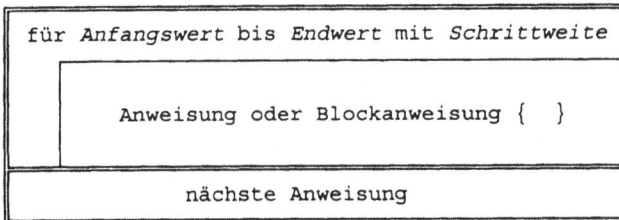

```
für Anfangswert bis Endwert mit Schrittweite

    Anweisung oder Blockanweisung {  }

          nächste Anweisung
```

Der *Anfangsausdruck* besteht aus einer Wertzuweisung des Anfangswertes an eine ganzzahlige oder reelle Laufvariable, die vorher wie jede andere Variable zu vereinbaren ist. Der *Bedingungsausdruck* besteht aus einem Vergleich der Laufvariablen mit dem Endwert. Solange die Laufbedingung erfüllt ist (Wert *wahr*, 1 bzw. != 0), wird der Schleifenkörper erneut ausgeführt. Der *Veränderungsausdruck* erhöht bzw. vermindert die Laufvariable entweder durch eine Wertzuweisung oder eine Zähloperation um die Schrittweite. Der Wert der *Laufvariablen* steht im Schleifenkörper uneingeschränkt für Operationen zur Verfügung. Das folgende Beispiel gibt die Zahlen von 1 bis 10 und ihre Quadrate auf jeweils einer neuen Zeile aus.

```
int  i;
for (i = 1; i <= 10; i++) cout << "\n" << i << " " << i*i;
```

Da als Schleifenkörper nur eine Anweisung zulässig ist, muß für die Ausführung mehrerer Tätigkeiten entweder eine Folge von Ausdrücken (Kommaoperator) oder besser eine Blockanweisung (geschweifte Klammern) verwendet werden. Das folgende Beispiel gibt eine Sinustabelle zwischen 0° und 90° mit der Schrittweite 10° aus.

```
double  g, s;
for (g = 0; g <= 90; g += 10)
{
 s = sin(g * M_PI / 180);
 cout << "\n" << setw(6) << g << "  " << setw(6) << s;
}
```

Als Anfangswert, Endwert und Schrittweite können nicht nur Konstanten, sondern auch Variablen oder beliebige Ausdrücke verwendet werden. Das folgende Beispiel liest die ganzzahligen Laufparameter einer for-Schleife, die den laufenden Wert ausgibt.

```
int  la, an, en, sch;
cin >> an >> en >> sch;
for (la = an; la <= en; la += sch) cout << "\n" << la;
```

Bei *reellen* Laufparametern (z.B. `double`) können sich bei der fortlaufenden Addition bzw. Subtraktion der Schrittweite Umwandlungs- und Rundungsfehler so summieren, daß der Endwert nicht genau getroffen wird. Ein Beispiel ist eine Schleife von 1 bis 2 mit der Schrittweite 0.1 (Umwandlungsfehler!), die bei einem Testlauf bereits mit dem Wert 1.900000000000001 endete, weil der nächste Wert 2.000000000000001 den Endwert von 2 schon überschritt. Das folgende Beispiel korrigiert den Endwert um die halbe Schrittweite und gibt den laufenden Wert mit voller dezimaler Genauigkeit aus.

```
double  lauf, anf, end, step;
cout << "Anfangswert  Endwert   Schrittweite reell -> ";
cin >> anf >> end >> step;
cout.precision(15);
for (lauf = anf; lauf <= end + 0.5*step; lauf += step)
    cout << "\n" << setw(20) << lauf;
```

Die Ungenauigkeiten der reellen Zahlendarstellung und Rechnung können besonders dann zu numerischen Problemen führen, wenn Stellen hinter dem Komma zu verarbeiten sind. Ein Beispiel ist der endliche Dezimalbruch 0.1, der bei der Dezimal/Dualumwandlung einen unendlichen Dualbruch ergibt und daher nur gerundet dargestellt werden kann. Die ganzen Zahlen sowie Nachkommastellen, die einen endlichen Dualbruch ergeben (z.B. 0.5, 0.25, 0.75 usw.), sind in der reellen Zahlendarstellung immer genau. Für reelle Zählschleifen empfehlen sich folgende Maßnahmen:
- nie den Endwert auf gleich oder ungleich prüfen,
- nur auf größer, größer/gleich, kleiner oder kleiner/gleich testen,
- den Endwert gegebenenfalls mit halber Schrittweite korrigieren oder
- reelle Größen aus ganzzahligen Laufvariablen ableiten.

Das in *Bild 3-9* dargestellte Programm zeigt Beispiele für Zählschleifen mit der for-Anweisung. Die erste Schleife läuft für eine ganzzahlige Laufvariable mit konstanten Laufparametern und gibt eine Tabelle der Quadratzahlen und Wurzeln von 1 bis 10 aus. Mit der zweiten reellen Schleife, deren Laufparameter als Variablen gelesen werden, lassen sich die Probleme der reellen Rechnung sowie unendlicher Schleifen untersuchen.

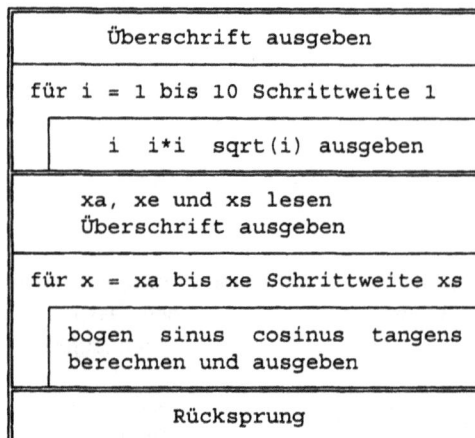

```
┌─────────────────────────────────────────────────┐
│            Überschrift ausgeben                  │
├─────────────────────────────────────────────────┤
│  für i = 1 bis 10 Schrittweite 1                 │
│   ┌──────────────────────────────────────────┐   │
│   │      i  i*i  sqrt(i)  ausgeben            │   │
│   └──────────────────────────────────────────┘   │
├─────────────────────────────────────────────────┤
│          xa, xe und xs lesen                     │
│          Überschrift ausgeben                    │
├─────────────────────────────────────────────────┤
│  für x = xa bis xe Schrittweite xs               │
│   ┌──────────────────────────────────────────┐   │
│   │  bogen  sinus  cosinus  tangens           │   │
│   │  berechnen und ausgeben                   │   │
│   └──────────────────────────────────────────┘   │
├─────────────────────────────────────────────────┤
│               Rücksprung                         │
└─────────────────────────────────────────────────┘
```

```
/* k3p9.cpp  Bild 3-9: Beispiel für Zählschleifen */
#include <iostream.h>
#include <iomanip.h>
#include <math.h>
main()
{
 int i;
 double xa, xe, xs, x, bog, si, co, tg;  cout.precision(3);
 /* ganzzahlige Zählschleife mit konstanten Steuergrößen   */
 cout << "\n  i     i²       √i" << endl;
 for (i = 1; i <= 10; i++)
 cout << setw(3) << i << setw(5) << i*i << setw(8) << sqrt(i)<<endl;
 /* reelle Zählschleife mit variablen Steuergrößen         */
 cout << "\n\nTrigonometrische Tabelle Winkel in [°] eingeben";
 cout << "\n Anfangswert -> ";  cin >> xa;
 cout << "     Endwert -> ";  cin >> xe;
 cout << "Schrittweite -> ";  cin >> xs;
 cout << "\nWinkel       Sinus      Cosinus      Tangens" << endl;
 for (x = xa; x <= xe; x += xs)
 {
  bog = x * M_PI / 180;
  si = sin(bog);  co = cos(bog);  tg = tan(bog);
  cout << setw(6) << x << setw(12) << si << setw(12) << co
       << setw(12) << tg << endl;
 }
 return 0;
}
```

Bild 3-9: Beispiele für Zählschleifen mit for

3.5.2 Die while-Anweisung

while *(Bedingungsausdruck) Anweisung Blockanweisung { };*

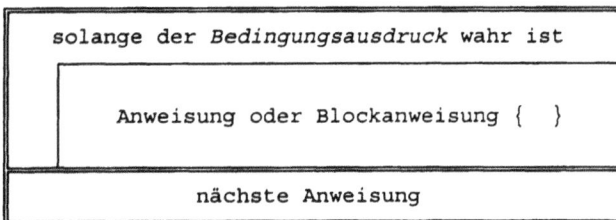

solange der *Bedingungsausdruck* wahr ist
Anweisung oder Blockanweisung { }
nächste Anweisung

dient zum Aufbau von bedingten Schleifen. Auf das Kennwort **while** (solange) folgt in runden Klammern ein Ausdruck, der die Laufbedingung der Schleife beschreibt. Er wird *vor* jedem Durchlauf bewertet. Ist der Bedingungsausdruck *wahr* (ja, 1 bzw. ! = 0), so wird die Anweisung des Schleifenkörpers ausgeführt; anschließend erfolgt eine neue Bewertung der Laufbedingung und gegebenenfalls eine neue Ausführung der Anweisung des Schleifenkörpers. Ist der Wert der Laufbedingung jedoch *falsch* (nein, 0), so wird die Anweisung des Schleifenkörpers nicht ausgeführt. Die Schleife ist damit beendet.

Hinter dem Bedingungsausdruck steht die Anweisung des *Schleifenkörpers*. Sollen mehrere Tätigkeiten ausgeführt werden, so verwendet man entweder eine Folge von Ausdrücken (Kommaoperator) oder besser eine Blockanweisung mit mehreren Anweisungen zwischen geschweiften Klammern. Bei der Programmierung von Zählschleifen mit while muß der Anfangsausdruck *vor* der Schleife und der Veränderungsausdruck *in* der Schleife angeordnet werden. Das folgende Beispiel gibt einen Zähler von 10 bis 100 mit der Schrittweite 10 aus.

```
int   i;                // Variablenvereinbarung
i = 10;                 // Anfangsausdruck
while (i <= 100)        // Schleifenkontrolle
{
 cout << "\n" << i;    // laufenden Wert ausgeben
 i += 10;               // Veränderungsausdruck
}
```

Das in *Bild 3-10* dargestellte Programm zeigt eine reelle Zählschleife mit einzulesenden variablen Laufparametern.

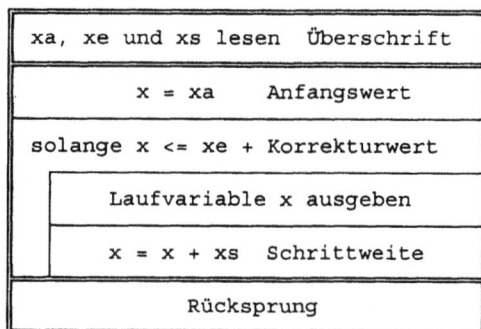

```
┌─────────────────────────────────────────────┐
│  xa, xe und xs lesen   Überschrift          │
├─────────────────────────────────────────────┤
│        x = xa     Anfangswert                │
├─────────────────────────────────────────────┤
│ solange x <= xe + Korrekturwert             │
│  ┌──────────────────────────────────────┐   │
│  │   Laufvariable x ausgeben            │   │
│  ├──────────────────────────────────────┤   │
│  │   x = x + xs   Schrittweite          │   │
│  └──────────────────────────────────────┘   │
├─────────────────────────────────────────────┤
│              Rücksprung                      │
└─────────────────────────────────────────────┘
```

```
/* k3p10.cpp  Bild 3-10: Beispiel für bedingte Zählschleife */
#include <iostream.h>
#include <iomanip.h>
main()
{
 double xa, xe, xs, x;
 cout << "\n Anfangswert -> "; cin >> xa;
 cout << "    Endwert -> ";   cin >> xe;
 cout << "Schrittweite -> ";   cin >> xs;
 cout << "\ngerundet      volle Genauigkeit" << endl;
 x = xa;
 while(x <= xe + 0.5*xs)   // Korrektur wegen reeller Ungenauigkeit
 {
  cout << setprecision(6) << setw(8) << x
       << setprecision(16) << setw(22) << x << endl;
  x += xs;
 }
 return 0;
}
```

Bild 3-10: Reelle bedingte Zählschleife

Die Laufbedingung der while-Anweisung ist ein Ausdruck, der aus Teilausdrücken (Kommaoperator) bestehen kann. Ordnet man die Laufbedingung als letzten Teilausdruck ganz rechts an, so werden die links stehenden Teilausdrücke immer, der Schleifenkörper aber nur bedingt ausgeführt. Dies entspricht einer Schleife mit einer im Schleifenkörper liegenden Abbruchbedingung. Die Teilausdrücke und der Schleifenkörper können auch zusammen auf einer Zeile angeordnet werden.

```
while (Ausdruck_1,

          .    .    .

       Ausdruck_n,
       Laufbedingung )
       Schleifenkörper;
```

Das folgende Beispiel zeigt eine bedingte Leseschleife mit dem Wert 0 als Endemarke. Die Teilausdrücke wurden auf jeweils einer neuen Zeile dargestellt.

```
int   x, sum = 0;
while (cout << "\nWert -> " ,     // immer Meldung
       cin >> x ,                 // immer x lesen
     x != 0)                      // solange x != 0
       {                          // Schleifenkörper
         sum = sum + x;           // summieren außer x = 0
       }                          // Schleifenkörper
```

Setzt man als Laufbedingung die Konstante (1), so entsteht eine unendliche Schleife, die im Schleifenkörper z.B. mit **break** abgebrochen werden muß.

3.5.3 Die do-while-Anweisung

```
do
   Anweisung oder Blockanweisung { };
while (Bedingungsausdruck);
```

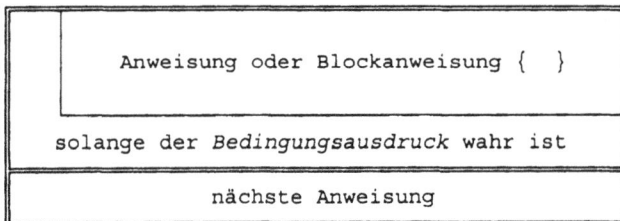

```
         Anweisung oder Blockanweisung {   }

   solange der Bedingungsausdruck wahr ist
             nächste Anweisung
```

dient zum Aufbau von wiederholenden Schleifen. Auf das Kennwort **do** (tue) folgt die Anweisung des *Schleifenkörpers*, der aus einer Folge von Ausdrücken (Kommaoperator) oder einer Blockanweisung mit einer Folge von Anweisungen in einer geschweiften Klammer bestehen kann. Der Schleifenkörper wird mindestens einmal ausgeführt. Dahinter steht das Kennwort **while** (solange) mit dem *Bedingungsausdruck*, der die

Laufbedingung der Schleife beschreibt. Er wird **nach** jedem Schleifendurchlauf erneut bewertet. Ist der Wert der Laufbedingung *wahr* (ja, 1 bzw. ! = 0), so wird der Schleifenkörper erneut ausgeführt. Ist der Wert dagegen *falsch* (nein, 0), so ist die Schleife beendet. Das folgende Beispiel zeigt einen Zähler von 10 bis 100 mit der Schrittweite.

```
i = 10;                 // Anfangsausdruck
do
{
 cout << "\n" << i;   // laufenden Wert ausgeben
 i += 10;              // Veränderungsausdruck
}
while (i <= 100);     // Schleifenkontrolle
```

Das in *Bild 3-11* dargestellte Programm zeigt eine reelle Zählschleife mit einzulesenden variablen Laufparametern.

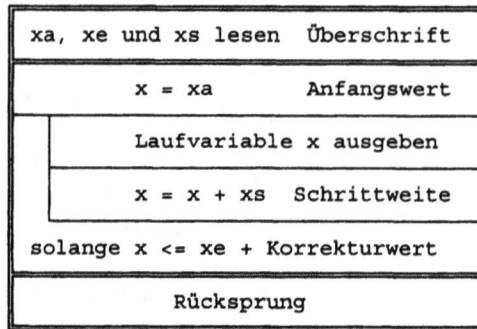

```
┌─────────────────────────────────────────────┐
│    xa, xe und xs lesen   Überschrift         │
├─────────────────────────────────────────────┤
│           x = xa          Anfangswert        │
│  ┌──────────────────────────────────────┐    │
│  │      Laufvariable x ausgeben         │    │
│  ├──────────────────────────────────────┤    │
│  │      x = x + xs   Schrittweite       │    │
├─────────────────────────────────────────────┤
│  solange x <= xe + Korrekturwert             │
├─────────────────────────────────────────────┤
│                 Rücksprung                   │
└─────────────────────────────────────────────┘
```

```
/* k3p11.cpp  Bild 3-11: Beispiel für wiederholende Zählschleife */
#include <iostream.h>
#include <iomanip.h>
main()
{
 double xa, xe, xs, x;
 cout << "\n Anfangswert -> "; cin >> xa;
 cout << "      Endwert -> ";   cin >> xe;
 cout << "Schrittweite -> ";    cin >> xs;
 cout << "\ngerundet     volle Genauigkeit" << endl;
 x = xa;
 do
 {
   cout << setprecision(6) << setw(8) << x
        << setprecision(16) << setw(22) << x << endl;
   x += xs;
 }
 while (x <= xe + 0.5*xs); // Korrektur wegen reeller Ungenauigkeit
 return 0;
}
```

Bild 3-11: Reelle wiederholende Zählschleife

3.5.4 Kontrollanweisungen und Schleifenstrukturen

Die **Abbruch-Anweisung**

```
break;
```

dient dazu, eine for-, while- oder do-while-Schleifenanweisung oder auch den case-Zweig einer switch-Fallunterscheidung abzubrechen. Die Ausführung einer Schleifenanweisung wird mit break beendet, ohne daß weitere Schleifendurchläufe ausgeführt werden; break heißt "abbrechen". Das folgende Beispiel zeigt eine while-Schleife, die immer (**1** = *wahr*) läuft und die bei der Eingabe des Wertes 0 abgebrochen wird.

```
int   x, sum = 0;
while ( 1 )                          // immer
{
   cout << "\nWert -> "; cin >> x;   // Wert x lesen
   if (x == 0) break;                // Abbruch x == 0
   sum = sum + x;                    // summieren
}
```

Die **Kontroll-Anweisung**

```
continue;
```

dient dazu, die Ausführung einer for-, while- oder do-while-Schleifenanweisung zu unterbrechen und mit der Schleifenkontrolle fortzufahren. In dem aktuellen Schleifendurchlauf werden alle auf das continue folgenden Anweisungen nicht mehr ausgeführt. Eine while- und do-while-Schleife wird mit der Bewertung des Bedingungsausdrucks fortgesetzt, eine for-Schleife mit dem Veränderungsausdruck und anschließender Bewertung der Laufbedingung; continue bedeutet "fortsetzen". Das folgende Beispiel *Bild 3-12* schützt die Wurzelfunktion vor negativen Radikanden, setzt aber die Leseschleife fort (continue). Der Wert 0 bricht die Schleife ab (break).

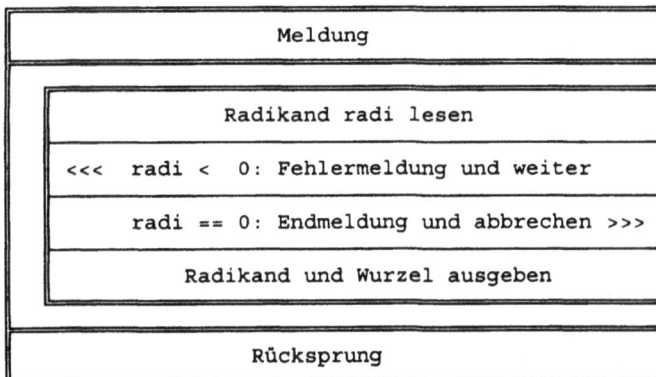

```
┌─────────────────────────────────────────────────────────┐
│                        Meldung                          │
│  ┌───────────────────────────────────────────────────┐  │
│  │              Radikand radi lesen                  │  │
│  │  ┌─────────────────────────────────────────────┐  │  │
│  │  │ <<<  radi <  0: Fehlermeldung und weiter    │  │  │
│  │  └─────────────────────────────────────────────┘  │  │
│  │        radi == 0: Endmeldung und abbrechen >>>    │  │
│  │           Radikand und Wurzel ausgeben            │  │
│  └───────────────────────────────────────────────────┘  │
│                       Rücksprung                        │
└─────────────────────────────────────────────────────────┘
```

```
/* k3p12.cpp  Bild 3-12: Lese- und Kontrollschleife */
#include <iostream.h>    // für cin und cout
#include <iomanip.h>     // für setw
#include <math.h>        // für sqrt
main()
{
 double radi;
 cout << "\nEnde mit 0\n";
 while (1)
 {
  cout << "\nRadikand -> "; cin >> radi;
  if (radi < 0)  { cout << setw(18) << "Fehler"; continue; }
  if (radi == 0) { cout << setw(16) << "Ende"; break;      }
  cout << " Wurzel aus " << radi << " = " << sqrt(radi);
 }
 return 0;
}
```

Bild 3-12: Lese- und Kontrollschleife

Die unbedingte **Sprunganweisung**

```
goto    Sprungziel;
```

und ihre Anwendung in einer *bedingten* Anweisung

```
if (Bedingung) goto    Sprungziel;
```

gestatten den Aufbau von Verzweigungen und Schleifen. Die Anweisung **goto** setzt das Programm immer an der hinter dem Sprungziel stehenden Anweisung fort. Die *Sprungziele* erhalten einen eindeutigen frei wählbaren Namen (Bezeichner) und werden von der am Zielpunkt auszuführenden Anweisung durch einen Doppelpunkt mit oder ohne Leerzeichen getrennt. Die Ziele können vor oder hinter dem goto liegen.

```
Sprungziel : Anweisung;


           goto Sprungziel;

Sprungziel : Anweisung;
```

Das folgende Beispiel ersetzt eine for-Schleife zur Ausgabe der Zahlen von 1 bis 10 durch eine mit goto programmierte wiederholende Schleife.

```
int  i;
i = 1;
ausgabe : cout << "\n" << i;
          i++;
          if (i <= 10) goto ausgabe;
```

Die **Rücksprung-Anweisung**

```
return    Rückgabeausdruck;
```

beendet die Ausführung einer Funktion - auch von `main()` - und kehrt an die Stelle zurück, an der sie aufgerufen wurde. Der hinter dem Kennwort `return` (kehre zurück) stehende Wert des *Rückgabeausdrucks* wird an das aufrufende Programm zurückgegeben. Ein Programm kann mehrere, auch bedingte, `return`-Anweisungen mit unterschiedlichen Rückgabewerten enthalten. Das folgende Beispiel bricht das **Programm** - und nicht nur die Schleife - bei Eingabe eines negativen Radikanden ab, so daß die Anweisung `return 0` nicht mehr ausgeführt wird. Mit dem Rückgabewert 0 kennzeichnet man oft den normalen ordnungsgemäßen Rücksprung, mit dem Wert 3 den Fehlerabbruch.

```
double   radi;
while (1)
{
 cout << "\nRadikand ->"; cin >> radi;
 if (radi < 0)  { cout << "Fehler"; return 3; };
 if (radi == 0) { cout << "Ende"; break; }
 cout << sqrt(radi);
}
return 0;
```

Nach der Zuordnung einer *Standardbibliothek* mit
`#include <stdlib.h>`

stehen eine Reihe von vordefinierten Funktionen zur Verfügung, die anstelle von `return` zum Abbruch eines Programms verwendet werden können. Einzelheiten sind dem Referenzhandbuch der Entwicklungsumgebung zu entnehmen, das die Anwendung dieser Funktionen beschreibt.

Schleifen lassen sich wie Programmverzweigungen *aneinanderreihen und schachteln*. Bei einer **Folge** mehrerer Schleifen wird erst nach Beendigung einer Schleife mit der nächsten begonnen; die Anzahl der Schleifendurchläufe addiert sich. Beispiel:
```
int   i, j;
cout << "\n i-Schleife von 1 bis 10";
for (i = 1; i <= 10); i++) cout << " " << i;
cout << "\n\n j-Schleife von 1 bis 10";
for (j = 1; j <= 10); j += 1) cout " " << j;
```

Bei **geschachtelten** Schleifen enthält der Schleifenkörper der äußeren Schleife eine weitere Schleife, die *innere* Schleife. Für jeden Durchlauf der äußeren Schleife wird die *innere* vollständig durchlaufen; die Schleifendurchläufe multiplizieren sich. Jede *innere* Schleife kann weitere Schleifen enthalten. Das Programmbeispiel *Bild 3-13* gibt das kleine Einmaleins von `1*1` bis `10*10` als Tabelle aus. Außen läuft eine Zeilenschleife für die Faktoren von i = 1 bis 10. Für jeden Zeilenwert erzeugt eine *innere* Spalten-schleife die Faktoren von j = 1 bis 10. In der Tabelle stehen die Produkte i*j.

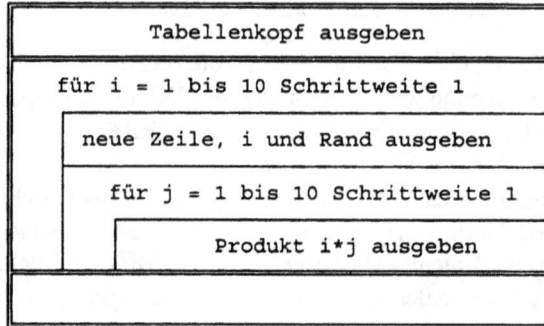

```
┌─────────────────────────────────────────────────────┐
│              Tabellenkopf ausgeben                    │
├─────────────────────────────────────────────────────┤
│      für i = 1 bis 10 Schrittweite 1                  │
│  ┌────────────────────────────────────────────────┐  │
│  │    neue Zeile, i und Rand ausgeben             │  │
│  ├────────────────────────────────────────────────┤  │
│  │      für j = 1 bis 10 Schrittweite 1           │  │
│  │  ┌─────────────────────────────────────────┐   │  │
│  │  │       Produkt i*j ausgeben              │   │  │
│  │  └─────────────────────────────────────────┘   │  │
│  └────────────────────────────────────────────────┘  │
├─────────────────────────────────────────────────────┤
│                                                       │
└─────────────────────────────────────────────────────┘
```

```cpp
/* k3p13.cpp   Bild 3-13: Geschachtelte Schleifen-Einmaleinstabelle
*/
#include <iostream.h>
#include <iomanip.h>
main()
{
int  i, j;
/*               Tabellenkopf aufbauen                     */
cout << "\n                   Das kleine Einmaleins\n     ";
for (i = 1; i <= 10; i++) cout << setw(4) << i;
cout << "\n     +";
for (i = 1; i <= 40; i++) cout << "-";
/*               Einmaleinstabelle ausgeben                */
for (i = 1; i <= 10; i++)                          // Zeilen
{
  cout << "\n" << setw(3) << i << "* |";
  for (j = 1; j <= 10; j++) cout << setw(4) << i*j; // Spalten
}
return 0;
}
```

```
              Das kleine Einmaleins
         1    2    3    4    5    6    7    8    9   10
       +────────────────────────────────────────────
  1*│   1    2    3    4    5    6    7    8    9   10
  2*│   2    4    6    8   10   12   14   16   18   20
  3*│   3    6    9   12   15   18   21   24   27   30
  4*│   4    8   12   16   20   24   28   32   36   40
  5*│   5   10   15   20   25   30   35   40   45   50
  6*│   6   12   18   24   30   36   42   48   54   60
  7*│   7   14   21   28   35   42   49   56   63   70
  8*│   8   16   24   32   40   48   56   64   72   80
  9*│   9   18   27   36   45   54   63   72   81   90
 10*│  10   20   30   40   50   60   70   80   90  100
```

Bild 3-13: Tabelle mit dem kleinen Einmaleins

3.6 Übungen mit Zählschleifen

Die Lösungsvorschläge des Anhangs enthalten noch keine Lese- und Kontrollschleifen, die erst im nächsten Abschnitt behandelt werden. Die Programme müssen daher für jeden Testlauf erneut gestartet werden.

1. Aufgabe:
Es ist die Summe der Zahlen von 1 bis n zu berechnen, also
```
Summe = 1 + 2 + 3 + . . . + (n-2) + (n-1) + n
```

Beispiel für n = 5:
```
Summe = 1 + 2 + 3 + 4 + 5 = 15
```

Für die Summierung kann zunächst der übliche ganzzahlige Datentyp int verwendet werden. Der Endwert n ist zu lesen, die Summe ist auszugeben.

Zusatzaufgabe:
Für die Summierung verwende man sowohl den größten ganzzahligen (unsigned long) als auch den größten reellen (long double) Datentyp und vergleiche die Ergebnisse. Durch Testläufe ermittle man das größte n, dessen Summe im Datentyp unsigned long abgespeichert werden kann. Vor ähnlichen Versuchen mit long double bedenke man die Rechenzeit!

2. Aufgabe:
Es ist für ein eingelesenes n die Fakultät zu berechnen und auszugeben, also
```
n! = 1 * 2 * 3 * . . . * (n-2) * (n-1) * n
```

Beispiel für n = 5:
```
5! = 1 * 2 * 3 * 4 * 5= 120
```

Für die Zählschleife zur Erzeugung der Faktoren kann der Datentyp int verwendet werden, für die Fakultät ist wegen der sehr schnell anwachsenden Produkte der reelle Datentyp double geeigneter.

3. Aufgabe:
Für n reelle Meßwerte sind die Summe und der arithmetische Mittelwert zu berechnen und auszugeben. Die Anzahl n der Meßwerte ist zu lesen und zur Steuerung einer Schleife zu verwenden, in der die Meßwerte gelesen und bei der Eingabe summiert werden.

Bei der Berechnung des arithmetischen Mittels aus der Summe der Werte durch die Anzahl der Werte ist der Fall, daß die Anzahl 0 ist, also daß keine gültigen Werte eingegeben wurden, besonders zu berücksichtigen, um die Division durch 0 abzufangen.

4. Aufgabe:

Es ist eine Fakultätentabelle von 1! bis nmax! auszugeben. Der Endwert nmax ist als ganze Zahl zu lesen. Beispiel für nmax = 5:

```
1! = 1
2! = 2
3! = 6
4! = 24
5! = 120
```

Zusatzaufgabe:

Die Ausgabe der Tabelle ist durch einen mitlaufenden Zeilenzähler so zu kontrollieren, daß sie nach 24 Zeilen angehalten wird, um die Ergebnisse auf dem Bildschirm zu betrachten. Nach Eingabe einer beliebigen Taste (Funktion getch) erscheine die nächste Seite. Diese Ausgabetechnik soll auch bei den folgenden Tabellenaufgaben angewendet werden.

5. Aufgabe:

Für den Scheinwiderstand Z[Ω] einer Spule mit dem Ohmschen Widerstand R[Ω] und der Induktivität L[Henry] gilt bei einer Frequenz f[Hz]:

Realteil: $Z_{re} = R$

Imaginärteil: $Z_{im} = 2 * \pi * f * L$

Absolutwert: $Z_{ab} = \sqrt{Z_{re}^2 + Z_{im}^2}$

Winkel: $\varphi = \arctan \dfrac{Z_{im}}{Z_{re}}$

Man lese Werte für R und L sowie den Anfangswert, den Endwert und die Schrittweite eines Frequenzbereiches, für den der Widerstand in beiden Darstellungen auszugeben ist. Durch eine Kontrolle der Steuerparameter sind Endlosschleifen (z.B. Schrittweite 0) abzufangen. Die Ausgabe erfolge mit Seitenkontrolle, so daß immer nur der Tabellenkopf und 23 Ausgabewerte auf dem Bildschirm erscheinen. Beispiel:

```
Scheinwiderstand einer Spule
         R in [Ohm] -> 100
         L in [Henry] -> 0.1
Anfangsfrequenz [Hz] -> 100
    Endfrequenz [Hz] -> 1000
    Schrittweite [Hz] -> 100

  f[Hz]    Zre[Ω]    Zim[Ω]    Zab[Ω]   Winkel
    100     100.0      62.8     118.1    32.1°
    200     100.0     125.7     160.6    51.5°
      .         .         .         .        .

      .         .         .         .        .
    800     100.0     502.7     512.5    78.7°
    900     100.0     565.5     574.3    80.0°
   1000     100.0     628.3     636.2    81.0°
```

6. Aufgabe:

In einer Tabelle mit Seitenkontrolle gebe man die trigonometrischen Funktionen Sinus, Cosinus, Tangens und Cotangens aus. Die einzugebenden Steuerwerte des Winkelbereiches sind zu kontrollieren, um Endlosschleifen abzufangen. Beispiel:

```
Anfangswinkel [°] -> 0
   Endwinkel [°] -> 180
Schrittweite [°] -> 15
```

Winkel	Sinus	Cosinus	Tangens	Cotang
0	0.000	1.000	0.000	1e+16
15	0.259	0.966	0.268	3.730
30	0.500	0.866	0.577	1.730
45	0.707	0.707	1.000	1.000
60	0.866	0.500	1.730	0.577
75	0.966	0.259	3.730	0.268
90	1.000	6.12e-17	1.63e+16	6.12e-17
105	0.966	-0.259	-3.730	-0.268
120	0.866	-0.500	-1.730	-0.577
135	0.707	-0.707	-1.000	-1.000
150	0.500	-0.866	-0.577	-1.730
165	0.259	-0.966	-0.268	-3.730
180	1.22e-16	-1.000	-1.22e-16	-8.17e+15

7. Aufgabe:

Die Hypothenuse c eines rechtwinkligen Dreiecks berechnet sich aus den beiden Katheten a und b nach der Formel:

$$c = \sqrt{a^2 + b^2}$$

Man erstelle eine Bild 3-13 (Einmaleins) entsprechende Tabelle.

8. Aufgabe:

Für den Widerstand R [Ω] eines Kupferdrahtes (k = 56.8 [m/(Ω*mm²)] der Länge l [m] und mit dem Durchmesser d [mm] gilt:

$$R = \frac{l}{k \cdot A} \qquad A = \frac{\pi \cdot d^2}{4}$$

Man gebe eine Tabelle des Widerstandes in Abhängigkeit von der Drahtlänge und dem Drahtdurchmesser mit Seitenkontrolle aus. Die Durchmesser seien konstant von 0.5 bis 1.0 mm mit der Schrittweite 0.1 mm; Anfangswert, Endwert und Schrittweite der Länge sind zu lesen und zu kontrollieren.

9. Aufgabe:

Es ist eine Dezimalzahl im Bereich von 0 bis 65535 zu lesen und als 16stellige Dualzahl auszugeben. Man benutze das in Abschnitt 1.1 dargestellte Teilerverfahren, bei dem sich die werthöchste Stelle zuerst ergibt. Der erste Teiler für 16 bit ist 2^{16-1} (pow-Funktion!). Beispiel:

```
Dezimalzahl > 0 ganz -> 26
26 dezimal = dual 0000000000011010
```

3.7 Anwendungen von Schleifen

Die **Zählschleife** wurde bereits im Abschnitt 3.5 zusammen mit den grundlegenden Schleifenstrukturen behandelt. Für Zähler mit einer festen Anzahl von Schleifendurchläufen ist die `for`-Schleife selbstprogrammierten Schleifen mit den Anweisungen `while` und `do-while` oder gar `goto` vorzuziehen.

3.7.1 Die Eingabe-Kontrollschleife

Für die Kontrolle von Eingabedaten verwendet man Schleifen, die alle fehlerhaften Eingaben mit Fehlermeldungen zurückweisen. Man unterscheidet:
- Überschreitungen des Wertebereiches z.B. Wert > +32767 bei `int`,
- Umwandlungsfehler z.B. Buchstaben statt Ziffern und
- gültige, aber gefährliche Daten wie z.B. negative Radikanden.

Bei der `iostream`-Eingabe mit `cin` wird der zulässige *Wertebereich* standardmäßig *nicht* kontrolliert. Das Verhalten ist systemabhängig und läßt sich mit dem Programm Bild 3-14 untersuchen. Bei *Umwandlungsfehlern* (z.B. Buchstaben statt Ziffern) liefert `cin.fail()` den Wert 1 (*wahr*); der *Eingabeausdruck* von `cin` ist im Fehlerfall ein Zeiger mit dem Wert Null. Der Fehlerzustand muß mit `cin.clear()` wieder zurückgesetzt werden; der Eingabepuffer ist z.B. mit `cin.seekg(0)` zu leeren.

Kontrollschleifen sind von der Struktur her *wiederholend*: erst lesen und bei einem Fehler eine Meldung ausgeben, solange die Eingabe fehlerhaft ist.

```
do
{
 Meldung und Daten lesen;
 if (Fehlerbedingung) Fehlermeldung ausgeben;
}
while (Fehlerbedingung);
```

Die *bedingte* `while`-Schleifenkonstruktion wertet die Fehlerbedingung als Laufbedingung nur einmal aus. Der Teilausdruck (Kommaoperator!) mit der Meldung und der Dateneingabe wird bei jedem Schleifendurchlauf ausgeführt; die Ausgabe der Fehlermeldung erfolgt nur, wenn die Fehlerbedingung erfüllt ist.

```
while (Meldung und Daten lesen,
       Fehlerbedingung)
       Fehlermeldung ausgeben;
```

Die einfachste Lösung besteht aus einer bedingungslosen Schleife `while (1)`, die mit `break` bzw. `continue` gesteuert wird. Das Programmbeispiel *Bild 3-14* zeigt zwei Kontrollschleifen in Verbindung mit einer Leseschleife, die durch die Eingabe des Wertes 0 abgebrochen wird.

```
/* k3p14.cpp   Bild 3-14: Eingabe-Kontrollschleifen */
#include <iostream.h>
main()
{
 int   x, fehler;
 double  d;
 cout << "\nEnde mit 0";
 while ( 1 )        // Lese- und Kontrollschleife
 {
  cout << "\nganz -> "; cin >> x;
  if ( x == 0) break;                                    // Ende
  if ( cin.fail() ) { cin.clear(); cin.seekg(0); continue;}
  cout << "Kontrollausgabe: " << x;
 }

 cout << "\nEnde mit 0";
 while ( 1 )       // Leseschleife
 {
  do                // Kontrollschleife
  {
   cout << "\nreell positiv -> "; cin >> d;
   fehler = cin.fail() || d < 0;
   if ( cin.fail() ) { cin.clear(); cin.seekg(0); }
    cout << "Eingabefehler";
  }
  while (fehler);
  if (d == 0) break;
  cout << "Kontrollausgabe: " << d;
 }
 return 0;
}
```

Bild 3-14: Eingabe-Kontrollschleifen

3.7.2 Die Leseschleife

Als Leseschleifen bezeichnet man Schleifen, die Daten bis zu einer Endebedingung lesen und verarbeiten. Im einfachsten Fall liest man die Anzahl der Durchläufe und steuert damit eine Zählschleife. Das folgende Beispiel summiert n Meßwerte.

```
int   i, anz, wert, sum = 0;
cout << "\nAnzahl der Werte -> ";   cin >> anz;
for (i = 1; i <= anz; i++)
{
 cout << i << ". Wert -> "; cin >> wert;
 sum = sum + wert;
}
```

Für eine Steuerung der Schleife während der Eingabe ist eine *Endebedingung* zu vereinbaren. Dazu gibt es folgende Möglichkeiten:
- Dialog mit dem Benutzer zur Fortsetzung der Dateneingabe,
- Auswerten einer variablen oder festen Endemarke (z.B. Wert 0) oder
- Auswerten der EOF-Bedingung der Funktion cin.eof() bei *Strg* und *Z*.

Endemarken dürfen nicht im Wertebereich gültiger Daten liegen und müssen durch eine bedingte Anweisung von der Verarbeitung als Datum ausgeschlossen werden. Dieses Problem läßt sich durch die besondere Endemarke *Strg* und *Z* umgehen. Die Funktion `cin.eof()` liefert bei *Strg* und *Z* das Ergebnis *wahr* (ungleich Null); die Endebedingung muß mit `cin.clear()` wieder zurückgesetzt werden. Auch Leseschleifen sind in ihrer Struktur zunächst *wiederholend*: mindestens einmal lesen und dann prüfen, ob die Verarbeitung fortgesetzt werden soll. *Bild 3-15* zeigt drei verschiedene Schleifenkonstruktionen zum Lesen und Summieren von ganzzahligen Meßwerten. Da bei Umwandlungsfehlern (z.B. Buchstaben statt Ziffern) Endlosschleifen entstehen können, wird die Eingabe gleichzeitig mit `cin.fail()` kontrolliert.

```
/* k3p15.cpp  Bild 3-15: Leseschleifen mit Fehlerkontrolle */
#include <iostream.h>
main()
{
int   wert, sum, n;
/* Leseschleife mit Benutzerdialog */
sum = n = 0;
cout << "\nLesen bis Antwort ungleich j";
do
{
  cout << "\n" << n + 1 << ". Wert -> ";
  cin >> wert; cin.seekg(0);                          // lesen
  if ( cin.fail() ) { cin.clear(); continue; }        // Fehler
  sum = sum + wert; n++;
}
while ( cout << "nochmal ? -> ", cin.get() == 'j'); // Ende ?
cout << "\nSumme der " << n << " Werte = " <<  sum << endl;
/* Leseschleife mit dem Wert 0 als Endemarke */
sum = n = 0;
cout << "\n         Lesen bis Endemarke 0" << endl;
while( 1 )
{
  cout << n+1 << ". Wert -> "; cin >> wert;           // lesen
  if (cin.fail()) {cin.clear(); cin.seekg(0); continue; } // Fehler
  if (wert == 0) break;                               // Ende
  sum = sum + wert; n++;
}
cout << "\nSumme der " << n << " Werte = " <<  sum << endl;
/* Leseschleife bis Strg und Z  =  ^Z */
sum = n = 0;
cout << "\nLesen bis Strg und Z    ^Z" << endl;
while (1)
{
  cout << n+1 << ". Wert -> "; cin >> wert;           // lesen
  if (cin.eof())  {cin.clear(); cin.seekg(0); break;}    // Ende
  if (cin.fail()) {cin.clear(); cin.seekg(0); continue; } // Fehler
  sum = sum + wert; n++;
}
cout << "\nSumme der " << n << " Werte = " <<  sum << endl;
return 0;
}
```

Bild 3-15: Leseschleifen für Eingabedaten

3.7.3 Die Näherungsschleife

Als Näherung oder Iteration bezeichnet man ein Verfahren (Algorithmus), das beim Erreichen einer hinreichenden Genauigkeit abgebrochen werden kann. Ein Beispiel ist das Newtonsche Näherungsverfahren zur Berechnung der Quadratwurzel aus einem positiven Radikanden R. Es läuft in folgenden Schritten ab:

1. Vorgabe einer beliebigen Anfangslösung X_0 z.B.

$$X_0 = 1$$

2. Berechnung einer besseren Lösung X_1

$$X_1 = \frac{1}{2} \cdot \left(X_0 + \frac{R}{X_0} \right)$$

3. Daraus ergibt sich eine noch bessere Lösung X_2

$$X_2 = \frac{1}{2} \cdot \left(X_1 + \frac{R}{X_1} \right)$$

4. Mit X_2 als neuer Anfangslösung ergibt sich eine noch bessere Lösung X_3

Allgemein gilt:

$$X_{i+1} = \frac{1}{2} \cdot \left(X_i + \frac{R}{X_i} \right)$$

5. Das Verfahren kann abgebrochen werden, wenn die relative Abweichung zweier aufeinanderfolgenden Lösungen

$$d = \left| \frac{X_{i+1} - X_i}{X_i} \right|$$

kleiner als eine vorgegebene Genauigkeit (z.B. 1E-6) ist. Das folgende Zahlenbeispiel zeigt die Berechnung der Quadratwurzel aus 9 mit der Anfangslösung $X_0 = 1$.

```
X₀ = 1
X₁ = 0.5*(1 + 9/1)             = 5
X₂ = 0.5*(5 + 9/5)             = 3.4
X₃ = 0.5*(3.4 + 9/3.4)         = 3.023529
X₄ = 0.5*(3.023529 + 9/3.023529) = 3.000092      Abbruch!
```

Bei der Programmierung des Verfahrens ist es nicht erforderlich, alle Zwischenlösungen aufzubewahren. Zur Schleifenkontrolle genügen die beiden letzten Näherungen, die alte Lösung $X_{alt} = X_i$ und die daraus berechnete neue Lösung $X_{neu} = X_{i+1}$. Ist die gewünschte Genauigkeit noch nicht erreicht, so wird die neue Lösung X_{neu} als alte Anfangslösung

X_{alt} für eine noch bessere Lösung verwendet. Beginnt man mit dem halben Radikanden als Anfangslösung, so ergibt sich der in *Bild 3-16* programmierte Algorithmus.

1. Schritt: Anfangslösung X_{neu} = halber Radikand R
2. Schritt: alte Lösung X_{alt} = X_{neu}
3. Schritt: neue Lösung X_{neu} = f(R, X_{alt}) als *Näherungsformel*
4. Schritt: solange Abweichung größer Genauigkeit mache bei *Schritt 2* weiter

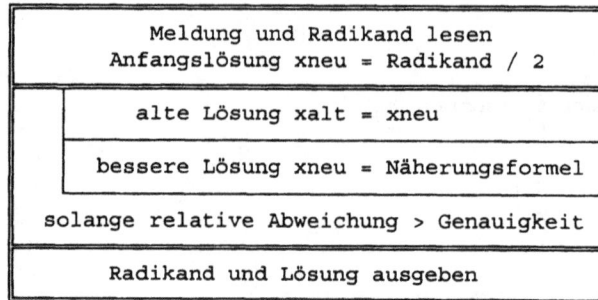

```
        Meldung und Radikand lesen
    Anfangslösung xneu = Radikand / 2

        alte Lösung xalt = xneu

    bessere Lösung xneu = Näherungsformel

solange relative Abweichung > Genauigkeit

    Radikand und Lösung ausgeben
```

```cpp
/* k3p16.cpp  Bild 3-16: Newtonsches Näherungsverfahren */
#include <iostream.h>
#include <math.h>              // für fabs
main()
{
 double  radi, xalt, xneu, genau = 1e-6;
 cout << "\nRadikand > 0 reell -> "; cin >> radi;
 xneu = radi/2;
 do
 {
  xalt = xneu;
  xneu = 0.5 * (xalt + radi/xalt);
 }
 while ( fabs( (xalt - xneu)/xneu ) > genau );
 cout << "\n²√" << radi << " = " << xneu << endl;
 return 0;
}
```

Bild 3-16: Newtonsches Näherungsverfahren

Bei Testläufen zeigte es sich, daß das Newtonsche Näherungsverfahren zur Berechnung der Quadratwurzel bei negativen Radikanden keinen stabilen Endwert erreicht, also divergiert und damit zu einer unendlichen Schleife führt. Beim Radikanden 0 ergibt sich X_{alt} = 0 und damit in der Näherungsformel eine Division durch 0. Das in *Bild 3-17* dargestellte Programm zeigt folgende Verbesserungen:

- variable relative Genauigkeit
- variabler Durchlaufzähler als zusätzliche Schleifenkontrolle,
- Kontrollschleife für den Radikanden,
- Leseschleife für mehrere Eingabewerte und
- Vergleich mit der vordefinierten sqrt-Funktion.

```
/* k3p17.cpp  Bild 3-17: Quadratwurzel mit Schleifenkontrolle */
#include <iostream.h>
#include <iomanip.h>
#include <math.h>          // für fabs und sqrt
main()
{
 double  radi, xalt, xneu, genau;
 int  n, nmax;
 cout.precision(3);
 cout << "\n    Relative Genauigkeit reell -> "; cin >> genau;
 cout << "Näherungsschritte maximal ganz -> ";   cin >> nmax;
 cout << "Ende der Eingabe mit Strg Z";
 while( 1 )        // Leseschleife für den Radikanden
 {
  cout << "\nRadikand > 0 reell -> "; cin >> radi; cin.seekg(0);
  if ( cin.eof() ) { cin.clear(); break; }         // Ende
  if ( cin.fail() || radi <= 0)
     { cin.clear(); cout << "Eingabefehler"; continue; } // Fehler
  if (radi > 1) xneu = radi/2; else xneu = radi * 2;
  n = 0;
  do                      // Näherungsschleife nach Newton
  {
   xalt = xneu;                      // alte Lösung
   xneu = 0.5 * (xalt + radi/xalt);  // bessere Lösung
   n++;                              // Durchlaufzähler
  }  // Ende der Näherungsschleife
  while ( fabs( (xalt - xneu)/xneu ) > genau && n < nmax);
  if (n >= nmax)
     cout << "\nAbbruch bei " << n << " Näherungen xneu = " << xneu;
  else
     cout << "\n²√ " << radi << " = " << xneu << "    n = " << n;
  cout << setprecision(16) << "\n\nxneu = " << xneu
       << "\nsqrt = " << sqrt(radi) << setprecision(3);
 }  // Ende der Leseschleife für den Radikanden
 return 0;
}
```

Bild 3-17: Quadratwurzel nach Newton mit Kontrollen

Mathematische Funktionen lassen sich oft aus *Reihenentwicklungen* annähern. Ein Beispiel ist die e^x-Reihe:

$$e^x = 1 + x + \frac{x^2}{1 \cdot 2} + \frac{x^3}{1 \cdot 2 \cdot 3} + \ldots + \frac{x^i}{i!}$$

Berechnet man jedes Glied einzeln, so wachsen die Zähler und Nenner sehr schnell an, was zu einem Bereichsüberlauf führen kann, obwohl der Quotient aus Zähler und Nenner wieder im zulässigen Zahlenbereich liegt. Daher ist es bei derartigen Reihenentwicklungen besser, ausgehend vom Anfangsglied, jedes Glied aus seinem Vorgänger abzuleiten. In dem Beispiel der e^x-Reihe ist das Anfangsglied 1, jedes weitere Glied ergibt sich aus seinem Vorgänger durch Multiplikation mit x und Division durch einen laufenden Zähler.

$$g_1 = 1 \qquad g_2 = g_1 \cdot \frac{x}{1} \qquad g_3 = g_2 \cdot \frac{x}{2} \qquad g_i = g_{i-1} \cdot \frac{x}{i-1}$$

Nimmt man das erste Glied als Anfangslösung, so ergibt sich eine bessere Näherung aus einer alten durch *Addition* eines weiteren Gliedes. Als Endebedingung kann ein Vergleich zweier aufeinanderfolgender Näherungen dienen. Damit ergibt sich für die Programmierung der e^x-Reihe der folgende Algorithmus:

1. Schritt: Zähler n = 1

          Glied   g = 1

          Wert e_{neu} = 1

2. Schritt: alter Wert e_{alt} = e_{neu}

          neues Glied   g = g * x / n

          neuer Zähler n = n + 1

          neuer Wert e_{neu} = e_{alt} + g

3. Schritt: solange Abweichung größer Genauigkeit mache bei *Schritt 2* weiter

3.8 Übungen mit Schleifen

Der Anhang enthält einfache Lösungsvorschläge.

1. Aufgabe:

Vor dem Beginn einer Leseschleife ist eine variable Endemarke einzugeben und zu speichern. In der Leseschleife sind reelle Meßwerte zu lesen, zu summieren und zu zählen. Nach Eingabe der Endemarke, die nicht mehr zu den Daten gehört, ist der arithmetische Mittelwert (Summe der Werte durch Anzahl der Werte) zusammen mit der Summe und der Anzahl zu berechnen und auszugeben. Der Fall, daß keine Daten eingegeben wurden (Anzahl = 0) ist wegen der Division durch Null besonders zu berücksichtigen.

2. Aufgabe:

In einer Leseschleife mit Benutzerdialog sind Radikanden zu lesen; die mit der vordefinierten `sqrt`-Funktion berechnete Quadratwurzel ist auszugeben. In einer Kontrollschleife sind fehlerhafte Eingaben und Radikanden kleiner/gleich 0 mit Fehlermeldungen abzufangen.

3. Aufgabe:

Es ist zu untersuchen, ob die trigonometrische Formel

$$sin^2\alpha + cos^2\alpha = 1$$

in einem einzulesenden Wertebereich erfüllt ist. Ist das Ergebnis ungleich 1, so werde eine Meldung mit dem entsprechenden Winkel und Wert ausgegeben. Anfangswert, Endwert und Schrittweite des Bereiches sind mit Kontrollschleifen einzeln zu lesen und zu prüfen. In einer Leseschleife mit Benutzerdialog soll die Möglichkeit bestehen, mehrere Bereiche zu untersuchen.

4. Aufgabe:
Für den schiefen Wurf in der Ebene unter Berücksichtigung der Erdanziehung gelten die
Formeln:

```
Weite:   X = V₀ * t * cos(α)   [m]
Höhe :   Y = V₀ * t * sin(α) - ½ * g * t²   [m]
         V₀ = Anfangsgeschwindigkeit   [m/s]
         t = Flugzeit   [s]
         α = Abwurfwinkel   0..90°
         g = 9.81   [m/s²] Erdbeschleunigung
```

Man lese die Anfangsgeschwindigkeit V_0 und den Abwurfwinkel α sowie eine Schrittweite, mit der die Flugzeit t von Null bis zu dem Zeitpunkt verändert werden soll, an
dem das Flugobjekt wieder gelandet ist (Höhe $\leq$ 0). Der Maximalwert der berechneten
Höhen ist zu ermitteln und nach der Landung auszugeben.

5. Aufgabe:
Die Formel zur Berechnung der 3. Wurzel aus dem Radikanden R nach dem Newton-
schen Näherungsverfahren lautet

$$X_1 = \frac{1}{3} \cdot \left(2 \cdot X_0 + \frac{R}{X_0^2} \right)$$

In einer Leseschleife mit Benutzerdialog sind Radikanden zu lesen und die Ergebnisse
auszugeben. Vor der Schleife können die gewünschte relative Genauigkeit und die
maximale Anzahl der Schritte eingegeben werden, nach denen das Näherungsverfahren
abgebrochen wird. Die Eingabe des Radikanden ist in einer Kontrollschleife auf Eingabefehler und den Wert 0 zu überprüfen. Man teste das Näherungsverfahren auch mit
negativen Radikanden!

6. Aufgabe:
In einer Leseschleife gebe man Exponenten x ein und berechne e^x aus der Reihen-
entwicklung

$$e^x = 1 + x + \frac{x^2}{1 \cdot 2} + \frac{x^3}{1 \cdot 2 \cdot 3} + \ldots + \frac{x^i}{i!}$$

3.9 Hinweise auf Fehlerquellen

Wird in *Bedingungsausdrücken* das gewohnte Gleichheitszeichen = anstelle des Ver-
gleichsoperators == verwendet, so sind beide Operanden immer gleich.

```
if (i = j) cout << "gleich";   // falsch: immer gleich
if (i == j)cout << "gleich";   // richtig!
```

Bei logischen *Verknüpfungen* mit den Operatoren || (Oder) bzw. && (Und) werden logische Operationen durchgeführt, die auch auf ganzzahlige Variablen angewendet werden können. Beispiel: "*wenn i oder j gleich 0, dann . . .*"

```
if (i || j == 0) x++;        // falsch: i oder j gebildet
if (i == 0 || j == 0) x++;   // richtig!
```

Bei der Formulierung von *Bereichsprüfungen* werden oft falsche logische Verknüpfungen verwendet. Beispiel: "*wenn 0 < i < 100, dann . . .*"

```
if (0 < i < 100) s++;        // falsch: 0 < i vergl. mit 100
if (0 < i && i < 100) s++;   // richtig!
```

Häufig führt ein überflüssiges *Semikolon* am Zeilenende zu versteckten Fehlern, da der Compiler auch leere Anweisungen kennt, die nichts tun. Abschreckende Beispiele:

```
if (i == 0);             // falsch: kein Semikolon!
    cout << "ja";
else;                    // falsch: kein Semikolon!
    cout << "nein";
```

Gleiches gilt für die Schleifenanweisungen for, while und do-while. Steht hinter den runden Klammern der Bedingungsausdrücke ein Semikolon, so ist der Schleifenkörper leer. Abschreckende Beispiele:

```
for (i = 1; i <= 10; i++);   // kein Semikolon!
    cout << "\n" << i;       // Ausgabe von i = 11
i = 1;
while (i <= 10);             // kein Semikolon!
    cout << "\n" << i++;     // unendliche Schleife
```

Als *bedingt* auszuführender *Programmzweig* und als *Schleifenkörper* ist jeweils nur eine einzige *Anweisung* zulässig; eine Anweisung ist ein Ausdruck, der durch ein Semikolon abgeschlossen wird. In den folgenden *abschreckenden* Beispielen stehen zwar mehrere Anweisungen auf einer Zeile; aber nur die auf die Bedingung folgende wird ausgeführt.

```
if (r == 0) cout << "Fehler"; continue;
for (i = 1; i <= 10; i++) cout << i; sum = sum + i;
```

Richtig müssen die Programmzweige entweder als Folge (Kommaoperator) von Teilausdrücken oder besser als **Blockanweisung** zwischen geschweiften Klammern { } programmiert werden.

```
if (r == 0)    cout << "Fehler", continue;
if (r == 0) { cout << "Fehler"; continue; }
for (i = 1; i <= 10; i++)
{
  cout << "\n" << i;
  sum = sum + i;
}
```

4. Zeiger

In der Datenverarbeitung unterscheidet man zwischen Adresse und Inhalt. *Adressen* sind die "Hausnummern" von Speicherplätzen, in denen sich *Daten* (z.B. Zahlen oder Zeichen oder andere Adressen) als Inhalt befinden. Dieses Kapitel behandelt Zeiger, die auf die einfachen ganzzahligen oder reellen Datentypen zeigen. Den Zeigern auf die zusammengesetzten Datentypen sowie auf Funktionen und Objekte sind in den entsprechenden Kapiteln besondere Abschnitte gewidmet.

4.1 Was ist ein Zeiger?

Ein **Zeiger** ist eine Variable, die eine Adresse enthält. *Bild 4-1* zeigt den Unterschied zwischen einer konstanten direkten Datenadressierung über Bezeichner und einer variablen indirekten Datenadressierung über Zeiger.

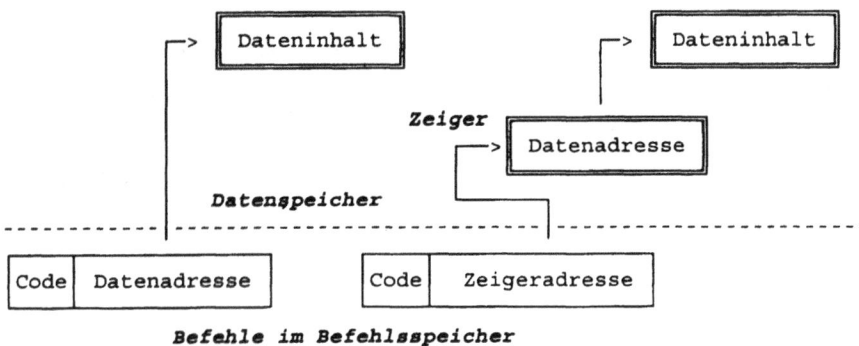

Bild 4-1: Direktadressierung und Zeigeradressierung

Verwendet man Bezeichner für Datenspeicherstellen, so erzeugt der Compiler Maschinenbefehle, die entsprechend *Bild 4-1a* neben dem Code die Datenadresse als vorzeichenlose Dualzahl enthalten. Diese Adreßkonstante dient bei der Ausführung des Befehls direkt zur Auswahl der Datenspeicherstelle und kann nur durch einen neuen Compilerlauf verändert werden. Beispiel:

```
int  x, y, z;            // Variablen vom Datentyp int
```

Greift man über **Zeiger** auf Datenspeicherstellen zu, so sind entsprechend Bild *4-1b* neben den Datenspeicherstellen auch Variablen zur Aufnahme der Datenadressen erforderlich. Das folgende Beispiel vereinbart die drei Adreßvariablen oder Zeiger xzei, yzei und zzei zur Aufnahme von Datenspeicheradressen. Die Bezeichner sind frei gewählt; der * vor dem Bezeichner unterscheidet die Vereinbarung eines Zeigers von der einer Datenspeicherstelle.

```
int  *xzei, *yzei, *zzei;   // Zeiger auf int-Daten
```

Beim Start des Programms ist der Inhalt der Zeiger genauso wie der Inhalt der Daten-speicherstellen undefiniert. Die Zeiger müssen vor ihrer Verwendung initialisiert, d.h. auf die Adressen von Objekten gesetzt werden. Das folgende Beispiel lädt die Zeiger xzei, yzei und zzei mit Adressen, die mit dem Operator **new** in einem Zusatz-speicher (heap) vergeben werden.

```
xzei = new int;        // setze Zeiger xzei auf int-Daten
yzei = new int;        // setze Zeiger yzei auf int-Daten
zzei = new int;        // setze Zeiger zzei auf int-Daten
```

Über die Zeiger kann nun auf die durch sie adresssierten Datenspeicherstellen zu-gegriffen werden. Das folgende Beispiel weist den durch xzei und yzei adressierten Datenspeicherstellen Werte zu und berechnet daraus in der durch zzei adressierten Datenspeicherstelle die Summe. Der * kennzeichnet, daß die Operation mit den durch die Zeiger adressierten Daten durchzuführen ist.

```
*xzei = 1;                 // Wertzuweisung an Daten
*yzei = 2;                 // Wertzuweisung an Daten
*zzei = *xzei + *yzei;     // Formel mit Zeigeradressierung
```

Man beachte, daß das Zeichen * als auch ***binärer Operator*** für die *Multiplikation* verwendet wird! Das in *Bild 4-2* dargestellte Programm ist ein vollständiges Beispiel für die Arbeit mit Zeigern. Die drei Zeiger sollen auf reelle Daten vom Typ double zeigen und werden mit dem Operator new auf entsprechende Speicherstellen gesetzt. Der unäre Operator * vor dem Bezeichner kennzeichet Operationen mit den durch die Zeiger adressierten Daten; der binäre Operator * ist das Multiplikationszeichen!

```
/* k4p2.cpp  Bild 4-2: Einführendes Beispiel für Zeiger */
#include  <iostream.h>
#include  <math.h>
main()
{
  double *radi, *umfang, *flae;         // Zeiger vereinbaren
  radi = new double;                    // Zeiger auf Daten setzen
  umfang = new double;
  flae = new double;
  cout << "\nRadius -> "; cin >> *radi;  // Operationen mit Daten
  *umfang = 2.0 * M_PI * *radi;          // op * op multipliziert!
  *flae = M_PI * *radi * *radi;          // *Bezeichner: nimm Daten
  cout << "\ Umfang = " << *umfang << "\nFlaeche = " << *flae;
  return 0;
}
```

Bild 4-2: Beispiel für Vereinbarung und Anwendung von Zeigern

In ***Vereinbarungen*** kennzeichnet der unäre Operator * vor dem Bezeichner, daß es sich um *Zeiger* und nicht um Datenspeicherstellen handelt. Der Inhalt von Adreßvariablen (Zeigern) ist beim Start des Programms undefiniert.

*In **Ausdrücken*** kennzeichnet der unäre Operator * vor dem Bezeichner, daß die durch den Zeiger adressierten Daten als Operand verwendet werden sollen.

4.2 Vereinbarung und Anwendung von Zeigern

Bei der Arbeit mit Zeigern unterscheidet man folgende Tätigkeiten:
- Zeiger auf Objekte (Daten) eines bestimmten Typs vereinbaren,
- Operationen mit Zeigern wie z.B. auf Adressen von Objekten (Daten) setzen und
- Operationen mit Objekten (Daten), die durch Zeiger adressiert werden.

Ein **Zeiger** ist eine Speicherstelle, die im einfachsten Fall die *Adresse* einer Datenspeicherstelle enthält. Zeiger werden wie andere Variablen vor ihrer Anwendung vereinbart und belegen je nach Speichermodell zwei oder vier Bytes im Datenspeicher des Programms. Die Typangabe ist sowohl für Operationen mit Zeigern (z.B. Zeigerarithmetik) als auch für Operationen mit den durch die Zeiger adressierten Daten erforderlich.

```
Datentyp   *Zeigerbezeichner , . . .;
```

Bei *Typvereinbarungen* kennzeichnet der unäre Operator * vor dem Bezeichner einen Zeiger. Der Stern ist nicht Bestandteil des Namens und kann auch durch Leerzeichen von ihm getrennt werden. Eine Vereinbarungsanweisung kann sowohl Daten als auch Zeiger auf Daten enthalten. Oft kennzeichnet man Bezeichner für Zeiger durch ein p (für pointer) oder z (für Zeiger) oder durch den Zusatz _zeiger.

```
int    x, *yzei, *paul, *pxwert, y;    // Daten und Zeiger
double *pwert, *otto_zeiger, d;        // Daten und Zeiger
```

Leerzeichen vor oder hinter dem Operator * haben sowohl bei der Vereinbarung als auch bei der Adressierung der durch ihn adressierten Objekte keine Bedeutung. Meist setzt man ihn direkt vor den Bezeichner des Zeigers. Beispiele:

```
int* xz, * yz, *zz;    // Zeiger vereinbart
xz = new int;          // Zeiger bekommt Adresse zugewiesen
*xz = 1234;            // Daten bekommen Wert zugewiesen
```

Wie bei Daten lassen sich auch bei Zeigern bestimmte Eigenschaften vorgeben und Anfangswerte bereits bei der Vereinbarung zuweisen. Man beachte, daß in C++ Vereinbarungen gleichzeitig auch Werte zuweisen können. Im Gegensatz zu anderen Sprachen gibt es keinen besonderen Anweisungsteil; Vereinbarungsanweisungen können an allen Stellen des Programms angeordnet werden.

```
Datentyp   *Zeigerbezeichner = new Datentyp
static  Datentyp   *Zeigerbezeichner
Datentyp   *const Zeigerbezeichner
```

Das Kennwort **static** legt den Zeiger in einem festen (statischen) Speicher an, der standardmäßig mit dem Inhalt 0 (Zeigerkonstante NULL) vorbesetzt übergeben wird. Konstante Zeiger, deren Inhalt nicht mehr verändert werden kann, werden mit dem Kennwort **const** gekennzeichnet.

Als **Anfangswerte** für Zeiger können dienen:
- vom Operator **new** gelieferte neue Adressen von Objekten,
- Adressen von bereits definierten Objekten (Operator **&**),
- der Nullzeiger **NULL** sowie
- bereits definierte Zeiger gleichen Typs.

In den folgenden Beispielen werden die Zeiger bereits bei der Vereinbarung mit Anfangsadressen besetzt. Der mit const gekennzeichnete Zeiger xz läßt sich nicht verändern, die durch ihn adressierten Daten sind jedoch variabel.

```
int  *const xz = new int, *yz = new int; *zz = NULL;
zz = yz;        // variabler Zeiger: auf neues Objekt
xz = yz;        // konstanter Zeiger: Fehlermeldung!!!!!!
*xz = 12;       // Daten veränderbar
```

Rang	Richtung	Operator	Wirkung
1	`--->`	( )	Vorrangklammer in Zeigerausdrücken
1	`--->`	Zeiger->Komponen.	für (*Strukturzeiger) . Komponente
2	`<---`	**&Bezeichner**	nimm die Adresse des Operanden
2	`<---`	***Bezeichner**	*vereinbare* einen Zeiger auf
2	`<---`	***Bezeichner**	*dereferenziere*: nimm Zeiger als Adresse auf
2	`<---`	(Datentyp*)	Zeiger zeigt auf Datentyp
2	`<---`	**new** Datentyp	liefert Zeiger und belegt Datenspeicher im Heap
2	`<---`	**delete** Zeiger	gibt Datenspeicher im Heap frei
2	`<---`	++	Zeiger um Datentyplänge erhöhen
2	`<---`	--	Zeiger um Datentyplänge vermindern
5	`--->`	+ -	Addition / Subtraktion in Datentyplänge
7	`--->`	< <= > >=	vergleiche zwei Zeiger
8	`--->`	== !=	vergleiche Zeiger auf gleich oder ungleich
15	`<---`	=	Zuweisung eines Zeigers an einen Zeiger
15	`<---`	+= -=	Arithmetik und Zuweisung in Datentyplänge

Bild 4-3: Operatoren für Zeiger

Auf *Zeiger* (Adreßvariablen) lassen sich die in *Bild 4-3* zusammengestellten Operatoren anwenden. Die arithmetischen und vergleichenden Operationen wirken nicht auf die durch sie adressierten Objekte (z.B. Daten), sondern nur auf Zeiger. Der wichtigste Zeigeroperator ist der unäre Stern *****. Er wird bei der Zeigervereinbarung, im Zusammenhang mit Typoperatoren sowie als Indirektions- oder Dereferenzierungsoperator verwendet.

Bei **Vereinbarungen** kennzeichnet der Operator * vor dem Bezeichner, daß ein Zeiger und nicht eine Datenvariable vereinbart wird.

> **Datentyp** **Zeigerbezeichner   vereinbart einen Zeiger*

In **Anweisungen** ist streng zwischen Operationen mit Zeigern z.B. new und Operationen mit den durch sie adressierten Objekten zu unterscheiden. Der Bezeichner ohne * nimmt den Inhalt der Zeigervariablen als Operanden.

> *Zeigerbezeichner   nimmt den Inhalt der Zeigervariablen (Adresse)*

Der Bezeichner mit * nimmt das durch den Zeiger adressierte Objekt als Operanden. Er wird auch als ***Indirektions- oder Dereferenzierungsoperator*** bezeichnet. Der Vorgang heißt dereferenzieren.

> **Zeigerbezeichner   nimmt das durch den Zeiger bezeichnete Objekt*

Die *Zeigerkonstante* **NULL** kennzeichnet einen Nullzeiger und entspricht dem Zahlenwert 0. NULL erscheint als Fehlermarke bei den Speicherzuweisungen new, malloc und calloc sowie als Endemarke in verketteten Listen.

Mit dem *Adreßoperator* **&** können Zeiger auf Datenspeicherstellen gesetzt werden, die mit einem Bezeichner vereinbart wurden. Dabei müssen die Datentypen des Zeigers und der Daten, auf die er gesetzt wird, übereinstimmen.

> *Zeigerbezeichner* = *&Datenbezeichner;*

Das folgende Beispiel vereinbart eine double-Speicherstelle x und einen Zeiger xzei, der auf Daten vom Typ double zeigen soll. Der Zeiger xzei wird auf die Adresse von x gesetzt. Diese Speicherstelle kann nun direkt über ihren Bezeichner x oder indirekt über den Zeiger xzei angesprochen werden.

```
double  x = 47.11;          // Datenvariable
double  *xzei;              // Zeiger
xzei = &x;                  // Zeiger = Adresse von x
cout << x << "=" << *xzei;  // Ausgabe doppelt
```

Der **Zusatzspeicher Heap** (Halde oder Haufen) umfaßt den Teil des Arbeitsspeichers, der nicht vom Betriebssystem oder von den laufenden Programmen belegt wird. Die Vergabe des Heap-Speichers erfolgt durch das Betriebssystem über den Operator new und die Funktionen malloc und calloc. Die Größe des zuteilbaren Speichers ist systemabhängig.

Der Operator **new** belegt einen dem Datentyp entsprechenden Speicherbereich auf dem Heap und liefert die Anfangsadresse als Zeiger zurück. Mehrere aufeinanderfolgende new-Operationen liefern jeweils neue Speicheradressen, die jedoch nicht hintereinander liegen und daher nicht mit der Zeigerarithmetik angesprochen werden können. Konnte der Speicher nicht zugewiesen werden, so ist das Ergebnis ein Nullzeiger **NULL**. Der Operator **delete** gibt den Speicher wieder frei.

```
Zeigerbezeichner = new Datentyp;
Zeigerbezeichner = new Datentyp (Anfangswert);
Zeigerbezeichner = new Datentyp [Anzahl];
delete Zeigerbezeichner;
```

Das folgende Beispiel fordert für die beiden Zeigervariablen xzei und yzei, die auf double-Daten zeigen, Speicherplatz an. Der Inhalt der durch xzei adressierten Speicherstelle wird undefiniert übergeben; der Inhalt der durch yzei adressierten Speicherstelle hat einen Anfangswert. Für den Zeiger zzei werden 10 Elemente, ein Feld, angefordert.

```
double   *xzei, *yzei, *zzei; // Zeiger vereinbaren
xzei = new double;            // Daten undefiniert
*xzei = 123.45;              // Wertzuweisung an Daten
yzei = new double (47.11);   // Daten vorbesetzt
zzei = new double [10];      // 10 double-Speicherstellen
delete xzei;                 // Speicher freigeben
```

Nach Zuordnung einer *Standardbibliothek* mit #include <stdlib.h> kann mit den vordefinierten Funktionen malloc und calloc anstelle von new ein Speicherbereich angefordert werden, der durch die Funktion free wieder freigegeben werden kann. Die Funktion malloc übergibt die Speicherstellen mit zufälligen Inhalten, die Funktion calloc mit 0 vorbesetzt. Der Zeiger NULL kennzeichnet wie bei new den Fehlerfall. Für die Ermittlung der *Datenlänge* kann der Operator **sizeof** (*Datentyp*) verwendet werden, der die für jeden Datentyp vereinbarte Speicherlänge zurückliefert.

```
Zeiger = (Datentyp*) malloc (Anzahl * Datenlänge);
Zeiger = (Datentyp*) calloc (Anzahl , Datenlänge);
free (Zeiger);
```

Beispiel für 1000 double-Speicherstellen, die mit einer Zählschleife die Werte von 1 bis 1000 erhalten:

```
int  i, n= 1000;            // Laufvariable und Anzahl
double  *pwert;             // Zeiger auf double
pwert = (double*) calloc(n, sizeof(double) );
if (pwert == NULL) { cout << "calloc-Fehler"; return 3; }
for (i = 0; i < n; i++) *(pwert+i) = i+1;
```

Alle **arithmetischen Operationen** (+, -, ++ und --) mit Zeigern werden in der Speicherlänge des Datentyps durchgeführt, für den sie vereinbart wurden. Dadurch werden die auf fortlaufenden Adressen liegenden Datenspeicherstellen in der richtigen Reihenfolge adressiert.

> **Die Zeigerarithmetik arbeitet in der Länge des adressierten Datentyps !!!**

Das in *Bild 4-4* dargestellte Beispiel vereinbart einen Zeiger `xzei` auf `double`-Daten und fordert mit `new` 10 Datenspeicherstellen an. Der Zeiger `xzei` enthält nach dem Aufruf von `new` die Adresse des ersten Elementes. Die erste `for`-Schleife adressiert die Speicherstellen über Zeigerarithmetik. Die Operation `*hizei++` erhöht den Inhalt des Hilfszeigers `hizei` mit der Schrittweite 8, der Länge von `double`-Daten, und zerstört damit den ursprünglichen Wert. Die zweite `for`-Schleife bildet den Ausdruck `*(xzei+i)`, der den Inhalt des Zeigers `xzei` nicht verändert.

```
/* k4p4.cpp  Bild 4-4: Beispiel für Zeigerarithmetik */
#include  <iostream.h>
main()
{
  int  i, n = 10;                // n = Anzahl der Feldelemente
  double *hizei;                 // Hilfszeiger
  double *xzei = new double [n]; // dynamische Feldvereinbarung
  hizei = xzei;                  // Hilfszeiger wegen ++
  for (i = 1; i <= n; i++) *hizei++ = i;          // speichern
  for (i = 0; i < n; i++) cout << " " << *(xzei+i);  // ausgeben
  return 0;
}

 1 2 3 4 5 6 7 8 9 10
```

Bild 4-4: Beispiel einer Zeigerarithmetik

Zeiger können weder gelesen (`cin`) noch mit konstanten Werten besetzt werden; die Vergabe von Speicherplatz erfolgt aussschließlich mit `new` bzw. `calloc` und `malloc` durch das Betriebssystem. Dagegen läßt sich der Inhalt einer Zeigervariablen mit `printf` (Format `%p`) bzw. `cout` und dem `hex`-Manipulator hexadezimal ausgeben. Die erste Vierergruppe ist die Segmentadresse, die zweite der Abstand (Offset).
Ausgabe: 0x90d50004
Segment: 0x90d5
 Offset: 0x0004

Das in *Bild 4-5* dargestellte Beispiel fordert n Speicherplätze mit `new` an und gibt in einer Schleife sowohl die Adressen der Datenspeicherstellen (`cout << xzei`) als auch die Inhalte (`cout << *xzei`) aus. Für Zeiger, die auf `double`-Daten zeigen, arbeitet die Zeigerarithmetik in der Schrittweite 8. Die Ausgabe von Zeigerinhalten dient hier nur zur Kontrolle der Speichervergabe und zur Demonstration der Zeigerarithmetik. Die Zeiger p1 und p2 demonstrieren die Wirkung undefinierter Zeiger.

```
/* k4p5.cpp  Bild 4-5: Zeigeroperationen */
#include  <iostream.h>
#include  <iomanip.h>
main()
{
 int  i, n;
 double  *p1, *p2 = NULL;                            // Zeiger
 cout << "\nZeiger p1 = " << p1 << " -> " << *p1; // wohin p1 ?
 cout << "\nZeiger p2 = " << p2 << " -> " << *p2; // wohin p2 ?
 if (p2 == NULL) cout << "\np2 = Nullzeiger\n";    // Kontrolle
 cout << "\nAnzahl der Elemente -> "; cin >> n;
 double  *xzei = new double [n];                     // dynamisches Feld
 cout << "\n Adresse:  Inhalt:";                     // Überschrift
 for (i = 1; i <= n; i++)                            // Zeiger verändert!!
 {
  *xzei = i;                                         // Wertzuweisung
  cout << "\n" << xzei << setw(9) << *xzei;  // Kontrollausgabe
  xzei++;                                            // Zeiger um 8 erhöhen
 }
 return 0;
}


Zeiger p1 = 0x34270000 -> 1.43252e-309
Zeiger p2 = 0x00000000 -> 1.42558e-306
p2 = Nullzeiger

Anzahl der Elemente -> 4

  Adresse:  Inhalt:
0x34530004       1
0x3453000c       2
0x34530014       3
0x3453001c       4
```

Bild 4-5: Ausgabe von Zeigern und Speicherinhalten

Ein Zeiger kann nicht nur auf Daten, sondern auch auf einen *anderen Zeiger* zeigen; der Zeigeroperator * läßt sich mehrfach anwenden. Das in *Bild 4-6* dargestellte Programmbeispiel vereinbart drei Zeiger und besetzt sie mit folgenden Adressen:

-px zeigt auf double-Daten.

-ppx zeigt auf den Zeiger px, der auf double-Daten zeigt.

-pppx zeigt auf ppx , der auf den Zeiger px zeigt, der auf double-Daten zeigt.

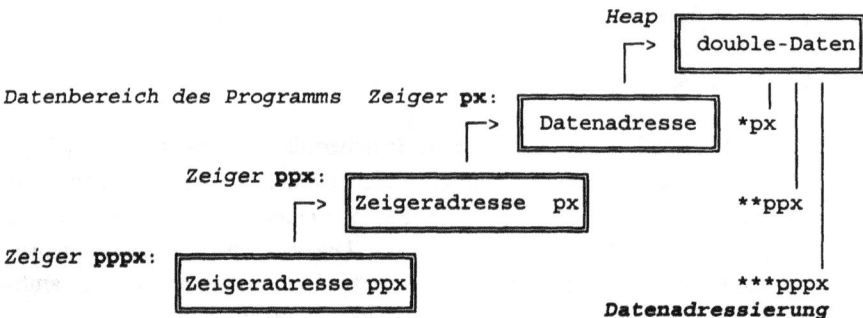

Datenadressierung

```
/* k4p6.cpp  Bild 4-6: Zeiger auf Zeiger auf Zeiger .... */
#include  <iostream.h>
#include  <iomanip.h>
main()
{
  double  *px = NULL, **ppx = NULL, ***pppx = NULL ;  // Zeiger  NULL
  px = new double (47.11);          // px auf double-Speicherstelle
  ppx = &px;                        // ppx auf Zeiger auf double
  pppx = &ppx;                      // pppx auf Zeiger auf Zeiger
  /*           Ausgabe von Adressen und Inhalten              */
  cout << "\nZeiger pppx:  Adresse:        Inhalt:";
  cout << "\n               " << &pppx << " => " << pppx;
  cout << "\n\nZeiger  ppx:  Adresse:        Inhalt:";
  cout << "\n               " << &ppx << " => " << ppx;
  cout << "\n\nZeiger   px:  Adresse:        Inhalt:";
  cout << "\n               " << &px << " => " << px;
  cout << "\n\nDaten         Adresse:        Inhalt:";
  cout << "\n               " << px << " => " << setw(10) << *px;
  cout << "\n\nDaten: " << *px << " = " << **ppx << " = " << ***pppx;
  return 0;
}
```

```
Zeiger pppx:   Adresse:        Inhalt:
               0x32510ff4 => 0x32510ff8

Zeiger  ppx:   Adresse:        Inhalt:
               0x32510ff8 => 0x32510ffc

Zeiger   px:   Adresse:        Inhalt:
               0x32510ffc => 0x33e90004

Daten          Adresse:        Inhalt:
               0x33e90004 =>        47.11

Daten: 47.11 = 47.11 = 47.11
```

Bild 4-6: Zeiger auf Zeiger

Das Programmbeispiel zeigt die Ausgabe der Zeigeradressen und Zeigerinhalte mit cout. Die Zeigervariablen liegen auf drei aufeinanderfolgenden Speicherstellen zu je vier Bytes im Datenbereich des Programms. Die mit dem Operator new angeforderte double-Speicherstelle befindet sich im Heap. Beim Datenzugriff bedeuten:

*px: *nimm die durch px adressierten Daten.*

**ppx: *nimm den durch ppx adressierten Zeiger zur Adressierung der Daten,*

***pppx:
nimm den durch pppx adressierten Zeiger zur Adressierung eines Zeigers, der zur Adressierung eines weiteren Zeigers verwendet wird, der endlich auf die Daten zeigt.

Zeiger, die mit dem Datentyp **void** (offen, unbestimmt) vereinbart wurden, dienen meist als Hilfszeiger für Operationen zwischen Zeigern. Da für diese typlosen Zeiger weder eine Datenlänge noch ein Datentyp vorliegt, sind bei allen Zeigeroperationen und bei allen Operationen mit adressierten Daten besondere Typangaben erforderlich.

```
       Vereinbarung:  void  Zeigerbezeichner, . . . ;
        als Operand:  (Datentyp*) Zeigerbezeichner
   Datenoperationen:  *(Datentyp*) Zeigerbezeichner
```

Das folgende Beispiel vereinbart die Zeiger izei und jzei auf int-Daten und einen typlosen void-Zeiger vzei und zeigt die Verwendung des Typoperators (int*).

```
int  *izei, *jzei;          // Zeiger auf int-Daten
void  *vzei;                // typloser Zeiger
izei = new int (123);       // Speicherinhalt vorbesetzt
vzei = izei;                // Wertzuweisung an void
jzei = (int*) vzei;         // Typoperator erforderlich
vzei = (int*) vzei - 1;     // Zeigeroperation Typoperator
((int*) vzei)++;            // Zeigeroperation Rangfolge!!
*(int*) vzei = *(int*) vzei + 1;    // Datenoperation
cout << *izei << " = " << *jzei << " = " << *(int*)vzei;
```

Das Programm *Bild 4-7* überlistet die automatische Typumwandlung des Compilers über einem void-Zeiger. Der Operator (float*) macht nur die Typen der Zeiger kompatibel, verändert aber nicht die damit adressierten Daten. Die durch xzei und fzei adressierten Speicherstellen enthalten das gleiche Bitmuster; jedoch wird *xzei als ganze Zahl und *fzei als reelle Zahl ausgegeben:

```
/* k4p7.cpp  Bild 4-7: Beispiel für void-Zeiger  */
#include <iostream.h>
main()
{
void *vzei;                     // typloser Zeiger
float *fzei;                    // Datenlänge 4 Bytes = 32 bit
unsigned long int *xzei;        // Datenlänge 4 Bytes = 32 bit
xzei = new unsigned long int;   // Datenspeicher zugewiesen
*xzei = 0x41d58000ul;           // Wert hexadezimal zugewiesen
vzei = xzei;                    // geht ohne Typoperator
fzei = (float*) vzei;           // keine Datenumwandlung !!!
cout << "\nBitmuster    hexadezimal: 0x" << hex << *xzei;
cout << "\nBitmuster als  ganze Zahl: " << dec << *xzei;
cout << "\nBitmuster als reelle Zahl: " << *fzei;
return 0;
}

Bitmuster    hexadezimal: 0x41d58000
Bitmuster als  ganze Zahl: 1104510976
Bitmuster als reelle Zahl: 26.6875
```

Bild 4-7: Typloser Zeiger

4.3 Übungen mit Zeigern

Die Aufgaben üben die Vereinbarung und den Umgang mit Zeigern. Sinnvolle Anwendungen finden sich erst in den folgenden Kapiteln. Der Anhang enthält einfache Lösungsvorschläge.

1. Aufgabe:
Die Formel zur Berechnung der Hypothenuse c eines rechtwinkligen Dreiecks aus den beiden Katheten a und b lautet:

$$c = \sqrt{a^2 + b^2}$$

Die Eingabe der Zahlenwerte, die Berechnung der Formel und die Ausgabe des Ergebnisses erfolge mit Zeigern, denen mit new Datenadressen zugewiesen werden sollen.

2. Aufgabe:
Die in der 1. Aufgabe verwendete Formel zur Berechnung der Hypothenuse soll mit Zeigern auf Zeiger (Doppelindirektion ∗∗) durchgeführt werden.

3. Aufgabe:
Es ist die Summe der Zahlen von 1 bis n zu berechnen, der Endwert n sei variabel.
sum = 1 + 2 + 3 +   + (n-1) + n

Nach dem Lesen von n soll mit new ein Bereich von n int-Speicherstellen angefordert werden; die Zuweisung ist mit der NULL-Fehlermarke zu kontrollieren. In einer Schleife mit Zeigerarithmetik sind in den n Speicherstellen die Zahlen von 1 bis n abzuspeichern. In einer weiteren Schleife mit Zeigerarithmetik sind die gespeicherten Werte zu summieren, die Summe ist auszugeben. Man beachte, daß durch die Zeigerarithmetik der ersten Schleife die Anfangsadresse (Zeiger auf den 1. Wert) zerstört werden kann und daher gegebenenfalls für den zweiten Durchlauf gerettet werden muß!

4.4 Hinweise auf Fehlermöglichkeiten

Bei der Arbeit mit Zeigern ist äußerste Sorgfalt geboten, denn viele Fehler werden vom Compiler nicht erkannt und bedenkenlos ausgeführt. Besonders kritisch sind die Fälle, die "meist richtig" arbeiten, aber "zufälligerweise" dann doch zu einem Systemabsturz führen. Bei der Vereinbarung von Zeigern werden noch keine Speicherstellen für die zu adressierenden Daten angelegt. Das folgende *abschreckende* Beispiel vereinbart einen Zeiger und verwendet ihn zur Datenadressierung, ohne ihm eine Datenadresse zuzuweisen.

```
double  *zei;      // nur Vereinbarung, Inhalt undefiniert
*zei = 1.5;        // irgendeine Datenspeicherstelle
cout << "\n" << *zei;      // kann auch schief gehen
```

Das gefährliche ist, daß das abschreckende Beispiel in 99% aller Fälle richtig ausgeführt wird, weil der zufälligerweise belegte Datenspeicher nicht im Programm oder für Systemfunktionen verwendet wird. *Richtig* muß der Zeiger vor dem Datenzugriff auf eine Datenadresse gesetzt werden.

```
double  *zei;                // Zeiger vereinbaren
zei = new double;            // Speicher zuweisen
*zei = 123.456;              // Datenzugriff
cout << "\n" << *zeiger;     // Kontrollausgabe
```

Bei Verwendung der Zeigerarithmetik zur Adressierung von Bereichen wird der Zeigerinhalt laufend verändert. Bei mehreren aufeinanderfolgenden Zugriffsschleifen sollte man zwischen der unverändert bleibenden Anfangsadresse (anfang) und der laufenden Adresse (p) unterscheiden. Korrektes Beispiel:

```
double  *p, *anfang;     // Zeiger
int   i, n = 100;
anfang = new double [n];
p = anfang;              // laufende Adresse = Anfangsadresse
for (i = 1; i <= n; i++) *p++ = i;
p = anfang;              // laufende Adresse = Anfangsadresse
for (i = 1; i <= n; i++) cout << "\n" << *p++;
```

Eine andere Lösung bildet zur Adressierung der Elemente die Summe aus einem unveränderten Zeiger und einem veränderlichen Zähler, der jedoch mit 0 beginnen muß.

```
for (i = 0; i < n; i++) cout << "\n" << *(p + i);
```

In Ausdrücken muß zwischen dem unären Indirektionoperator * und dem Multiplikationszeichen * unterschieden werden. Beide Operatoren können direkt aufeinander folgen oder mit Leerzeichen von den Bezeichnern getrennt werden. Die folgenden Beispiele multiplizieren zwei durch Zeiger adressierte Datenspeicherstellen. Die übersichtlichste Anordnung schreibt die Indirektionsoperatoren direkt vor die Bezeichner und trennt den Multiplikationsstern durch Leerzeichen.

```
double  *p1, *p2, *erg;   // * als Zeigersymbol
p1 = new double (2);      // Datenwert 2 vorbesetzt
p2 = new double (3);      // Datenwert 3 vorbesetzt
erg = new double;         // nur Zeiger, kein Datenwert
*erg = *p1**p2;           // alles zusammmen geschrieben
* erg = * p1 * * p2;      // alles getrennt geschrieben
*erg = *p1 * *p2;         // sauber angeordnet
```

5. Funktionen

Bei umfangreichen Programmieraufgaben ist es zweckmäßig, Teilprobleme auf Unterprogramme zu verlagern. In der Programmiersprache C++ gibt es nur den einen universellen Unterprogrammtyp *Funktion*, andere Sprachen unterscheiden zwischen Funktionen und Prozeduren bzw. Subroutinen. Einführende Beispiele:

```
/* k5p1.cpp Bild 5-1: Funktion liefert sinus des Winkels */
#include  <iostream.h>
#include  <math.h>                    // für fabs  M_PI  sin
double sinus(double winkel)           // Funktion liegt vor main
{
 double zwischen;                             // lokale Hilfsvariable
 zwischen = sin(winkel * M_PI / 180.0);   // Standardfunktion
 if (fabs(zwischen) < 1e-12) zwischen = 0; // Korrektur
 return zwischen;                          // Rückgabewert
}
main()
{
 double x;
 cout << "\nWinkel in Grad -> "; cin >> x;
 cout << "sinus (" << x << ") = " << sinus(x);    // Aufruf
return 0;
}
```

Bild 5-1: Funktion liefert den Sinus eines Winkels

In dem Programmbeispiel *Bild 5-1* wird eine benutzerdefinierte Funktion sinus vor ihrem Aufruf in main vereinbart. Sie übernimmt einen Winkel und liefert den Sinus zurück. Im Gegensatz zur Standardfunktion sin wird der Winkel nicht im Bogen, sondern im Gradmaß übergeben. Die Funktion korrigiert sehr kleine Werte nahe Null, damit auch der sin(180°) als 0 und nicht als 1.22e-16 erscheint. Die benutzerdefinierte Funktion sinus wird in main mit ihrem Namen und einem Argument aufgerufen. Das Funktionsergebnis ist ein Wert, der mit cout ausgegeben wird.

Bild 5-2 zeigt eine Funktion sincos, die zwei Werte, den Sinus und den Cosinus eines Winkels zurückgibt. Der *Aufruf* erfolgt als Anweisung. Der Wert von x mit dem Winkel wird der Funktion übergeben; sie liefert in den Variablen wsin und wcos die Ergebnisse zurück.

```
/* k5p2.cpp Bild 5-2: Funktion liefert sin und cos des Winkels */
#include  <iostream.h>
#include  <math.h>
void sincos(double &winkel, double &xsin, double &xcos)
{
 double bogen;                               // lokale Hilfsvariable
 bogen = winkel * M_PI / 180.0;
 xsin = sin(bogen); if (fabs(xsin) < 1e-10) xsin = 0;  // Ergebnis
 xcos = cos(bogen); if (fabs(xcos) < 1e-10) xcos = 0;  // Ergebnis
 return ;
}
```

```
main()
{
 double x, wsin, wcos;
 cout << "\nWinkel in Grad -> "; cin >> x;
 sincos(x, wsin, wcos);                          // Aufruf
 cout <<   " sinus (" << x << ") = " << wsin;
 cout << "\ncosinus (" << x << ") = " << wcos;
 return 0;
}
```

Bild 5-2: Funktion liefert den Sinus und den Cosinus

Die beiden einführenden Beispiele zeigen die wichtigsten Anwendungen:
- Aufruf in einem Ausdruck mit Rückgabe *eines* Ergebnisses und
- Aufruf als Anweisung (Prozedur) mit Rückgabe über die Parameterliste.

5.1 Unterprogrammtechnik

Dieser Abschnitt behandelt allgemeine Fragen der Definition und des Aufrufs von Funktionen. Abschnitt 5.2 zeigt Beispiele für Funktionen mit nur einem Rückgabewert, Abschnitt 5.3 behandelt die Rückgabe von Ergebnissen über die Parameterliste.

Funktionen müssen *vor* ihrem Aufruf definiert (vereinbart) werden. In den beiden einführenden Beispielen liegt die **Definition** der Funktion *vor* ihrem Aufruf in `main`.

```
Ergebnistyp Bezeichner (formale Parameter)
{
 lokale Vereinbarungen;
 Anweisungen;
}
```

Der **Aufruf** einer Funktion erfolgt mit ihrem Bezeichner und einer Liste von aktuellen Parametern, über die Werte (Argumente) an die Funktion übergeben werden können. Die Funktion gibt Ergebnisse über ihren Bezeichner oder ebenfalls über die Parameter zurück.

```
Aufrufendes Programm:
{

Funktionsaufruf:
 . . .Bezeichner (aktuelle Parameter). . .

}
```

Ordnet man die Definition der Funktion *hinter* ihrem Aufruf an, so ist *vor* dem Aufruf ein **Prototyp** (Muster) der Kopfzeile erforderlich, damit der Compiler die Datentypen der Parameter und des Rückgabewertes überprüfen kann. Dies gilt auch für Funktionen, die in einer anderen Funktion als `main` aufgerufen werden. Interne (lokale) Funktionen, die innerhalb einer anderen Funktion definiert werden, sind in C++ nicht zulässig.

Prototyp der Funktion:

```
Ergebnistyp Bezeichner (formale Parameter);
```

Die Bezeichner der formalen Parameter im Prototyp müssen nicht mit denen der Definition übereinstimmen oder können ganz entfallen. *Bild 5-3* zeigt als Beispiel den Prototyp und die Definition einer Funktion, die das Quadrat des Argumentes zurückliefert. In den folgenden Beispielen liegen die Definitionen immer vor dem Aufruf; Prototypen sind also nicht erforderlich.

```
/* k5p3.cpp  Bild 5-3: Funktion mit Prototyp */
#include <iostream.h>
double quad (double   );    // Prototyp
main ()
{
 double x;
 cout << "\n reell -> "; cin >> x;
 cout << "\nQuadrat von " << x << " = " << quad(x);  // Aufruf
 return 0;
}
double quad (double x)      // Definition
{
 return x * x;              // Quadrat als Ergebnis
}
```

Bild 5-3: Funktion mit Prototyp

Die **Funktionsbezeichner** sind frei wählbar, sollten aber nicht mit den Bezeichnern von Standardfunktionen übereinstimmen. In C++ lassen sich unter dem gleichen Namen Funktionen für verschiedene Datentypen definieren. Beim Aufruf entscheiden die Typen der aktuellen Parameter, welche Funktion verwendet wird. Dies bezeichnet man als "*überladen*". Bild 5-4 zeigt dazu ein Programmbeispiel.

Die **Bezeichner der formalen Parameter** in der Definition sind frei wählbar ohne Rücksicht auf die entsprechenden aktuellen Parameter des Aufrufs oder andere Bezeichner im aufrufenden Programm oder in anderen Funktionen. Gleiches gilt für die Bezeichner lokaler Variablen innerhalb der Funktion. Formale Parameter sind nur Platzhalter (dummys), für die keine Speicherstellen angelegt werden. Lokale Variablen sind nur innerhalb der Funktion sichtbar.

Die Anzahl und die Typen der Parameter in Definition und Aufruf müssen - von bestimmten Ausnahmen abgesehen - übereinstimmen. Man unterscheidet:
- *Wertparameter*, die Werte (Argumente) an die Funktion übergeben und
- *Referenzparameter*, die Daten in beiden Richtungen übergeben können.

Wertparameter werden in der Liste der formalen Parameter der Definition nur durch ihren Datentyp gekennzeichnet. Änderungen von Wertparametern in der Funktion sind nur dort wirksam und werden nicht an das aufrufende Programm zurückgegeben. Beim Aufruf können beliebige Ausdrücke als aktuelle Parameter verwendet werden. Für die einfachen Variablen übergibt der Compiler der Funktion nur Kopien. Die Übergabe von Werten heißt *"call by value"*. Beispiele:

Funktionsdefinition:
```
int func (int a, int b, int c)
{
 int sum;                // lokale Hilfvariable
 sum = a + b + c;
 b = b + 1;              // unfein und unwirksam
 return sum;
}
```
Aufruf der Funktion:
```
main()
{
 int  x = 1, y;
 y = func(11, x, x+x); // (Konstante, Variable, Ausdruck)
```

Für **Referenzparameter**, die dem aufrufenden Programm Ergebnisse zurückgeben können, übergibt der Compiler die Adresse der aktuellen Parameter, die nun Variablen sein müssen. Über diese Adressen kann die Funktion den Inhalt der Speicherstellen lesen und auch verändern. Diese Art der Parameterübergabe heißt *"call by reference"*. Dazu gibt es zwei Verfahren:

In der *Zeigeradressierung* (Kapitel 4) kennzeichnet man die formalen Parameter der Definition mit dem Zeigeroperator * als Zeiger. Die aktuellen Parameter des Aufrufs werden mit dem Adreßoperator & als Adressen übergeben. Beispiel:

Funktionsdefinition:
```
void tausch (int *x, int *y)   // x und y sind Zeiger auf
{
 int hilf;           // lokale Hilfgröße
 hilf = *x;          // nimm die durch x adressierten Daten
 *x = *y;            // Adressierung über Zeiger
 *y = hilf;          // in den durch y adressierten Speicher
 return ;            // Rücksprung ohne Ergebnis
}
```
Aufruf der Funktion:
```
main()
{
 int  a = 1, b = 2;
 tausch (&a, &b);      // übergib die Adressen von a und b
```

Bei einer *Referenzübergabe* verwendet man bei der Definition als formale Parameter Referenzen (Alias oder Ersatznamen). Sie werden nur in der Parameterliste durch den Referenzoperator **&** gekennzeichnet. Im Aufruf erscheinen nur die Bezeichner der aktuellen Variablen; sie ersetzen die Referenzen. Beispiel:

Funktionsdefinition:

```
void vertau (int &x, int &y)   // x und y Ersatznamen
{
 int hilf;       // lokale Hilfgröße
 hilf = x;       // nimm den richtigen Namen von x
 x = y;          // nimm den richtigen Namen von x und y
 y = hilf;       // nimm den richtigen Namen von y
 return;         // Rücksprung ohne Ergebnis
}
```

Aufruf der Funktion in main:

```
int  a = 1, b = 2;
vertau (a, b);   // vertausche den Inhalt von a mit b
```

In der *Zeigertechnik* werden die Referenzparameter beim Aufruf (Adreßoperator **&**) und in der Funktion (Zeigeroperator *****) eindeutig von den Wertparametern unterschieden. Bei der *Referenzübergabe* geschieht dies nur bei der Definition in der Liste der formalen Parameter (Referenzoperator **&**). **Referenzen** (Alias oder Ersatznamen) sind nur in C++ möglich. *Bild 5-4* zeigt ein vollständiges Programm mit Zeigern und Referenzen.

```
/* k5p4.cpp Bild 5-4: Zeiger und Referenzen als Parameter */
#include <iostream.h>
void tausch(double *a, double *b)  // reelles tauschen
{                                  // mit Zeigern
 double hilf;
 hilf = *a;
 *a = *b;
 *b = hilf;
}
 void vertau(int &a, int &b)       // ganzzahliges tauschen
 {                                 // mit Referenzen
 double hilf;
 hilf = a;
 a = b;
 b = hilf;
}
main()                                    // Hauptfunktion
{
 double x = 2.5, y = -2.5;
 int i = 11, j = 47;
 tausch(&x, &y);                          // Aufruf mit Adressen
 cout << "\nx = " << x << " y = " << y;
 vertau(i, j);                            // Aufruf mit Variablennamen
 cout << "\ni = " << i << "   j = " << j;
 return 0;
}
```

Bild 5-4: Zeiger und Referenzen (nur C++) als Parameter

Eine Funktion wird mit ihrem Bezeichner aufgerufen und beginnt ihre Arbeit mit der ersten Anweisung. Sie kann mit der Anweisung **return** und einem Rückgabewert wieder verlassen werden.

```
return   Ergebnisausdruck;
return ;
```

Der Ergebnisausdruck wird als Funktionsergebnis an das aufrufende Programm zurückgeliefert. Eine Funktion kann mehrere return-Anweisungen z.B. in bedingten Anweisungen enthalten. Sie wird an der Stelle mit der return-Anweisung verlassen, die sich aus der Struktur des Programms ergibt. Beispiele:

```
double wurz (double x)
{
if (x == 0) return 0;
if (x > 0) return sqrt(x); else return sqrt(-x);
}
```

Wurde eine Funktion mit dem Ergebnistyp **void** (unbestimmt) vereinbart, so kann die return-Anweisung entfallen. Die Funktion wird an der Stelle der letzten ausgeführten Anweisung verlassen. Für einen Rücksprung an einer bestimmten Stelle verwendet man das return ohne Ergebnisausdruck. Beispiel:

```
void quad(int& x)       // Referenzaufruf
{
 if (x == 0) return;    // Rücksprung bei Null
 x = x * x;             // quadriere
}                       // Rücksprung ohne return
```

Zum Verständnis der Unterprogrammtechnik ist es zweckmäßig, die Übergabe der Parameter zwischen dem Hauptprogramm und der Funktion zu verfolgen. Dies geschieht am besten anhand der Maschinenbefehle. Übersetzt man das Programm nicht in der Entwicklungsumgebung, sondern mit der Kommandozeilenversion (Turbo C++)
>bcc -S Dateiname

so erzeugt der Compiler eine Textdatei .ASM, welche die Maschinenbefehle in der Assemblerschreibweise enthält. *Bild 5-5* zeigt ein Beispiel für die Parameterübergabe, das aus dem Assemblerlisting gewonnen wurde. Der Start des Programms beginnt mit der ersten Anweisung der Hauptfunktion main. Im Quelltext erscheint jedoch die Funktion adsu vor main, da sie vor ihrem Aufruf definiert sein muß.

```
/* k5p5.cpp  Bild 5-5:Beispiel einer Parameterübergabe */
#include  <iostream.h>
int adsu(int x, int y, int *z)   // z ist Zeiger auf
{
 *z = x + y;                      // Ergebnisparameter
 return x - y;                    // Funktionsergebnis
}
```

```
main()
{
 int  a = 1, b = 2, c, d;
 d = adsu(a, b, &c);             // 1. Aufruf der Funktion adsu
 cout << "\n" << a << " + " << b << " = " << c << "    "
               << a << " - " << b << " = " << d;
 int sum, dif;
 dif = adsu(47, 11, &sum);       // 2. Aufruf der Funktion adsu
 cout << "\nSumme = " << sum << "   Differenz = " << dif;
 return 0;
}
```

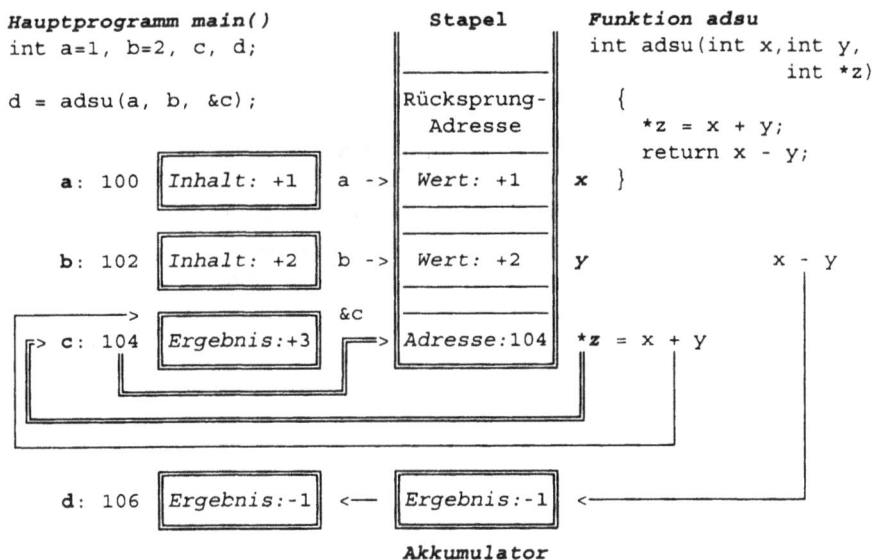

Hauptprogramm main( )		Stapel		Funktion adsu
int a=1, b=2, c, d;				int adsu(int x,int y,
				int *z)
d = adsu(a, b, &c);		Rücksprung-		{
		Adresse		*z = x + y;
				return x - y;
a: 100	Inhalt: +1	a -> Wert: +1	x	}
b: 102	Inhalt: +2	b -> Wert: +2	y	x - y
c: 104	Ergebnis:+3	&c => Adresse:104	*z = x + y	
d: 106	Ergebnis:-1	<— Ergebnis:-1	<—	

Akkumulator

Bild 5-5: Die Parameterübergabe

In **main** werden vier Speicherplätze mit den Bezeichnern a, b, c und d auf den hier willkürlich angenommenen Speicheradressen 100, 102, 104 und 106 angelegt. Die Variablen a und b erhalten bereits bei der Vereinbarung die Anfangswerte 1 und 2. Die Inhalte der Variablen c und d sind zunächst undefiniert. Beim **Aufruf** der Funktion adsu wird die Parameterliste von rechts nach links ausgeführt. Die Hauptfunktion main legt nacheinander die Adresse der Speicherstelle c sowie die Inhalte der Speicherstellen b und a auf den Stapel. Der Maschinenbefehl call (rufe Unterprogramm) legt darüber die Rücksprungadresse und springt in die Funktion adsu.

In der **Funktion** werden drei Parameter auf dem Stapel erwartet. Hinter der Rücksprungadresse liegt ein int - Wert, der allgemein mit x bezeichnet wird, darunter ein int-Wert für y. Dann folgt eine Adresse (Zeiger) für den allgemeinen Bezeichner z. Entsprechend der Anweisung *z = x + y werden nun die beiden obersten Werte vom Stapel kopiert, addiert und mit Hilfe der übergebenen Adresse in die Speicherstelle c der Funktion main geschrieben. Nach dem Kopieren und Subtrahieren steht die Differenz im Akkumulator des Rechenwerks und verbleibt dort als Funktionsergebnis.

Der Maschinenbefehl `return` (Rücksprung) in der Funktion kehrt mit Hilfe der oben auf dem Stapel liegenden Rücksprungadresse an die Stelle des Aufrufs, also nach `main` zurück. Dort wird das Funktionsergebnis aus dem Akkumulator geholt und in die Speicherstelle d gebracht.

Beim zweiten Aufruf von `adsu` werden die Adresse von `sum` sowie die Konstanten 11 und 47 auf den Stapel gelegt. Die Rücksprungadresse ist nun der auf den zweiten Aufruf folgende Befehl. Jetzt treten die Werte 47 und 11 sowie die Adresse von `sum` an die Stelle der allgemeinen (formalen) Bezeichner x, y und z. Die Summe wird in die Speicherstelle `sum` gespeichert, die Differenz wird im Akkumulator übergeben und von `main` in die Speicherstelle `dif` gebracht.

5.2 Funktionen mit einem Rückgabewert

Die Kopfzeile beschreibt bei der **Definition** die Anschlüsse zum aufrufenden Programm. Dann folgen die lokalen Vereinbarungen und Anweisungen. Die Funktion liefert den hinter `return` stehenden Ausdruck als Ergebnis zurück.

```
Ergebnistyp Funktionsbezeichner (Formalparameterliste)
{
  Vereinbarungen und Anweisungen
  return  Ergebnisausdruck;
}
```

Die *Wertparameter* werden in der Liste durch einen Datentyp und einen Bezeichner gekennzeichnet. Sie sind nur Platzhalter (Dummys) für die beim *Aufruf* übergebenen Daten und keine Variablen, für die Speicherplatz angelegt wird. Für jeden formalen Parameter ist eine eigene Typangabe erforderlich, zusammenfassende Listen sind nicht möglich. Wertparameter übernehmen Werte vom aufrufenden Programm und liefern keine Ergebnisse zurück; Änderungen z.B. durch eine Wertzuweisung sind nur in der Funktion wirksam. Dies kann unliebsame Folgen haben. Abschreckendes Beispiel:
Funktionsdefinition:
```
int  sum (int a, int b)
{
  int  x;          // lokale Hilfsgröße
  a = 4711;        // a nur in der Funktion geändert
  x = a + b;       // hier wird mit a = 4711 gerechnet
  b = 1234;        // b nur in der Funktion geändert
  return x;
}
```
Funktionsaufruf:
```
main()
{
  int  x = 1, y = 2;
  cout << "\n" << x << " + " << y << " = " << sum(x,y);
```

Die Änderung von a vor der Summierung führt dazu, daß mit dem Wert 4711 statt mit dem Wert des Aufrufs gearbeitet wird. Die Änderung von b liegt dahinter und hat keinen Einfluß auf das Ergebnis. Im aufrufenden Programm erscheinen für x und y die alten Werte 1 und 2. Die Änderung von Wertparametern läßt sich durch das Kennwort **const** verhindern; der Compiler liefert an allen Stellen, an denen eine Änderung versucht wird, eine Fehlermeldung. Eine Eingabe mit cin >> a ergab bei dem untersuchten System keine Fehlermeldung, war aber unwirksam. Verbessertes Beispiel:
Funktionsdefinition:

```
int   sum (int const a, int const b)
{
```

Der *Aufruf einer Funktion* ist ein Ausdruck der Rangstufe 1 (Bild 2-8) und wird vor allen anderen Operationen ausgeführt.

```
Funktionsbezeichner (Liste der aktuellen Parameter)
```

Die Liste der aktuellen Parameter besteht aus Ausdrücken, die an die Funktion übergeben werden und die an die Stelle der formalen Parameter (Dummys) der Definition treten. Die aktuellen Parameter müssen in der Reihenfolge, in der Anzahl und im Datentyp mit den formalen Parametern übereinstimmen; der erste aktuelle Parameter ersetzt also den ersten formalen Parameter.

Für Parameter, für welche die Funktion Werte erwartet (Wertparameter), sind beliebige Ausdrücke möglich, also auch Ergebnisse aus dem Aufruf anderer Funktionen. Sie werden *vor* dem Funktionsaufruf bewertet. Beispiele:

```
x = sin (grad*M_PI/180);   // sin ist vordefiniert
x = sin (bogen(grad));     // bogen ist benutzerdefiniert
```

Was ist nun, wenn die Datentypen der aktuellen Parameter des Aufrufs nicht mit den Datentypen der formalen Parameter der Definition übereinstimmen?

Beim Aufruf mit *Wertparametern* wendet der Compiler normalerweise die in Abschnitt 2.3 genannten Regeln für gemischte Ausdrücke an. Aktuelle ganzzahlige Werte für reelle formale Parameter werden reell übergeben; aktuelle reelle Werte für ganzzahlige formale Parameter werden unter Verlust der Nachkommastellen ganzzahlig gemacht. Die häufig praktizierte Übergabe eines ganzzahligen Ausdrucks an einen reellen formalen Wertparameter ist also unkritisch. Beispiel:
Funktionsdefinition:

```
double quad(double x)
{
 return x * x;
}
```

Funktionsaufruf:

```
cout << quad(4711);    // korrekt wäre quad(4711.0)
```

Parameterlose Funktionen übernehmen keine Werte, sondern liefern nur ein Ergebnis zurück. Bei der Definition bleibt die Parameterliste leer oder es wird void eingesetzt. Der Aufruf *muß* mit leeren Klammern erfolgen, da sonst nicht das Funktionsergebnis, sondern ein Zeiger mit der Adresse der Funktion zurückgeliefert wird. In dem folgenden Beispiel liefert die Funktion pi den bekannten Zahlenwert.

Funktionsdefinition:

```
double pi (void)              // oder nur double pi()
{
 return 3.1415927;           // genauer wäre besser
}
```

Funktionsaufruf:

```
cout << "pi = " << pi() << " Adresse von pi = " << pi;
cout << " M_PI = " << M_PI;    // Konstante ohne ()!!!
```

Man beachte den Unterschied zwischen der in math.h vordefinierten Konstanten M_PI und der benutzerdefinierten Funktion pi!

Benutzerdefinierte Funktionen können nicht nur in der Hauptfunktion main, sondern auch in anderen benutzerdefinierten Funktionen aufgerufen werden. Das in *Bild 5-6* dargestellte Programmbeispiel zeigt vier benutzerdefinierte Winkelfunktionen. Der Bezeichner x wird in main für eine Variable und in den drei Funktionen als formaler Parameter verwendet und hat in jedem Programm seine eigene Bedeutung. Gleiches gilt für die lokale Variable y in sinus und cosinus.

```
/* k5p6.cpp  Bild 5-6: Benutzerdefinierte Winkelfunktionen */
#include  <iostream.h>
#include  <math.h>
double PI (void)              // ohne Parameter
{
 return 4.0 * atan(1.0);      // tan(45) = 1, atan(1) = 45 = pi/4
}

double bogen(double x)        // liegt vor sinus und cosinus
{                             // auch ohne lokale Hilfsvariable
 return  x * PI() / 180;      // eigenes PI aber mit Klammern
}

double sinus(double x)        // Aufruf mit Winkel !!!
{
 double  y;                   // lokale Hilfvariable
 y = sin(bogen(x));           // Aufruf von Bogen und sin
 if (fabs(y) < 1e-12) y = 0;  // Korrektur der reellen Arithmetik
 return  y;
}

double cosinus(double x)      // Aufruf mit Winkel !!!
{
 double  y;                   // lokale Hilfsvariable
 y = cos(bogen(x));
 if (fabs(y) < 1e-12) y = 0;  // Korrektur der reellen Arithmetik
 return  y;
}
```

```
main()
{
 double  x;
 cout.precision(16);
 cout << "\n Winkel [°] -> "; cin >> x;
 cout << "\n  Sinus(" << x << "°) = " << sinus(x);
 cout << "\nCosinus(" << x << "°) = " << cosinus(x);
 cout << "\n\n   richtiger Aufruf von PI(): " << PI();
 cout <<    "\nfehlerhafter Aufruf von   PI: " << PI;
 return 0;
}


 Winkel [°] -> 90

   Sinus(90°) = 1
 Cosinus(90°) = 0

    richtiger Aufruf von PI(): 3.141592653589793
 fehlerhafter Aufruf von    PI: 0x2d580000
```

Bild 5-6: Benutzerdefinierte Winkelfunktionen

In *Programmablaufplänen* gibt es für den Unterprogrammaufruf die besondere Darstellung Rechteck mit Balken, das *Struktogramm* kennt keine Symbole für Funktionen und ihren Aufruf. Die vordefinierten Eingabe- und Ausgabefunktionen sowie die mathematischen Standardfunktionen erscheinen im Struktogramm nur durch ihre Wirkungen. Nur bei Bedarf zeichnet man für benutzerdefinierte Funktionen besondere Struktogramme. *Bild 5-7* zeigt eine nicht genormte Möglichkeit, Funktionen sowohl im Aufruf als auch in der Definition darzustellen.

Hauptfunktion **main**

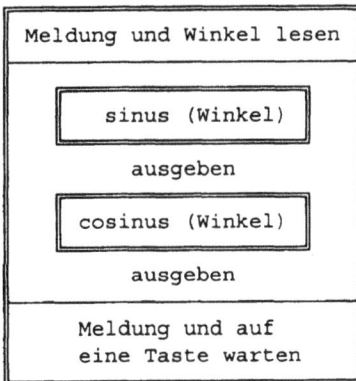

Meldung und Winkel lesen
sinus (Winkel)
ausgeben
cosinus (Winkel)
ausgeben
Meldung und auf eine Taste warten

Funktion **bogen** (x)

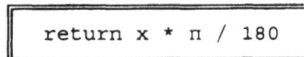

return x * π / 180

Funktion **sinus** (x)

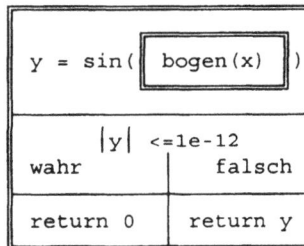

y = sin(bogen(x))	
$|y|$ <=1e-12	
wahr	falsch
return 0	return y

Funktion **cosinus** (x)

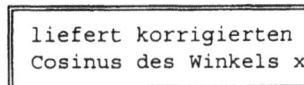

liefert korrigierten Cosinus des Winkels x

Bild 5-7: Struktogrammdarstellung von Funktionen (nicht genormt)

5.3 Funktionen mit Referenzparametern

Im Gegensatz zu anderen Programmiersprachen, in denen *Prozeduren* nur über die Parameterliste Werte übertragen, können in C++ Funktionen ihre Ergebnisse sowohl über den Rückgabewert als auch als *Referenzparameter* übergeben. Dieser Abschnitt behandelt Funktionen mit dem Ergebnistyp **void** (leer), die wie eine Prozedur als Anweisung aufgerufen werden. *Wertparameter*, die Werte vom aufrufenden Programm an die Funktion übergeben, wurden im Abschnitt 5.2 ausführlich behandelt.

In der Parameterliste der **Definition** werden *Referenzparameter* entweder als Referenzen (Aliasvariablen) oder als Zeiger behandelt; entsprechend sind beim **Aufruf** entweder Variablen oder Adressen zu übergeben.

Definition: **void** *Bezeichner* (**Typ** &*Referenz*,   , **Typ** *Zeiger)

Aufruf: *Bezeichner* (Variable,   ,&Variable);

Das in *Bild 5-8* dargestellte einfache Beispiel übernimmt einen double-Wert und liefert den ganzzahligen Anteil als Referenzparameter und den gebrochenen Anteil über einen Zeiger zurück. Die Operatoren zur Typumwandlung sind nicht erforderlich; sie wird vom Compiler automatisch vorgenommen. Die *Referenz* wird in der Funktion wie eine Variable (Alias-Name) behandelt. Der *Zeiger* greift mit dem Dereferenzierungsoperator * auf die Datenspeicherstellen des aufrufenden Programms zu.

```
/* k5p8.cpp  Bild 5-8: Referenzen und Zeiger            */
#include <iostream.h>
void frac(double x, int &ga, double *bru) // (Wert, Ref., Zeiger)
{
 ga = (int) x;              // Referenz = (Typumwandlung) Wert
 *bru = x - (double) ga;    // *Zeiger  =  Wert - (Typum) Referenz
 return;
}
main()
{
 int  g;
 double  r;
 frac(47.11, g, &r);       // Aufruf: (Konstante, Variable, Adresse)
 cout << "\n" << 47.11 << " = " << g << " + " << r;
 return 0;
}


47.11 = 47 + 0.11
```

Bild 5-8: Referenz und Zeiger als Parameter

Stimmt der Datentyp des aktuellen Parameters nicht mit dem der Definition überein, so ergeben sich Unterschiede zwischen der Referenzvariablen und der Zeigerübergabe. Bei Referenzvariablen nimmt der Compiler wie bei Wertparametern eine automatische Typumwandlung vor; auch auf die Gefahr hin, daß bei der Umwandlung reell nach ganz die Nachpunktstellen abgeschnitten werden. Bei Zeigern dürfen nur Zeiger gleichen Typs zugeordnet werden. Verwendet man auch für Wertparameter Referenzen, so sollten diese als **const** deklariert werden. Beispiel:

Funktionsvereinbarung:
```
void frac(double const &x, int &ga, double &bru)
{
  ga  = (int) x;          // auch: ga = x;
  bru = x - (double) ga;  // auch: bru = x - ga;
  return;
}
```
Funktionsaufruf:
```
frac(47.11, i, d);
```

Eine als **void** deklarierte Funktion liefert kein Funktionsergebnis und darf nicht in einem Ausdruck erscheinen (Fehlermeldung!), sondern muß als Anweisung aufgerufen werden. Für eine *ohne* Ergebnistyp deklarierte Funktion wird automatisch der Datentyp **int** angenommen. Fehlt das **return**, so erscheinen überraschende Werte. Abschrekkendes Beispiel:

Funktionsdefinition:
```
frac(double const &x, int &ga, double &bru) // wie int
{
  ga  = x;
  bru = x - ga;                    // kein return !!!!
}
```
Funktionsaufruf:
```
cout << "\nfrac = " << frac(47.11, i, d);
```
Überraschendes Ergebnis:
```
frac = 47
```

Der Rückgabewert einer Funktion, die Werte ausschließlich über Referenzparameter übergibt, kann als zusätzliche Marke verwendet werden. Das in *Bild 5-9* dargestellte Beispiel zeigt eine Funktion lesen, die in einer Kontrollschleife einen reellen Wert liest und als Referenzparameter zurückgibt. Der zusätzliche Rückgabewert enthält eine Endemarke. Wurde EOF (*Strg - Z*) erkannt, so ist der Rückgabewert 0, sonst 1.

```
/* k5p9.cpp  Bild 5-9: Funktion mit Endemarke*/
#include  <iostream.h>
#include  <math.h>
int lesen (double &x)
{
 while (1)   // Kontrollschleife auf Eingabefehler
 {
  cout << " -> "; cin >> x;
  if (cin.eof()  ) {cin.clear(); cin.seekg(0); return 0; } // Ende
  if (cin.fail() ) {cin.clear(); cin.seekg(0); continue; } // Fehler
  return 1;    // Eingabe brauchbar
 }
}
```

```
main()
{
 double  radi;
 cout << "\nEnde mit Strg - Z";
 while (1)    // Leseschleife
 {
  cout << "\nRadikand ";
  if ( !lesen(radi) ) break;   // Ende
  if ( radi < 0) continue;     // neg. Radikand
  cout << "Wurzel aus " << radi << " = " << sqrt(radi);
 }
 return 0;
}
```

Bild 5-9: Rückgabe einer Endemarke

Die Funktion lesen wird in einem if als Bedingungsausdruck aufgerufen:
if (!lesen(radi)) **break**;
Sie liefert in der Variablen radi den eingelesenen Zahlenwert zurück. Anschließend
dient das Funktionsergebnis zur Kontrolle der Leseschleife. Bei Eingabe von *Strg- Z* ist
der Rückgabewert 0 = *falsch*. Die Negierung durch den Operator ı macht daraus *wahr*.
Damit ist die Bedingung für den Schleifenabbruch mit break erfüllt. Jede andere
Eingabe liefert **1** = *wahr* negiert *falsch*, und das break wird nicht ausgeführt.

Das in *Bild 5-10* dargestellte Beispiel bearbeitet eine double-Speicherstelle, in der
sich ein Winkel befinden soll. Dieser Wert wird auf den Vollkreis (-360° bis +360°)
reduziert. Der übergebene Parameter wird gelesen, verändert und zurückgeschrieben, er
dient sowohl zur Eingabe eines Wertes als auch zur Ausgabe eines Ergebnisses.

```
/* k5p10.cpp  Bild 5-10: Funktion reduziert Winkel auf Vollkreis */
#include  <iostream.h>
void voll(double &wi)
{
 while (wi > 360)  wi -= 360;
 while (wi < -360) wi += 360;
}
main()
{
 double  wink;
 cout << "\Ende mit Strg-Z";
 while (1)                 // Leseschleife
 {
   cout << "\n\nWinkel [°] -> ";  cin >> wink;
   if (cin.eof() ) {cin.clear(); cin.seekg(0); break; }    // Ende
   if (cin.fail()) {cin.clear(); cin.seekg(0); continue; } // Fehler
   voll( wink);                                    // Aufruf
   cout << "reduziert auf " << wink << " °";
 }
 return 0;
}
```

Bild 5-10: Funktion reduziert Winkel auf Vollkreis

Das in *Bild 5-11* dargestellte einfache Beispiel wird ohne Parameter (void) und Funktionsergebnis (void) aufgerufen und gibt eine Fehlermeldung aus. Der Aufruf **muß** mit leeren runden Klammern erfolgen, sonst wird die Funktion nicht ausgeführt!

```
/* k5p11.cpp  Bild 5-11: Funktion bläst Fanfare */
#include  <iostream.h>
#include  <dos.h>        // delay und sound
#include  <math.h>       // sqrt
void fanfare(void)
{
  int  i;
  cout << "\n\nF E H L E R ";
  for (i = 100; i <= 3000; i += 100) { sound(i); delay(50); }
  cout << " * * * ";
  for (i = 3000; i >= 100; i -= 100) { sound(i); delay(50); }
  cout << " F E H L E R \n\n";
  nosound();
}
main()
{
  double radi;
  cout << "\nEnde mit Strg - Z";
  while ( 1 )
  {
    cout << "\nRadikand > 0 -> "; cin >> radi;
    if (cin.eof() ) {cin.clear(); cin.seekg(0); break; }  // Ende
    if (cin.fail() || radi <= 0)
       {cin.clear(); cin.seekg(0); fanfare(); continue;}  // Fehler
    cout << "Wurzel aus " << radi << " = " << sqrt(radi);
  }
  return 0;
}
```

Bild 5-11: Funktion gibt eine Fehlermeldung aus

5.4. Übungen mit Funktionen

Für alle Aufgaben sind Hauptfunktionen zu erstellen, die Testwerte lesen, die Funktionen aufrufen und die Ergebnisse ausgeben. Der Anhang enthält einfache Lösungsvorschläge.

1. Aufgabe:
Man entwickle eine Funktion, die für einen double-Operanden die dritte Wurzel zurückliefert. Die Näherungsformel lautet entsprechend der Übung 3.8 Aufgabe 5:

$$X_1 = \frac{1}{3} \cdot \left(2 \cdot X_0 + \frac{R}{X_0^2} \right)$$

2. Aufgabe:
Man entwickle eine `cot`-Funktion, die für einen übergebenen Winkel den Cotangens zurückliefert. Eine mögliche Division durch Null ist abzufangen.

$$\cot(\alpha) = \frac{1}{\tan(\alpha)}$$

3. Aufgabe:
Es ist eine Funktion zu entwickeln, die für ein ganzzahliges n den Wert für n! als `long double` zurückliefert.

```
n! = 1 * 2 * 3 *      * (n-1) * n
```

4. Aufgabe:
Gegeben sei eine komplexe Zahl in der Exponentialdarstellung. Man entwickle eine Funktion, die aus dem Absolutwert `abs` und dem Winkel φ [°] die Komponenten a und b berechnet und zurückliefert.

```
a = abs * cos(φ)    Realteil
b = abs * sin(φ)    Imaginärteil
```

5. Aufgabe:
Die Lösungsformel für die quadratische Gleichung

$$x^2 + px + q = 0$$

lautet

$$x_{1,2} = -\frac{p}{2} \pm \sqrt{\frac{p^2}{4} - q}$$

Der als Diskriminante bezeichnete Ausdruck unter der Wurzel entscheidet über die drei Lösungsformen:
Diskriminante > 0: zwei reelle Lösungen
Diskriminante = 0: eine reelle Lösung
Diskriminante < 0: zwei komplexe Lösungen

Man entwickle eine Funktion, die die Koeffizienten p und q als Werte übernimmt und x_1 und x_2 über Ergebnisparameter zurückliefert. Als Funktionsergebnis soll zusätzlich eine `int`-Marke übergeben werden, die den Typ der Lösung enthält, damit das Hauptprogramm die beiden zurückgelieferten Werte richtig ausgeben kann. Zum Testen verwende man die Wertepaare:

```
p = -2 und q = 1  sowie  p =  2 und q = 1
p =  4 und q = 3  sowie  p = -4 und q = 3
p =  4 und q = 5  sowie  p = -4 und q = 5
```

5.5 Rekursiver Aufruf von Funktionen

Als *Rekursion* bezeichnet man ein Verfahren, das auf sich selbst zurückgreift. In der Unterprogrammtechnik bedeutet dies, daß eine Funktion sich selbst aufruft. Ein einfaches Beispiel ist die Berechnung von n!, die bereits in der 3. Aufgabe der Übungen behandelt wurde. Die Zählschleife dieser *iterativen* (schrittweisen) Lösung beginnt mit 1 und läuft bis zum Endwert n.

```
n! = 1 * 2 * 3 *  . . . * (n-2) * (n-1) * n
4! = 1 * 2 * 3 * 4 = 24
```

Eine andere Möglichkeit zur Berechnung der Fakultät läßt sich *rekursiv* formulieren, indem man die Berechnung von n! auf die Berechnung von (n-1)! zurückführt; das gleiche Verfahren also nur für einen anderen Parameter anwendet. Beispiel:

```
4! = 4 * 3!
        3! = 3 * 2!
             2! = 2 * 1!
                  1! = 1 * 0!
                       0! = 1 Definition !
```

Die Berechnung von 4! kann auf die Berechnung von 4 * 3! zurückgeführt werden. 3! ergibt sich aus 3*2! usf. Das Ende ist bei der Definition 0! = 1 erreicht. Allgemein läßt sich die Berechnung von n! auf die Berechnung von (n-1)! zurückführen. Die *Rekursionsformel* und die Endebedingung lauten:

Rekursionsformel: f(n) = n * f(n-1)
Rekursionsende: f(0) = 1

Das Verfahren der rekursiven Fakultätenberechnung läßt sich einfach als Funktion formulieren. Die Endebedingung "n <= 1" enthält die Fälle 0! = 1! = 1.

```
long double fakul(int n)
{
   if (n <= 1) return 1; else return n * fakul(n-1);
}
```

Sowohl der übergebene Wert für n als auch das Funktionsergebnis können nur ganze Zahlen sein. Mit Rücksicht auf den Zahlenbereich liefert die Funktion jedoch ein n! für den größtmöglichen Datentyp long double (10^{+4932}) zurück. Die Funktion besteht nur aus einer zweiseitig bedingten Anweisung. Ist das Ende des Verfahrens erreicht, so liefert sie definitionsgemäß den Wert 1 zurück, anderenfalls wird das laufende n mit dem Ergebnis der Berechnung von (n-1)! multipliziert. Durch die fortlaufenden Aufrufe von fakul wird n bis auf 1 vermindert, denn auch 1! ist 1. Das in *Bild 5-12* dargestellte Programmbeispiel liest n in einer Leseschleife und gibt das Ergebnis der Funktion fakul aus. Es ist unabhängig von der Arbeitsweise der die Berechnung ausführenden Funktion. Anstelle der rekursiv arbeitenden Funktion fakul hätte auch die iterativ arbeitende Lösung der dritten Übungsaufgabe verwendet werden können.

Hauptfunktion main   Funktion **fakul**(n)

```
┌─────────────────────────────┐    ┌─────────────────────────────┐
│ ┌───────────────────────────┐ │    │         n <= 1              │
│ │   Meldung und n lesen     │ │    │ wahr             falsch     │
│ ├───────────────────────────┤ │    │                             │
│ │        n >= 0             │ │    │                             │
│ │ wahr          │ falsch    │ │    │ return 1    return n *      │
│ ├───────────────┼───────────┤ │    │           ┌─────────────┐   │
│ │ ausgeben n und│           │ │    │           │ fakul(n-1)  │   │
│ │ ┌───────────┐ │     │     │ │    │           └─────────────┘   │
│ │ │ fakul(n)  │ │     │     │ │    │                             │
│ │ └───────────┘ │     │     │ │    └─────────────────────────────┘
│ ├───────────────┴───────────┤ │
│ │   solange n >= 0          │ │
│ ├───────────────────────────┤ │
│ │                           │ │
│ └───────────────────────────┘ │
└─────────────────────────────┘
```

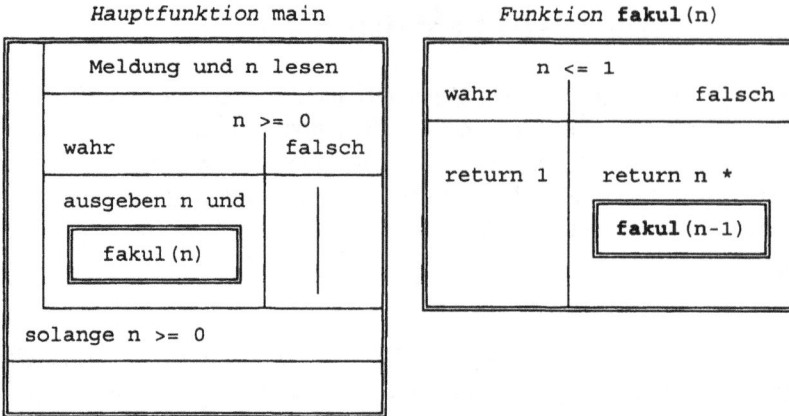

```cpp
/* k5p12.cpp  Bild 5-12: Rekursive Fakultätenberechnung */
#include  <iostream.h>
/* Funktion liefert für ganzes n den Wert n! long double */
long double fakul(int n)
{
  if (n <= 1) return 1; else return n * fakul(n-1);
}
main()
{
 int  n;
 cout << "\nSchleife bis n < 0";
 do                    // Leseschleife bis Eingabe negativ
 {
  cout << "\nn ganz -> "; cin >> n;
  if (n >= 0) cout << "     " << n << "! = " << fakul(n);
 }
 while (n >= 0);    // solange Eingabe positiv
 return 0;
}
```

Bild 5-12: Rekursive Fakultätenberechnung

Rekursiv arbeitende Verfahren lassen sich einfach und elegant programmieren, sind aber in ihrem Ablauf schwer zu durchschauen. Das in *Bild 5-13* dargestellte Programmbeispiel zeigt eine erweiterte Version der Funktion fakul, bei der zusätzliche Ausgabeanweisungen eingebaut wurden, mit denen sich der Ablauf der Rekursion in Schritten verfolgen läßt.

Das Zahlenbeispiel für n = 6 zeigt die Rekursionsschritte. In dem zunächst durchlaufenen Rekursionszweig der Funktion "x = n * fakul(n-1);" wird das laufende n vor dem rekursiven Aufruf auf den Stapel gerettet. Der **Stapel**, auch Stack oder Kellerspeicher genannt, ist ein Datenbereich, der zur Übergabe von Parametern, zur Aufnahme von lokalen Variablen und zum Retten von Zwischenergebnissen und Rücksprungadressen verwendet wird. In seiner Zugriffsart entspricht der *Stack* einem Spielkartenstapel: der zuletzt abgelegte Wert liegt oben und wird zuerst wieder entfernt.

```
/* k5p13.cpp  Bild 5-13: Ablauf der Rekursion für n! ganzzahlig */
#include  <iostream.h>
/* Funktion liefert Zwischenschritte für rekursives n! */
int fakul(int n)
{
 int  x;       // lokale Hilfsgröße für die Ausgabe
 if (n <= 1)  // Zweig für Rekursions-Ende
 {
  x = 1;
  cout << "\n\nRekursionsende liefert: "<< n << "! = " << x << endl;
  return x;  // Ausgang bei Rekursions-Ende
 }
 else         // Zweig für Rekursions-Formel
 {
  cout << "\nfakul rechnet: "<< n <<"! = "<< n <<" * "<< n-1 << "!";
  x = n * fakul(n-1);   // Rekursive Aufrufe
  // Erst nach Ablauf der rekursiven Aufrufe
  cout << "\nfakul - return liefert: " << n << "! = " << x;
  return x;    // Ausgang nach Ende der rekursiven Aufrufe
 }
}
main()                      // Hauptfunktion
{
 int n;
 do                  // Leseschleife bis Eingabe negativ
 {
 cout << "\n\n    Eingabe -> "; cin >> n;
 if (n >= 0)
 cout << "\n\nHauptprogramm - Ausgabe " << n << "! = " << fakul(n);
 }
 while (n >= 0);   // solange Eingabe positiv
 return 0;
}


    Eingabe -> 6

fakul rechnet: 6! = 6 * 5! <
fakul rechnet: 5! = 5 * 4! <
fakul rechnet: 4! = 4 * 3! <
fakul rechnet: 3! = 3 * 2! <
fakul rechnet: 2! = 2 * 1! <

Rekursionsende liefert: 1! = 1 >

fakul - return liefert: 2! = 2 >
fakul - return liefert: 3! = 6 >
fakul - return liefert: 4! = 24 >
fakul - return liefert: 5! = 120 >
fakul - return liefert: 6! = 720 >

Hauptprogramm - Ausgabe 6! = 720 <
```

Bild 5-13: Ablauf der rekursiven Berechnung von n!

Die Hauptfunktion main ruft fakul für n = 6 auf. Der Faktor 6 wird auf den Stapel gelegt, und fakul ruft sich selbst für n = 5 auf. Bei 5! gelangt der Faktor 5 auf den Stapel, und es wird 4! berechnet. Für 4! wird der Faktor 4 auf den Stapel gelegt, und die Funktion ruft sich selbst mit fakul(3) auf. Dieser Aufruf legt den Faktor 3 auf den Stapel und berechnet 2!. Dabei gelangt der Faktor 2 auf den Stapel, und fakul ruft sich selbst für den Wert 1 auf. Bisher wurde keine der beiden return-Anweisungen erreicht. Die Faktoren liegen in der Reihenfolge 6 (unten), 5, 4, 3 und 2 (oben) auf dem Stapel. Zur Multiplikation mit den Funktionsergebnissen werden die Faktoren, beginnend mit dem obersten, wieder vom Stapel entfernt.

Für n = 1 sind die rekursiven Aufrufe beendet. Der Aufruf zur Berechnung von 1! führt in den Zweig "Rekursionsende" und liefert mit return 1 das Funktionsergebnis 1. Es ersetzt den Aufruf fakul(1) und wird mit dem oben liegenden Faktor 2 multipliziert. Das Ergebnis 2 * 1 = 2! = 2 wird mit return zurückgegeben und mit dem Faktor 3 zu 3! = 3 * 2! = 6 multipliziert. Der Aufruf fakul(4) = 4 * fakul(3) liefert als Ergebnis den Wert 4 * 6 = 24, der zur Berechnung von 5! = 5 * 24 = 120 dient. Der letzte Aufruf liefert mit return den Wert 120, der mit dem letzten Faktor 6 zum Ergebnis 6! = 720 multipliziert wird. Damit sind alle Faktoren wieder vom Stapel entfernt und mit den Ergebnissen der rekursiven Aufrufe multipliziert worden. Der letzte Rücksprung mit return liefert das Ergebnis 6! = 720 an die aufrufende Hauptfunktion main zurück.

Beim *rekursiven* Aufruf von Funktionen kann es zu einem Stapelüberlauf kommen, wenn sehr viele Rücksprungadressen, Parameter und Zwischenergebnisse gerettet werden müssen. Die Größe des Stapelbereiches - und auch des Heapbereiches - wird entsprechend dem Speichermodell vom C-Entwicklungssystem voreingestellt und kann mit den externen vordefinierten Systemvariablen

```
extern unsigned _stklen = Wert;     Stapellänge in byte
extern unsigned _heaplen = Wert;    Heaplänge in byte
```

im globalen Vereinbarungsteil geändert werden. Einzelheiten sind dem C-Systemhandbuch zu entnehmen. Die rekursiven Funktionsaufrufe benötigen nicht nur Speicher des Stack, sondern auch Rechenzeit. Das in *Bild 5-14* dargestellte Programm vergleicht eine rekursive Fakultätenfunktion rfak mit einer iterativ arbeitenden Funktion ifak.

```
/* k5p14.cpp  Bild 5-14: Vergleich Iteration - Rekursion */
#include  <iostream.h>
#include  <time.h>           // für clock
#include  <dos.h>            // vordef. Variable _stklen _heaplen
extern unsigned _stklen = 60000;    // Einstellen Stackgröße
extern unsigned _heaplen = 60000;   // Einstellen Heapgröße
/* Rekursive Fakultätenfunktion entspricht Bild 5-12 */
long double rfak(int n)
{
  if (n <= 1) return 1; else return n * rfak(n-1);
}
```

```
/* Iterative Fakultätenfunktion entspricht Aufgabe 3 */
long double ifak(int n)
{
  int i;
  long double erg = 1;
  for (i = 1; i <= n; i++) erg = erg * i;
  return erg;
}

main()                         // Hauptfunktion
{
 int  i, anz, n;
 long int  t1, t2, t3, dti, dtr;
 long double  rekn, iten;
 cout << "\nStackgröße = " << _stklen << " Bytes";      // Stackgröße
 cout << "\nHeap-Größe = " << _heaplen << " Bytes";      // Heapgröße
 cout << "\n  Anzahl der Funktions-Aufrufe -> "; cin >> anz;
 do                      // Leseschleife bis Eingabe negativ
 {
   cout << "\nEnde mit < 0 n max. 1754  ganz -> "; cin >> n;
   if (n >= 0)
   {
     t1 = clock();        // Start rekursiv
     for (i = 1; i <= anz; i++) rekn = rfak(n);
     t2 = clock();        // Start iterativ
     for (i = 1; i <= anz; i++) iten = ifak(n);
     t3 = clock();        // Laufzeiten berechnen
     dtr = t2 - t1;       // rekursive Funktion
     dti = t3 - t2;       // iterative Funktion
     cout << "\nrekursiv: " << n << "! = " << rekn << " in "
          << dtr << " Tics = " << dtr*5.5 << " hs";
     cout << "\niterativ: " << n << "! = " << iten << " in "
          << dti << " Tics = " << dti*5.5 << " hs";
   }
 }
 while (n >= 0);     // solange Eingabe positiv
 return 0;
}


Stackgröße = 60016 Bytes
Heap-Größe = 60000 Bytes
  Anzahl der Funktions-Aufrufe -> 1000

Ende mit < 0 n max. 1754  ganz -> 1754

rekursiv: 1754! = 1.97926E+4930 in 110 Tics = 605 hs
iterativ: 1754! = 1.97926E+4930 in  36 Tics = 198 hs
```

Bild 5-14: Laufzeitvergleich Rekursion - Iteration

Zur Messung der Ausführungzeiten diente die in <time.h> vordefinierte Zeitfunktion clock, die die Anzahl der Timer Tics nach dem Start des Programms liefert. Sie läuft mit der Schrittweite 55 ms = 5,5 Hundertstelsekunden. Trotz der relativ hohen Ungenauigkeit der Messung zeigte es sich, daß bei der Fakultätenberechnung die rekursive Lösung langsamer ist.

Es gibt jedoch eine Reihe von Aufgaben, bei denen die Vorteile der rekursiven Programmierung überwiegen. Ein Beispiel ist das *Divisionsrestverfahren* zur Umwandlung einer Dezimalzahl in eine Dualzahl. Dabei wird, wie in Abschnitt 1.1 dargestellt, die Dezimalzahl fortlaufend durch 2 dividiert. Der *erste* Divisionsrest ist die niedrigste Dualstelle, die *zuletzt* auszugeben ist; der *letzte* Rest ergibt die höchste Stelle, die *zuerst* auf der Ausgabe erscheint. Beispiel:

```
6 : 2 = 3   Rest  0         1. Schritt
3 : 2 = 1   Rest  1         2. Schritt
1 : 2 = 0   Rest  1         3. Schritt

        Dualzahl: 1 1 0
```

Bei der direkten Ausgabe ohne Zwischenspeicherung (z.B. in einem Feld) muß jedoch die höchste Stelle, die sich erst im letzten Schritt ergibt, zuerst erscheinen; der erste Divisionsrest muß zuletzt ausgegeben werden. Die in *Bild 5-15* dargestellte Funktion `dual` dividiert die Dezimalzahl zunächst fortlaufend durch 2, bis der Quotient ≤ 1 ist. Nach dem Abbruch der Rekursion werden die Divisionsreste in umgekehrter Reihenfolge berechnet und ausgegeben.

```cpp
/* k5p15.cpp  Bild 5-15: Rekursive Dezimal-Dual-Umwandlung */
#include  <iostream.h>
/* Funktion gibt Werte auf dem Bildschirm aus */
void dual(long int n)
{
  if (n > 1) dual(n / 2);     // ganzzahlige Division
  cout <<  n % 2 << " ";      // Divisionsreste ausgeben
}
main()
{
 int  n;
 cout << "Ende der Eingabe mit n < 0" ;
 do                     // Leseschleife bis Eingabe negativ
 {
 cout << "\nn ganz -> "; cin >> n;
 if (n >= 0) { cout << "          = " ; dual(n); }   // Aufruf
 }
 while (n >= 0);     // solange Eingabe positiv
 return 0;
}


Ende mit < 0 Wert n ganz -> 4
                          = 1 0 0

Ende mit < 0 Wert n ganz -> 8
                          = 1 0 0 0
```

Bild 5-15: Rekursives Divisionsrestverfahren

5.6 Zeiger und Funktionen als Parameter

Bei **Zeigern** (Kapitel 4) ist streng zwischen dem *Inhalt* der Zeigervariablen, einer Adresse, und dem *Objekt*, auf das die Adresse zeigt, zu unterscheiden. Zeiger müssen vereinbart *und* auf die Adresse eines Objektes gesetzt werden. Dann greift man über den Zeiger auf das Objekt zu. Beispiele:

```
int  *p;          // Zeiger auf int-Daten vereinbart
p = new int;      // Zeiger zeigt auf int-Speicherstelle
*p = 123;         // die Daten erhalten einen Wert
double *z = new double (47.11);    // alles zusammen
```

Daher können Funktionen entweder auf die durch Zeiger adressierten *Objekte* (Daten) oder auf die *Inhalte* der Zeigervariablen, also Adressen, zugreifen. Die dabei zu verwendenden Operatoren und Parameter sollen nun an mehreren Beispielen ausführlich erläutert werden.

Das Beispiel *Bild 5-15* zeigt den Zugriff auf **Daten**, für die im aufrufenden Programm Zeiger vereinbart wurden. Die Funktion func1 wird mit **Zeigern** aufgerufen und übergibt das Funktionsergebnis, einen Datenwert, an eine durch einen Zeiger adressierte Speicherstelle.

```
*difz = func1(az, bz, sumz);    // Aufruf mit Zeigern
```

Die Funktion func1 vereinbart die formalen Parameter als *Zeiger* und greift auf die Daten über *Zeiger* zu, verwendet also den Dereferenzierungsoperator *.

```
double func1(double* x, double* y, double* z)
{
 *z = *x + *y;     // Summe der Daten
 return *x - *y;  // Differenz der Daten
}
```

Die Funktion func2 arbeitet mit *Referenzen*, d.h. die aktuellen Parameter ersetzen die Aliasnamen der Definition. Daher werden die aktuellen Parameter *Zeiger* übergeben, welche die Funktion anstelle der Platzhalter verwendet.

```
*difz = func2(*az, *bz, *sumz);    // Parameter
```

Die Funktion func2 vereinbart die Parameter mit dem Operator & als Referenzen; der formale Parameter x z.B. wird überall durch den aktuellen Parameter *az des Aufrufs ersetzt.

```
double func2(double &x, double &y, double &z)
{
 z = x + y;        // wie *sumz = *az + *bz;
 return x - y;    // wie return *az - *bz
}
```

Ein Untersuchung des Maschinencodes ergab, daß der Unterschied Zeigerübergabe - Referenzübergabe lediglich formaler Art ist; in beiden Fällen erzeugte der untersuchte Compiler die gleichen Befehle.

```
/* k5p16.cpp  Bild 5-16: Durch Zeiger adressierte Daten */
#include <iostream.h>
// Funktion func1 übernimmt Zeiger
double func1(double *x, double *y, double *z)
{
 *z = *x + *y;      // Summe der Daten
 return *x - *y;    // Differenz der Daten
}
// Funktion func2 setzt Referenzen ein
double func2(double &x, double &y, double &z)
{
 z = x + y;         // Summe der Daten
 return x - y;      // Differenz der Daten
}
main()
{
 double *az, *bz, *sumz, *difz;     // Zeiger vereinbart
 az = new double (111);             // Zeiger auf Daten mit Wert
 bz = new double (222);             // Zeiger auf Daten mit Wert
 sumz = new double;                 // Zeiger auf Daten ohne Wert
 difz = new double;                 // Zeiger auf Daten ohne Wert
 *difz = func1(az, bz, sumz);       // Funktion mit Zeigern
 cout << "\nSumme = " << *sumz << " Differenz = " << *difz;
 *az = 333; *bz = 444;              // neue Werte für Daten
 *difz = func2(*az, *bz, *sumz);    // Funktion mit Referenzen
 cout << "\nSumme = " << *sumz << " Differenz = " << *difz;
 return 0;
}


Summe = 333 Differenz = -111
Summe = 777 Differenz = -111
```

Bild 5-16: Durch Zeiger adressierte Daten als Parameter und Ergebnis

Das Beispiel *Bild 5-17* zeigt den Zugriff auf den **Inhalt der Zeiger**, also auf die Adressen der Objekte. Die Funktionen liefern einen Zeiger als Ergebnis zurück und setzen einen als Zeiger übergebenen Parameter auf ein neues Objekt.

Die Funktion `func3` arbeitet mit *Referenzen*, d.h. die aktuellen Parameter ersetzen die Aliasnamen der Definition. Daher werden die aktuellen Parameter *Zeiger* übergeben, welche die Funktion anstelle der Platzhalter verwendet.

```
z = func3(x, y);      // Zeiger für Referenz übergeben
```

Die Funktion `func3` vereinbart die Parameter mit dem Operator **&** als Referenzen. Die Typbezeichnung **int*** erklärt, daß Zeiger auf den Datentyp `int` als Parameter und als Funktionsergebnis erwartet werden. Die Funktion nimmt nun die Zeigerinhalte als Operanden; anstelle von a wird x verwendet.

```
int* func3(int* &a, int* &b)
{
 a = b;            // Zeiger a = Inhalt des Zeigers b
 return b;         // Zeiger b als Funktionsergebnis
}
```

Bei der Übergabe von *Zeigern als Parameter* zeigte es sich, diese in der Funktion wie Wertparameter behandelt werden. Sie lassen sich in der Funktion ändern, können aber keine Ergebnisse zurückliefern. Testbeispiel:

Funktionsdefinition:

```
void test(int* a, int* b)
{
 a = b;      // Zeiger a erhält Inhalt von Zeiger b
 cout << "\nin Test: " << a << " zeigt auf " << *a;
}
```

Funktionsaufruf:

```
int  *x = new int (1), *y = new int (2);
cout << "\n vorher: " << x << " zeigt auf " << *x;
test(x, y);     // Funktionsaufruf
cout << "\nnachher: " << x << " zeigt auf " << *x;
```

Ergebnis:

```
 vorher: 0x30100004 zeigt auf 1
in Test: 0x30110004 zeigt auf 2
nachher: 0x30100004 zeigt auf 1
```

Die Wertzuweisung a = b wird in der Funktion ausgeführt, aber die Änderung von a wird nicht an den aktuellen Parameter x zurückgeliefert. Das Programmbeispiel verwendet daher die Hilfszeiger hu und hv, die auf die Zeiger u und v als Objekte zeigen.

```
int **hu = &u, **hv = &v; // Zeiger auf Zeiger gesetzt
```

Die Funktion func4 wird mit den *Zeigern auf Zeiger* hu und hv sowie dem einfachen Zeiger v aufgerufen und übergibt das Funktionsergebnis an einen Zeiger.

```
w = func4(hu, hv, v);  // Zeiger als Ergebnis
```

Die Funktion func4 vereinbart die formalen Parameter a und b als *Zeiger auf Zeiger* und greift auf die Inhalte mit dem einfachen Operator * zu. Damit erhält der Zeiger u des aufrufenden Programms die Adresse eines neuen Objektes zugewiesen. Der Rückgabewert ist der Inhalt des Zeigers c. Rückgabe über einen der beiden *Zeiger auf Zeiger*:

```
return *b;
int* func4(int** a, int** b, int* c)
{
 *a = *b;            // Zeiger auf neuen Zeiger gesetzt
 return c;           // Zeiger als Funktionsergebnis
}
```

```
/* k5p17.cpp Bild 5-17: Zeigerinhalt als Ergebnis und Parameter */
#include <iostream.h>
// Zeiger als Referenzen übergeben
int* func3(int* &a, int* &b)
{
 a = b;       // Inhalt des Zeigers a = Inhalt des Zeigers b
 return b;    // Inhalt des Zeigers b als Funktionsergebnis
}
```

```
// a und b: Zeiger auf Zeiger     c: Zeiger auf Objekt
int* func4(int** a, int** b, int *c)
{
 *a = *b;       // Zeiger auf neuen Zeiger gesetzt
 return c;      // Inhalt des Zeigers c als Funktionsergebnis
}


main()
{
 int *x = new int (111), *y = new int (222), *z = new int (333);
 z = func3(x, y);          // Zeiger für Referenz übergeben
 // alle drei Zeiger haben den gleichen Inhalt
 cout << "\n x = " << x << "  y = " << y << " z = " << z;
 // alle drei Zeiger zeigen auf das gleiche Objekt mit dem Wert 222
 cout << "\n*x = " << *x << "         *y = " << *y
      <<"         *z = " << *z;
 //
 int *u = new int (444), *v = new int (555), *w = new int (666);
 int **hu = &u, **hv = &v; // Zeiger auf Zeiger gesetzt
 w = func4(hu, hv, v);     // Zeiger als Ergebnis
 // alle drei Zeiger haben den gleichen Inhalt
 cout << "\n\n u = " << u << "  v = " << v << " w = " << w;
 // alle drei Zeiger zeigen auf das gleiche Objekt mit dem Wert 555
 cout << "\n*u = " << *u << "         *v = " << *v
      << "         *w = " << *w;
 return 0;
}


 x = 0x32260004  y = 0x32260004 z = 0x32260004
*x = 222         *y = 222        *z = 222

 u = 0x32290004  v = 0x32290004 w = 0x32290004
*u = 555         *v = 555        *w = 555
```

Bild 5-17: Zeigerinhalt als Parameter und Ergebnis

Bei der Übergabe von Zeigern als Parameter können sowohl die *Zeiger* als auch die von ihnen referenzierten *Objekte* mit dem Kennwort `const` gegen Änderungen innerhalb der Funktion geschützt werden. Beispiele für Zeiger und Referenzen auf Zeiger:

```
test (const int* a,          // Objekt konstant
test (int* const a,          // Zeiger konstant
test (const int* const a,    // Objekt und Zeiger konst.
test (const double &x,       // Objekt konstant
test (double & const z       // Zeiger konstant
test (const double & const y, // Objekt und Zeiger konst.
```

Wird jedoch ein Parameter als Zeiger und der andere als konstanter Zeiger definiert, so sind keine Operationen zwischen den Zeiger möglich. Beispiel:

```
test (int *a, const int *b)
{
  a = b;  // Fehler: const int* nach int* nicht möglich!
 *a = *b; // für die Objekte möglich!!
```

Für die ***Übergabe von Funktionen*** als Parameter und als Funktionsergebnis gelten ähnliche Regeln wie für die Übergabe von Zeigern. Im einfachsten Fall wird einer Funktion ein Zeiger auf eine andere Funktion übergeben, mit der dann Operationen durchzuführen sind. Eine Funktion `trapez` z.B. integriert durch Summierung von Teilflächen. Die zu integrierende Funktion wird als Parameter übergeben.

Funktionsbezeichner werden als ***Zeiger*** auf die Funktion oder als Adresse des ersten Befehls der Funktion angesehen. Sie lassen sich wie die Adressen von Variablen oder Zeigern ausgeben. Beispiel:

```
#include  <math.h>
main()
{
  cout << "\nAdresse von sin =" << sin;
```

Für Funktionen lassen sich *Typen* vereinbaren, die das Ergebnis und die formalen Parameter beschreiben. Der * bedeutet *Zeiger auf*, die runden Klammern sind wegen der Vorrangregeln erforderlich.

```
Ergebnistyp (*Bezeichner) (Parameterliste)
```

Das folgende Beispiel beschreibt einen formalen Parameter `funk`, der eine Funktion mit einem `double`-Ergebnis und einem `double`-Wertparameter darstellt; die Parameterliste enthält in dem Beispiel nur den Typ `double` ohne Bezeichner.

```
double (*funk) (double   )
```

Das Beispiel *Bild 5-18* zeigt die Übergabe eines Wertparameters, der ein Zeiger auf eine Funktion darstellt. Das Programm enthält zwei benutzerdefinierte Funktionen `wsin` und `wcos`, die mit einem `double`-Wert aufgerufen werden und ein `double`-Ergebnis zurückliefern.

```
double wsin(double x) {      }
double wcos(double x) {      }
```

Die Funktion `quadrat` übernimmt einen `double`-Wert und einen Zeiger auf eine Funktion. Der formale Parameter `funk` wird beim Aufruf durch eine aktuelle Funktion ersetzt. Die Funktion `quadrat` ruft die als Parameter übergebene Funktion mit dem als Parameter übergebenen Wert zweimal auf und liefert das Quadrat zurück.

```
double quadrat(double x, double (*funk) (double   ))
{
  return funk(x) * funk(x); // Quadrat des Funktionswertes
}
```

Die Funktion `quadrat` kann nun wahlweise mit einer der beiden vordefinierten Funktionen `wsin` oder `wcos` oder mit jeder anderen Funktion aufgerufen werden, die dem Typ **double name(double   )** entspricht. Beispiele:

```
cout << quadrat(w, wcos);    // benutzerdefiniert
y = quadrat(4711, sqrt);     // vordefiniert in math.h
```

```
/* k5p18.cpp  Bild 5-18: Funktion als Wertparameter einer Funktion
*/
#include <iostream.h>
#include <math.h>
/* Benutzerdefinierte Funktionen erwarten Winkel im Gradmass */
double wsin(double x)
{
 return sin(x * M_PI / 180.0);
}
double wcos(double x)
{
 return cos(x * M_PI / 180.0);
}


/* Funktion übernimmt Funktion als Wertparameter */
double quadrat(double x, double (*funk) (double ))
{
 return funk(x) * funk(x);
}


main()
{
 double  w, y;  cout.setf(ios::showpoint);
 cout << "\nWinkel in Grad -> "; cin >> w;
 cout << "\nsin^2 = " << quadrat(w, wsin);     // (sin)²
 cout << "\ncos^2 = " << quadrat(w, wcos);     // (cos)²
 y = quadrat(w, wsin) + quadrat(w, wcos);  // Aufruf von quadrat
 cout << "\n\nsin^2(" << w << ") + cos^2(" << w << ") = " << y;
 cout << "\n\nsqrt(" << w+1 << ")^2 = " << quadrat(w+1, sqrt);
 return 0;
}
```

Bild 5-18: Funktion als Wertparameter übergeben

Mit der Typvereinbarung **typedef** läßt sich ein Zeigertyp deklarieren, der zur Vereinbarung von Funktionsvariablen und Deklaration von formalen Parametern verwendet
werden kann.

> **typedef Ergebnistyp** (***Typbezeichner***) (Parameterliste);

In der Parameterliste sind nur Typbezeichner erforderlich, Bezeichner für formale
Parameter können entfallen. Das folgende Beispiel deklariert einen Zeigertyp namens
`ftyp`, der auf eine Funktion zeigt, die mit einem `double`-Wertparameter aufgerufen
wird und die ein `double`-Ergebnis zurückliefert.

typedef double (*ftyp) (**double**); // Typdeklaration

Mit dem benutzerdeklarierten Zeigertyp `ftyp` können nun "Funktionsvariablen" als
Zeiger auf Funktionen definiert werden, die sich auf Adressen von entsprechend aufgebauten Funktionen setzen lassen. Der in *Bild 5-19* vereinbarten Variablen `func` lassen
sich Zeiger auf verschiedene Funktionen zuweisen; Funktionen werden wie Daten als
Objekte behandelt.

```
/* k5p19.cpp  Bild 5-19: Deklaration eines Funktionstyps */
#include  <iostream.h>
#include  <math.h>                         // sqrt auch vom Typ ftyp
// ftyp beschreibt Funktion mit double Ergebnis und double Parameter
typedef double (*ftyp) (double );  // Typdeklaration
// benutzerdefinierte Funktionen entsprechen ftyp
double quad(double x)
{
  return x * x;
}
double wsin(double x)
{
 return sin(x * M_PI / 180.0);
}
main()
{
 double x;
 ftyp func;         // func = Zeiger auf Funktion vom Typ
 cout << "\nreell >= 0 -> "; cin >> x;
 func = quad;       // auf Adresse von quad gesetzt
 cout << "\nQuadrat(" << x << ") = " << func(x);
 func = wsin;       // auf Adresse von wsin gesetzt
 cout << "\n   wsin(" << x << ") = " << func(x);
 func = sqrt;       // auf Adresse von sqrt gesetzt
 cout << "\n   sqrt(" << x << ") = " << func(x);
 return 0;
}
```

Bild 5-19: Zeiger auf Funktionen als "Funktionsvariablen"

Das in *Bild 5-20* dargestellte Programmbeispiel zeigt, daß eine Funktion eine andere Funktion als Ergebnis zurückliefern kann. Dies ist nur über die Zeigertechnik möglich. Die Deklaration eines Zeigertyps mit typedef, der auf Funktionen bestimmten Aufbaus zeigt, erleichtert die Beschreibung der formalen Parameter, wenn eine Funktion einen Zeiger auf eine Funktion erwartet. Die bereits bekannten Funktionen wsin und wcos wurden verkürzt dargestellt.

```
/* k5p20.cpp Bild 5-20: Funktionen als Funktionsergebnis   */
#include  <iostream.h>
#include  <math.h>
typedef double (*ftyp) (double x);        // Funktionstyp deklariert
/* Funktion liefert sinus des Winkels */
double wsin(double x)
{ return sin(x * M_PI / 180.0);  }
// Funktion liefert cosinus des Winkels */
double wcos(double x)
{ return cos(x * M_PI / 180.0);  }
/* Funktion liefert Zeiger auf Funktion als Ergebnis */
ftyp auswahl (ftyp x, ftyp y, char i)  // Wertparameter
{
  if (i == 's') {cout << "\n  Sinus\n"; return x;}
  if (i == 'c') {cout << "\nCosinus\n"; return y; }
  cout << "\nFehler\n"; return x;        // Fehlerfall
}
```

```
/* Funktion liefert Zeiger auf Funktion als Parameter */
void kopiere(ftyp x, ftyp& y)          // &y ist Referenz
{
  y = x;              // Wertzuweisung an 2. Parameter
}
main()
{
  double  wink;
  char  fun;
  ftyp func1, func2;  // Zeiger auf double name (double )
  while (1)           // Kontrollschleife
  {
    cout << "\ns = sin  c = cos -> "; cin >> fun;  // Auswahlbuchstabe
    if (fun == 's' || fun == 'c') break;   // gut
  }
  cout << "  Winkel in Grad -> "; cin >> wink;      // Winkel
  // Rückgabe eines Zeigers auf Funktion
  func1 = auswahl(wsin, wcos, fun);     // Zeiger func1 aus Funktion
  cout << "\nWert der Funktion = " << func1(wink);  // Aufruf
  // Zeiger auf Funktion als Ergebnisparameter func2
  kopiere (func1, func2);               // Zeiger func2 als Parameter
  cout << "\nWert der Funktion = " << func2(wink);  // Aufruf
  kopiere (sqrt, func1);
  cout << "\n\n  Wurzelfunktion = " << func1(fabs(wink));  // Aufruf
  return 0;
}
```

Bild 5-20: Funktionen als Parameter und Ergebnis

Ein Anwendungsbeispiel für die Übergabe eines Funktionszeigers als Parameter ist die
numerische Integration einer mathematischen Funktion, die als Unterprogramm
definiert ist. Die Funktion trapez berechnet das Integral einer Funktion y = f(x) nach
der Trapezregel. Die Integration wird auf die Berechnung der Fläche unter der Kurve
zwischen dem Anfangswert Xa und dem Endwert Xe zurückgeführt. Dabei wird die
Funktion durch mehrere Stützstellen angenähert, die durch Geraden verbunden werden.
Bei n+1 Stützstellen entstehen n Trapeze als Teilflächen, die zu summieren sind. Teilt
man die Abschnitte auf der X-Achse linear, so läßt sich die Integration auf eine Summa-
tion der Ordinatenwerte an den Stützstellen zurückführen. Dabei werden die außen
liegenden Funktionswerte f(Xa) und f(Xe) mit dem Faktor 1, die innen liegenden jedoch
mit dem Faktor 2 bewertet!

Trapezregel bei n Teilflächen

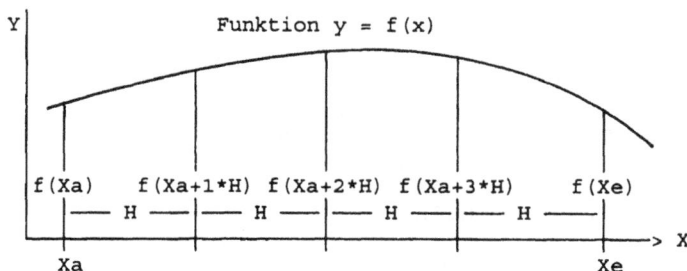

$$F = \frac{H}{2} * \left[f(Xa) + f(Xe) + 2*\sum_{k=1}^{n-1} f(Xa + k*H) \right] \qquad H = \frac{Xe - Xa}{n}$$

Das Beispiel zeigt eine Funktion y = f(x) bei 5 Stützstellen und n = 4 Teilflächen. Die Summenformel

$$\sum_{k=1}^{n-1} f(Xa+k*H) = \sum_{k=1}^{3} f(Xa+k*H) = f(Xa+1*H) + f(Xa+2*H) + f(Xa+3*H)$$

programmiert als `for`-Schleife

```
sum = 0;
for (k = 1; k <= n-1; k++) sum += func(xa + k * h);
```

summiert alle innen liegenden Stützstellen. Für n = 4 Teilflächen werden die Funktionswerte für k = 1 bis k = 3 addiert. Die Genauigkeit nimmt mit wachsender Anzahl der Teilflächen (Stützstellen) zu. Daher übernimmt die Funktion `trapez` neben den Grenzen des Integrals die gewünschte Anzahl von Teilflächen, die jedoch keine direkte Aussage über die Genauigkeit liefert. Die zu integrierende Funktion wird als Parameter übergeben. Das Programmbeispiel *Bild 5-21* zeigt, daß sich die Integration sowohl für die benutzerdefinierten Funktionen (`quadr` und `lin`) als auch für vordefinierte Standardfunktionen (`sqrt` und `exp`) durchführen läßt, die vom gleichen Typ sind.

```cpp
/* k5p21.cpp  Bild 5-21: Numerische Integration einer Funktion */
#include  <iostream.h>
#include  <math.h>              // für sqrt und exp
typedef  double (*ftyp) (double x);  // Funktionstyp deklariert
/* Funktion integriert Funktionen nach der Trapezregel */
double trapez(double xa,        // untere Grenze
              double xe,        // obere Grenze
              long int n,       // Anzahl Teilflächen
              ftyp func)        // Typ des Funktionsparameters
{
  double  h, sum, f;
  long int  i;
  if (n <= 2) n = 2; // sonst Division durch Null !!!
  h = (xe - xa)/n;
  sum = 0;
  for (i = 1; i <= n-1; i++) sum += func(xa + i * h);
  f = 0.5 * h * (func(xa) + 2*sum + func(xe));
  return f;
}
/* Zu integrierende benutzerdefinierte Funktionen */
double quadr(double x)
{  return  x*x;   };  // Funktion liefert x² zurück
double lin(double x)
{  return x;   };     // lineare Funktion f(x) = x
```

```
main()   /* Hauptfunktion ruft trapez mit aktuellen Funktionen auf */
{
  double xa, xe, flae;
  long int  n;
  cout << "\nIntegration von  y = x²  y = x  y = √x  y = e^x";
  cout << "\nUntere Grenze xa -> "; cin >> xa;
  cout << " Obere Grenze xe -> ";   cin >> xe;
  cout << "     Teilflächen -> ";   cin >> n;
  flae = trapez(xa, xe, n, quadr);     // Funktion quadr integrieren
  cout <<"\nIntegral x²  von "<< xa <<" bis "<< xe <<" ist "<< flae;
  flae = trapez(xa, xe, n, lin);       // Funktion lin integrieren
  cout <<"\nIntegral x   von "<< xa <<" bis "<< xe <<" ist "<< flae;
  flae = trapez(xa, xe, n, sqrt);      // Funktion sqrt integrieren
  cout <<"\nIntegral √x  von "<< xa <<" bis "<< xe <<" ist "<< flae;
  flae = trapez(xa, xe, n, exp);       // e-Funktion integrieren
  cout <<"\nIntegral e^x von "<< xa <<" bis "<< xe <<" ist "<< flae;
  return 0;
}


Integration von  y = x²  y = x  y = √x  y = e^x
Untere Grenze xa -> 0
 Obere Grenze xe -> 1
     Teilflächen -> 10000

Integral x²  von 0 bis 1 ist 0.333333
Integral x   von 0 bis 1 ist 0.5
Integral √x  von 0 bis 1 ist 0.666666
Integral e^x von 0 bis 1 ist 1.71828
```

Bild 5-21: Numerische Integration von Funktionen

5.7 Sonderfragen der Unterprogrammtechnik

5.7.1 Sichtbarkeit und Lebensdauer

Alle *Vereinbarungen* innerhalb eines Blocks, also auch innerhalb der Funktionsklammern { und } sind **lokal** und nur in diesem Block bekannt und verfügbar; dies gilt auch für die formalen Parameter der Funktionsdefinitionen. Daher können die Bezeichner innerhalb einer Funktion völlig unabhängig von anderen Funktionen gewählt werden. Das folgende Beispiel verwendet die Bezeichner a, b und c sowohl in der Hauptfunktion main als auch in der benutzerdefinierten Funktion addiere.

```
/* Die Bezeichner a, b und c sind lokal in addiere */
double addiere (double a, double b)
{                        // a und b sind formale Parameter
 double c;               // Hilfsvariable c lokal in addiere

/* Die Bezeichner a, b und c sind lokal in main */
main ()
{
 double a=1, b=2, c;
```

Vereinbarungen einer Programmdatei, die außerhalb eines Funktionsblocks liegen, sind **global** und in allen Blöcken gültig. Das in *Bild 5-22* dargestellte Programmbeispiel vereinbart die drei Variablen a, b und c vor main im Definitionsteil der Programmdatei. Da nun sowohl die Hauptfunktion main als auch die Benutzerfunktion addiere auf a, b und c zugreifen können, ist es möglich, die Funktion addiere ohne Ergebnis und Parameter zu definieren und aufzurufen. Durch den Zugriff auf globale Variablen können zwar die Parameterlisten entfallen, die Funktion ist jedoch auf die Arbeit mit bestimmten Variablen beschränkt und kann nicht auf andere Größen angewendet werden.

```cpp
/* k5p22.cpp  Bild 5-22: Globale Variablen statt Parameter*/
#include  <iostream.h>
int ganz = 123;              // globales ganz
double  a, b, c;             // globale Variablen
/* Funktion greift auf globale Variablen a, b und c zu */
void addiere (void)          // extern double a, b, c; möglich
{
  c = a + b;
}
main()                       // extern double a, b, c; möglich
{
  int ganz = 456;            // lokales ganz
  cout << "\nglobales ganz = " << ::ganz;
  cout << "\n lokales ganz = " << ganz;
  a = 1.1;  b = 2.2;         // a und b sind global
  addiere();                 // Aufruf ohne Parameter und Ergebnis
  cout << "\n\naddiere: " <<  a << " + " << b << " = " << c;
  return 0;
}
```

Bild 5-22: Zugriff auf global vereinbarte Variablen

Werden jedoch global vereinbarte Bezeichner in einer Funktion *nochmals* für lokale Größen verwendet, so übersteuern die lokalen Vereinbarungen innerhalb ihres Gültigkeitsbereiches die globalen. In dem folgenden Beispiel werden die Bezeichner x und y sowohl global als auch lokal verwendet. Die globalen x und y sind vom Datentyp int; die lokalen x und y in main sind vom Datentyp double.

```cpp
int  x = 123, y;             // globale int-Vereinbarungen
main()
{
  double  x = 1.1, y;        // lokal übersteuert global
  cout << "\nx = " << x;     // x ist in main double
```

Global vereinbarte Variablen *können* in den Unterblöcken mit dem Kennwort **extern** nochmals deklariert werden, um beim Lesen des Programmtextes sicher zu sein, wo und wie sie vereinbart wurden.

```cpp
extern int  x, y;            // kann auch entfallen
```

Für Variablenvereinbarungen in main und addiere des Beispiels Bild 5-22 wäre das Kennwort extern außerordentlich wichtig! Ohne extern würde der Compiler die

Vereinbarungen `double a, b, c;` in `main` und `addiere` als lokale Variablen ansehen, die von den globalen Größen a, b und c gleichen Namens völlig verschieden sind. Mit lokalen Variablen wäre natürlich eine Übergabe von Werten zwischen `main` und `addiere` nicht mehr möglich! Mit dem Operator

```
:: Bezeichner
```

ist es möglich, statt auf eine lokale Variable auf die gleichlautende globale Variable zuzugreifen. Beispiel:

```
int ganz = 123;            // globales ganz
main()
{
  int ganz = 456;          // lokales ganz
  cout << "\nglobales ganz = " << ::ganz;   // globales
  cout << "\n lokales ganz = " << ganz;     // lokales
```

Lokale Variablen innerhalb einer Funktion werden ohne Angabe eines Speicherklassenspezifizierers oder mit dem Spezifizierer `auto` auf dem Stapel angelegt und sind nur während der Ausführung der Funktion verfügbar. Sie werden bei jedem Aufruf neu aufgebaut und sind danach verloren. Das bedeutet, daß Funktionen in diesen temporären Variablen keine Werte zwischen den Aufrufen aufbewahren (speichern) können.

Im Gegensatz dazu werden *globale* Variablen und lokale Variablen, die mit dem Speicherklassenspezifizierer **static** gekennzeichnet sind, auf festen Datenspeicherstellen angelegt, die auch nach Beendigung eines Funktionsaufrufs weiterbestehen. In diesen mit `static` gekennzeichneten lokalen Variablen kann eine Funktion auch zwischen den Aufrufen Werte aufbewahren. Das in *Bild 5-23* dargestellte Programmbeispiel ruft eine Funktion `plus` mehrmals mit einen Zähler i auf. Beim ersten Aufruf werden alle in der Funktion verfügbaren Variablen auf den Anfangswert 1 gesetzt, bei jedem folgenden Aufruf jedoch um 1 erhöht. Die globalen und die statischen Variablen behalten ihren Inhalt zwischen den Aufrufen, die auf dem Stapel liegende Variable `temp` erhält bei jedem Aufruf einen Wert, der sich "zufällig" auf dem Stapel befindet.

```
/* k5p23.cpp  Bild 5-23: globale,statische und temporäre Variable */
#include  <iostream.h>
int  glob;                        // globale statische Variable
void plus (int i)                 // übernimmt Nummer des Aufrufs
{
  extern int glob;       // extern global statisch
  static int stat;       // statisch auf fester Adresse
  int temp;              // auto int temp; temporär auf Stapel
  cout << "\n" << i << ".Aufruf: ";
  if (i == 1) glob = 1; else glob++;
  if (i == 1) stat = 1; else stat++;
  if (i == 1) temp = 1; else temp++;
  cout <<" glob = "<< glob <<" stat = "<< stat <<" temp = "<< temp;
}
```

```
main()
{
 int i;
 for (i=1; i<= 5; i++) plus(i);    // mehrmaliger Aufruf in Schleife
 return 0;
}
```

```
1.Aufruf:   glob = 1   stat = 1   temp = 1
2.Aufruf:   glob = 2   stat = 2   temp = 2475
3.Aufruf:   glob = 3   stat = 3   temp = 2475
4.Aufruf:   glob = 4   stat = 4   temp = 2475
5.Aufruf:   glob = 5   stat = 5   temp = 2475
```

Bild 5-23: Globale, statische und temporäre Hilfsvariablen

Globale und mit `static` gekennzeichnete Variablen werden beim erstmaligen Aufruf der Funktion - auch von `main` - mit dem Anfangswert 0 *vorbesetzt* übergeben; in den nicht oder mit `auto` gekennzeichneten Variablen finden sich zufällige Anfangswerte. Dies läßt sich mit folgender Testschleife untersuchen:

```
int   i, x[1000];        // zufällig vorbesetzt
static  int y[1000];      // statisch mit 0 vorbesetzt
for (i = 0; i < 1000; i++)
{
 if (x[i] != 0) cout << "\nx[" << i << "] = " << x[i];
 if (y[i] != 0) cout << "\ny[" << i << "] = " << y[i];
}
```

5.7.2 Das Auslagern von Funktionen

Nur in der Test- und Übungsphase ist es üblich, (interne) Funktionen zusammen mit der Hauptfunktion `main` als Programmtext einzugeben und übersetzen zu lassen. In der praktischen Anwendung legt man jedoch (externe) Funktionen in getrennten Programm-dateien ab. Ein Beispiel sind die mathematischen Standardfunktionen sowie die Eingabe- und Ausgabefunktionen, die mit Präprozessoranweisungen `#include` zugeordnet werden. Auch ***benutzerdefinierte externe Funktionen*** lassen sich mit

```
#include  "Systemname.typ"
```

aus einer Datei in den Programmtext einbauen. Hinter dem Kennwort `#include` steht zwischen Anführungszeichen der Betriebssystemname der Datei, in der die einzufügen-den Definitionen bzw. Funktionen gespeichert sind. Auf die Möglichkeit, das aufrufen-de Programm durch den Linker (Binder) mit *bereits übersetzten* Funktionen (`.OBJ`) zu verbinden, soll an dieser Stelle nicht eingegangen werden, da dies systemabhängig ist.

Das in *Bild 5-24* dargestellte Beispiel zeigt eine Funktion `addiere`, die in der Datei `k5p24.cpp` als Programmtext abgelegt wurde. Externe Funktionen lassen sich über-setzen und auf Syntaxfehler prüfen, aber nicht ausführen. Dies geschieht erst nach dem Einbau in die aufrufende Programmdatei.

```
/* k5p24.cpp  Bild 5-24: externe Funktion addiere definieren */
double addiere(double x, double y)
{
 return x + y;
}
```

Bild 5-24: Speicherung einer externen Funktion als Programmdatei

Das in *Bild 5-25* dargestellte Beispiel baut die in der Datei k5p24.cpp abgespeicherten Zeilen mit der externen Funktion addiere in den Programmtext ein.

```
/* k5p25.cpp  Bild 5-25: externe Funktion addiere aufrufen */
#include  <iostream.h>
#include  "k5p24.cpp"       // enthält Funktion addiere
main()
{
 double  a = 1, b = 2, c;
 c = addiere(a, b);         // Aufruf der externen Funktion
 cout << a << " + " << b << " = " << c;
 return 0;
}
```

Bild 5-25: Aufruf einer externen Funktion

Müssen sehr viele Dateien mit #include eingefügt werden, so lassen sich die entsprechenden Präprozessoranweisungen mit anderen Deklarationen in einer sogenannten *Headerdatei* zusammenfassen. Sie erhält die Dateierweiterung .h für Header = Kopfsatz und wird mit

```
#include "Systemname.h"
```

zugeordnet. Die Anführungszeichen bedeuten, daß sich die *Headerdatei* im augenblicklich zugeordneten Verzeichnis befindet. Mit spitzen Klammern gekennzeichnete Headerdateien wie z.B. <math.h> werden einem Standard-Verzeichnis des C-Systems entnommen. Das in *Bild 5-26* dargestellte Beispiel zeigt die Headerdatei k5p26.h, die nur eine Kommentarzeile und eine Präprozessoranweisung enthält.

```
/* k5p26.h  Bild 5-26: Headerdatei für addiere */
#include  "k5p24.cpp"     // enthält  Funktion addiere
```

Bild 5-26: Aufbau einer Headerdatei

Das in *Bild 5-27* dargestellte Programm fügt mit #include "k5p26.h" eine Headerdatei ein, die eine Präprozessoranweisung zum Einfügen der Programmdatei k5p24.cpp enthält, in der sich endlich die einzufügende Funktion addiere befindet. Durch die Arbeit mit Headerdateien und ausgelagerten Funktionen wird das Hauptprogramm kürzer und übersichtlicher; jedoch geht der Zusammenhang mit den Deklarationen und Funktionen verloren.

```
/* k5p27.cpp  Bild 5-27: externe Funktion addiere aufrufen */
#include  <iostream.h>
#include  "k5p26.h"        // enthält #include "k5p24.cpp"
                           // k5p24.cpp enthält addiere
main()
{
  double  a = 1, b = 2, c;
  c = addiere(a, b);         // Aufruf der externen Funktion
  cout << a << " + " << b << " = " << c;
  return 0;
}
```

Bild 5-27: Aufruf einer Headerdatei

5.7.3 Makros und `inline`-Funktionen

Als **Makro** oder Makrobefehl bezeichnet man die Vereinbarung eines Symbols für Konstanten, Vereinbarungen, Ausdrücke oder Anweisungen, allgemein Texte. Hinter dem Text darf bis zum Ende der Zeile kein Semikolon stehen.

```
#define  SYMBOL  text
```

Bei der Makroexpansion (Erweiterung) werden die Symbole durch die entsprechenden Texte ersetzt, dann erst findet die Übersetzung statt. Die Symbole schreibt man üblicherweise mit Großbuchstaben. Ein Beispiel ist die Dimensionierung von Feldern und die Steuerung von Schleifen, die sie bearbeiten.

```
#define  N  1000  // kein Semikolon, Kommentare möglich
main()
{
int  i, x[N];     // Symbol N durch Wert 1000 ersetzt
for (i = 0; i < N; i++) x[i] = i; // setze für N 1000
```

Ein Makro kann wie eine Funktion auch eine Liste mit formalen Parametern enthalten, die im Text als Platzhalter dienen.

```
#define SYMBOL(Parameterliste)  text
```

Hinter dem - meist groß geschriebenen - Symbol steht in Klammern eine Liste von formalen Parametern, die auch im Text enthalten sein müssen. Diese werden beim Aufruf des Makros (Makroexpansion) durch aktuelle Parameter ersetzt. Zwischen dem Symbol und den Klammern der Liste darf kein Leerzeichen stehen, dies würde als Ende des Symbols angesehen werden. Beispiel:

```
#define  MULTI(x,y)  x * y        // Makrodefinition
```

Sind als aktuelle Parameter Ausdrücke zu erwarten, so sollten die formalen Parameter wegen der Vorrangregeln geklammert werden.

```
#define  MULTI(x,y)  (x) * (y)    // mit Vorrangklammern
```

Das in *Bild 5-28* dargestellte Programmbeispiel zeigt den mehrmaligen Aufruf (Expansion) des Makros MULTI. Werden die Platzhalter x und y durch die double-Variablen a und b ersetzt, so entspricht dies der Formel

```
c = (a) * (b);          // double-Rechenbefehle
```

Für die Expansion mit den int-Ausdrücken i+1 und j+2 sorgen die Klammern um die Platzhalter für die richtige Reihenfolge der Operationen.

```
x = (i+1) * (j+2);      // i + 1 * j + 2 gibt was anderes!!!
```

```
/* k5p28.cpp  Bild 5-28: Makrodefinition für addiere */
#include  <iostream.h>
#define  MULTI(x,y) (x) * (y)    // Makrodefinition
main()
{
 double  a = 2.0, b = 3.5, c;
 int  i = 2, j = 3, k, x;
 c = MULTI(a, b);          // Aufruf mit double-Werten
 cout << a << " * " << b << " = " << c << endl;
 k = MULTI(i, j);          // Aufruf mit int-Werten
 cout << i << " * " << j << " = " << k << endl;
 x = MULTI(i+1, (j+2) );   // Aufruf mit Ausdrücken
 cout << (i+1) << " * " << (j+2) << " = " << x << endl;
 return 0;
}
```

Bild 5-28: Definition und Aufruf eines Makros

Der Aufruf einer Funktion und die Expansion eines Makros sind formal gleich, werden aber verschiedenartig ausgeführt. Bei der Definition einer Funktion wird nur einmal der Maschinencode erzeugt; jeder Aufruf übergibt jeweils andere Werte oder Adressen, die dem definierten Datentyp entsprechen müssen. Bei jedem Aufruf eines Makros werden zunächst die Platzhalter durch aktuelle Argumente ersetzt, erst dann findet die Übersetzung an der Stelle des Aufrufs für den jeweiligen Datentyp statt.

Durch das Kennwort **inline** lassen sich in C++ auch Funktionen vereinbaren, die nicht aufgerufen, sondern direkt in den Code eingebaut werden.

```
inline Ergebnistyp Funktionsbezeichner (Parameterliste)
```

Das Programm *Bild 5-29* enthält eine Funktion wcotan, die als inline deklariert wurde und die an drei Stellen im Hauptprogramm main nicht aufgerufen, sondern dreimal in den Code eingebaut wird. Damit entfällt die Übergabe der Parameter über den Stapel, das Programm wird dadurch schneller. Es hängt jedoch vom Compiler ab, ob bestimmte Funktionen, die als inline deklariert wurden, aus besonderen Gründen doch wie normale Funktionen aufgerufen werden. Die Handbücher der Hersteller geben darüber Auskunft. Nur anhand das Assemblerlistings läßt sich die Frage beantworten, ob eine bestimmte inline-Funktion aufgerufen oder als Code eingebaut wurde.

```
/* k5p29.cpp  Bild 5-29: inline-Funktion */
#include <iostream.h>
#include <math.h>
inline double wcotan(double x)
{
 double hilf;
 hilf = tan(x * M_PI / 180.0);
 if (hilf == 0) return 1e30;
 else return 1.0 / hilf;
}
main()
{
 double wink, y, arg;
 cout << "\nWinkel -> "; cin >> wink;
 arg = wink;
 y = wcotan(arg);        // Code wird hier eingebaut
 cout << "\nCotg(" << arg << ") = " << y;
 arg = -wink;
 y = wcotan(arg);        // Code wird hier eingebaut
 cout << "\nCotg(" << arg << ") = " << y;
 arg = 90 + wink;
 y = wcotan(arg);        // Code wird hier eingebaut
 cout << "\nCotg(" << arg << ") = " << y;
 return 0;
}
```

Bild 5-29: `inline`-Funktion

5.7.4 Das Überladen von Funktionen

Eine Funktion ist gekennzeichnet durch ihren Ergebnistyp *und* ihren Bezeichner *und* die Anzahl und die Typen ihrer Parameter. In C++ kann der gleiche Bezeichner für verschiedene Funktionen vergeben werden, wenn sie sich im Ergebnistyp bzw. in den Parametern unterscheiden. Damit ist es möglich, den gleichen Funktionsbezeichner für verschiedene Datentypen zu verwenden. Dies bezeichnet man als "überladen". Das Programmbeispiel *Bild 5-30* zeigt drei Funktionen mit dem gleichen Bezeichner aus; zwei für ganzzahlige (int) Werte und eine für reelle (double) Werte.

```
/* k5p30.cpp  Bild 5-30: Überladene Funktionen */
#include <iostream.h>
void aus(int a, int b)        // aus mit 2 int-Parametern
{
 cout << "\naus(2 int)   : " << a << " " << b;
}
void aus(int a, int b, int c)  // aus mit 3 int-Parametern
{
 cout << "\naus(3 int)   : " << a << " " << b << " " << c;
}
void aus(double a, double b)   // aus für 2 double-Parameter
{
 cout << "\naus(2 double): " << a << " " << b;
}
```

```
main()
{
 aus(1, 2);                    // Funktion mit 2 int-Werten
 aus(1, 2, 3);                 // Funktion mit 3 int-Werten
 aus(1.5, 2.5);                // Funktion mit 2 double-Werten
 return 0;
}


aus(2 int)    : 1 2
aus(3 int)    : 1 2 3
aus(2 double): 1.5 2.5
```

Bild 5-30: Überladen von Funktionen

5.7.5 Parameterlisten mit Vorgaben

Beim Aufruf einer Funktion ist es möglich, ihr weniger aktuelle Parameter als vereinbart zu übergeben. Die formalen Parameter, für die *möglicherweise* keine aktuellen Werte übergeben werden, müssen am Ende der Liste liegen und mit einem Anfangswert vorbesetzt werden, der anstelle des fehlenden aktuellen Wertes verwendet wird. Die in *Bild 5-31* dargestellte Funktion var kann wahlweise mit 0, 1, 2 oder 3 Parametern aufgerufen werden. Für fehlende aktuelle Parameter verwendet die Funktion den Wert 0.

```
/* k5p31.cpp  Bild 5-31: Parameterliste mit Vorgabewerten*/
#include  <iostream.h>
void var(int a = 0, int b = 0, int c = 0)  // 0 bis 3 Parameter
{
 cout << "\n\nFunktion var:";
 if (a == 0 && b == 0 && c == 0) cout << "\nkein Parameter";
 if (a != 0) cout << "\n1. Parameter = " << a;
 if (b != 0) cout << "\n2. Parameter = " << b;
 if (c != 0) cout << "\n3. Parameter = " << c;
 return ;
}
main()
{
 var ();                  // Aufruf ohne Parameter
 var(1);                  // Aufruf mit 1 Paramter
 var(1, 2);               // Aufruf mit 2 Parametern
 return 0;
}


Funktion var:
kein Parameter

Funktion var:
1. Parameter = 1

Funktion var:
1. Parameter = 1
2. Parameter = 2
```

Bild 5-31: Parameterlisten mit Vorgaben

5.7.6 Variable Parameterlisten

Funktionen können für eine variable Anzahl von Parametern definiert werden. Auf *mindestens* einen festen Parameter folgen als Parameter drei Punkte (Ellipse), die den variablen Teil der Liste kennzeichnen.

```
Ergebnistyp Bezeichner(feste Parameter, . . .)
```

Für die Bearbeitung der variabel übergebenen Parameter gibt es in <stdarg.h> vordefinierte Typen und Makros:

```
va_list   Zeiger
va_start(Zeiger, letzter fester Parameter)
Parameter = va_arg(Zeiger, Typ)
va_end(Zeiger)
```

Mit va_list wird ein Zeiger definiert, der auf die übergebenen Werte der variablen Parameterliste zeigt; va_start positioniert den Zeiger *hinter* den letzten festen Parameter auf den *ersten variabel* übergebenen Parameter. Die Funktion va_arg liefert die Werte der variablen Parameter. Der Zeiger wird in der Länge des Typs erhöht. Es ist möglich, daß bestimmte Datentypen (z.B. char, unsigned char und float bei Borland C++) nicht verwendet werden dürfen. Die Funktion va_end setzt den Zeiger wieder zurück.

Die Kontrolle der tatsächlichen Anzahl der übergebenen Parameter ist Aufgabe der Funktion. Die Funktion anzahl des Beispiels *Bild 5-32* erwartet im ersten (festen) Parameter die Anzahl der folgenden variablen Parameter. Die Funktion sum kontrolliert alle Werte (den ersten festen und alle folgendende variablen) auf die Endemarke -1.

```
/* k5p32.cpp  Bild 5-32: Variable Parameterlisten */
#include  <iostream.h>
#include  <stdarg.h>   // für va_list va_arg va_start va_end
int anzahl(int anz, ...)      // Anzahl in anz übergeben
{
 int i, wert, s = 0;
 va_list  pzeig;             // pzeig ist Zeiger auf Parameter
 va_start (pzeig, anz);      // setzt pzeig hinter anz
 cout << "\n\nanzahl: " << anz << "  Werte: ";
 for (i = 0; i < anz; i++)   // anz enthält Anzahl der Parameter
 {
  wert = va_arg(pzeig, int);  // pzeig adressiert laufende Werte
  cout << wert << "   " ;
  s = s + wert;
 }
 va_end(pzeig);              // setzt Zeiger zurück
 return s;
}
```

```
int sum (int erst,...)              // erst = 1. Parameter
{
 int  wert, s = 0;
 va_list  pzeig;                    // pzeig ist Zeiger auf Parameter
 va_start(pzeig, erst);             // Start: pzeig hinter erst
 cout << "\n\nWerte bis -1: ";
 wert = erst;
 while (wert != -1)                 // Schleife bis Endemarke -1
  {
   s = s + wert;
   cout << wert << " ";
   wert = va_arg(pzeig, int);       // pzeig adressiert laufende Werte
  }
 va_end (pzeig);                    // setzt Zeiger zurück
 return s;
}
main()
{
 int  summe;
 summe = anzahl(0);                 // Anzahl 0
 cout << " Summe = " << summe;
 summe = anzahl(1, 11);             // 1 Parameter
 cout << " Summe = " << summe;
 summe = anzahl(2, 11,22);          // 2 Parameter
 cout << " Summe = " << summe;
 summe = anzahl(3, 11,22,33);       // 3 Parameter
 cout << " Summe = " << summe;
 cout << "  Summe = " << sum(-1);                  // nur Endemarke
 cout << "  Summe = " << sum(111,-1);              // 1 Wert
 cout << "  Summe = " << sum (111,222,-1);         // 2 Werte
 cout << "  Summe = " << sum (111,222,333,-1);     // 3 Werte
 return 0;
}


anzahl: 0   Werte:  Summe = 0
anzahl: 1   Werte: 11    Summe = 11
anzahl: 2   Werte: 11  22    Summe = 33
anzahl: 3   Werte: 11  22  33    Summe = 66

Werte bis -1:   Summe = 0
Werte bis -1: 111    Summe = 111
Werte bis -1: 111 222    Summe = 333
Werte bis -1: 111 222 333    Summe = 666
```

Bild 5-32: Variable Parameterlisten

6. Datenstrukturen

Bisher wurden nur einfache Datentypen wie z.B. int und double verwendet. Jedes Datum (Element) mußte als Konstante oder Variable oder vorbesetzte Variable vereinbart werden. Dieser Abschnitt beschäftigt sich schwerpunktmäßig mit zusammengesetzten (strukturierten) Datentypen, bei denen unter einem Bezeichner mehrere Datenelemente (z.B. double-Zahlen) vereinbart werden können.

6.1 Felder (Arrays)

In der Mathematik und Technik bezeichnet man die Elemente zusammenhängender Größen mit einem **Index**. Die Werte einer Meßreihe von 100 Temperaturen heißen dann, wenn man mit dem Index 0 beginnt:

$$X_0 \, , \, X_1 \, , \, X_2 \, , \, X_3 \, , \, . \, . \, . \, , \, \mathbf{X_i} \, , \, . \, . \, . \, , \, X_{99}$$

In C++ kann man mehrere Daten *gleichen* Typs unter einem Namen (Bezeichner) zu einem *Feld* (englisch array) zusammenfassen. Die Vereinbarung für ein Feld aus 100 Elementen vom Datentyp double lautet dann:

```
double  x[100];   // Feld aus 100 double-Zahlen
```

Die Elemente werden durch die ganzzahlige Laufvariable einer for-Schleife angesprochen. Das folgende Beispiel summiert die Elemente eines Feldes aus 100 Werten vom Datentyp double, dabei läuft der Index i von **0** bis 99:

```
int  i;
double  x[100], sum = 0;                    // 100 Zahlen
for (i = 0; i < 100; i++) sum = sum + x[i];// Index 0..99
```

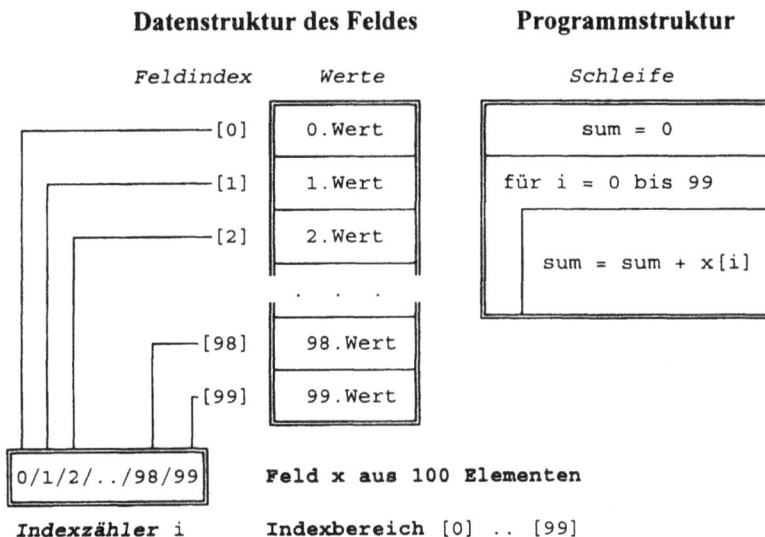

Datenstruktur des Feldes		Programmstruktur
Feldindex	*Werte*	*Schleife*

─[0]	0.Wert		sum = 0	
─[1]	1.Wert		für i = 0 bis 99	
─[2]	2.Wert			
	. . .		sum = sum + x[i]	
─[98]	98.Wert			
┌[99]	99.Wert			

```
0/1/2/../98/99      Feld x aus 100 Elementen
```

Indexzähler i   **Indexbereich** [0] .. [99]

6.1.1 Eindimendionale Felder

Eindimensionale Felder bezeichnet man auch als einfach indizierte Variablen oder Vektoren. Die Elemente müssen alle vom gleichen Datentyp sein. Felder definiert man in der Namensliste einer Variablenvereinbarung.

```
Datentyp  Bezeichner [ Größe ] , . . .;
```

Der Bezeichner (Name) des Feldes wird nach den gleichen Regeln wie für die einfachen Datentypen gebildet. In den eckigen Klammern steht die *Anzahl* der Feldelemente als ganzzahlige Konstante. Felder können zusammen mit einfachen Variablen in einer Liste erscheinen. Beispiele für die Vereinbarung von Feldern mit Zahlenkonstanten als Größenangabe:

```
int   wert[10], fakt[10], skalpro;
double  x[100], sum, temp[20];
```

Oft ist die Anzahl der Feldelemente bei der Programmierung noch nicht bekannt. Dann ist es zweckmäßig, die Größe des Feldes und den Endwert der sie bearbeitenden `for`-Schleifen nicht durch eine Zahlenkonstante, sondern durch eine Symbolkonstante anzugeben. Das folgende Beispiel vereinbart ein Feld aus 5 Elementen mit der Symbolkonstanten N und bearbeitet es in einer `for`-Schleife. Bei einem Übergang auf z.B. 50 Werte braucht man nur die Präprozessoranweisung `#define` zu ändern; jedoch ist das Programm neu zu übersetzen. Abschnitt 6.1.3 behandelt Felder variabler Größe.

```
#define N 5      // Symbol N hat den Wert 5
main ()
{
 int   i;                        // Laufindex
 double  x[N];                   // N = 5 Elemente
 for (i = 0; i < N; i++) x[i] = 0.1*i;  // Index 0..4
```

Felder lassen sich mit Anfangswerten vorbesetzen, als Konstanten vereinbaren und mit der Angabe einer Speicherklasse (`static` bzw. `auto`) versehen.

```
Datentyp  Bezeichner [Größe] = { Konstantenliste };
const Datentyp Bezeichner[Größe] ={Konstantenliste};
```

In der Liste erscheinen die Konstanten durch ein Komma getrennt. Die Zuordnung beginnt mit dem ersten Element (Index [0]). Enthält die Liste weniger Werte als vereinbart, so werden die letzten Elemente nicht besetzt; je nach Speicherklasse haben diese einen zufälligen Anfangswert (lokal und `auto`) oder den Wert 0 (global und `static`). Enthält die Liste zuviel Werte, so liefert der Compiler eine Fehlermeldung. In den beiden folgenden Beispielen werden für jeweils 5 Feldelemente auch 5 Konstanten vereinbart.

```
double  x[5] = { 0.1, 0.2, 0.3, 0.4, 0.5 };
const double k[5] = { -1, -2, -3, -4, -5 };
```

Der Name (Bezeichner) eines Feldes ist ein Zeiger auf das erste Element. Abschnitt 6.1.3 behandelt den Zusammenhang zwischen Feldern und Zeigern. *Operationen* mit Feldern sind nur über ihre Elemente möglich. Der Versuch, z.B. ein Feld durch Angabe seines Namens zu löschen, führt auf eine Fehlermeldung des Compilers. *Abschreckendes* Beispiel:

```
int   i, a[100];
a = 0;            // Fehlermeldung: Lvalue required in ....
for (i = 0;i < 100; i++) a[i] = 0; // so ist es richtig
```

Die Elemente eines eindimensionalen Feldes werden in Ausdrücken durch die Angabe der Indexposition in eckigen Klammern angesprochen.

```
Bezeichner [ Indexposition ]
```

Die **Indexposition** ist ein ganzzahliger Ausdruck von [0] bis [Größe - 1] in eckigen Klammern. Man beachte, daß der Index mit 0 beginnt und mit der Anzahl der Elemente *minus 1* endet! Der Bereich wird weder bei der Übersetzung noch während der Programmausführung überwacht. Der Bezeichner des Feldes darf nur dann ohne Index erscheinen, wenn die Anfangsadresse des Feldes als Zeiger behandelt wird. Als *Index-ausdrücke* sind Konstanten, Variablen und arithmetische Ausdrücke zulässig. Reelle Größen (z.B. double) als Index werden entsprechend der automatischen Typumfor-mung ganzzahlig gemacht, Stellen hinter dem Komma (Punkt) werden abgeschnitten. Beispiele für Indexausdrücke:

```
int   i, j[4];
double  x[100], rindex = 4.99;
x[0] = 47.11;            // Konstante als Index
for (i = 0; i < 100; i++) x[i] = 0.1 * i; // Laufvariable
i = 1;
x[i-1] = 47.12;          // Indexrechnung      x[0]
j[0] = 10;
x[j[0]] = 47.13;         // Indexschachtelung x[10]
x[rindex] = 47.14;       // reeller Index      x[4]
```

Bei der **Eingabe** und **Ausgabe** von Feldern oder Teilbereichen verwendet man for-Schleifen zur Indizierung der Elemente. Dabei können die Elemente entweder einzeln auf je einer Zeile oder auch zusammen auf einer gemeinsamen Zeile angeordnet werden.

In dem folgenden Beispiel werden die Daten auf *je einer* neuen Zeile eingegeben. Durch cin.seekg(0) wird der Eingabepuffer *nach* jeder Leseoperation gelöscht, damit überzählige Daten nicht von der folgenden Operation gelesen werden. Die Elemente werden auf je einer neuen Zeile ausgegeben. Man beachte, daß der Index immer von **0** bis zur Anzahl der Elemente *minus 1* läuft, bei 5 Elementen also von 0 bis 4.

```
int   i;
double  x[5];
```

```
cout << "\nFünf Eingabezeilen:";         // Meldung
for (i = 0; i < 5; i++)                   // Schleife
{
  cout << "\n" << i+1 << ".Wert -> ";     // Meldung
  cin >> x[i];                            // Wert lesen
  cin.seekg(0);                           // Puffer löschen
}
cout << "\nFünf Ausgabezeilen:";
for (i=0; i<5; i++)cout << "\nx[" << i << "] = " << x[i];
```

Fünf Eingabezeilen:
```
1.Wert -> 1.1    cr
2.Wert -> 2.2    cr
3.Wert -> 3.3    cr
4.Wert -> 4.4    cr
5.Wert -> 5.5    cr
```

Fünf Ausgabezeilen:
```
x[0] = 1.1
x[1] = 2.2
x[2] = 3.3
x[3] = 4.4
x[4] = 5.5
```

In dem folgenden Beispiel werden alle Werte auf *einer* Zeile angeordnet. Für die Eingabe erhält der Benutzer die Anzahl der einzugebenden Daten mitgeteilt. Die Eingabeoperation ist erst dann abgeschlossen, wenn alle Werte eingegeben wurden. Die Funktion `cin.seekg(0)` entfernt überzählige Zeichen aus dem Eingabepuffer.

```
cout << "\nEine Eingabezeile: \n5 Werte -> ";
for (i = 0; i < 5; i++) cin >> x[i];     // Leseschleife
cin.seekg(0);                            // Puffer löschen
cout << "\nEine Ausgabezeile:\n";
for (i = 0; i < 5; i++) cout << x[i] << "  "; // Ausgabe
```

Eine Eingabezeile:
```
5 Werte -> 1.1  2.2  3.3  4.4  5.5    cr
```

Eine Ausgabezeile:
```
1.1  2.2  3.3  4.4  5.5
```

Die folgenden Programmbeispiele zeigen einige häufig verwendete Lesetechniken. Das in *Bild 6-1* dargestellte Programm liest genau fünf Meßwerte, berechnet die Summe und den Mittelwert und gibt jeden Meßwert und seine Abweichung vom Mittelwert wieder aus. Die Anzahl der zu lesenden Zahlen wird als Symbolkonstante N fest vereinbart, die auch die for-Schleife steuert. Es müssen genau N Werte eingegeben werden. Eine Eingabekontrolle findet nicht statt. Das Struktogramm zeigt verschiedene Möglichkeiten zur Beschreibung einer Indexschleife.

```
┌─────────────────────────────────────────────┐
│  ┌───────────────────────────────────────┐  │
│  │    Meldung "Feldelemente eingeben"    │  │
│  ├───────────────────────────────────────┤  │
│  │  von i = 0   solange i < N  Schritt 1 │  │
│  │   ┌─────────────────────────────────┐ │  │
│  │   │ i ausgeben    i. Element lesen  │ │  │
│  │   └─────────────────────────────────┘ │  │
│  ├───────────────────────────────────────┤  │
│  │       Summe   sum   löschen           │  │
│  ├───────────────────────────────────────┤  │
│  │  von i = 0   bis i = N-1  Schritt 1   │  │
│  │   ┌─────────────────────────────────┐ │  │
│  │   │ sum = sum + x[i]   summieren    │ │  │
│  │   └─────────────────────────────────┘ │  │
│  ├───────────────────────────────────────┤  │
│  │    Summe und Mittelwert ausgeben      │  │
│  ├───────────────────────────────────────┤  │
│  │  für alle Feldelemente                │  │
│  │   ┌─────────────────────────────────┐ │  │
│  │   │ Wert und Abweichung ausgeben    │ │  │
│  │   └─────────────────────────────────┘ │  │
│  └───────────────────────────────────────┘  │
└─────────────────────────────────────────────┘
```

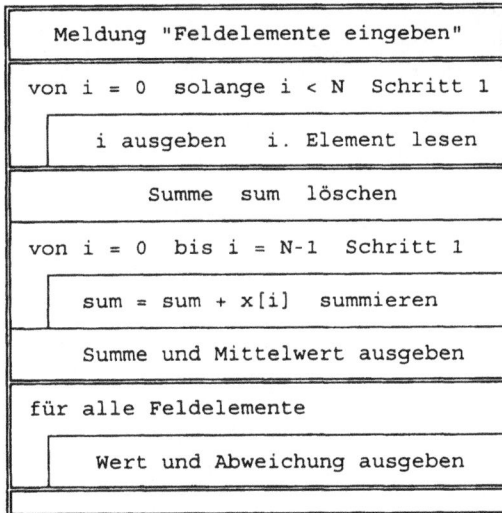

```cpp
/* k6p1.cpp Bild 6-1: Mittelwert und Abweichung berechnen */
#include  <iostream.h>
#include  <iomanip.h>    // für setw
#define N 5              // Symbolkonstante mit Anzahl der Elemente
main()
{
 int  i;
 double  x[N], sum, xm;
 /* Feld aus N Elementen lesen              */
 cout << "\nFeld aus " << N << " Werten eingeben\n" << endl;
 for (i = 0; i < N; i++)      // Vorsicht, keine Eingabekontrolle !
 {
  cout << "x[" << i << "] -> ";
  cin >> x[i]; cin.seekg(0);
 }
 /* N Elemente des Feldes summieren         */
 sum = 0;
 for (i = 0; i < N; i++) sum = sum + x[i];
 /* Summe und Mittelwert ausgeben           */
 xm = sum/N;
 cout<< "Summe = " << sum << "  Mittel = " << xm;
 cout << "\n\n      Wert  Abweichung";
 /* Wert und Abweichung vom Mittel ausgeben  */
 for (i = 0; i < N; i++)
     cout << "\n" << setw(10) << x[i] << setw(12) << (x[i]-xm);
 return 0;
}


Feld aus 5 Werten eingeben
x[0] -> 1
x[1] -> 2
x[2] -> 3
x[3] -> 4
x[4] -> 5
Summe = 15  Mittel = 3
```

```
Wert  Abweichung
   1          -2
   2          -1
   3           0
   4           1
   5           2
```

Bild 6-1: Die Eingabe einer festen Anzahl von Elementen

Das in *Bild 6-2* dargestellte Programm gibt nur eine *maximale* Anzahl N der Elemente vor; die tatsächliche Anzahl wird in der Leseschleife durch eine Abbruchbedingung ermittelt. Für die spätere Verarbeitung wird die tatsächliche Anzahl der Elemente mitgezählt. Nach dem Lesen des Feldes sucht das Programm den kleinsten und den größten Wert und gibt sie aus. Reelle Endemarken sollten nicht auf gleich, sondern nur auf kleiner oder größer geprüft werden. Bei einem Test mit cin lieferte die *Eingabe* von 1e-30 einen anderen Wert als die *Konstante* 1e-30!

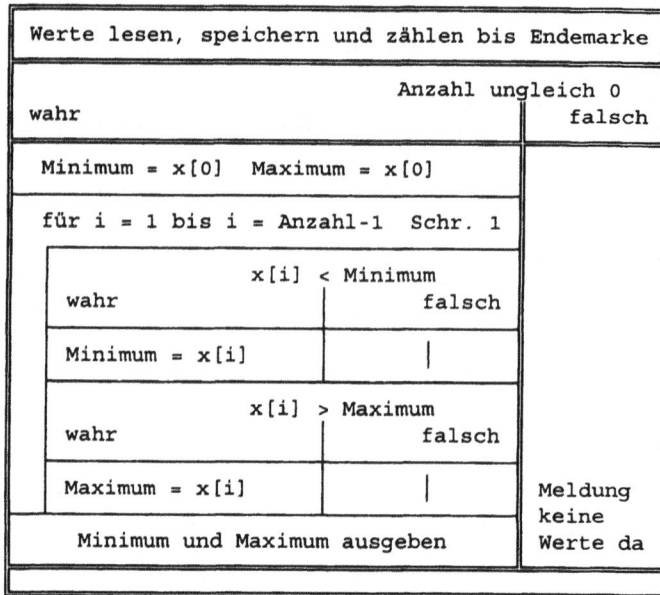

```
┌─────────────────────────────────────────────────────────────┐
│  Werte lesen, speichern und zählen bis Endemarke            │
├─────────────────────────────────────────────┬───────────────┤
│                              Anzahl ungleich 0               │
│   wahr                                       │       falsch  │
├─────────────────────────────────────────────┤               │
│   Minimum = x[0]   Maximum = x[0]            │               │
│  ┌──────────────────────────────────────────┤               │
│  │ für i = 1 bis i = Anzahl-1   Schr. 1     │               │
│  │ ┌────────────────────────────────────────┤               │
│  │ │                 x[i] < Minimum          │               │
│  │ │  wahr                      │  falsch    │               │
│  │ ├────────────────────────────┤            │               │
│  │ │  Minimum = x[i]            │      │      │               │
│  │ ├────────────────────────────────────────┤               │
│  │ │                 x[i] > Maximum          │               │
│  │ │  wahr                      │  falsch    │               │
│  │ ├────────────────────────────┤            │  Meldung      │
│  │ │  Maximum = x[i]           │      │      │  keine        │
│  │ ├────────────────────────────────────────┤  Werte da     │
│  │ │  Minimum und Maximum ausgeben           │               │
└──┴─┴────────────────────────────────────────┴───────────────┘
```

```cpp
/* k6p2.cpp  Bild 6-2: Maximum und Minimum suchen */
#include  <iostream.h>
#define   NMAX  5       // maximale Feldgröße
#define   ENDE  1e30    // Endemarke für Dateneingabe
main ()
{
 int  i, anz;
 double  wert, x[NMAX], min, max;
 /* lesen und zählen der Werte bis Endemarke eingegeben  */
 cout << "\nMax. " << NMAX << " Werte Ende mit >= " << ENDE << endl;
 anz = 0;
```

```
while (1)    // Leseschleife mit Kontrolle auf Eingabefehler
{
  cout << (anz+1) << ".Wert -> "; cin >> wert; cin.seekg(0);
  if ( cin.fail() )
      { cout << "\n\aFehler\n"; cin.clear(); continue; }
  if ( wert >= ENDE ) break; // Endemarke
  x[anz++] = wert;           // Wert gespeichert
  if ( anz == NMAX) break;   // max. Anzahl erreicht
}
/* Werte zur Kontrolle auf einer Zeile ausgeben */
cout << "\nAnzahl der Werte: " << anz << "\nKontrolle: ";
for (i = 0; i < anz; i++)  cout << x[i] << "  ";
/* Maximum und Minimum suchen und ausgeben        */
if (anz != 0)
{
  min = max = x[0];
  for (i=1; i<anz; i++)
  {
    if (x[i] < min) min = x[i];
    if (x[i] > max) max = x[i];
  }
  cout << "\nMinimum = " << min << "  Maximum = " <<  max;
}
else cout << "\nEs waren keine Werte da!";
return 0;
}

Max. 5 Werte Ende mit >= 1e+30
1.Wert -> 5
2.Wert -> 4
3.Wert -> 3
4.Wert -> 1e30

Anzahl der Werte: 3
Kontrolle: 5  4  3
Minimum = 3  Maximum = 5
```

Bild 6-2: Zählen der Feldelemente in einer Leseschleife

Das in *Bild 6-3* dargestellte Programm vereinbart wieder eine maximale Feldgröße mit der Symbolkonstanten N. Die tatsächliche Anzahl der Elemente wird als Zahlenwert vor der Eingabe der Meßwerte gelesen und bei der Eingabe der Daten kontrolliert. Die Werte sind auf einer Zeile einzugeben. Nach dem Lesen wird das Feld aufsteigend sortiert und ausgegeben. Das hier verwendete einfachste Sortierverfahren beginnt mit dem ersten Element, vergleicht es mit allen folgenden und setzt, gegebenenfalls durch Vertauschen, den kleinsten Wert an die erste Stelle. Es arbeitet ähnlich wie die Suche nach den Extremwerten (Bild 6-2). Steht nun der kleinste Wert an der obersten Stelle, so wird das Verfahren mit dem Nachfolger fortgesetzt. Auf diese Art rückt der jeweils kleinste Wert nach oben. Das Programm arbeitet mit zwei geschachtelten Schleifen. Die äußere Schleife läuft vom ersten bis zum vorletzten Element, die innere vom jeweils folgenden bis zum letzten. Anstelle der zeitaufwendigen Umspeicherungen könnte man auch nur den Index des jeweils kleinsten Wertes festhalten und die Umspeicherung, wenn überhaupt erforderlich, erst am Ende der inneren Schleife vornehmen.

Anzahl und Werte lesen sowie Kontrollausgabe

von i = 0   solange i < Anzahl - 1   Schritt 1

von j = i+1   solange j < Anzahl Schritt 1

feld[i] > feld[j]	
wahr	falsch
hilf = feld[i] feld[i] = feld[j] feld[j] = hilf	

aufsteigend sortiertes Feld ausgeben

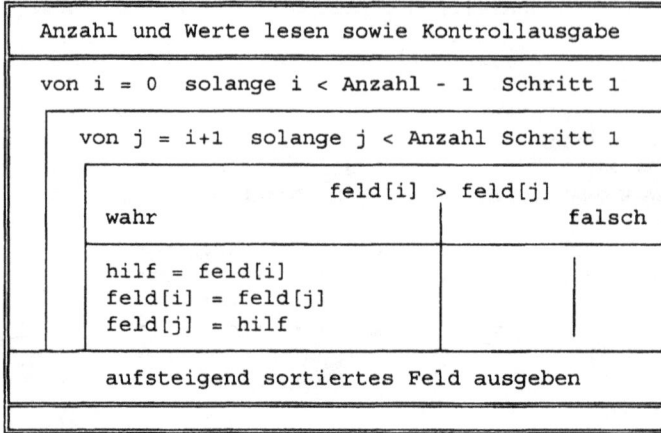

```cpp
/* k6p3.cpp  Bild 6-3: Feld aufsteigend sortieren */
#include  <iostream.h>
#define  NMAX 10      // maximale Anzahl der Werte
main ()
{
 int  i, j, anz;
 double  feld[NMAX], hilf;
 /* Lesen der Anzahl der Werte für Schleifensteuerung  */
 while (1)            // Kontrollschleife
 {
  cout << "\nAnzahl der Werte (1 bis " << NMAX << ") -> ";
  cin >> anz;  cin.seekg(0);
  if (cin.fail() || anz > NMAX || anz < 1)
     { cout << "\aEingabefehler!\a"; cin.clear(); continue; }
  else break;  // Eingabe war gut
 }
 /* Lesen der Werte und Kontrollausgabe unsortiert      */
 cout << "\n" << anz << " Werte auf einer Zeile -> ";
 /* Werte lesen ohne Kontrolle */
 for (i = 0; i < anz; i++) cin >> feld[i];
 cin.seekg(0);    // überzaehlige Werte ignorieren
 cout << "\n   Kontrollausgabe: ";
 for (i=0; i<anz; i++) cout << feld[i] << "   ";
 /* Feld aufsteigend sortieren und geordnet ausgeben    */
 for (i = 0; i < anz-1; i++)
 {     /* oberstes Element         */
  for (j = i+1; j < anz; j++)
  {     /* alle darunter liegenden */
   if (feld[i] > feld[j])
   {   /* Elemente vertauschen     */
    hilf = feld[i];
    feld[i] = feld[j];
    feld[j] = hilf;
   }
  }
 }
}
```

```
cout << "\n      Feld sortiert: ";
for (i = 0; i < anz; i++) cout << feld[i] << "   ";
return 0;
}
```

```
Anzahl der Werte (1 bis 10 -> 6

6 Werte auf einer Zeile -> 6 5 4 3 2 1    4711

   Kontrollausgabe: 6  5  4  3  2  1
     Feld sortiert: 1  2  3  4  5  6
```

Bild 6-3: Eingabe und Sortieren eines Feldes

Bisher wurden die Elemente der Felder durch for-Schleifen *fortlaufend* (sequentiell) in der Reihenfolge angesprochen, in der sie im Speicher liegen. *Bild 6-4* zeigt den **direkten** (random) Zugriff. Nach dem (sequentiellen) Lesen des Feldes erfolgt die Ausgabe bestimmter Feldelemente durch einen *Index* (Feldnummer), den der Benutzer einzugeben hat. Der gelesene Index wird zweckmäßigerweise auf die Einhaltung der Feldgrenzen kontrolliert.

```
/* k6p4.cpp  Bild 6-4: Auswahl der Feldelemente mit Index */
#include  <iostream.h>
#define  N 5          // Anzahl der Werte
main()
{
 int  i;
 double  temp[N];
 cout << "\n" << N << " Werte auf einer Zeile -> ";
 for (i = 0; i < N; i++) cin >> temp[i];
 cin.seekg(0);
 cout << "\nIndex des Wertes (1 bis " << N << ") Ende mit 0\n";
 do
 {
   cout << "\n-> ";  cin >> i;
   if (i > 0 && i <= N) cout << i << ".Wert = " << temp[i-1] << endl;
   else if (i != 0) cout << "Index " << i << " außerhalb!\n";
 }
 while (i != 0);
 return 0;
}
```

```
5 Werte auf einer Zeile -> 1.1  2.2  3.3  4.4  5.5  4711

Index des Wertes (1 bis 5) Ende mit 0

-> 5
5.Wert = 5.5

-> 6
Index 6 außerhalb!

-> 0
```

Bild 6-4: Direkter Zugriff über den Feldindex

6.1.2 Zwei- und mehrdimensionale Felder

Zur Bearbeitung *zweidimensionaler* Anordnungen (Matrizen) verwendet man einen Doppelindex. In der Mathematik bezeichnet der erste Index die Zeile und der zweite die Spalte. Abweichend von der üblichen Zählweise beginnt in C++ die Indizierung mit dem Index **0** und endet mit der Anzahl der Zeilen *minus 1* bzw. der Spalten *minus 1*.

	0.Spalte	*1.Spalte*	*2.Spalte*
0.Zeile:	X_{00}	X_{01}	X_{02}
1.Zeile:	X_{10}	X_{11}	X_{12}
2.Zeile:	X_{20}	X_{21}	X_{22}
3.Zeile:	X_{30}	X_{31}	X_{32}

Das folgende Beispiel vereinbart ein zweidimensionales Feld aus vier Zeilen und drei Spalten; die Elemente werden durch geschachtelte `for`-Schleifen auf 0 gesetzt.

```
int   i, j;                    // Index-Lauf-Variablen
double  x[4] [3];              // Feldvereinbarung
for (i = 0; i < 4; i++)                // 1. Index
   for (j = 0; j < 3; j++) x[i][j] = 0;  // 2. Index
```

Die *Datenstruktur* des Feldes wird in dem folgenden Beispiel zweidimensional dargestellt; im Speicher des Rechners liegen die Elemente auf fortlaufenden Adressen wie ein eindimensionales Feld. Die Umsetzung geschieht über eine Adreßrechnung, die der Compiler nach festen Regeln vornimmt.

Datenstruktur eines zweidimensionalen Feldes

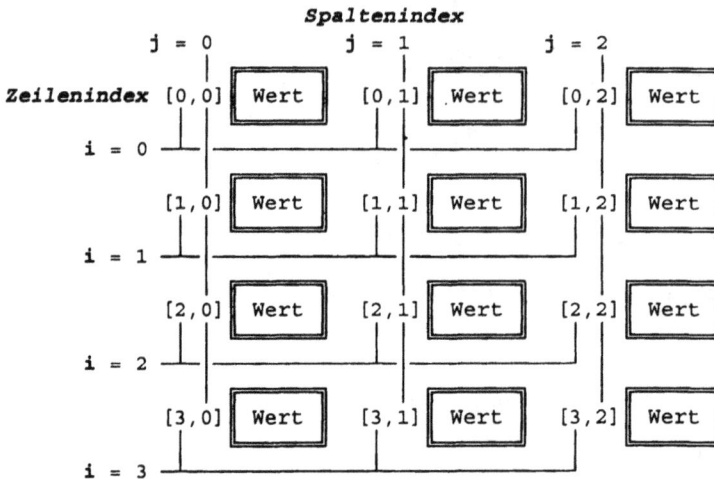

Laufvariable **i** *von 0..3   Laufvariable* **j** *von 0..2*

Zweidimensionale Felder erhalten bei der Definition der Variablen und Konstanten einen *Doppelindex* aus zwei eckigen Klammern.

```
    Datentyp  Bezeichner [g_1] [g_2], . . . . . . . . ;
    Datentyp  Bezeichner [g_1] [g_2] = { liste }, . ;
const Datentyp  Bezeichner [g_1] [g_2] = { liste }, . ;
```

In der ersten eckigen Klammer steht die Anzahl der Elemente der ersten Dimension, in der zweiten die Anzahl der zweiten Dimension. Die Größen können mit leicht veränderbaren Symbolkonstanten festgelegt werden. Für die Feldvereinbarung gelten die gleichen Regeln wie für eindimensionale Felder. Man beachte bei der Abschätzung des Speicherbedarfs, daß die Anzahl der Elemente gleich dem Produkt beider Dimensionen ist. Das folgende Beispiel vereinbart eine Matrix a aus 2 Zeilen und 3 Spalten, also aus 6 Elementen vom Datentyp double. Sie belegt 2*3*8 = 48 Bytes im Arbeitsspeicher.

```
#define  NZ 2          // 2 Zeilen erster Index
#define  NS 3          // 3 Spalten zweiter Index
main ()
{
 double   x[NZ][NS];    // wie double   x[2][3]
```

Ein *zweidimensionales* Feld kann durch Indizierung seiner Elemente mit einem *Doppelindex* angesprochen werden. Für die Indexausdrücke gelten die gleichen Regeln wie für eindimensionale Felder.

```
Bezeichner [Index_1] [Index_2]
```

Die Elemente eines zwei- und mehrdimensionalen Feldes liegen im Arbeitsspeicher wie ein eindimensionales Feld auf fortlaufenden Adressen. Der erste Index läuft dabei am langsamsten, der letzte am schnellsten. Die 6 Elemente eines Feldes a[2][3] sind beispielsweise in folgender Reihenfolge angeordnet:

Definition:
```
double   a[2][3];      // Bereich   a[0][0] bis a[1][2]
```

Arbeitsspeicher:
```
a[0][0]   a[0][1]   a[0][2]   a[1][0]   a[1][1]   a[1][2]
```

Bei der **Bearbeitung** eines Feldes durch Indizierung wird die Reihenfolge unabhängig von der Anordnung im Speicher durch Schleifen bestimmt. Das folgende Beispiel löscht ein Feld a[2][3] und gibt es zeilenweise aus. In der ersten Schleife liegt der erste Index i innen und läuft damit schneller; bei der Ausgabe liegt der erste Index i außen und läuft damit langsamer.

```
int   i, j;          // Laufvariablen
double   a[2][3];      // Feldvereinbarung mit Konstanten
```

```
/* Feld elementweise löschen */
for (j = 0; j < 3; j++)
   for (i = 0; i < 2; i++) a[i][j] = 0;
/* Feld zeilenweise ausgeben */
for (i = 0; i < 2; i++)
{
 cout << "\n" << i < ".Zeile:";
 for (j = 0; j < 3; j++) cout << a[i][j] << "   ";
}
```

Beim *fortlaufenden* (sequentiellen) Zugriff verwendet man vorzugsweise verschachtelte
for-Schleifen. Das in *Bild 6-5* dargestellte Programmbeispiel benutzt die Symbolkonstanten NZ und NS zur Vereinbarung des Feldes und zur Schleifensteuerung. Bei der
Wertzuweisung und gleichzeitigen Ausgabe der Laufvariablen erscheinen die Speicherstellen in der Reihenfolge, in der sie auch im Arbeitsspeicher angeordnet sind.

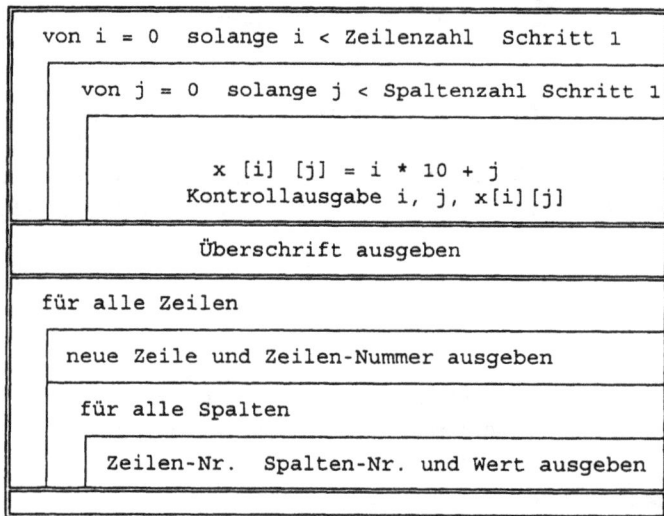

```
┌─────────────────────────────────────────────────────────┐
│  von i = 0   solange i < Zeilenzahl   Schritt 1          │
│  ┌──────────────────────────────────────────────────┐   │
│  │   von j = 0   solange j < Spaltenzahl Schritt 1   │   │
│  │   ┌──────────────────────────────────────────┐    │   │
│  │   │                                          │    │   │
│  │   │      x [i] [j] = i * 10 + j              │    │   │
│  │   │      Kontrollausgabe i, j, x[i][j]       │    │   │
│  ├───┴──────────────────────────────────────────┴────┤   │
│  │            Überschrift ausgeben                     │   │
│  ├───────────────────────────────────────────────────┤   │
│  │ für alle Zeilen                                     │   │
│  │  ┌──────────────────────────────────────────────┐  │   │
│  │  │  neue Zeile und Zeilen-Nummer ausgeben        │  │   │
│  │  ├──────────────────────────────────────────────┤  │   │
│  │  │ für alle Spalten                              │  │   │
│  │  │  ┌────────────────────────────────────────┐   │  │   │
│  │  │  │ Zeilen-Nr.  Spalten-Nr. und Wert ausgeben │ │  │   │
│  │  │  └────────────────────────────────────────┘   │  │   │
│  └──┴──────────────────────────────────────────────┘  │   │
└─────────────────────────────────────────────────────────┘
```

```
/* k6p5.cpp  Bild 6-5: Aufbau eines zweidimensionalen Feldes */
#include  <iostream.h>
#include  <iomanip.h>
#define NZ 3     // Anzahl der Zeilen
#define NS 4     // Anzahl der Spalten
main()
{
 int  i, j;
 double  x [NZ] [NS];
 cout << "\nMatrix elementweise ausgeben";
 for (i = 0; i < NZ; i++)
  for (j = 0; j < NS; j++)
   {
    x[i][j]  = i*10 + j;
    cout << "\ni=" << i << " j=" << j << "  X[" << i << "] ["
        << j  << "] = " << setw(3) << x[i][j];
   }
```

```
cout << "\n\nMatrix zeilenweise ausgeben";
for (i=0; i < NZ; i++)
{
  cout << "\n" << i << ".Zeile: ";
  for (j=0; j < NS; j++)
  cout << "   X[" << i << "][" << j << "] =" << setw(3) << x[i][j];
}
return 0;
}
```

```
Matrix elementweise ausgeben
i=0 j=0  X[0][0] =    0
i=0 j=1  X[0][1] =    1
i=0 j=2  X[0][2] =    2
i=0 j=3  X[0][3] =    3
i=1 j=0  X[1][0] =   10
i=1 j=1  X[1][1] =   11
i=1 j=2  X[1][2] =   12
i=1 j=3  X[1][3] =   13
i=2 j=0  X[2][0] =   20
i=2 j=1  X[2][1] =   21
i=2 j=2  X[2][2] =   22
i=2 j=3  X[2][3] =   23

Matrix zeilenweise ausgeben
0.Zeile:    X[0][0] =   0  X[0][1] =   1  X[0][2] =   2  X[0][3] =   3
1.Zeile:    X[1][0] =  10  X[1][1] =  11  X[1][2] =  12  X[1][3] =  13
2.Zeile:    X[2][0] =  20  X[2][1] =  21  X[2][2] =  22  X[2][3] =  23
```

Bild 6-5: Der Aufbau eines zweidimensionalen Feldes

Die Ausgabe der Matrix erfolgt zeilenweise mit den im Programm verwendeten Index-
bezeichnungen ab **0**. Für die in der Mathematik üblichen Indizes ab **1** wären lediglich
die Indexausdrücke bei der Ausgabe zu ändern:
```
cout << "\n" << i+1 << ".Zeile: ";
cout << "   X[" << i+1 << "][" << j+1 << "] = " << x[i][j];
```

Bei der Definition von vorbesetzten Variablen bzw. von Konstanten stehen die Werte
entweder wie bei eindimensionalen Feldern in einer Gesamtliste oder sie werden auf
Teillisten aufgeteilt. Bei einer einzigen *Gesamtliste* erfolgt die Zuordnung in der Reihenfolge, in der die Elemente des Feldes im Speicher angeordnet sind. Beispiel:
double   a[2][3] = { 1, 2, 3, 4, 5, 6 };

Zuordnung:
```
a[0][0]  = 1
a[0][1]  = 2
a[0][2]  = 3
a[1][0]  = 4
a[1][1]  = 5
a[1][2]  = 6
```

Bei der Aufteilung in *Teillisten* muß für jede Position des ersten Index eine Teilliste aufgebaut werden, die die Elemente für die zweite Position enthält. Die Teillisten sind jeweils durch ein Komma zu trennen. Das folgende Beispiel enthält zwei Teillisten zu je drei Elementen. Die Zuordnung ist die gleiche wie bei der Gesamtliste.
double   a[2][3] = { { 1, 2, 3} , { 4, 5, 6 } };

Enthält die Liste mehr Elemente als vereinbart, so erscheint eine Fehlermeldung. Enthält sie weniger Elemente, so werden die entsprechenden Elemente in den meisten Systemen mit 0 vorbesetzt übergeben. Das in *Bild 6-6* dargestellte Programmbeispiel zeigt die Vereinbarung von Konstanten und ihre Anordnung im Speicher. Die Ausgabe erfolgt für die Matrix a mit den in C++ verwendeten Indizes ab 0, für die Matrix b mit den in der Mathematik üblichen Indizes ab 1.

```
/* k6p6.cpp  Bild 6-6: Konstantenlisten und Anordnung im Speicher */
#include   <iostream.h>
#include   <iomanip.h>
#define NZ 3      // Anzahl der Zeilen
#define NS 4      // Anzahl der Spalten
main()
{
int   i, j, k;
double  a[NZ][NS] = {0, 1, 2, 3, 4, 5, 6, 7, 8, 9, 10, 11};
const double b[NZ][NS]={ {0,1,2,3},{4,5,6,7},{8,9,10,11} };
cout << "\nMatrix A zeilenweise ausgeben C++ - Index\n    ";
for (k = 0; k < NS; k++) cout << setw(7) << k <<".Spalte";
for (i = 0; i < NZ; i++)
{
 cout << "\n" << i << ".Zeile:";
 for (j = 0; j < NS; j++)
   cout << "  A[" << i << "][" << j << "] =" << setw(3) << a[i][j];
}
cout << "\n\nMatrix B zeilenweise ausgeben mathem. Index\n    ";
for (k = 1; k <= NS; k++) cout << setw(7) << k << ".Spalte";
for (i = 0; i < NZ; i++)
{
 cout << "\n" << i+1 << ".Zeile:";
 for (j = 0;j < NS; j++)
   cout << "  B_"<< i+1 << j+1 << " ="<< setw(3) << b[i][j] <<"   ";
}
return 0;
}
```

```
Matrix A zeilenweise ausgeben C++ - Index
           0.Spalte      1.Spalte       2.Spalte       3.Spalte
0.Zeile:  A[0][0] =  0  A[0][1] =  1  A[0][2] =  2  A[0][3] =  3
1.Zeile:  A[1][0] =  4  A[1][1] =  5  A[1][2] =  6  A[1][3] =  7
2.Zeile:  A[2][0] =  8  A[2][1] =  9  A[2][2] = 10  A[2][3] = 11

Matrix B zeilenweise ausgeben mathem. Index
           1.Spalte      2.Spalte       3.Spalte       4.Spalte
1.Zeile:  B_11 =  0     B_12 =  1     B_13 =  2     B_14 =  3
2.Zeile:  B_21 =  4     B_22 =  5     B_23 =  6     B_24 =  7
3.Zeile:  B_31 =  8     B_32 =  9     B_33 = 10     B_34 = 11
```

Bild 6-6: Konstantenlisten und ihre Anordnung im Speicher

Beim **Lesen** von Matrizen bevorzugt man wie in *Bild 6-7* die Eingabe der Werte einer Matrixzeile auf einer Eingabezeile. Bei der Vorgabe der Indizes muß man sich zwischen der Zählweise in C++ und der in der Mathematik entscheiden. Auf jeden Fall muß sichergestellt werden, daß der Indexausdruck von **0** bis zur vereinbarten Größe der Indexpositionen *minus 1* läuft! Nach dem Lesen einer Zeile ist es zweckmäßig, die Eingabe mit `cin.seekg(0)` zu leeren, um überzählige Werte zu entfernen. Fehlende Werte werden nachgefordert; die Eingabe könnte also auch einzeln erfolgen.

```
/* k6p7.cpp  Bild 6-7: Matrix zeilenweise lesen und ausgeben */
#include  <iostream.h>
#include  <iomanip.h>
#define NZ 3        // Anzahl der Zeilen
#define NS 4        // Anzahl der Spalten
main()
{
 int   i, j;
 double   x[NZ][NS];
 cout << "\nMatrix zeilenweise lesen\n";
 for (i = 0; i < NZ; i++)
 {
  cout << i+1 << ".Zeile:  " << NS << " Spaltenwerte -> ";
  for (j = 0; j < NS; j++) cin >> x[i][j];
  cin.seekg(0);    // Rest der Zeile entfernen
 }
 cout << "\nMatrix zeilenweise ausgeben\n        ";
 for (j = 1; j <= NS; j++) cout << setw(3) << j << ".Spalte";
 for (i = 0; i < NZ; i++)
 {
  cout << "\n" << i+1 << ".Zeile: ";
  for (j = 0; j < NS; j++) cout << setw(5) << x[i][j] << "    ";
 }
 return 0;
}


Matrix zeilenweise lesen
1.Zeile:   4 Spaltenwerte -> 11 12 13 14     4711
2.Zeile:   4 Spaltenwerte -> 21 22 23 24     4712
3.Zeile:   4 Spaltenwerte -> 31 32 33 34     4713

Matrix zeilenweise ausgeben
          1.Spalte  2.Spalte  3.Spalte  4.Spalte
1.Zeile:     11        12        13        14
2.Zeile:     21        22        23        24
3.Zeile:     31        32        33        34
```

Bild 6-7: Matrix zeilenweise lesen

Bei der Bearbeitung von Matrizen gibt es oft Elemente, die alle den gleichen Wert haben, wie z.B. bei Gleichungssystemen die Koeffizienten 0. Dann kann entsprechend *Bild 6-8* das gesamte Feld zunächst mit dem häufigsten Wert, in dem Beispiel 0, vorbesetzt werden. Dann werden nur noch die davon abweichenden Werte eingegeben. Dies geschieht in dem Beispiel durch Angabe des Zeilenindex, des Spaltenindex und des Wertes in einer Leseschleife. Eine recht aufwendige Kontrolle verhindert einen vorzeitigen Fehlerabbruch und sorgt dafür, daß die vereinbarten Indexgrenzen eingehalten werden. Die Indizes werden in der üblichen Schreibweise ab 1 eingegeben und im Programm in die C++-Zählung ab 0 umgerechnet.

```cpp
/* k6p8.cpp  Bild 6-8: Elemente ungleich 0 einer Matrix lesen */
#include  <iostream.h>
#include  <iomanip.h>
#define NZ 3     // Anzahl der Zeilen
#define NS 4     // Anzahl der Spalten
main()
{
 int  i, j;
 double  x[NZ] [NS];
 for (i = 0; i < NZ; i++) for (j = 0; j < NS; j++) x[i][j] = 0;
 do           // Leseschleife mit Abfrage
 {
  while (1)  // Kontrollschleife fⁿr Zeilenindex
  {
   cout << "\n\n Zeilenindex 1 .. " << NZ << " -> ";
   cin >> i; cin.seekg(0);
   if ( cin.fail() || i < 1 || i > NZ )
      { cout << "\aEingabefehler"; cin.clear(); continue; }
   else break;  // Eingabe war gut
  }
  while (1)  // Kontrollschleife für Spaltenindex
  {
   cout << "Spaltenindex 1 .. " << NS << " -> ";
   cin >> j; cin.seekg(0);
   if (cin.fail() || j < 1 || j > NS )
      { cout << "\aEingabefehler\n"; cin.clear(); continue; }
   else break;  // Eingabe war gut
  }
  while  (1)  // Kontrollschleife für Wert
  {
   cout << " Eingabewert X[" << i << "," << j << "] -> ";
   cin >> x[i-1] [j-1];  cin.seekg(0);
   if (cin.fail() ){ cout << "\aFehler\n"; cin.clear(); continue; }
   else break;  // Eingabe war gut
  }
  cout << "\nEnde ? j = ja -> ";  // Ende ?
 }
 while (cin.get() != 'j');
 cout << "\nKontrollausgabe:";
 for (i = 0; i < NZ; i++)
 {
  cout << "\n";
  for (j = 0; j < NS; j++) cout << setw(6) << x[i][j];
 }
 return 0;
}


 Zeilenindex 1 .. 3 -> 1
Spaltenindex 1 .. 4 -> 1
 Eingabewert X[1,1] -> 1.1

Ende ? j = ja -> n
```

```
 Zeilenindex 1 .. 3 -> 2
 Spaltenindex 1 .. 4 -> 2
  Eingabewert X[2,2] -> 2.2


 Ende ? j = ja -> j


 Kontrollausgabe:
     1.1    0      0      0
       0    2.2    0      0
       0    0      0      0
```

Bild 6-8: Matrix elementweise lesen

Die für zweidimensionale Felder geltenden Regeln lassen sich auf **n-dimensionale** Felder übertragen. Das folgende Beispiel zeigt die Vereinbarung eines dreidimensionalen Feldes aus 2 Seiten, 3 Zeilen und 4 Spalten, das durch drei geschachtelte Schleifen gelöscht wird.

```
int    i, j, k;              // Zählvariablen
double  x[2][3][4];          // dreidimensionales Feld
for (i = 0; i < 2; i++)      // 1. Indexschleife
  for (j = 0; j < 3; j++)    // 2. Indexschleife
    for (k = 0; k < 4; k++)  // 3. Indexschleife
       x[i][j][k] = 0;       // Dreifachindex
```

6.1.3 Dynamische Felder und Zeiger

Bisher wurden Felder mit ihrem Bezeichner und einem Index angesprochen. Die Anzahl und Anordnung der Elemente mußte mit Konstanten fest vereinbart werden und ließ sich nur durch eine Neuübersetzung des Programms ändern.

Dynamische Felder, deren Größe erst zur Laufzeit des Programms bestimmt wird, werden auf dem *Heap* angelegt und mit Zeigern (Kapitel 4) adressiert. Alle arithmetischen Operationen mit Zeigern werden intern in der Länge des Datentyps, auf den der Zeiger zeigt, durchgeführt! In dem Beispiel wird ein Zeiger auf eine double-Größe um 1 erhöht und zeigt auf das nächste Element des Feldes. Intern wird jedoch nicht die Zahl 1, sondern die Zahl 8 addiert, da double-Größen 8 byte lang sind.

```
double  x[5], *xz;    // Feld und Zeiger auf...
xz = x;     // Zeiger auf Anfangsadresse des Feldes = x[0]
*xz = 123;  // wie x[0] = 123;
xz++;       // oder xz = xz + 1; adressiert x[1]
*xz = 456;  // wie x[1] = 456;
```

Das in *Bild 6-9* dargestellte Testprogramm setzt die beiden Zeiger xz und yz auf die Anfangsadressen zweier im Programm fest vereinbarter Felder und adressiert mit ihnen die Feldelemente. Dabei wird auch der laufende Inhalt des Adreßausdrucks (xz + i) und der Zeigervariablen yz mit ausgegeben. Er erscheint bei der Ausgabe mit cout als 0x...... hexadezimal. Dabei ist deutlich die Schrittweite 8 der Adreßarithmetik für Zeiger, die für double-Größen vereinbart wurden, zu erkennen. In dem Adreßausdruck *(xz + i) bleibt der Inhalt der Zeigervariablen unverändert, nur i läuft als Zähler.

```
/* k6p9.cpp  Bild 6-9: Adressierung von Feldern mit Zeigern */
#include  <iostream.h>
#include  <iomanip.h>
#define  N  5        // Anzahl der Elemente
main()
{
  int  i;                        // Hilfszähler für Adreßrechnung
  double  x[N], y[N];            // Felder fester Größe vereinbart
  double  *xz, *yz;              // xz yz zeigen auf double-Größen
  xz = x;                        // xz zeigt auf das Feld x = x[0]
  yz = &y[0];                    // yz zeigt auf das 0.Element y[0]
  cout << "\nElement    Adresse Inhalt Element    Adresse Inhalt";
  for (i = 0; i < N; i++)        // Schleife für Zeigerarithmetik
  {
    *(xz + i) = 0.1 * i;         // xz bleibt konstant i läuft
    cout <<"\n   X["<< i <<"] "<<setw(6)<< xz+i << setw(7) << *(xz+i);
    *yz = 10 * i;
    cout << "     Y[" << i << "] " << setw(6) << yz << setw(7) << *yz;
    yz++;                        // yz wird N mal um 8 erhöht
  }
  *(x+1) = 47.11;                // Feld x als Zeiger verwendet
  cout << "\n\n  Feld: " << x[1]; // Feld x mit Feldindizierung
  xz[1] = 11.47;                 // Zeiger xz als Feld verwendet
  cout << "\nZeiger: " << *(xz+1); // Zeiger xz mit Zeigeradressierung
  return 0;
}
```

Element	Adresse	Inhalt	Element	Adresse	Inhalt
X[0]	0x8f520fb6	0	Y[0]	0x8f520f8e	0
X[1]	0x8f520fbe	0.1	Y[1]	0x8f520f96	10
X[2]	0x8f520fc6	0.2	Y[2]	0x8f520f9e	20
X[3]	0x8f520fce	0.3	Y[3]	0x8f520fa6	30
X[4]	0x8f520fd6	0.4	Y[4]	0x8f520fae	40

```
Feld: 47.11
Zeiger: 11.47
```

Bild 6-9: Adressierung von Feldern (Vektoren) mit Zeigern

Während des Programmlaufes läßt sich zusätzlicher Speicher für dynamische Felder anfordern. Die in <stdlib.h> vordefinierten Funktionen malloc und calloc (memory allocation bzw. core allocation = Speicherbelegung) liefern einen Zeiger auf den Anfang eines Speicherbereiches, der vom Betriebssystem zugewiesen wird. Der sizeof-Operator ermittelt die Anzahl der Bytes, die für die Abspeicherung eines Elementes benötigt werden. Mit free kann der belegte Speicher wieder freigegeben werden. Die Funktion calloc übergibt den Speicher mit dem Anfangswert 0.

```
#include  <stdlib.h>
Zeiger = (Datentyp*) malloc (Anzahl * Länge);
Zeiger = (Datentyp*) calloc (Anzahl , Länge);
          Länge aus sizeof(Datentyp)
free (Zeiger);
```

```
#include <stdlib.h>
main()
{
double  *feldz, *feldp;       // Zeiger auf double
feldz = (double*) calloc(100, sizeof(double) );
feldp = (double*) malloc(50 * 8);
```

Die folgenden *Operatoren* dienen in C++ zum Anfordern und Freigeben von Speicher während der Laufzeit des Programms.

```
Zeigerbezeichner = new Datentyp;
Zeigerbezeichner = new Datentyp [Anzahl];
delete Zeigerbezeichner;
```

Für die dynamischen Felder sind *Zeiger* auf den entsprechenden Datentyp zu vereinbaren. Die Anzahl der Elemente wird durch Programm berechnet oder gelesen, dann wird mit new der dem Datentyp entsprechende Speicher angefordert. In dem Beispiel wird der Zeiger xz vor der Speichervergabe vereinbart. Da in C++ Vereinbarungen an beliebiger Stelle im Programm stehen können, fallen für den Zeiger yz Vereinbarung und Speicherzuweisung zusammen.

```
int   i, n;
double  *xz;                    // dyn. Feld vereinbart
cout << "Anzahl -> "; cin >> n;  // Größe lesen
xz = new double [n];            // Speicher zuweisen
double *yz = new double [n];    // Feld der Größe n
```

Der Speicher wird mit undefiniertem Inhalt übergeben; eine Vorgabe von Anfangswerten ist bei Feldern nicht möglich. Die Adressierung der Elemente eines dynamischen Feldes ist sowohl über die Zeigerarithmetik als auch mit einem Feldindex möglich. Beispiele:

```
for (i = 0; i < n; i++) *(xz + i) = 0; // Zeigerarithmetik
for (i = 0; i < n; i++) xz[i] = 0;     // Indizierung
```

Dynamischen Feldern, die ja Zeiger darstellen, können andere Zeiger oder fest vereinbarte Felder als neue Zeiger zugewiesen werden. *Fest vereinbarte Felder* können wie Zeiger adressiert werden. Jedoch dürfen sie nicht als *Lvalue* auf der linken Seite einer Wertzuweisung stehen. Beispiele:

```
double feld[10], *xz = new double [10], *yz;
xz = feld;              // Zeiger = festes Feld
yz = xz;                // Zeiger = Zeiger
feld = xz;              // festes Feld =    Fehlermeldung
for (i = 0; i < 10; i++) feld[i] = i;      // Index
for (i = 0; i < 10; i++) *(feld + i) = i;  // Zeiger
```

Das in *Bild 6-10* dargestellte Programmbeispiel zeigt die Anforderung und Adressierung zweier dynamischer Vektoren (eindimensionaler Felder), bei denen der Benutzer die Größe des Feldes erst zur Laufzeit des Programms als Variable eingibt.

```
/* k6p10.cpp  Bild 6-10: Speicher für dynamische Felder anfordern */
#include  <iostream.h>
#include  <iomanip.h>
main()
{
 int  i, n;                     // i=Zähler n = variable Feldgröße
 double  *xz, *yz;              // xz yz zeigen auf double-Größen
 cout << "\nWieviele Elemente -> "; cin >> n;
 xz = new double [n];           // Zeiger auf Speicher gesetzt
 yz = new double [n];           // Zeiger auf Speicher gesetzt
 cout << "\nDynamisches Feld xz        Dynamisches Feld yz";
 cout << "\n Element     Adresse Inhalt    Element      Adresse Inhalt";
 for (i = 0; i < n; i++)        // Schleife für Zeigerarithmetik
 {
  *(xz+i) = 0.1 * i;            // xz bleibt Feldindex i läuft
  cout <<"\n   xz["<< i <<"] "<< setw(6)<< (xz+i)
       << setw(7) << *(xz+i);
  yz[i] =  10 * i;             // Feldindex i läuft
  cout <<"      yz["<< i <<"] "<< setw(6)<< (yz+i)
       << setw(7) << yz[i];
 }
 xz = yz;       // Zeiger = Zeiger
 cout << "\n\nWertzuweisung an Zeiger: xz = yz;";
 cout << "\nxz = "; for (i = 0; i<n; i++) cout << " " << xz[i];
 double a[50] , b[50];    // Statische Felder fest dimensioniert
 cout << "\n\nStatisches Feld a";
 cout << "\nElement    Adresse Inhalt";
 for (i = 0; i < n; i++)        // Schleife für Zeigerarithmetik
 {
  a[i] = 1.1 * i;               // Feldindex i läuft
  cout <<"\n   a["<< i <<"] "<<setw(6)<< &a[i] << setw(7) << a[i];
 }
 xz = a;     // Zeiger = Feld
 cout << "\n\nWertzuweisung an Zeiger: xz = a;";
 cout << "\nxz = ";
 for (i = 0; i<n; i++) cout << " " << xz[i];
 // b = a;   Feld = Feld:   Fehlermeldung
 // b = xz;  Feld = Zeiger: Fehlermeldung
 return 0;
}


Wieviele Elemente -> 3

Dynamisches Feld xz        Dynamisches Feld yz
  Element    Adresse Inhalt    Element      Adresse Inhalt
    xz[0] 0x34960004      0       yz[0] 0x34980004       0
    xz[1] 0x3496000c    0.1       yz[1] 0x3498000c      10
    xz[2] 0x34960014    0.2       yz[2] 0x34980014      20

Wertzuweisung an Zeiger: xz = yz;
xz =  0 10 20

Statisches Feld a
Element    Adresse Inhalt
    a[0] 0x32fe0de2      0
    a[1] 0x32fe0dea    1.1
    a[2] 0x32fe0df2    2.2
```

```
Wertzuweisung an Zeiger: xz = a;
xz =    0  1.1  2.2
```

Bild 6-10: Dynamischer Speicher für Vektoren

Auch *zweidimensionale* Felder (Matrizen) lassen sich dynamisch vereinbaren; entweder als lineares Feld oder als Feld von Zeigern.

Bei der Vereinbarung eines *linearen Feldes*, das zweidimensional adressiert werden soll, sind Adreßrechnungen erforderlich. Die Adresse eines Matrixelementes eines zweidimensionalen Feldes ergibt sich zu:

> ```
> Anfangsadresse + (Spaltenzahl * Zeile) + Spalte
> ```

Das in *Bild 6-11* dargestellte Programmbeispiel zeigt einmal die lineare Adressierung, die auch mit xz[k] statt *(xz + k) möglich wäre, und die Matrixadressierung mit dem Adreßausdruck (xz + i*ns + j), für den zur Abkürzung ein neuer Zeiger add eingeführt wurde.

```
/* k6p11.cpp  Bild 6-11: Dynamisches zweidimensionales Feld */
#include <iostream.h>
#include <iomanip.h>
main()
{
 int  i, j, nz, ns, k;          // Zähler und variable Feldgrößen
 double *xz, *add;              // Zeiger zx add auf double-Größen
 cout << "\nWieviele Zeilen  -> "; cin >> nz;
 cout << "Wieviele Spalten -> "; cin >> ns;
 xz = new double [nz*ns];       // nz*ns*8 Bytes
 /* Lineare Adressierung mit Index von 0 bis nz*ns  speichern    */
 cout << "\nVektor aus " << nz*ns << " Elementen";
 for (k = 0; k < nz*ns; k++)
 {
  *(xz+k) = 1.1*k;             // oder xz[k] = k; denn *(xz+k) == xz[k]
  cout <<"\nIndex = "<< setw(2)<<k<<" Inhalt = "<< setw(4)<< xz[k];
 }
 /* Ausgabe als Matrix mit Zeilen- und Spaltenadreßrechnung */
 cout << "\n\nMatrix:   ";
 for (j=0; j<ns; j++) cout << setw(2) << j+1 << ". Spalte   ";
 cout << "\n          ";
 for (j=0; j<ns; j++) cout << "  Index Inhalt";
 for (i=0; i<nz; i++)                        // Zeilenschleife für Zeiger
 {
  cout << "\n" << i+1 << ".Zeile: ";
  for (j = 0; j < ns; j++)                   // Spaltenschleife für Zeiger
  {
   add = (xz + i*ns + j);                    // kein Doppelindex [i][j] !
   cout << "  X_" << i << j << " " << setw(6) << *add << " ";
  }
 }
 return 0;
}
```

```
Wieviele Zeilen   -> 3
Wieviele Spalten  -> 2

Vektor aus 6 Elementen
Index =  0 Inhalt =     0
Index =  1 Inhalt =    1.1
Index =  2 Inhalt =    2.2
Index =  3 Inhalt =    3.3
Index =  4 Inhalt =    4.4
Index =  5 Inhalt =    5.5


Matrix:     1. Spalte      2. Spalte
            Index Inhalt   Index Inhalt
1.Zeile:    X_00       0   X_01     1.1
2.Zeile:    X_10     2.2   X_11     3.3
3.Zeile:    X_20     4.4   X_21     5.5
```

Bild 6-11: Dynamisches Feld als Vektor und Matrix

Zweidimensionale Felder lassen sich als ein eindimensionales Feld von Zeilenfeldern betrachten, welche die Spaltenelemente enthalten. Die gilt auch für die Adressierung von Matrizen über Zeiger. Die Typvereinbarung

> **Datentyp** **Zeigerbezeichner

vereinbart einen Zeiger, der auf einen Zeiger zeigt, der auf Daten des genannten Typs weist. Damit läßt sich ein Zeiger vereinbaren, der auf ein aus Zeigern bestehendes Feld zeigt. Das folgende Beispiel vereinbart einen Zeiger xz auf ein Feld von nz Zeigern und weist ihm den entsprechenden Speicher zu.

```
int   i, j, nz, ns;
double  **xz;              // Zeiger auf Zeigerfeld
cout << "\nZeilen -> "; cin >> nz;
xz = new double *[nz];    // Speicher für Zeilenzeiger
```

Jeder Zeilenzeiger benötigt Speicher für die Spaltenelemente. Das Beispiel fordert die Anzahl der Spalten an und weist jedem Zeilenzeiger den entsprechenden Speicher zu.

```
cout << "\nSpalten -> "; cin >> ns;
for (i = 0; i < nz; i++) xz[i] = new double[ns]; // Spalten
```

Die Adressierung der Feldelemente erfolgt entweder über die Zeigerarithmetik oder als zweidimensionales Feld mit Doppelindex. Beispiele:

```
for (i = 0; i < nz; i++)   // für alle Zeilenzeiger
 for (j = 0; j < ns; j++)  // für alle Spaltenelemente
  *(xp[i] + j) = 0;        // Zeigerarithmetik


for (i = 0; i < nz; i++)   // für alle Zeilenzeiger
 for (j = 0; j < ns; j++)  // für alle Spaltenelemente
  xp[i][j] = 0;            // Doppelindex wie Feld
```

Das in *Bild 6-12* dargestellte Programmbeispiel zeigt eine dynamische Matrix, die durch ein Feld von Zeilenzeigern adressiert wird. Die einzige statische Größe ist der Zeiger xp, der auf das erste Element eines aus Zeigern bestehenden Feldes zeigt. Nach dem Aufbau des Zeigerfeldes wird jedem Zeilenzeiger Speicher für die Daten einer Zeile zugewiesen.

```cpp
/* k6p12.cpp  Bild 6-12: Matrixadressierung mit Feld aus Zeigern  */
#include  <iostream.h>
#include  <iomanip.h>
main()
{
 int  i, j, k, nz, ns;        // Zähler und variable Feldgrößen
 double  **xp;                 // Zeiger auf Feld von Zeigern
 cout << "\n  Anzahl der Zeilen -> "; cin >> nz;
 cout << "Anzahl der Spalten  -> ";   cin >> ns;
 /* Feld aus nz Zeigern aufbauen:  für jede Zeile einen Zeiger */
 xp =  new double* [nz];       // Zeigerfeld auf Zeiger =
 if (xp == NULL) {cout << "\nxp == NULL"; return 3;}
 cout << "\nZeiger auf Zeiger: xp = " << xp ;
 for (i = 0; i < nz; i++)
 {
  xp[i]= new double[ns];       // Zeiger auf Daten einer Zeile
  cout << "\n" << setw(19) << "xp[" << i << "] = " << xp[i];
 }
 k = 1;
 /* Adressierung als Zeiger: Daten speichern      */
 for (i = 0; i < nz; i++)        // für alle Zeilenzeiger
   for (j = 0; j < ns; j++)      // für alle Spaltenelemente
     *(xp[i] + j) = k++;         // laufenden Wert zuweisen
 /* Adressierung als Feld: Daten ausgeben    */
 cout << "\n\nDatenelemente:";
 for (i = 0; i < nz; i++)        // für alle Zeilen
 {
  cout << "\n";
  for(j = 0; j < ns; j++)        // für alle Spalten
   cout << setw(6) << xp[i][j];  // *(xp[i] + j);
 }
 return 0;
}


  Anzahl der Zeilen -> 3
Anzahl der Spalten  -> 2

Zeiger auf Zeiger: xp = 0x345b0004
               xp[0] = 0x345c0004
               xp[1] = 0x345e0004
               xp[2] = 0x34600004

Datenelemente:
     1     2
     3     4
     5     6
```

Bild 6-12: Matrixadressierung mit einem Feld aus Zeigern

6.1.4 Felder als Parameter und Funktionsergebnis

In Kapitel 5 Funktionen werden folgende formale Parameterarten unterschieden:
- *Wertparameter* übernehmen Werte vom Hauptprogramm und
- *Referenzparameter* übernehmen Adressen und liefern Ergebnisse zurück;
- sie lassen sich als *Referenzvariablen* (Alias) oder als *Zeiger* vereinbaren.

Feldelemente, die durch einen Index bezeichnet sind, können wie die entsprechenden einfachen Datentypen als Parameter bzw. Funktionsergebnis verwendet werden . In der Definition einer Funktion gibt es keinen Unterschied zwischen dem Aufruf mit einem einfachen Datentyp oder einem Feldelement. Es ist jedoch darauf zu achten, wie die Parameter bei der Definition vereinbart wurden.

Für formale Parameter, die in der Funktion als **Zeiger** definiert wurden, sind die *Adressen* der Feldelemente zu übergeben. Das folgende Beispiel vereinbart den formalen Parameter y, der die Wurzel zurückliefert, mit dem Operator * als Zeiger. Beim Aufruf wird mit dem Operator & die Adresse des Feldelementes übergeben.

Definition:
```
void func1(double x, double *y) // Zeiger
{
  *y = sqrt(fabs(x));          // Zeiger
  return;
}
```

Aufruf:
```
double  a[10];
a[0] = 100;
func1(a[0], &a[1]);            // Adresse
cout << "\nWurzel (" << a[0] << ") = " << a[1];
```

Für formale Parameter, die in der Funktion als **Referenzen** definiert wurden, sind die *Bezeichner* der Feldelemente zu übergeben, die an die Stelle der Referenzvariablen gesetzt werden. Das folgende Beispiel vereinbart den formalen Parameter y, der die Wurzel zurückliefert, mit dem Operator & als Referenz. Beim Aufruf wird nur der Bezeichner des Feldelementes übergeben. Die Referenz x wird mit const gegen Änderungen gesichert.

Definition:
```
void func1(const double &x, double &y)  // Referenzen
{
  y = sqrt(fabs(x));
  return;
}
```

Aufruf:
```
double  a[10];
a[0] = 100;
func1(a[0], a[1]);                      // Bezeichner
cout << "\nWurzel (" << a[0] << ") = " << a[1];
```

Das in *Bild 6-13* dargestellte Programmbeispiel zeigt den Aufruf von Funktionen mit Feldelementen. Die Funktion wabs liefert die Wurzel aus dem Absolutwert des Parameters. Beim Aufruf wird der Wert des Feldelementes x[i] übergeben. Die Funktion qua übernimmt einen Wert in der Referenzvariablen a und liefert das Quadrat über die Referenzvariable b zurück. Beim Aufruf mit den Feldelementen ist nicht erkennbar, welcher Parameter geändert wird. Alle drei Felder des Beispiels werden dynamisch mit Zeigern adresssiert, rufen aber die Funktionen mit einem Feldindex auf. Alternativer Aufruf der Funktion qua mit Zeigern:

```
qua( *(x+i), *(z+i) ); // statt qua( x[i], z[i] )
```

```
/* k6p13.cpp  Bild 6-13: Feldelemente als Parameter */
#include  <iostream.h>
#include  <math.h>          // für sqrt und fabs
/* wabs liefert double-Wurzel eines double-Wertes */
double wabs (double a)
{
 return sqrt(fabs(a));
}
/* qua ohne Ergebnis, liefert Quadrat des Wertes über Referenz */
void qua (const double &a, double &b)     // Referenzen
{
 b = a * a;
 return ;
}
main()
{
 int  i, anz;
 cout << "\nAnzahl der Elemente > "; cin >> anz;
 double *x = new double [anz];     // dynamische Felder
 double *y = new double [anz];
 double *z = new double [anz];
 for (i = 0; i < anz; i++)
 {
  x[i] = i + 1;          // Wertzuweisung
  y[i] = wabs(x[i]);     // Aufruf als Wertparameter
  qua(x[i], z[i]);       // Wertparameter , Referenzparameter
 }
 cout.setf(ios:: showpoint); cout.precision(4);
 cout << "\n   Wert  Wurzel  Quadrat";   // Tabelle ausgeben
 for (i = 0; i < anz; i++)
   cout << "\n  " << x [i] << "   " << y[i] << "    " << z[i];
 return 0;
}
```

```
Anzahl der Elemente > 3

   Wert  Wurzel  Quadrat
  1.000  1.000    1.000
  2.000  1.414    4.000
  3.000  1.732    9.000
```

Bild 6-13: Feldelemente als Parameter

Für die Übergabe von *Feldern* in ihrer Gesamtheit, also mit allen Elementen, werden nur die Feldnamen als *Zeiger* auf das erste Element übergeben. In der Funktion müssen die den Felder entsprechenden formalen Parameter entweder als Feld offener Größe oder als Zeiger vereinbart werden. Die Adressierung in der Funktion erfolgt unabhängig von der Definition entweder als Index oder als Zeiger. Mit const lassen sich Wertparameter gegen Änderungen in der Funktion schützen. Die Vereinbarung eines Feldes als *Referenzvariable* ist **nicht** möglich. Beispiel:

Definition:

```
void func(const int &n,        // Referenz für einfachen Parameter
          const double her[],  // Feld als konstanter Wertparamter
          double ziel1[],      // Feld offener Größe für Ergebnis
          double *ziel2)       // Zeiger auf Feld für Ergebnis
```

```
Aufruf:
int  n = 3;   double  x[3] = {1 ,2, 3}, y[3], z[3];
func(n, x, y, z);
```

Das in *Bild 6-14* dargestellte Programmbeispiel zeigt eine Funktion mittel, die ein Feld als *Wertparameter* übernimmt und den Mittelwert als Funktionsergebnis zurückliefert. Der formale Parameter x ist als konstantes eindimensionales Feld offener Größe deklariert und wird im Programm mit einem Index angesprochen.

```
/* k6p14.cpp  Bild 6-14: Feld als Wertparameter    */
#include  <iostream.h>
/* Funktion berechnet das Mittel aus n Werten des Feldes x */
double mittel (const int &n, const double x[]) // Wertparameter
{
 int i;
 double sum = 0;
 for (i = 0; i < n; i++) sum = sum + x[i];
 if (n == 0) return 0; else return sum/n;
}
main ()
{
 int  i, anz;
 double  wmitt, *wert;       // dynamisches Feld wert
 while (1)
 {
  cout << "\nAnzahl > 0 eingeben -> "; cin >> anz; cin.seekg(0);
  if ( cin.fail() || anz < 1)
     { cout << "Eingabefehler!\a"; cin.clear(); continue; }
  else break;
 }
 wert = new double [anz];    // Zeiger auf Werte
 cout << "\n " << anz << " Werte auf einer Zeile -> ";
 for (i = 0; i < anz; i++) cin >> wert[i];
 wmitt = mittel(anz, wert);    // Feld als Wertparameter
 cout << "\nMittelwert = " << wmitt << "  bei " << anz << " Werten";
 return 0;
}
```

Bild 6-14: Felder als Wertparameter

Das Programm *Bild 6-15* enthält zwei Funktionen, die Felder mit *Ergebnissen* zurückliefern. Die Funktion eingabe vereinbart als formalen Parameter einen Zeiger, die
Funktion sort ein eindimensionales Feld offener Größe.

```cpp
/* k6p15.cpp  Bild 6-15: Funktionen als Ergebnisparameter */
#include  <iostream.h>
#include  <iomanip.h>
/* Funktion liest n Zahlen und speichert sie */
void eingabe(const int &n, int *x)       // als Zeiger
{
 int i;
 cout << "\n " << setw(4) << n << " ganze Zahlen  -> ";
 for (i = 0; i < n; i++) cin >> x[i];     // als Feld
 return ;
}
/* Funktion sortiert n Elemente des Feldes x aufsteigend */
void sort (const int &n, int x[])        // als Feld
{
 int  i, j;                      // lokale Hilfsvariablen
 int  hilf;
 for (i = 0; i < n-1; i++)
  for (j = i+1; j < n; j++)
   if(x[i] > x[j])
   {
    hilf = x[i];
    x[i] = x[j];
    x[j] = hilf;
   }
}
main ()
{
int  i, n;
int *wert;
while (1)
{
 cout << "\nAnzahl > 0 eingeben -> ";
 cin >> n; cin.seekg(0);
 if (cin.fail() || n < 1)
    { cout << "Eingabefehler!\a"; cin.clear(); continue; }
 else break;
}
wert = new int [n];       // Speicher zuweisen
eingabe(n, wert);         // Feld lesen
sort(n, wert);            // Feld sortieren
cout << "\nSortierte Zahlenfolge:";
for (i = 0; i < n; i++) cout << "  " << wert[i];
return 0;
}


Anzahl > 0 eingeben -> 4

   4 ganze Zahlen  -> 44 12 -1 9

Sortierte Zahlenfolge:  -1  9  12   44
```

Bild 6-15: Felder als Referenzparameter (Ergebnis)

Bei formalen Parametern, die *zwei- und mehrdimensionale* Felder offener Größe beschreiben, darf nur die Größe der ersten Dimension leer sein, alle folgenden müssen mit der vereinbarten konstanten Größe fest dimensioniert werden. Beispiel:
Definition:

```
void func1(int nz, int ns, double a[][2])   // als Feld
{
  int i, j;
  for (i=0;i<nz;i++) for(j=0;j<ns;j++) a[i][j] = i*10 + j;
```

Aufruf:

```
double  x[10][2];        // zweidimensionales Feld
func1(10, 2, x);         // Funktionsaufruf
```

Für *dynamische mehrdimensionale* Felder, die im Hauptprogramm als Zeiger auf ein Feld von Zeigern vereinbart wurden, kann als formaler Parameter wieder ein Zeiger auf ein Feld von Zeigern vereinbart werden. Beispiel:
Definition:

```
void func2(int nz, int ns, double **x)
{
  int  i, j;
  for (i=0;i<nz;i++) for(j=0;j<ns;j++) x[i][j] = i*10 + j;
```

Aufruf:

```
double **y = new double *[10];   // dynamisches Feld
for (i = 0; i < 10; i++) y[i] = new double [2];
func2(10, 2, y);
```

Bild 6-16 zeigt als Anwendungsbeispiel eine dynamische Matrix, die durch eine Funktion zeilenweise ausgegeben wird. In der Funktion kann die Matrix entweder als Zeiger oder als Feld mit Doppelindex adressiert werden. Beispiele:

```
*(x[i] + j)     // als Zeiger
x[i][i]         // als Doppelindex
```

```
/* k6p16.cpp  Bild 6-16: Funktion für zweidimensionales Feld */
#include  <iostream.h>
#include  <iomanip.h>
/* Funktion maus zur Ausgabe einer dynamischen Matrix */
void maus(const int &nzei, const int &nspa, double **x) // Zeigerfeld
{
  int  i, j;                      // lokale Hilfvariablen
  cout << "\n        ";
  for (j = 0; j < nspa; j++) cout << (j+1) << ".Spalte ";
  for (i = 0; i < nzei; i++)            // Zeilenschleife Zeiger
  {
    cout << "\n" << (i+1) << ".Zeile: ";
    for (j = 0; j < nspa; j++)          // Spaltenschleife Zeiger
    cout << setw(9) << *(x[i]+j) ;      // oder: >> x[i][j]
  }
}
```

```
main()
{
  int  i, j, nz, ns;            // Zähler und variable Feldgrößen
  double **xz;                  // Zeiger xz auf Zeigerfeld
  cout << "\nWieviele Zeilen  -> "; cin >> nz;
  cout << "Wieviele Spalten -> ";   cin >> ns;
  xz = new double *[nz];                        // Zeiger
  for (i = 0; i < nz; i++) xz[i] = new double[ns]; // Zeiger
  /* Adressierung als zweidimensionales Feld */
  for (i = 0; i<nz; i++)
    for (j = 0; j < ns ; j++)
      xz[i][j] =  10*(i+1) + (j+1); // Werte zuweisen
  maus(nz, ns, xz);             // Funktion gibt Matrix aus
  return 0;
}


Wieviele Zeilen  -> 3
Wieviele Spalten -> 5


          1.Spalte 2.Spalte 3.Spalte 4.Spalte 5.Spalte
1.Zeile:      11       12       13       14       15
2.Zeile:      21       22       23       24       25
3.Zeile:      31       32       33       34       35
```

Bild 6-16: Funktion zur Ausgabe einer Matrix

Der **Rückgabewert** einer Funktion kann ein Zeiger auf ein *Feld* sein. Die in *Bild 6-17* dargestellte Funktion maxzeile liefert einen Zeiger auf das Zeilenfeld, in dem die größte Summe aller Elemente enthalten ist. In der Funktionsdefinition

```
double *maxzeile(....)      // Definition
```

kennzeichnet der Operator *, daß die Funktion nicht einen double-Wert, sondern einen *Zeiger* auf ein double-Objekt zurückliefert. Das Funktionsergebnis wird einem Zeiger übergeben.

```
double *maxi;
maxi = maxzeile(....);     // Aufruf
```

```
/* k6p17.cpp  Bild 6-17: Funktion liefert Zeiger auf Feld */
#include  <iostream.h>
#include  <iomanip.h>
/* Funktion maxzeile liefert Zeiger auf eindimensionales Feld */
double *maxzeile (int ni, int nj, double **x) // Zeiger auf Zeiger
{
  int  i, j, imax;
  double  sum, summax;
  for (i = 0; i < ni; i++)  // sucht Zeile mit max. Summe
  {
    sum = 0;
    for (j = 0; j < nj; j++) sum = sum + x[i][j];
    if (i == 0) {summax = sum; imax = 0;}          // nur 1. Zeile
      else  if (sum > summax) { summax = sum; imax = i;}
  }
  return x[imax];          // Adresse der größten Zeile
}
```

```
main ()
{
  int  i, j, nz=3, ns=4;        // konstante Matrixanordnung
  double **feld, *maxi;         // Matrix und Zeiger auf Zeile
  feld = new double * [nz];     // Speicher zuweisen
  for (i = 0; i < nz; i++) feld[i] = new double [ns];
  for (i = 0; i < nz; i++)      // Matrix lesen
  {
    cout << "\n" << ns << " Werte -> ";
    for (j = 0; j < ns; j++)
      cin >> feld[i][j]; cin.seekg(0);
  }
  maxi = maxzeile(nz, ns, feld);  // Funktion liefert Zeiger
  cout << "\nMaxi_Zeile:\n";       // Kontrollausgabe
  for (j = 0; j < ns; j++) cout << maxi[j] << "   ";
  return 0;
}


4 Werte -> -1 3 55 33

4 Werte -> 44 11 666 4

4 Werte -> 1 2 3   4

Maxi_Zeile:
44   11   666   4
```

Bild 6-17: Zeiger auf Feld als Funktionsergebnis

Bei *eindimensionalen* Feldern sind Zeiger und Felder als formale und aktuelle Parameter beliebig vertauschbar. Beispiele:
Definition:
```
void func3(int tab[], int *wert)   // Feld      Zeiger
```

Aufruf:
```
int x[10], *y = new int [10];
func3(x, y);                  // Aufruf Feld    Zeiger
func3(y, x);                  // Aufruf Zeiger  Feld
```

Bei *mehrdimensionalen* Feldern müssen Felder mit Feldern und Zeiger mit Zeigern aufgerufen werden. Der Aufruf eines formalen Feldparameters mit einem Zeiger und umgekehrt führt auf Fehlermeldungen. Beispiele:
Definition:
```
void func4(int tab[][2], int **wert) // Feld      Zeiger
```

Aufruf:
```
int x[10][2], **y = new int *[10], i;
for (i =0; i < 10; i++) y[i] = new int [2];
func4(x, y);                      //Aufruf Feld    Zeiger
func4(y, x);              // Fehlermeldung: Type mismatch
```

6.1.5 Übungen mit Feldern
Die Aufgaben können auch mit dynamischen Feldern und Funktionen gelöst werden. Der Anhang enthält Lösungsvorschläge.

1. Aufgabe:
Gegeben sind zwei Vektoren A und B aus je drei Elementen. Man berechne das Skalarprodukt nach der Formel

$$S = a_1 \cdot b_1 + a_2 \cdot b_2 + a_3 \cdot b_3 + \ldots + a_i \cdot b_i$$

Man bilde den Produktvektor bestehend aus einem neuen Vektor C nach den Formeln

$$c_1 = a_1 \cdot b_1 \;,\; c_2 = a_2 \cdot b_2 \;,\; c_3 = a_3 \cdot b_3 \;,\; . \;,\; c_i = a_i \cdot b_i$$

2. Aufgabe:
Es ist eine Funktion einzugeben und zu speichern, die als Tabelle von n X-Werten und n Y-Werten vorliegt. Unter der Voraussetzung einer linearen Teilung der X-Werte berechne man das Integral als Fläche unter der Funktion nach der Trapezregel:

$$F = \frac{H}{2} * \left[(Y1 + Yn) + 2 * \sum_{k=2}^{n-1} Yk \right] \quad \text{mit} \quad H = \frac{Xn - X1}{n - 1}$$

n ist die Anzahl der Wertepaare (Stützstellen) und zählt ab 1. Es müssen mindestens zwei Stützstellen (n > 1) vorhanden sein.

3. Aufgabe:
Es ist eine Funktion Y=f(X) zu lesen und zu speichern, die als Tabelle aus n Wertepaaren besteht. In einer Leseschleife mit Abbruch durch eine Endebedingung sind anschließend X-Werte zu lesen und in der Tabelle zu suchen. Ist der X-Wert enthalten, so werde der entsprechende Y-Wert ausgegeben, anderenfalls eine Fehlermeldung.

4. Aufgabe:
Bei der Addition zweier Matrizen A und B entsteht eine Summenmatrix C durch die Addition der entsprechenden Elemente:

$$c_{ij} = a_{ij} + b_{ij}$$

Man lese die Matrizen A und B zeilenweise ein. Zusätzlich ist ein konstanter Summand einzugeben, der zu allen Elementen der Summenmatrix C zu addieren ist. Das Ergebnis ist zeilenweise als Matrix auszugeben.

5. Aufgabe:
Eine Matrix aus NZ Zeilen und NS Spalten ist zu lesen und zu speichern. Für jede Zeile ist festzustellen, in welcher Spalte sich der größte Wert befindet. Die Ausgabe der Indexposition erfolge in der üblichen Zählweise ab Index 1.

6.2 Zeichen und Texte

Zeichen sind Buchstaben, Ziffern und Sonderzeichen. Sie werden im Rechner wie Zahlen binär codiert und gespeichert. Der unter dem Betriebssystem DOS verwendete ASCII-Code war ursprünglich ein 7-bit-Code für die Übertragung von Zeichen in der Fernschreibtechnik. Durch Hinzufügen eines weiteren Bits können in einem Byte auch nationale Sonderzeichen (Umlaute), Blockgraphikzeichen und mathematisch-technische Symbole untergebracht werden. *Bild 6-18* zeigt einige Beispiele der insgesamt 256 möglichen Zeichen. Man unterscheidet:
- von der Tastatur gelieferte Tastencodes,
- Codes für die Anzeige auf dem Bildschirm und
- Zeichencodes für die Ausgabe auf dem Drucker.

Zeichen	Bitmuster	hexadezimal	unsigned	signed
!	0010 0001	0x21	33	+33
0	0011 0000	0x30	48	+48
:	0011 1010	0x3A	58	+58
A	0100 0001	0x41	65	+65
a	0110 0001	0x61	97	+97
ä	1000 0100	0x84	132	-124
Ä	1000 1110	0x8E	142	-114
Ω	1110 1010	0xEA	234	-22

Bild 6-18: Die Zeichendarstellung im ASCII-Code

In einem Rechnersystem werden teilweise voneinander abweichende Codierungen verwendet; nur für den Bereich der Buchstaben (außer Umlauten), Ziffern und Satzzeichen kann man einheitliche Codierungen für alle drei Codearten (Tastatur, Bildschirm, Drucker) erwarten. Erschwerend kommt hinzu, daß sich in allen drei Einsatzbereichen die Codes nach Bedarf laden oder einstellen lassen. Dies läßt sich mit den in den Bildern 6-20 bis 6-24 dargestellten Testprogrammen untersuchen. Der Anhang enthält als Beispiel die Tabelle eines Druckercodes (deutscher IBM-Zeichensatz).

6.2.1 Die Verarbeitung von Zeichen
Für die *Zeichenverarbeitung* gibt es standardmäßig drei vordefinierte Datentypen der Länge 8 bit oder 1 byte:

```
          char   (Voreinstellung signed char)
   signed char   (als Zahl -128 bis +127)
 unsigned char   (als Zahl 0 bis 255)
```

Die **char**-Datentypen (character oder Zeichen) haben eigentlich nichts mit den Zahlen gemeinsam, außer, daß sowohl Zeichen als auch Zahlen im Rechner binär codiert dargestellt und verarbeitet werden. Die Bitkombination 0100 0001 (hexadezimal 0x41) des Bildes 6-18 kann sowohl als Buchstabe 'A' als auch als Dezimalzahl 65 angesehen werden. In der Programmiersprache C++ werden jedoch Zeichen wie Zahlen behandelt! Schon die Bezeichnungen `signed` (vorzeichenbehaftet) und `unsigned` (vorzeichenlos) weisen darauf hin. Im Bereich des 7-bit-ASCII-Codes (Codierungen von 0x00 bis 0x7F hexadezimal) gibt keinen Unterschied zwischen `signed` und `unsigned`. Im Bereich der Sonder- und Graphikzeichen (Codierungen von 0x80 bis 0xFF) lassen sich die Bitmuster sowohl als negative Zahlen als auch als vorzeichenlose Zahlen größer 127 ansehen. Ein Beispiel ist der Umlaut 'ä', der `signed` als Zahl -124, `unsigned` als Zahl 132 interpretiert werden kann. Die Voreinstellung für `char` allein ist normalerweise `signed char`; sie läßt sich durch Einstellen von Optionen ändern.

Für *Zeichenkonstanten* gibt es folgende Schreibweisen:

```
'Zeichen'
'\xHexazahl'
'\Escape-Sequenz'
```

Das *Hochkomma* (Apostroph) dient als Begrenzungszeichen. Der *Rückstrich* \ (Backslash) leitet Hexadezimalzahlen und Steuerzeichen (z.B. Wagenrücklauf *cr* und Zeilenvorschub *lf*) ein, die im Bereich der Codierungen 0x00 bis 0x1F hexadezimal oder der Zahlen von 0 bis 31 liegen; der Anhang enthält eine Tabelle. Es gelten die in Bild 2-13 zusammengestellten *Escape*-Sequenzen. Dazu kommt das Zeichen \0 als Endemarke von Strings. Zeichenkonstanten werden intern in 16 bit Länge als `int`-Konstanten gespeichert. Sie lassen sich auch einfach als ganzzahliger Zahlenwert der entsprechenden Codierung angeben; eine entsprechende Tabelle befindet sich im Anhang. Die folgenden Beispiele zeigen Variablen und Konstanten vom Datentyp `char`.

```
const char  cr = '\n';     // Wagenrücklauf
char  x, y, z = 'A';       // Buchstabe A
x = '\x41';                // Buchstabe A
y = 65;                    // Buchstabe A
cout << cr < x << y << z;  // Ausgabe:AAA
```

Da Zeichen wie Zahlen behandelt werden, sind alle für Zahlen verfügbaren Operationen auch auf Zeichen anwendbar. Sinnvoll sind jedoch nur die *Wertzuweisung* (=) sowie die *Vergleiche* (== und !=) und die *Größenvergleiche* (<, <=, > und >=) zum alphabetischen Sortieren. Variablen vom Datentyp `char` können mit `cin` gelesen und mit `cout` ausgegeben werden. Das folgende Beispiel läßt eine Zeichenvariable x von 'A' bis 'Z' in einer Zählschleife laufen und gibt die großen Buchstaben von A bis Z aus.

```
char  x;       // cout für Datentyp char gibt Zeichen aus
for (x = 'A'; x <= 'Z'; x++) cout << x << ' ';
```

Ergebnis	Aufruf	#include	Eingabe	Ausgabe	Bemerkung
Zeichen	`cin.get()`	`iostream`	Zeichen *cr*	mit Echo	*cr* bleibt
Zeiger	`cin.get(`*char-Var.*`)`	`iostream`	Zeichen *cr*	mit Echo	*cr* bleibt
Zeiger	`cin >>` *char-Variable*	`iostream`	Zeichen *cr*	mit Echo	*cr* bleibt
Zeiger	`cout.put(`*Zeichen*`)`	`iostream`		Zeichen	
Zeiger	`cout <<` *Zeichen*	`iostream`		Zeichen	
Anzahl	`scanf(" %c ", Z`	`stdio`	Zeichen *cr*	mit Echo	*cr* bleibt
Anzahl	`cscanf(" %c ", Z`	`conio`	Zeichen	mit Echo	kein *cr*
Zeichen	`getchar()`	`stdio`	Zeichen *cr*	mit Echo	*cr* bleibt
Zeichen	`getche()`	`conio`	nur Taste	mit Echo	*cr* = 13
Zeichen	`getch()`	`conio`	nur Taste	kein Echo	*cr* = 13
≠0: Taste =0: keine	`kbit()`	`conio`	nur Taste		prüft Eingabe kein Lesen!
Anzahl	`printf(" %c ",Z`	`stdio`		Zeichen	
Anzahl	`cprintf(" %c ",Z`	`conio`		Zeichen	
Zeichen	`putchar(`*Zeichen*`)`	`stdio`		Zeichen	
Zeichen	`putch(`*Zeichen*`)`	`conio`		Zeichen	

Bild 6-19: Funktionen für die Eingabe und Ausgabe von Zeichen

Zur **Eingabe und Ausgabe** von Zeichen dienen die in *Bild 6-19* zusammengestellten Funktionen und Übergabeoperatoren. Für die `char`-Datentypen interpretieren `cin` und `cout` die Bitmuster nicht als Zahlen, sondern als Zeichen. Bei `cin` und `cin.get` muß die Eingabe mit einem Wagenrücklauf *cr* abgeschlossen werden, der im Eingabepuffer verbleibt und mit `cin.seekg(0)` entfernt werden kann. Beispiel:

```
char frage;
cout << "\nj oder n eingeben -> ";
cin.get(frage); cin.seekg(0);
if( frage == 'j') cout << " warum? ";
```

Für die Eingabe und Ausgabe von Zeichen und Texten (Strings) sowie beim Aufbau von Tabellen kann es vorteilhaft sein, nicht mit den `iostream`-Funktionen, sondern mit der formatierten Ein-/Ausgabe der Bibliotheken `stdio` und `conio` zu arbeiten. Beim Lesen aus der *Eingabedatei stdin* mit `scanf` und `getchar()` muß die Eingabezeile mit einem *Wagenrücklauf cr* abgeschlossen werden, vorher sind Korrekturen möglich. Die Taste *Wagenrücklauf* ergibt den Code 10 (x0A) für neue Zeile (*lf*) und verbleibt in der Datei. Wenn dies bei der folgenden Eingabe stört, sollte die Datei vor dem Lesen mit `fflush(stdin)` oder `rewind(stdin)` geleert werden.

Unter DOS wirken standardmäßig folgende Steuerzeichen:

Strg** und **C (^C) liefert einen Abbruchcode.
Strg** und **Z (^Z) liefert den Wert EOF = -1.
Strg** und **P schaltet den Drucker ein bzw. aus.

Bei der *Ausgabe* nach `stdout` mit `printf` und `putchar()` wird zusätzlich zum *Zeilenvorschub lf* `'\n'` (Code 10 oder x0A) ein *Wagenrücklauf cr* `'\r'` (Code 13 oder x0D) hinzugefügt, so daß der Cursor auf den Anfang der nächsten Zeile positioniert wird.

Bei der *direkten Eingabe* von der Tastatur mit `getche()` (mit Echo) und `getch()` (ohne Echo) wird jedes Zeichen sofort ausgewertet, eine Korrektur der Eingabe ist nicht mehr möglich. Die Taste *Wagenrücklauf* dient nicht mehr zum Abschluß der Eingabezeile und liefert den Code 13 (x0D). Die Funktions- und Cursortasten liefern zwei Codes, einen Vorcode 0 und einen zweiten Zeichencode. Die Taste *Strg* wird zusammen mit einer zweiten Taste betätigt:
- *Strg* und *C* liefert den Code 3 (x03),
- *Strg* und *P* liefert den Code 16 (x10) und
- *Strg* und *Z* liefert 26 (x1A).

Mit dem in *Bild 6-20* dargestellten Testprogramm lassen sich die Tastencodes ausgeben. Bei `cin.get()` muß die Eingabe mit einem Wagenrücklauf *cr* abgeschlossen werden, die Funktions- und Sondertasten (z.B. *F1* oder *Cursor*) haben keine Wirkung. Die Funktion `getche()` aus `conio` liefert direkt den Tastencode - auch für die Funktions- und Sondertasten - ohne abschließenden Wagenrücklauf. Die Funktion `kbhit` in `conio` wartet nicht auf die Betätigung einer Taste, sondern prüft nur die Eingabe und kehrt sofort zurück. Der Rückgabewert ist 0 (falsch), wenn keine Taste gedrückt wurde und ungleich 0 (wahr), wenn eine Taste gedrückt wurde; der Tastencode wird dabei nicht aus dem Eingabepuffer entfernt. Die Ausgabeschleife des Beispiels wird durch jede beliebige Taste abgebrochen.

```
/* k6p20.cpp  Bild 6-20: Tastencode ermitteln */
#include  <iostream.h>  // für cin cin.get cout cout.put
#include  <iomanip.h>   // Manipulatoren in cout
#include  <conio.h>     // für getche und kbhit
main()
{
/* Eingabe und Ausgabe von Zeichen mit cin und cout */
 unsigned char  zei;
 cout << "\n Eingabe -> Taste und cr!  Ende mit Strg und'Z";
 do
 {
  cout << "\nTaste cr -> ";
  zei = cin.get(); cin.seekg(0);
  cout << "  Ausgabe: "; cout.put(zei);
  cout << " Tastencode: " << (int) zei;
 }
 while ( !cin.eof() );
```

```
/* Eingabe von Zeichen mit getche */
 unsigned char  z;  signed char  s;
   cout. << "\n\nAlle Tasten ohne cr  Ende mit Esc";
 do
 {
   cout << "\nTaste -> ";  z = getche();   // Eingabe ohne cr
   if (z == 0)
     { cout << " Code = " << (int) z << "\n2. Code: "; z = getche(); }
   s = z;
   cout << " hexa = 0x" << hex      << (unsigned) z << dec
        << " unsigned =" << setw(4) << (unsigned) z
        << " signed = "  << setw(4) << (int) s
        << " Zeichen:" << z;
 }
 while (z != 27);                           // bis ESC
 while ( !kbhit() ) cout << "\nAbbruch mit Taste";
 return 0;
}


 Eingabe -> Taste und cr!  Ende mit Strg und Z
Taste cr -> 1
   Ausgabe: 1 Tastencode: 49
Taste cr -> a
   Ausgabe: a Tastencode: 97
Taste cr -> Ω
   Ausgabe: Ω Tastencode: 234
Taste cr -> ^Z
   Ausgabe:  Tastencode: 255


Alle Tasten ohne cr! Ende mit Esc!
Taste -> 1 hexa=x31  unsigned= 49   signed=  49  Zeichen:1
Taste -> a hexa=x61  unsigned= 97   signed=  97  Zeichen:a
Taste ->
2. Code: å hexa=x86  unsigned=134   signed=-122  Zeichen:å
Taste -> Ω hexa=xEA  unsigned=234   signed= -22  Zeichen:Ω
Taste -> ← hexa=x1B  unsigned= 27   signed=  27  Zeichen:←


Abbruch mit Taste
Abbruch mit Taste
Abbruch mit Taste
```

Bild 6-20: Tastencode ermitteln

Mit dem in *Bild 6-21* dargestellten Testprogramm läßt sich die Wirkung bestimmter dezimal einzugebender Codierungen auf die Ausgabe untersuchen. Bei der Druckerausgabe ist bei den Codes 27 (*Esc*) und 28 (*FS*) einige Vorsicht geboten, da diese die Kommandofolgen (Steuersequenzen) zur Einstellung verschiedener Schriftgrößen und Zeichensätze einleiten.

Die Leseschleife wird durch die Eingabe des Wertes 0 abgebrochen. Fehlerhafte Eingaben (z.B. Buchstaben) und Zahlen kleiner 0 bzw. größer 255 werden mit einer Fehlermeldung zurückgewiesen.

```
/* k6p21.cpp  Bild 6-21: Ausgabe der Bildschirmzeichen */
#include <iostream.h>
main()
{
 unsigned char  z;
 int  anz, x;
 cout << "\nLeseschleife Ende mit Wert 0";
 while (1)
  {
   cout << "\n  Zahl 0..255 -> "; cin >> x; cin.seekg(0);
   if ( cin.fail() || x < 0 || x > 255 )
      { cout << "Fehler\a"; cin.clear(); continue; }
   if (x == 0) break;
   z = x;
   cout << "       cout char: " << z << "  cout int: " << (int) z ;
   cout << "  cout.put: " ; cout.put(z); cout << endl;
  }
 return 0;
}


Leseschleife Ende mit Wert 0
  Zahl 0..255 -> 100
     cout char: d  cout int: 100  cout.put: d

  Zahl 0..255 -> 64
     cout char: @  cout int: 64  cout.put: @

  Zahl 0..255 -> 132
     cout char: ä  cout int: 132  cout.put: ä

  Zahl 0..255 -> 0
```

Bild 6-21: Ausgabe der Bildschirmzeichen

Bild 6-22 zeigt ein Programm zur Ausgabe einer Tabelle mit allen 256 Zeichen des erweiterten ASCII-Codes wahlweise nur auf dem Bildschirm *oder* zugleich auch auf dem parallel laufenden Drucker. Diese Unterscheidung mußte getroffen werden, da die Steuercodes von x00 bis x1F auf dem Bildschirm anders wirken als auf dem Drucker. Codes, die störende Steuerfunktionen auslösen können, werden durch Leerzeichen ersetzt. Das Programm verwendet die für Tabellen geeignetere formatierte Ausgabe.

```
/* k6p22.cpp Bild 6-22:Tabelle der Bildschirm- und Druckerzeichen */
#include <stdio.h>
#include <conio.h>
#define nb 7        // nicht darstellbare Bildschirmzeichen
#define nd 28       // nicht darstellbare Druckerzeichen
main()
{
 unsigned char  z[256], d;
 const unsigned char  nbild[nb] = {7, 8, 9, 10 , 13, 26, 27};
 const unsigned char  ndruk[nd] = {0, 1, 2, 7, 8, 9, 10, 11, 12, 13,
                      14, 15, 16, 17, 18, 19, 20, 22, 23, 24,
                      25, 26, 27, 28, 29, 30, 31, 127};
 int  i, j, k, druck;
 cprintf("\n\rDrucker? j/n? -> "); druck = getch() == 'j';
 if (druck) { cprintf(" Strg + P dann cr -> "); d = getchar(); }
```

```
/* Alle Zeichen besetzen, dann nicht darstellbare entfernen */
for (i = 0; i < 256; i++) z[i] = i;
if (druck)
  for (i = 0; i < 255; i++)
    for (j = 0; j < nd; j++)
    { if (z[i] == ndruk[j]) z[i] = 32;} // durch Leerzeichen ersetzt
  else for (i = 0; i < 255; i++)
    for (j = 0; j < nb; j++)
    { if (z[i] == nbild[j]) z[i] = 32;} // durch Leerzeichen ersetzt
/* Drucker- oder Bildschirmtabellen ausgeben  */
for (k = 0; k < 4; k++)                  // 4 Tabellen
{
  if (druck) printf("\nDruckerzeichen 0..2, 7..20, 22..31, 127 entfernt!");
  else cprintf("\n\rBildschirmzeichen 7, 8, 9, 10, 13, 26, 27 entfernt!");
  printf("\n                                                             ");
  printf("\nDez Hex Zei Dez Hex Zei Dez Hex Zei Dez Hex Zei ");
  printf("\n                                                             ");
  for (j = 0; j < 16; j++)                // 16 Zeilen
  {
    i = k*64 + j;
    if (druck)
      printf("\n %3d|x%2X| %c %3d|x%2X| %c %3d|x%2X| %c %3d|x%2X| %c ",
        i,i,z[i],i+16,i+16,z[i+16],i+32,i+32,z[i+32],i+48,i+48,z[i+48]);
    else
      cprintf("\n\r %3d|x%2X| %c %3d|x%2X| %c %3d|x%2X| %c %3d|x%2X| %c ",
        i,i,z[i],i+16,i+16,z[i+16],i+32,i+32,z[i+32],i+48,i+48,z[i+48]);
    if (j != 15 && druck)
      printf("\n                                                          ");
    if (j == 15)
      printf("\n                                                          ");
  }
  cprintf("\n\r\n\r\n\r\n\rWeiter mit Taste -> "); getch();
}
if (druck) {cprintf(" Strg + P  dann cr ->"); fflush(stdin); d=getchar();}
return 0;
}
```

Bild 6-22: Ausgabe der Bildschirm- oder Druckerzeichen

Bild 6-23 zeigt die formatierte Ausgabe der Codes von *Funktions- und Sondertasten*. Die Eingabe reagiert nur auf die Funktionstasten mit dem Vorcode 0 (z.B. F1 bis F10 und Cursortasten) und auf Sondertasten, die in der Codetabelle im Bereich von 0 bis 31 angeordnet sind. In der Spalte *Funktionstaste* ist ein Text einzugeben. Die Taste ist zu betätigen, wenn der Cursor am Ende des Feldes unter der senkrechten Begrenzung angekommen ist. Die Gesamttabelle befindet sich im Anhang.

```
/* k6p23.cpp  Bild 6-23: Code der Funktionstasten */
#include <stdio.h>
#include <conio.h>
main()
{
unsigned char  z;
printf("\n                       ");
printf("\nFunktionstaste      Erst den Text eingeben");
printf("\n                    dann Funktionstaste   ");
printf("\nxxxx Text xxxx      Ende mit Esc \n\n");
printf("\n                                              ");
printf("\nFunktionstaste 1.Code        2.Code ");
printf("\n                                              ");
```

```
do
{
  printf("\n█");  while( (z = getch()) > 31) putchar(z);
  printf("█ x%2X │ %2d █", z, z);
  if (z==0) {z = getch(); printf(" x%2X │ %3d │ %c █", z, z, z);}
     else printf("-----│-----│---█");
}
while (z != 27);
printf("\n└────────────┴───────┴───────┴────────┘█");
printf("\n\n\n\nWeiter -> ");
while(!kbhit());          // Warten auf Taste
return 0;
}
```

```
┌────────────┐
│Funktionstaste│    Erst den Text eingeben
└────────────┘    dann Funktionstaste
│xxxx Text xxxx▓    Ende mit Esc
```

Funktionstaste	1.Code		2.Code		
F12-Taste	x 0	0	x86	134	å
Esc-Taste	x1B	27	-----	-----	---

Bild 6-23: Ausgabe der Codes der Funktions- und Sondertasten

6.2.2 Die Verarbeitung von Texten (Strings)

Texte werden allgemein als *Strings* oder Zeichenketten bezeichnet. Bei älteren C++ Versionen, in denen der Datentyp **string** nicht vordefiniert ist, sind Stringvariablen als Felder (Arrays) aus Zeichen zu vereinbaren:

```
      char  Stringbezeichner[Größe], . . .;
      char  Stringbezeichner[Größe] = "Text", . . .;
const char  Stringbezeichner[Größe] = "Text", . . .;
```

Im Gegensatz zu einem einfachen Feld aus einzelnen Zeichen wird der Inhalt des Strings, also der darin gespeicherte Text, durch eine zusätzliche *Endemarke* aus dem Zahlenwert 0 (8 Nullbits, Escape-Zeichenkonstante '\0') abgeschlossen. Diese Endemarke wird bei Textkonstanten vom Compiler und bei der Eingabe von Strings von den Eingabefunktionen automatisch dem Text hinzugefügt und bei allen Stringoperationen sowie bei der Ausgabe als Textende ausgewertet. Durch diese Endemarke kann ein Text beliebig lang sein, jedoch ist das zusätzliche Byte bei der Dimensionierung des Feldes zu berücksichtigen. Die Größe in der Vereinbarung des Strings ist die Anzahl der maximal möglichen Zeichen *plus 1*. Bei der Eingabe von der Konsole geht man oft davon aus, daß der Benutzer nicht mehr als 80 Zeichen eingibt. Beispiele:

```
char  zeile[81], *text = new char[81];
```

Eine *Textkonstante*

```
"Text"
```

erhält vom Compiler zusätzlich die Endemarke ' \ 0 ' und wird ohne die Begrenzungszeichen " im Speicher abgelegt. Als Textzeichen sind alle Zeichenkonstanten einschließlich der Escape-Sequenzen zugelassen. Strings können sowohl durch ihren
Bezeichner als auch durch Adressierung ihrer Elemente in einer Schleife bearbeitet
werden. Das folgende Beispiel vereinbart eine Stringvariable z mit dem Inhalt "1234"
und gibt einmal den ganzen String und dann die Elemente einzeln sowohl als Zahlen als
auch als Zeichen aus.

```
int    i;
char  z[5] = "1234";                        // Stringvariable
cout << "\nString: " << z;                  // mit cout ausgeben
for (i = 0; i < 5; i++)                      // Elemente einzeln
cout << "\n[" << i                           // Indexposition
     << "] Zeichen: " << z[i]                // als Zeichen
     << " Zahl: " << (int) z[i];             // als Zahl


String: 1234

[0] Zeichen: 1 Zahl: 49
[1] Zeichen: 2 Zahl: 50
[2] Zeichen: 3 Zahl: 51
[3] Zeichen: 4 Zahl: 52
[4] Zeichen:
```

Ergebnis	Aufruf	#include	Eingabe	Ausgabe	Bemerkung
Zeiger	cin >> *String-Variable*	iostream	Text *cr*	mit Echo	keine Leerz.
Zeiger	cout << *String*	iostream		Text	bis \ 0
Zeiger	cin.getline(*Stringvariable, maximale Länge, Endemarke)*	iostream	Text *cr*	mit Echo	max. Zeichen oder Marke
Zeiger	gets (*String-Variable*)	stdio	Text *cr*	mit Echo	*cr* am Ende
Zeiger	cgets (*String-Variable*)	conio	Text *cr*	mit Echo	[0] [1] Anzahl
Anzahl	printf (" %s ", .	stdio		Text	bis \ 0
Anzahl	cprintf (" %s ", .	conio		Text	bis \ 0
Zeichen	puts (*String*)	stdio		Text	bis \ 0 mit *cr*
Zeichen	cputs (*String*)	conio		Text	bis \ 0 kein *cr*

Bild 6-24: Funktionen für die Eingabe und Ausgabe von Texten

Die in *Bild 6-24* dargestellten Funktionen dienen zur Eingabe und Ausgabe von Strings, die als Felder vom Datentyp `char` bzw. als entsprechende Zeiger oder als Konstanten zwischen den Zeichen " " zu vereinbaren sind. Die `iostream`-Ausgabe mit `cout` läßt sich auch auf Strings anwenden, die bis zur Endemarke ausgegeben werden. Bei der Eingabe mit `cin` beginnt die Speicherung mit dem ersten Nicht-Whitespace-Zeichen und ·wird mit dem nächsten Whitespace-Zeichen abgebrochen. Daher ist `cin` für die Eingabe von Texten, die Leerzeichen enthalten, nicht verwendbar. Beispiel:

```
char z[81];                          // Stringvariable
cout << "\nEingabe mit cin ->";
cin >> z;                            // cin - Eingabe
cout << "Kontrollausgabe =>" << z;
```

```
Eingabe mit cin ->        adam und eva
Kontrollausgabe =>adam
```

Bei der Eingabe mit der Funktion `cin.getline` werden eine Stringvariable (Zeiger auf ein `char`-Feld), die maximale Anzahl der Zeichen und das Endezeichen übergeben, bis zu dem die Eingabezeile ausgewertet werden soll. Übergibt man das Zeichen \n als Endemarke, so werden auch Leerzeichen gespeichert. Beispiel:

```
cout << "\n\ngetline-Eingabe ->";
cin.getline(z, 80, '\n');            // cin.getline
cout << "Kontrollausgabe =>" << z;
```

```
getline-Eingabe ->        adam und eva
Kontrollausgabe =>        adam und eva
```

Mit `printf` und `cprintf` lassen sich Strings mit der Formatangabe `%s` zusammen mit Zahlen und Zeichen ausgeben. Bei der *Eingabe* ist es zweckmäßig, nicht `scanf`, sondern die Funktionen `gets` und `cgets` (get string) zu verwenden, bei denen der Text durch einen Wagenrücklauf *cr* beendet wird. Da der Name eines Feldes ein Zeiger ist, erscheint in allen Ein-/Ausgabefunktionen nur der Name (Bezeichner) einer Stringvariablen. Die Funktion `cgets` liest die Zeichen direkt von der Konsole. Vor dem Aufruf muß das Element `[0]` mit der Anzahl der maximal zu lesenden Zeichen geladen werden. Nach dem Aufruf enthält das Element `[1]` die Anzahl der tatsächlich gelesenen Zeichen. Das erste Zeichen steht erst im Element `[2]`. Wird die Eingabe mit einem *Wagenrücklauf* abgeschlossen, so wird dieser in die Endemarke \0 umgewandelt und an den Text angehängt. Bei der Verarbeitung mit `cgets` gelesener Strings ist zu berücksichtigen, daß die beiden ersten Elemente keine Textzeichen, sondern Längenangaben enthalten! Bei der Adressierung dieser Strings kann sowohl die Länge im Element `[1]` als auch die Endemarke \0 im letzten Element verwendet werden.

Operationen mit Strings lassen sich nur über die Feldelemente der Stringvariablen oder mit vordefinierten Funktionen der Systemdatei *string.h* durchführen; *Bild 6-25* zeigt eine Auswahl. Die Bilder *6-27* und *6-28* enthalten benutzerdefinierte Funktionen zur Behandlung von Strings.

Ergebnis	Funktionsaufruf	Aufgabe
Zeiger auf Ende	`stpcpy` (*Ziel, Quelle*)	kopiere Strings: *Quelle* nach *Ziel*
Zeiger auf Anfang	`strcpy` (*Ziel, Quelle*)	kopiere Strings: *Quelle* nach *Ziel*
Zeiger auf Anfang	`strcat` (*Ziel, Quelle*)	hänge String *Quelle* an String *Ziel* an
Zeiger auf Anfang	`strncat` (*Ziel, Quelle*, n)	hänge max. n Zeichen an String *Ziel* an
< 0 0 > 0	`strcmp` (*String_1, String_2*)	vergleiche beide Strings alphabetisch Ergebnis < 0: Str_1 niedriger als Str_2 Ergebnis = 0: beide Strings gleich Ergebnis > 0: Str_1 höher als Str_2
Länge des Strings	`strlen` (*String*)	Anzahl der Zeichen (außer \0)

Bild 6-25: Vordefinierte Stringfunktionen (`<string.h>`)

Die Funktion `strcpy` kopiert Strings in der Länge des zweiten Operanden *Quelle* in den ersten Operanden *Ziel*, der dabei überschrieben wird. Eine Wertzuweisung der Form
```
Ziel = Quelle;
```
gibt es nur für Strings, die durch Zeiger adressiert werden. Für fest vereinbarte Strings ist die Kopierfunktion zu verwenden. Das folgende Beispiel lädt eine Stringvariable z mit einer Stringkonstanten "otto" und gibt sie aus. Der Versuch mit einer entsprechenden Wertzuweisung z = "otto" führt bei der Übersetzung zu einer Fehlermeldung *"Lvalue required in function main"*; die Funktion `strcpy` dagegen kopiert die Elemente der Stringkonstanten "otto" richtig in die Stringvariable z.

```
#include <string.h>     // für Funktion strcpy
main()
{
char   z[81];           // Stringvarible für 80 Zeichen
strcpy(z, "otto");      // Funktion kopiert Strings
cout << z;              // Ausgabe der Stringvariablen
```

Die Funktion `strcmp` vergleicht zwei Strings und dient zum alphabetischen Sortieren. In der Codetabelle sind die Buchstaben aufsteigend codiert; der Buchstabe 'a' hat den Code 97 und ist kleiner als der Buchstabe 'b' mit dem Code 98. Die Funktion vergleicht die beiden Operanden zeichenweise, bricht bei der ersten Ungleichheit ab und liefert die Differenz der beiden Zeichen zurück. Sind beide Strings gleich lang und in allen Positionen gleich, so ist das Ergebnis 0. Das Ergebnis ist negativ, wenn der erste Operand alphabetisch niedriger als der zweite ist, die Strings sind also alphabetisch sortiert. Für ein Ergebnis größer 0 müßten sie vertauscht werden. Beispiele:

```
char   a[81] = "adam", m[81] = "mitte", z[81] = "zenzi";
cout << "\na - m: " << strcmp(a, m); // Ergebnis: a - m: -12
cout << "\nm - m: " << strcmp(m, m); // Ergebnis: m - m: 0
cout << "\nz - m: " << strcmp(z, m); // Ergebnis: z - m: 13
```

Das in *Bild 6-26* dargestellte Testprogramm untersucht Leseschleifen für Texte. Die erste Schleife wird durch eine frei vereinbarte Endemarke "quit" abgebrochen, den Vergleich führt die Stringfunktion `strcmp` (string compare) durch. Die zweite Schleife verwendet die Tastenkombination *Strg* und *Z* (Echo ^Z) zum Schleifenabbruch. Sie wird durch die Funktion `cin.eof()` kontrolliert. Die Abbruchbedingung ist mit `cin.clear()` wieder zurückzusetzen. Durch die Funktion `cin.getline` kann der Text auch Leerzeichen enthalten. Die Eingabe mit `cin` würde beim ersten *Whitespace*-Zeichen, also dem Leerzeichen, abbrechen.

```
/* k6p26.cpp  Bild 6-26: Leseschleifen für Strings */
#include <iostream.h>          // für cout und cin.getline
#include <string.h>            // für strcmp
#define N 81                   // Länge Textzeile
#define ENDE "quit"            // Endemarke für Eingabe
main()
{
 const char  ein[13] = "\nEingabe -> ", aus[12] = "Ausgabe => ";
 char   text[N];
 cout << "\nLeseschleife Ende mit  " << ENDE << endl;
 while (1)
 {
  cout <<  ein;                      // Meldung ausgeben
  cin.getline(text, N, '\n');        // Text lesen
  if( !strcmp(text, ENDE) ) break;   // quit eingegeben
  cout << aus << text;               // Kontrollausgabe
 }
 cout << "\n\nLeseschleife Ende mit Strg und Z";
 while (1)
 {
  cout << ein;                            // Meldung ausgeben
  cin.getline(text, N, '\n');             // Text lesen
  if ( cin.eof() ) { cin.clear(); break; } // Strg - Z eingegeben
  cout << aus << text;                    // Kontrollausgabe
 }
 return 0;
}


Leseschleife Ende mit  quit

Eingabe -> Das ist ein Test
Ausgabe => Das ist ein Test
Eingabe -> Der Text enthält auch Leerzeichen
Ausgabe -> Der Text enthält auch Leerzeichen
Eingabe -> quit

Leseschleife Ende mit Strg und Z

Eingabe -> Das ist ein Test
Ausgabe => Das ist ein Test
Eingabe -> ^Z
```

Bild 6-26: Leseschleifen für Strings

Strings lassen sich wie Felder auch über ***Zeiger*** adressieren. In dem folgenden Beispiel wird eine Zeigervariable y mit y = zeile auf die Anfangsadresse einer Stringvariablen zeile gesetzt. Der umgekehrte Versuch mit zeile = y führt auf die Fehlermeldung *"Lvalue required in function main"*, denn ein Feld ist kein Zeiger! Das Beispiel x = "otto" zeigt, daß die Zeiger von Stringkonstanten ("otto") an Zeigervariablen (z.B. x) übergeben werden können, nicht jedoch an Felder (z.B. zeile), denn zeile = "otto" führt wieder auf die bekannte Fehlermeldung. Die folgenden Beispiele weisen nur Zeigern Adressen zu und geben die Inhalte zur Kontrolle aus:

```
char  zeile[80] = "1234", *x, *y, *z;
x = "otto";          // Zeiger = Stringkonstante
y = zeile;           // Zeiger = Stringvariable
z = y;               // Zeiger = Zeiger: "Stringoperation"
cout << x << " " << x << " " << z << " " << zeile;
```

Für besondere Aufgaben der Stringverarbeitung kann der Benutzer eigene Funktionen entwickeln. *Bild 6-27* zeigt als Beispiel eine Eingabefunktion strein zum Lesen von Strings. Die Funktion speichert die Zeichen in eine Stringvariable und liefert die Anzahl der tatsächlich gelesenen Zeichen als Funktionsergebnis zurück. Damit kann der Benutzer bei dynamischen Feldern Speicher anfordern.

```
/* k6p27.cpp  Bild 6-27: Benutzerdefinierte String-Funktion */
#include  <iostream.h>      // für cin cin.get cout
#include  <string.h>        // für strcmp
int  strein(char x[])       // String lesen bis cr oder Strg-Z
{
 int i = 0, n;
 while (1)
  {
   x[i] = cin.get();                  // Zeichen lesen
   if (x[i] == 10 || cin.eof() ) break;  // cr oder EOF
   i++;                               // Zähler erhöhen
  }
 x[i] = 0;                            // Endemarke
 return i;    // liefert Anzahl der Zeichen außer cr = Endemarke
}
main()
{
 char eingabe [81], z, x[81], marke [6] = "ende";
 int n;
 cout << "\n\nLeseschleife Ende mit  " << marke << "  oder Strg - Z";
 while (1)
  {
   cout << "\n\nTexteingabe -> ";
   n = strein(eingabe);
   cout.width(3); cout << n << " Zeichen => " << eingabe;
   if( !strcmp(eingabe, marke) || cin.eof() )
     { cin.clear(); cin.seekg(0); break;}
  }
 return 0;
}
```

```
Leseschleife Ende mit  ende  oder Strg - Z

Texteingabe -> Guten Morgen
 12 Zeichen => Guten Morgen

Texteingabe -> Das ist ein Test
 16 Zeichen => Das ist ein Test

Texteingabe -> ^Z
  0 Zeichen =>
```

Bild 6-27: Benutzerdefinierte Eingabeprozedur

Zur Bearbeitung von Texten, die aus mehreren Zeilen bestehen, lassen sich **Textfelder** vereinbaren. Dies sind zweidimensionale Felder aus Zeichen; in der ersten Dimension liegen die Zeilen, in der zweiten die Spalten. Da die Anzahl der Spalten nach der längsten Zeile zu bemessen ist, können Textfelder möglicherweise den verfügbaren Speicherbereich überschreiten; 1000 Zeilen zu je 80 Zeichen benötigen 81000 Bytes!

```
      char   Bezeichner [Zeilen][Spalten], . . . ;
      char   Bezeichner [Zeilen][Spalten] = { Liste };
const char   Bezeichner [Zeilen][Spalten] = { Liste };
```

In der *Konstantenliste* erscheinen die Stringkonstanten jeweils durch ein Komma getrennt. Man beachte, daß für die Abspeicherung der Endemarke '\0' ein zusätzliches Spaltenbyte benötigt wird. Die Liste kann weniger Konstanten enthalten als für die Zeilen bzw. für die Spalten vereinbart wurde. Das folgende Beispiel legt ein Schaltsymbol als Textfeld an und gibt es aus.

```
int   i;
const char  x[3][12] = {  "          ",
                          "    1     ",
                          "          " };
for (i = 0; i < 3; i++) cout << x[i];
```

Die **Adressierung** der Zeilen eines Textfeldes erfolgt eindimensional

```
Bezeichner [Zeilennummer]
```

Das folgende Beispiel vereinbart einen Text aus 4 Zeilen und 7 Spalten mit Textkonstanten und gibt ihn aus.

```
#define  N 4      // Zeilen
#define  S 8      // Spalten + 1
main()
{
 int   i;
 char  text [N][S] = {"eins", "2", "drei", "4= vier"};
 for (i = 0; i < N; i++) cout << text[i];
```

Das in *Bild 6-28* dargestellte Programmbeispiel arbeitet mit einem statischen Textfeld, dessen Zeilen alphabetisch sortiert und dann ausgegeben werden. Das Sortierverfahren entspricht dem des Bildes 6-15, in dem Zahlen sortiert wurden.

```cpp
/* k6p28.cpp  Bild 6-28: Namen alphabetisch sortieren */
#include <iostream.h>
#include <string.h>
#define N 5                // max. Zahl der Namen
#define S 81               // max. Stellen
#define marke "NONAME"     // Endemarke
main()
{
 int  i, j, min, anz = 0;
 char text[N][S], zeile[S];
 cout << "\nmaximal " << N << " Namen Ende mit "
      << marke << " oder Strg - Z" << endl;
 for (anz = 0; anz < N; anz++)
 {
   cout << (anz+1) << ".Name -> "; cin.getline(zeile,S ,'\n');
   if ( (strcmp(marke, zeile) == 0) || cin.eof() ) break;
   strcpy(text[anz] , zeile);
 }
 if ( cin.eof() ) { cin.clear(); cin.seekg(0); }
 /* Namen alphabetisch sortieren */
 for (i = 0; i < (anz-1); i++)
 {
  min = i;
  for (j = i+1; j < anz; j++)
   if (strcmp(text[min] , text[j]) > 0) min = j;
  if (min != i)                  /* Namen vertauschen */
  {
   strcpy(zeile , text[min]);
   strcpy(text[min] , text[i]);
   strcpy(text[i] , zeile);
  }                              /* Ende vertauschen */
 }                               /* Ende i-Schleife  */
 cout << "\n" << anz << " Namen sortiert ausgeben\n";
 for (i=0; i<anz; i++) cout << text[i] << endl;
 return 0;
}

maximal 5 Namen Ende mit NONAME oder Strg - Z
1.Name -> Ossi Ofen
2.Name -> Fridolin Osterhase
3.Name -> Balduin Ballermann
4.Name -> Fina die letzte
5.Name -> NONAME

4 Namen sortiert ausgeben
Balduin Ballermann
Fina die letzte
Fridolin Osterhase
Ossi Ofen
```

Bild 6-28: Textfeld alphabetisch sortieren

Reichen die vordefinierten Stringfunktionen in `string.h` nicht aus, so kann der Benutzer eigene Funktionen zur Behandlung ein- und mehrdimensionaler Felder entwikkeln, deren Elemente aus Zeichen vom Datentyp `char` bestehen. Dabei ist zu beachten, daß C++ nullterminierte Strings verwendet, die als Endemarke eine Null tragen. *Bild 6-28a* zeigt dazu Beispiele.

Die Funktion `lese` dient wie `cin.getline` zur Eingabe von Strings.

Die Funktion `kopiere` kopiert Strings wie die Funktion `strcpy`.

Die Funktion `vergleiche` dient wie `strcmp` zum alphabetischen Sortieren.

Die Funktion `vertausche` vertauscht den Inhalt zweier Strings.

Die Funktion `sortiere` sortiert ein Stringfeld alphabetisch aufsteigend.

```cpp
/* k6p28a.cpp  Bild 6-28a: benutzereigene String-Funktionen */
#include <iostream.h>
#define N 5              // max. Zahl der Namen
#define S 80             // max. Stellen

int lese (char x[])      // String lesen bis cr oder Strg-Z
{
 int i = 0;
 while (1)
 {
  x[i] = cin.get();                      // Zeichen lesen
  if (x[i] == 10 || cin.eof() ) break;   // cr oder EOF
  i++;                                   // Zähler erhöhen
 }
 x[i] = 0;                               // Endemarke statt cr
 return i;               // liefert Anzahl der Zeichen ohne \0
}

int kopiere (char ziel[], const char quelle[])   // kopiert Strings
{
 int i = 0;
 while (1)
 {
  ziel[i] = quelle[i];
  if (ziel[i] == 0) break; else i++;
 }
 return i;               // liefert Anzahl der Zeichen ohne \0
}

/* Ergebnis: <0: op1 < op2    ==0:  op1 = op2    >0: op1 > op2 */
int vergleiche(const char op1[], const char op2[])  // vergleiche
{
 int i = 0;
 while (1)
 {
  if (op1[i] < op2[i])  return -1;               // ungleich
  if (op1[i] > op2[i])  return +1;               // ungleich
  if ((op1[i] == 0) && (op2[i] == 0)) return 0;  // gleich
  i++;
 }
}
```

```
void vertausche (char op1[], char op2[])    // vertauscht Strings
{
  int i = 0, ende1 = 0, ende2 = 0;
  char hilfe;
  while (1)
  {
    hilfe = op1[i];                         // Zeichen tauschen
    op1[i] = op2[i];
    op2[i] = hilfe;
    if (op1[i] == 0) ende1 = 1;             // op1 am Ende
    if (op2[i] == 0) ende2 = 1;             // op2 am Ende
    if (ende1 && ende2) break;              // op2 UND op1 am Ende
    i++;
  }
  return;
}
void sortiere(int anz, char feld[][S])      // sortiert Strings
{
  int i, j, min;
  for (i = 0; i < (anz-1); i++)
  {
    min = i;
    for (j = i+1; j < anz; j++)
        if ( vergleiche(feld[min], feld[j]) > 0) min = j;
    if (min != i) vertausche(feld[min], feld[i]);
  }
  return ;
}
main()
{
  int  i, j, anz = 0, laenge;
  char  text[N][S], zeile[S];
  cout << "\nmaximal " << N << " Namen  Ende mit Strg - Z\n";
  for (anz = 0; anz < N; anz++)
  {
    cout << (anz+1) << ".Name -> "; laenge = lese(zeile);
    if ( cin.eof() ) {cin.clear(); cin.seekg(0); break; }
    kopiere(text[anz], zeile);
  }
  /* Namen alphabetisch sortieren und ausgeben */
  sortiere(anz, text);
  cout << "\n" << anz << " Namen sortiert ausgeben\n";
  for (i=0; i<anz; i++) cout << text[i] << endl;
  return 0;
}


maximal 5 Namen  Ende mit Strg - Z
1.Name -> Zwei
2.Name -> Eins
3.Name -> ^Z

2 Namen sortiert ausgeben
Eins
Zwei
```

Bild 6-28a: Benutzereigene Stringfunktionen

Textzeilen und Textfelder lassen sich auch als ***dynamische Felder*** mit new oder mit alloc bzw. calloc anlegen. Die Bearbeitung erfolgt durch Zeiger oder als Feld. Beispiele:

```
char *zeile;
cout << "Länge -> "; cin >> lae;
zeile = new char[lae];
cin.getline(zeile, lae, '\n');

char **text;
cout << "\nZeilen -> "; cin >> nz;
text = new char *[nz];
cout << "\nSpalten -> "; cin >> ns;
for (i=0;i<nz;i++) text[i] = new char [ns];
```

Bild 6-28b zeigt ein zweidimensionales dynamisches Textfeld. Die Anzahl der Zeilen wird durch eine Abfrage auf einen Maximalwert gesetzt. Die Anzahl der Spalten jeder Zeile ist variabel und entspricht der Länge des eingegebenen Textes.

```
/* k6p28b.cpp  Bild 6-28b: Dynamisches Feld */
#include <iostream.h>
#define ZL 80           // Anzahl der Zeichen pro Zeile
int lese (char x[])     // String lesen bis cr oder Strg-Z
{
 int i = 0;
 while (1)
  {
   x[i] = cin.get();     // aus Eingabepuffer lesen
   if (x[i] == 10 || cin.eof() ) break;    // cr oder Strg-Z
   i++;
  }
 x[i] = 0;
 return i;
}

int kopiere (char ziel[], const char quelle[])   // Strings kopieren
{
 int i = 0;
 while (1)
  {
   ziel[i] = quelle[i];
   if (ziel[i] == 0) break; else i++;
  }
 return i;
}

main()
{
 int  i, j, max, anz, lae;
 char **text, puffer[ZL];
 cout << "\nMaximale Anzahl der Namen -> ";
 cin >> max; cin.seekg(0);
 text = new char *[max];        // Feld mit Zeiger auf Zeilen
 anz = 0;
 cout << "max. " << ZL << " Zeichen  Ende mit Strg - Z\n";
```

```
while (1)
{
  cout << (anz+1) << ".Name -> ";
  lae = lese(puffer);
  if ( cin.eof() ) { cin.clear(); cin.seekg(0); break; }
  if ( anz == max) { cout << "\nDas Boot ist voll\n"; break; }
  text[anz] = new char[lae+1];
  kopiere(text[anz], puffer);
  anz++;
}
cout << "\nKontrollausgabe:";
for (i = 0; i < anz; i++) cout << "\n" << (char*) text[i];
return 0;
}
```

```
Maximale Anzahl der Namen -> 10
max. 80 Zeichen  Ende mit Strg - Z
1.Name -> Max Monster
2.Name -> Adam und Eva
3.Name -> Fina und Balduin
4.Name -> Adele und Pauline
5.Name -> ^Z

Kontrollausgabe:
Max Monster
Adam und Eva
Fina und Balduin
Adele und Pauline
```

Bild 6-28b: Dynamische Textfelder

6.2.3 Übungen
Für die folgenden Übungsaufgaben enthält der Anhang einfache Lösungsvorschläge.

1. Aufgabe:
Für den Scheinwiderstand einer RLC-Schaltung in Abhängigkeit von der Frequenz gelten die Formeln:

Realteil: $\qquad Z_{re} = R$

Imaginärteil: $Z_{im} = Z_L - Z_C \qquad Z_L = 2 * \pi * f * L \qquad Z_C = \dfrac{1}{2 * \pi * f * C}$

Absolutwert: $Z_{ab} = \sqrt{Z_{re}^2 + Z_{im}^2}$

Winkel: $\qquad \varphi = \arctan \dfrac{Z_{im}}{Z_{re}}$

Nach der Eingabe von Werten für R, L und C sowie für den Anfangswert, den Endwert und die Schrittweite der Frequenz ist eine Tabelle auszugeben. Beispiel:

f [Hz]	Zre [Ω]	Zim [Ω]	Zab [Ω]	δ [°]
100	100.0	-1528.718	1531.985	-86.3
200	100.0	-670.111	677.531	-81.5
300	100.0	-342.021	356.340	-73.7
400	100.0	-146.560	177.426	-55.7
500	100.0	-4.151	100.086	-2.4
600	100.0	111.733	149.947	48.2
700	100.0	212.459	234.816	64.8
800	100.0	303.711	319.751	71.8
900	100.0	388.648	401.307	75.6
1000	100.0	469.164	479.702	78.0

2. Aufgabe:

Für den Widerstand eines Kupferdrahtes gilt:

$$R = \frac{l}{k \cdot A} \qquad A = \frac{\pi \cdot d^2}{4}$$

Für die Drahtlänge l sind der Anfangswert, der Endwert und die Schrittweite als Variable einzugeben. Die Drahtdurchmesser d können als Konstanten fest vereinbart werden. Das Material ist durch einen Kennbuchstaben auszuwählen. Die spezifischen Leitwerte k in m/(Ω·mm²) betragen für

```
Silber:     k = 60.0
Kupfer:     k = 56.8
Aluminium:  k = 36.0
Messing:    k = 13.3
```

Beispiel:

```
Länge Anfangswert [m] -> 1
    Länge Endwert [m] -> 10
    Länge Schritt [m] -> 1
Material: S=Silber K=Kupfer A=Alu M=Messing  _ cr -> m
```

Messingdraht Durchmesser in mm Widerstand in Ω

l [m]	0.5φ	0.6φ	0.7φ	0.8φ	0.9φ	1.0φ
1	0.383	0.266	0.195	0.150	0.118	0.096
2	0.766	0.532	0.391	0.299	0.236	0.191
3	1.149	0.798	0.586	0.449	0.355	0.287
4	1.532	1.064	0.781	0.598	0.473	0.383
5	1.915	1.330	0.977	0.748	0.591	0.479
6	2.298	1.596	1.172	0.897	0.709	0.574
7	2.681	1.861	1.368	1.047	0.827	0.670
8	3.063	2.127	1.563	1.197	0.946	0.766
9	3.446	2.393	1.758	1.346	1.064	0.862
10	3.829	2.659	1.954	1.496	1.182	0.957

3. Aufgabe:
Es ist das Schaltbild einer RLC-Schaltung als konstantes Textfeld zu entwerfen und auszugeben. Beispiel:

```
o──┤        ├──────┤███████┤──┤ ├─o
```

```
Weiter ->
```

4. Aufgabe:
Es sind Schaltbilder für die logischen Schaltungen *Nicht*, *Und* sowie *Oder* als konstante Textfelder zu entwerfen. In einer Leseschleife soll durch Eingabe eines der Kennwörter *"nicht"* bzw. *"und"* bzw. *"oder"* eines der drei Schaltbilder ausgewählt und ausgegeben werden. Das Kennwort *"ende"* breche die Leseschleife ab. Beispiel:

```
Bitte   nicht   und   oder   ende   _cr eingeben -> nicht
```

```
        │
    ┌───┴───┐
    │       │
    │   1   │
    │       │
    └───┬───┘
        │
```

```
Bitte   nicht   und   oder   ende   _cr eingeben -> ende
```

```
Weiter ->
```

5. Aufgabe:
Nach der Eingabe eines Skalenfaktors sind Meßwerte (Zahlen) zusammen mit Längeneinheiten (Texte *mm* , *cm* , *m*) einzugeben, entsprechend der eingegebenen Einheit in mm umzurechnen, mit dem Skalenfaktor zu multiplizieren und in einem Feld zu speichern. Nach Eingabe des letzten Wertes gebe man die bewerteten Ergebnisse und die Gesamtsumme aus. Beispiel:

```
Anzahl der Werte max. 10 -> 3
  Skalenfaktor für Werte -> 1.1
Meßwert mit Einheit  mm  cm  m  z.B. 12 mm  cr
 1.Eingabe: -> 1 m
 2.Eingabe: -> 2 mm
 3.Eingabe: -> 3 cm

 Ergebnisse Skalenfaktor 1.1
 1.Ergebnis:   1100.0 [mm]
 2.Ergebnis:      2.2 [mm]
 3.Ergebnis:     33.0 [mm]
==========================
Gesamtlänge:   1135.2 [mm]
```

6.3 Die Datentypen Struktur und Union

Besonders im Zusammenhang mit Datendateien (Abschnitt 6.4) müssen Elemente verschiedener Datentypen unter einem Namen (Bezeichner) zusammengefaßt werden. Dies geschieht durch den zusammengesetzten Datentyp **struct** (Datenstruktur). Die Elemente (Komponenten) können beispielsweise aus ganzen Zahlen (int) und reellen (double) Zahlen sowie aus Zeichen (char) oder Strings bestehen. Beispiel:

```
struct
        {
        int   nr;              // ganzzahlige Komponente
        double   wert;         // reelle Komponente
        char   text[80];       // Stringkomponente
        }
        satz;                  // Strukturvariable
```

Der Datentyp **struct** gehört zu den benutzerdefinierten Datentypen. Dabei unterscheidet man die *Deklaration*, die die Eigenschaften wie z.B. die Komponenten beschreibt, und die *Definition*, die Variablen mit den deklarierten Eigenschaften festlegt. Die Deklaration beschreibt einen Musterbauplan, nach dem dann Konstanten und Variablen gebaut (definiert) werden. Im einfachsten Fall geschieht beides zusammen in einer Vereinbarung.

```
struct {
        Komponentenlisten;
        }
        Variablenbezeichnerliste;
```

Auf das Kennwort **struct** folgt zwischen geschweiften Klammern eine Beschreibung der *Komponenten*, aus denen die Struktur zusammengesetzt ist. Komponenten gleichen Typs lassen sich wie bei den einfachen Variablenvereinbarungen in einer Liste zusammenfassen. Die ***Komponenten*** erhalten wie einfache Variablen einen frei wählbaren Bezeichner, der nur zusammen mit der Strukturvariablen verwendet wird.

```
{
Datentyp_1 Komponentenliste_1;
 .    .    .    .    .    .    .    ;
Datentyp_n Komponentenliste_n;
}
```

Die Bezeichner der Komponenten dürfen auch in anderen Strukturen oder für Variablen verwendet werden, da sie immer nur an einen ganz bestimmten Strukturtyp gebunden sind. Das folgende Beispiel definiert zwei Strukturvariablen mess und x mit den ganzzahligen Komponenten std und min, der reellen Komponente wert und der Stringkomponente einheit, die aus einem Feld aus 10 Zeichen besteht. Der Bezeichner wert wird auch für eine int-Variable verwendet.

```
int   wert;                     // ganzzahlige Variable
struct
      {
        int   std, min;         // ganzzahlige Komponenten
        double  wert;           // reelle Komponente
        char  einheit [10];     // Stringkomponente
      }
      mess, x;                  // Strukturvariablen
```

Es gibt sowohl Strukturkonstanten als auch mit Konstanten vorbesetzte Strukturvariablen. Diese Festlegung gilt dann für alle Komponenten der Struktur. Steht das Modifiziererkennwort const vor struct oder dem Strukturbezeichner, so darf der Inhalt nicht mehr verändert werden.

```
struct
       {
         Komponentenlisten;
       }
       Strukturbezeichner = { Konstantenliste } ;
```

Die Konstanten müssen in Typ und Reihenfolge den Komponenten entsprechen. Die Zuordnung beginnt von vorn; werden weniger Konstanten angegeben, so bleiben die hinteren Komponenten unbesetzt. Das folgende Beispiel besetzt die Strukturvariable mess mit Anfangswerten.

```
struct
      { int   std, min;
        double  wert;
        char  einheit [10];
      } mess = { 11 , 12 , 47.11 , "cm" };
```

Aufbau einer Strukturvariablen

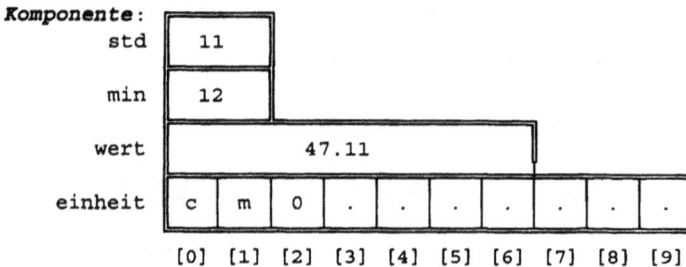

Strukturvariablen werden über ihre *Komponenten* angesprochen. Dies entspricht der Bearbeitung eines Feldes über seine Elemente, die mit einem Index adressiert werden.

```
Strukturvariable . Komponente
```

Der *Punkt* trennt den Bezeichner der Strukturvariablen von dem Bezeichner der Komponente. In dieser Form werden die Elemente sowohl beim Aufruf von Funktionen (Ein-/Ausgabe) als auch in Ausdrücken bezeichnet. Das folgende Beispiel weist den Komponenten wert und einheit Werte zu und gibt sie aus.

```
mess.wert = 123.456;          // Wertzuweisung
strcpy(mess.einheit, "cm");   // Funktion in <string.h>
cout << mess.wert << " " << mess.einheit;
```

Wurden zwei Strukturvariablen zusammen vereinbart, so ist eine Wertzuweisung aller Komponenten durch die Bezeichner möglich. Vergleichsoperationen zwischen Strukturen und Wertzuweisungen von Strukturen, die zwar gleich aufgebaut sind, aber nicht zusammen vereinbart wurden, sind nicht zulässig. In den obigen Beispielen wurden x und mess immer zusammen vereinbart, daher ist eine Wertzuweisung über die Bezeichner möglich.

```
x = mess;
```

Die *Eingabe und Ausgabe* von Strukturvariablen erfolgt normalerweise nur über die Komponenten. Bei der Ausgabe mit printf ist es möglich, alle Komponenten (außer Strings) auch durch Angabe der Strukturvariablen auszugeben. Beispiel:

```
struct {
        int nr;            // ganzzahlige Komponente
        double wert;       // reelle Komponente
        } x;               // Strukturvariable
cin >> x.nr >> x.wert;              // nur Komponenten
cout << x.nr << " " << x.wert;     // nur Komponenten
printf("\n%i  %lg", x);            // auch Strukturvariable
```

Eine Struktur kann als Komponente auch *Felder* enthalten. Ein Beispiel ist die Stringkomponente einheit, die aus 10 Zeichen besteht. Das folgende Beispiel setzt in das Element einheit[0] der Strukturvariablen x die Stringendemarke '\0':

```
x.einheit[0] = '\0';
```

Es ist auch möglich, *Felder* zu vereinbaren, deren Elemente aus Strukturen bestehen. Das folgende Beispiel vereinbart ein Feld mess aus 100 Strukturen und besetzt die Komponente wert des Elementes [0].

```
struct { int   std, min;
         double  wert;
         char   einheit [10];
       } mess [100] ;     // Feld aus 100 Strukturen
mess[0].wert = 47.11;     // 0. Struktur erhält Wert
```

Das in *Bild 6-29* dargestellte Programmbeispiel vereinbart den Datensatz einer Bauteileverwaltung als Struktur. In einer Schleife werden für alle Bauteile die Bezeichnung, der Lagerbestand und ein Stückpreis gelesen und in einem Feld gespeichert. Danach folgt die Ausgabe einer Lagerliste mit dem Gesamtwert des Lagerbestandes. Eine ähnliche Aufgabe wird im Abschnitt 6.4 mit einer Datendatei gelöst.

```
/* k6p29.cpp  Bild 6-29: Struktur für Bauteilelager */
#include  <iostream.h>
#include  <iomanip.h>
#include  <string.h>      // für strlen
#define  N 10
main()
{
  struct {
          char name [81];   // String mit Bauteilbezeichnung
          int  menge;       // Lagerbestand
          double preis;     // Stückpreis
          } lager [N];      // Feld aus Strukturen
  int  i, j, anz;
  double  steu, sum, wert;
  cout << "\nAnzahl max. " << N << " ----> "; cin >> anz;
  for (i = 0; i < anz; i++)
  {
   cout << "Nr." << i+1 << ": Bezeichnung -> ";
   cin >> lager[i].name; cin.seekg(0);
   cout << "      Lagerbestand -> "; cin >> lager[i].menge;
   cout << " Stückpreis [DM] -> "; cin >> lager[i].preis;
  }
  cout << "\n            Bauteil  Menge      Wert\n"; sum = 0;
  for (i = 0; i < anz; i++)
  {
   wert = lager[i].menge * lager[i].preis;
   sum = sum + wert;
   for (j = 1; j < (17 - strlen(lager[i].name)); j++) cout.put(' ');
   cout << lager[i].name << setw(7) << lager[i].menge
        << setw(9) << wert << endl;
  }
  cout << "================================";
  cout << "\n            Gesamtwert " << setw(8) << sum;
  cout << "\n     Steuersatz in % -> "; cin >> steu;
  cout << "   Bewertung mit Steuer " << setw(8)
       << sum * (1 + 0.01*steu) << " DM";
  return 0;
}


Anzahl max. 10 ----> 2
Nr.1: Bezeichnung -> Transistor
     Lagerbestand -> 10
 Stückpreis [DM] -> 1.0
Nr.2: Bezeichnung -> Kondensator
     Lagerbestand -> 20
 Stückpreis [DM] -> 0.1


            Bauteil  Menge      Wert
          Transistor    10        10
         Kondensator    20         2
================================
            Gesamtwert          12
     Steuersatz in % -> 10
   Bewertung mit Steuer      13.2 DM
```

Bild 6-29: Aufbau einer Struktur für Bauteile

Besonders im Zusammenhang mit dem Aufruf von Funktionen ist es erforderlich, einen **benannten Datentyp** für Strukturen zu deklarieren. Alle Beispiele dieses Abschnitts verwenden diese Strukturtypen, auch wenn es nicht nötig ist.

```
struct Typbezeichner {
                        Komponentenlisten ;
                     }
                        Variablenliste ;

struct Typbezeichner  Variablenliste;
```

Bei der Deklaration des Datentyps folgt auf den Bezeichner des Datentyps die Be-schreibung der Komponenten. Die Variablenliste kann entfallen, dann muß jedoch hinter der geschweiften Klammer der Komponentenlisten ein Semikolon stehen. Der Typbezeichner wird nun zusammen mit dem Kennwort **struct** wie bei den vorde-finierten Datentypen zur Definition von Strukturvariablen verwendet. Das folgende Beispiel deklariert einen Strukturtyp styp und verwendet ihn zur Definition der Strukturvariablen x und mess.

```
struct styp { int   std, min;
              double  wert;
              char  einheit [10];
            } ;         // ohne Variablen vereinbart
struct styp  mess, x;   // hier Variablen definiert
mess.wert = 47.11;      // Wertzuweisung an Komponente
```

Abschnitt 6.7 zeigt eine weitere Möglichkeit, benutzerdefinierte Datentypen mit dem Kennwort **typedef** zu vereinbaren.

```
typedef struct
                {
                  Komponentenlisten ;
                }
                Typbezeichner ;

Typbezeichner  Variablenliste;
```

Das folgende Beispiel deklariert einen neuen Datentyp styp und verwendet ihn zur Definition der Strukturvariablen x und mess.

```
typedef struct {
                int   std, min;
                double  wert;
                char  einheit [10];
               }styp;   // Typvereinbarung
styp  mess, x;          // Variablenvereinbarung
x.wert = 47.11;         // Wertzuweisung an Komponente
```

Eine **Komponente** einer Struktur kann auch ein *Zeiger* sein. Diesem muß mit dem Adreßoperator **&** oder new oder alloc bzw. calloc eine Adresse zugewiesen werden. Der Indirektionsoperator ***** vor den Zeigern kennzeichnet Operationen mit den Dateninhalten, auf die der Zeiger zeigt. Das folgende Beispiel deklariert die Zeiger stdz und minz als Komponenten einer Struktur.

```
struct styp {
               int  *stdz, *minz ,  // Zeigerkomponenten
               double  wert;
               } ;
struct styp  x;          // Strukturvariable
int  i = 12;             // statische int-Variable
x.stdz = &i;             // x.stdz zeigt auf Variable i
x.minz = new int (34);   // Zeiger auf vorbesetzten Wert
cout << *x.stdz << " " << x.minz ;    // Kontrollausgabe
```

Strukturen lassen sich auch über *Zeiger* adressieren. Dazu ist es erforderlich, in einer Strukturdefinition einen entsprechenden **Strukturzeiger** zu vereinbaren.

```
struct Typbezeichner  *Strukturzeiger;
```

Dem *Strukturzeiger* ist mit dem Adreßoperator **&** die Adresse einer entsprechend vereinbarten Struktur zuzuweisen, oder es ist mit **new** oder calloc bzw. malloc zusätzlicher Speicherplatz vom System anzufordern.

```
Strukturzeiger = &Strukturvariable
Strukturzeiger = new Datenyp
Strukturzeiger = new Datentyp (Wert)
Strukturzeiger = malloc bzw. calloc
```

Der Zugriff auf die Daten der Komponenten erfolgt nun über den Strukturzeiger. Der Operator -> für den Ausdruck (*zeiger). verkürzt die Schreibweise auf die adressierten Daten.

```
(*Strukturzeiger) . Komponente
 Strukturzeiger -> Komponente
```

Das folgende Beispiel definiert eine Strukturvariable x und die Strukturzeiger sz und tz, die auf Adressen von Daten gesetzt werden und denen dann Werte zugewiesen werden.

```
typedef struct styp {
                int  std, min;  // Komponenten
                double  wert;   // Komponente
                } ;
```

```
struct styp  x, *sz, *tz;    // Variable und 2 Zeiger
sz= &x;                      // sz zeigt auf Struktur x
tz = new styp;               // tz zeigt auf neue Struktur
(*sz).std = 12;              // wie sz -> std = 12;
sz -> min = 34;              // wie (*sz).min = 34;
tz = sz;                     // Zeiger kopieren
*tz = *sz                    // Strukturdaten kopieren
cout << tz->std << " " << tz->min;    // Ausgabe
```

Strukturen lassen sich mit **Funktionen** bearbeiten. Man unterscheidet:
- Komponenten als Parameter und Funktionsergebnis,
- Strukturen als Parameter und
- Strukturen als Funktionsergebnis.

Bei *Komponenten als Parameter* gibt es Wertparameter und Ergebnisparameter. *Wertparameter* liefern nur Werte an die Funktion. Parameter, die *Ergebnisse* zurückliefern, können in der Funktion als Zeiger oder als Referenzen deklariert werden. Eine Funktion, die einfache Datentypen (z.B. int oder double) erwartet, kann mit einfachen Konstanten bzw. Variablen oder Feldelementen oder mit *Komponenten* von Strukturen aufgerufen werden. Das folgende Beispiel vereinbart die formalen Parameter als Referenzen; der Aufruf erfolgt mit den Bezeichnern.

```
void upro (int &h, int &m, double &w)   // Referenz
{
  w = h*60 + m;        // Ergebnisparameter
  return ;             // ohne Ergebnis, da void
};
main()
{
  struct styp {
            int   std, min;
            double  wert;
            } ;
  struct styp  x = {1, 1, 0};
  upro(x.std, x.min, x.wert);    // Komponenten
  cout << "\nWert = " << x.wert; // Kontrollausgabe
```

Soll eine *Struktur als Parameter* übergeben werden, so muß der Strukturtyp im globalen Vereinbarungsteil vor der Funktionsdefinition deklariert werden. Der Strukturtyp erscheint bei der Vereinbarung der formalen Parameter als Datentyp. Ergebnisparameter können als Zeiger oder als Referenz vereinbart werden. Das Kennwort struct vor dem Strukturtyp kann entfallen. Beispiel:

```
/*       Wertparameter  Referenz       */
void func(struct styp a, struct styp &b)
{
b = a;
return ;
}
```

Die aktuellen Parameter beim Aufruf der Funktion müssen den formalen Parametern der Definition entsprechen. Das folgende Beispiel ruft die Funktion `func` mit dem Wertparameter x und dem Referenzparameter y auf.

```
struct styp   x, y;
x.std = 11; x.min = 12; x.wert = 44.55;
func(x, y);              // Aufruf mit Strukturen
```

Soll eine *Struktur das Ergebnis* eines Funktionsaufrufes übernehmen, so ist wieder eine globale Deklaration eines Strukturtyps erforderlich. Dieser wird als Ergebnistyp der Funktion verwendet. Eine Hilfsstruktur gleichen Typs ist in der Funktion für die Rückgabe des Ergebnisses zu vereinbaren. Beispiel:

```
struct styp upro (void)  // Definition ohne Parameter
{
 struct hilf;
 hilf.std = 1;    hilf.min = 2;    hilf.wert = 3.3;
 return hilf;
}
```

Das Ergebnis des Funktionsaufrufs ist eine Struktur, die wieder einer Struktur zugewiesen werden kann. Beispiel:

```
struct styp   x;
x = upro();              // Aufruf ohne Parameter
```

```
/* k6p29a.cpp  Bild 6-29a: Strukturen als Parameter und Ergebnis */
#include <iostream.h>
typedef struct zahl         // Struktur deklariert
 {
  int ganz;                 // ganzzahlige Komponente
  double reell;             // reelle Komponente
 };
/* Funktion mit Struktur als Parameter und Ergebnis */
struct zahl func(struct zahl &a, const struct zahl &b) // Referenzen
{
 struct zahl hilfe;         // Hilfsstruktur als Ergebnis
 a.ganz  = b.ganz;          // Komponenten kopieren
 a.reell = b.reell;
 hilfe.ganz = b.ganz;
 hilfe.reell = b.reell;
 a = b;                     // Strukturen kopieren
 hilfe = b;
 return hilfe;              // Struktur als Rückgabe
}

main()
{
struct zahl x, y, z;        // Strukturvariablen
struct zahl *sz = new zahl,*tz = new zahl,*uz = new zahl;  // Zeiger
*sz).ganz = 123;            // wie    szeig-> anz =
 sz -> reell = 47.11;       // wie (*szeig).reell =
x = *sz;                    // Struktur = Struktur
cout << "\nx = " << x.ganz << "  " << x.reell;
z = func(y, x);             // Strukturen als Ergebnis und Parameter
cout << "\ny = " << y.ganz << "  " << y.reell;
```

```
cout << "\nz = " << z.ganz << "  " << z.reell;
*uz = func(*tz, *sz);        // Strukturzeiger verwendet
cout << "\nt = " << tz -> ganz << "  " << tz -> reell;
cout << "\nu = " << uz -> ganz << "  " << uz -> reell;
return 0;
}
```

Bild 6-29a: Strukturen als Parameter und Funktionsergebnis

Eine Struktur kann eine vorher vereinbarte ***Struktur als Komponente*** enthalten. Bei der Deklaration der entsprechenden Komponente wird das Kennwort **struct** zusammen mit dem Bezeichner der Struktur angegeben.

```
struct Typ_1 {
              Komponente_1;
              } ;

struct Typ_2 {
              struct Typ_1 Komponente_2;
              } ;

struct Typ_2  Variable;
```

Bei der Ansprache der Elemente in Ausdrücken reiht man die Komponenten durch jeweils einen Punkt getrennt aneinander.

```
Variable . Komponente_2 . Komponente_1
```

Das folgende Beispiel vereinbart eine Struktur ztyp mit den Komponenten std und min und eine Struktur styp, die die Struktur ztyp wieder zur Vereinbarung einer Komponente zeit verwendet. Die Variablen mess und x sind nach diesem Muster aufgebaut.

```
struct ztyp {
            int   std, min; } ;
struct styp {
            struct ztyp   zeit; // Struktur als Komponente
            double  wert;
            char  einheit [10];
            } ;
struct styp  mess, x = { 1, 11, 11.11, "cm" } ;
mess.zeit.std = x.zeit.std;   // Doppelkomponente
mess.zeit.min = x.zeit.min;   // Doppelkomponente
mess.wert = x.wert;           // Einfachkomponente
cout << "\nZeit:" << x.zeit.std << ":" << x.zeit.min;
```

Für die Zusammenarbeit mit dem Betriebssystem DOS stellt die Bibliothek <dos.h> eine Reihe von vordefinierten Funktionen zur Verfügung, die Werte über ebenfalls vordefinierte Strukturen übergeben. Ein Beispiel ist die Funktion gettime, die in der vordefinierten Struktur time die aktuelle Zeit übergibt. *Vordefinierte Deklaration:*

```
struct time { unsigned char  ti_min ;  // Minuten
              unsigned char  ti_hour;  // Stunden
              unsigned char  ti_hund;  // 1/100 sek
              unsigned char  ti_sec ;  // Sekunden
            };
```

Mit dem Strukturtyp time kann der Benutzer eine Strukturvariable vereinbaren, die als Ergebnisparameter beim Aufruf der Funktion gettime verwendet wird. Für die Ausgabe mit cout ist eine Hilfsvariable von Datentyp long int oder der Typoperator (long int) zu verwenden. Beispiel:

```
struct time  z;         // time in dos.h vordefiniert
gettime( &z);           // gettime in dos.h vordefiniert
printf("\n%d", z.ti_hour);            // direkte Ausgabe
cout << "\n" << (long int) z.ti_hour; // mit Typoperator
```

Das in *Bild 6-30* dargestellte Programm liest Meßwerte und fügt mit Hilfe der vordefinierten Betriebssystemfunktion gettime die aktuelle Uhrzeit hinzu. Die Werte werden in einem Feld aus Strukturen gespeichert und dann wieder ausgegeben.

```
/* k6p30.cpp  Bild 6-30: Feld aus Strukturen von Zeit und Werten */
#include <iostream.h>
#include <iomanip.h>
#include <dos.h>  // gettime,time,.ti_hour,.ti_min,.ti_sec,.ti_hund
#define N 10
main()
{
 struct styp                 // Deklaration des Datentyps  styp
       {
         struct time  zeit; // struct time in dos.h vordefiniert
         double sek;         // aus: zeit.ti_sec und zeit.ti_hund
         double wert;        // Komponente wert
       };
 struct styp  x[N];          // Definition des Strukturfeldes x
 long int  std, min;         // Hilfsvariablen für cout-Ausgabe
 int  i, n;
 double wert;                //.Variable wert
 cout << "\nAnzahl (max. " << N << ") eingeben -> "; cin >> n;
 for (i = 0; i < n; i++)     // Lesen der Werte
 { cout << i+1 << ".Wert -> "; cin >> wert;
   gettime(&x[i].zeit);      // aktuelle Uhrzeit nach struct time
   x[i].wert = wert;         // Komponente = Variable !!!!
   x[i].sek = x[i].zeit.ti_sec + x[i].zeit.ti_hund/100.0;
 }
 for (i = 0; i < n; i++)     // Ausgeben der Werte und Zeitpunkte
 {
  std = x[i].zeit.ti_hour; min = x[i].zeit.ti_min;
  cout << endl << i+1 << ".Wert: " << x[i].wert << "  um " << std
       << " Uhr " << min << " Min " << x[i].sek << " Sek";
 }
 return 0;
}
```

```
Anzahl (max. 10) eingeben -> 2
1.Wert -> 111
2.Wert -> 222


1.Wert: 111   um 16 Uhr 6 Min 53.56 Sek
2.Wert: 222   um 16 Uhr 6 Min 54.5 Sek
```

Bild 6-30: Aufbau einer Struktur aus Zeit und Meßwert

Der **Datentyp Union** ist eine Zusammenfassung von Varianten (Komponenten) unterschiedlicher Datentypen, die im Gegensatz zu einer Struktur alle den *gleichen* Speicherplatz belegen. Die Größe richtet sich nach der längsten Variante. Es gelten die gleichen Regeln wie für die Vereinbarung von Strukturen, jedoch tritt an die Stelle des Kennwortes st ruct das Kennwort **union**.

```
union    Typbezeichner {
                        Variante_1;
                         .   .   .
                        Variante_n;
                        }
                        Variablenliste ;
```

Fehlt der Typbezeichner, so werden nur Variablen definiert. Fehlt die Variablenliste, so wird ein neuer Datentyp deklariert, mit dem sich später Variablen definieren lassen. Das folgende Beispiel vereinbart eine Union zahl, die aus drei Varianten unterschiedlicher Datentypen besteht. Sie liegen auf den gleichen Speicherstellen.

```
union {
        float   f;              // 4 Bytes für float
        double  d;              // 8 Bytes für double
        unsigned char  ganz [8]; // 8 Bytes ganzzahlig
        }
        zahl;
```

Aufbau einer Unionvariablen

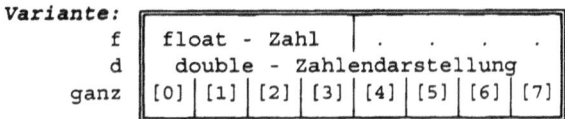

```
Variante:
       f ┌─ float - Zahl ──┬──┬──┬──┬──┬──┐
       d │   double - Zahlendarstellung   │
    ganz ││[0]│[1]│[2]│[3]│[4]│[5]│[6]│[7]││
         └────────────────────────────────┘
```

Das in *Bild 6-31* dargestellte Programmbeispiel legt eine float-Variable, eine double-Variable und ein Feld aus 8 unsigned Zeichen als union auf die gleiche Speicheradresse. Nach dem Lesen der double-Variante zahl.d wird der Speicherinhalt über das Feld zahl.ganz hexadezimal ausgegeben. Dabei zeigt es sich, daß das wertniedrigste Byte auf der Anfangsadresse ("links") liegt. In den Registern des Prozessors wird jedoch die Reihenfolge vertauscht; hier liegt in der gewohnten "natürlichen" Reihenfolge das werthöchste Byte "links".

```
/* k6p31.cpp  Bild 6-31: Ausgabe der reellen Zahlendarstellungen */
#include <iostream.h>
#include <iomanip.h>
#include <math.h>              /* für fabs !!!! */
main()
{
  union {
          float   f;                    // float-Variante
          double  d;                    // double-Variante
          unsigned char  ganz [8];  // Ausgabe-Variante
          }
          zahl;                         // union-Variable
    int i, nf, nd;
    cout << hex;                        // hexadezimales Ausgabeformat
    nf = sizeof(zahl.f);
    nd = sizeof(zahl.d);
    cout << "\nEnde der Eingabe mit Strg und Z oder Eingabefehler";
    while (1)
    {
      cout << "\n\nreell-> "; cin >> zahl.d;
      if( cin.fail() || cin.eof() ) {cin.clear(); cin.seekg(0); break;
}
      cout << "double-Speicher: ";
      for (i = 0; i < nd; i++)
        cout << setw(3) << (int) zahl.ganz[i];
      cout << "\ndouble-Register: ";
      for (i = 0; i < nd; i++)
        cout << setw(3) <<  (int) zahl.ganz[nd-1-i];
      if (fabs(zahl.d) <= 3.4e38) zahl.f = zahl.d;  else continue;
      cout << "\n float-Speicher: ";
      for (i = 0; i < nf; i++)
        cout << setw(3) << (int) zahl.ganz[i];
      cout << "\n float-Register: ";
      for (i = 0; i < nf; i++)
        cout << setw(3) << (int) zahl.ganz[nf-1-i];
    }
  return 0;
}
```

```
Ende der Eingabe mit Strg und Z oder Eingabefehler
reell-> 1
double-Speicher:    0  0  0  0  0  0 f0 3f
double-Register:   3f f0  0  0  0  0  0  0
 float-Speicher:    0  0 80 3f
 float-Register:   3f 80  0  0

reell-> 26.6875
double-Speicher:    0  0  0  0  0 b0 3a 40
double-Register:   40 3a b0  0  0  0  0  0
 float-Speicher:    0 80 d5 41
 float-Register:   41 d5 80  0
```

Bild 6-31: Union zur Ausgabe reeller Zahlendarstellungen

6.4 Datendateien

In den bisher behandelten Anwendungen wurden Daten von der Konsole (Tastatur) eingelesen bzw. auf der Konsole (Bildschirm) ausgegeben. Sie standen nur während der Programmausführung kurzzeitig im Arbeitsspeicher zur Verfügung. Dieser Abschnitt zeigt, wie man Daten auf dem magnetischen Speicher *Disk* längerfristig aufbewahren kann. Diese **Datendateien** lassen sich lesen und beschreiben; ihr Inhalt ist auch nach dem Ende des Programms verfügbar. Hier sollen vorzugsweise Anwendungen aus dem technischen Bereich behandelt werden wie z.B.

- Aufbau und Ausgabe von Schaltbildern,
- Speicherung von Meßwerten für spätere Auswertungen,
- Auswertung von Meßreihen und
- Verwaltung von Bauteilen in einer Lagerdatei.

Ein-/Ausgabe und Dateiverwaltung

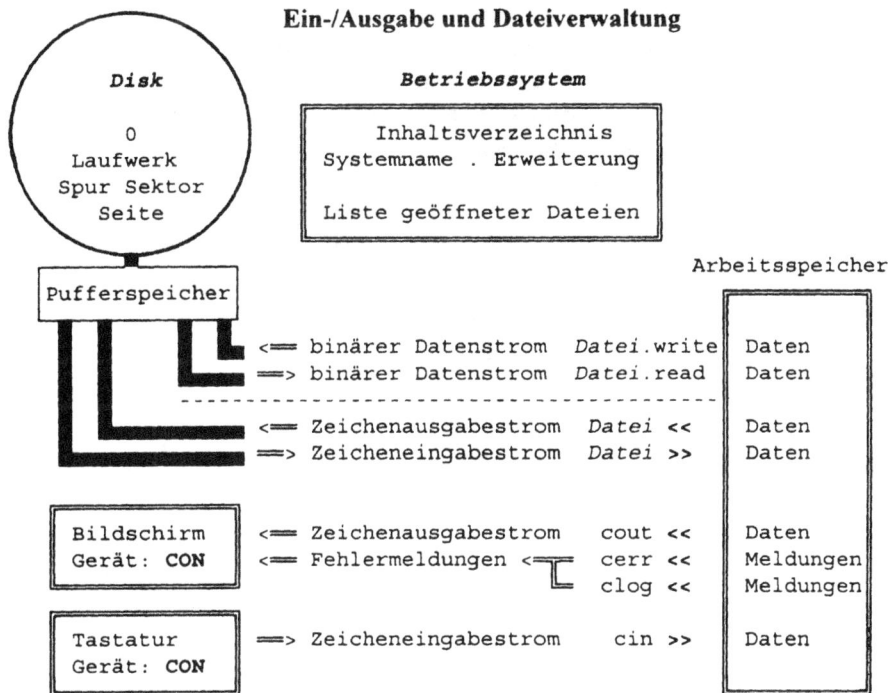

Bild 6-32: Ein-/Ausgabegeräte und Datendateien

Bild 6-32 zeigt in einer Übersicht die Behandlung der Ein-/Ausgabe unter der Kontrolle des Betriebssystems DOS. Man unterscheidet die standardmäßigen *Geräte* wie z.B. die Konsole (CON) sowie *Datendateien*. Für die Arbeit mit der Konsole stehen nach der Zuordnung von `iostream.h` Ein-/Ausgabefunktionen (z.B. `cin.get()`) und Übergabeoperatoren (z.B. `cout <<`) zur Verfügung. Dieser Abschnitt behandelt schwerpunktmäßig die entsprechenden Dateioperationen in `fstream`. Die Bibliothek `stdio` stellt ähnliche Funktionen für die Arbeit mit Dateien zur Verfügung.

Eine *Datei* ist ein Bereich auf der Festplatte oder auf einer Floppy, der unter einem *Systemnamen* in einem Inhaltsverzeichnis (directory) des Betriebssystems eingetragen ist. Dieser Systemname besteht aus maximal 8 Zeichen (Buchstaben oder Ziffern). Hinter einem Punkt als Trennzeichen kann eine Erweiterung aus maximal 3 Zeichen folgen. In den Beispielen werden alle Systemnamen von Datendateien mit der frei gewählten Erweiterung *.DAT* gekennzeichnet, Namen von C++ Programmen erhalten automatisch die Erweiterung *.CPP* zugewiesen. Das Inhaltsverzeichnis des Betriebssystems enthält neben dem Systemnamen Angaben über die Dateigröße, den Zeitpunkt der Erstellung oder letzten Änderung und - für den Benutzer verborgen - Eintragungen über die Spuren und Sektoren, auf denen die Daten physikalisch angeordnet sind.

Die Datenübertragung zwischen Geräten bzw. Datendateien und dem Arbeitsspeicher erfolgt über einen *Datenstrom* (stream), der einfach als eine Folge von Bytes angesehen werden kann. Man unterscheidet **Binärdateien**, die unverändert als Bitmuster übertragen werden, und **Textdateien**, bei denen mit Hilfe von Formatangaben Umwandlungen von Zahlen in Zeichen und umgekehrt möglich sind. Die Kontrolle und gegebenenfalls Umwandlung der Stream-Bitmuster besorgen üblicherweise vordefinierte Funktionen einer Systembibliothek, z.B. `iostream` für die Datenübertragung von und zur Konsole. Beispiele für die "Textdateien" `cin` und `cout`:

```
cout << "->";       // Ausgabe auf der Konsole
cin >> x;           // Eingabe von der Konsole
if ( cin.eof() ) cin.clear(); // Funktionen
```

Nach der Zuordnung einer entsprechenden Systembibliothek mit

```
#include   <fstream.h>
```

können die gleichen Übergabeoperatoren und Funktionen auf die Datenströme von und zu Datendateien angewendet werden. Für jede Datendatei ist ein *Zeiger* auf eine dem Benutzer verborgene Struktur zu vereinbaren, die Angaben über die Art der Datenübertragung enthält und die nur von den Systemfunktionen verwaltet wird. Dabei kann die Datei gleichzeitig geöffnet und auf eine bestimmte Betriebsart eingestellt werden.

```
fstream Dateibezeichner(Systemname, Betriebsart);
```

Der Bezeichner für den Dateizeiger wird nach den gleichen Regeln wie für Variablen gebildet. Der *Systemname* ist eine Stringkonstante oder Stringvariable mit dem Betriebssystemnamen des Inhaltsverzeichnisses (directory). Die Betriebsarten sind in der Tabelle *Bild 6-33* zusammengestellt. Sie bilden ein Statusbyte, das aus einzelnen Statusbits durch das logische *Oder* mit dem Operator | zusammengesetzt werden kann. Anstelle der hexadezimalen Codes verwendet man besser die vordefinierten Bezeichner. Das folgende Beispiel öffnet eine Datei `bild` mit dem Betriebssystemnamen *schaltung.dat* zum Schreiben; eine möglicherweise bestehende alte Datei wird überschrieben.

```
fstream  bild("schaltung.dat", ios::out | ios::trunc);
```

Modus	*Datei besteht bereits*	*Datei besteht **noch nicht***
`ios::in`	zum Lesen öffnen	*Fehlerstatus* (ohne out app)
`ios::out` (ohne Bedingungen)	zum Schreiben öffnen alte Datei überschreiben neu < alt: Rest bleibt	neue Datei zum Schreiben öffnen
`ios::app` (ohne Bedingungen)	zum Schreiben öffnen an alte Datei anhängen	neue Datei zum Schreiben öffnen
`ios::ate` (mit out)	auf Ende positionieren	
`ios::trunc` (mit out bzw. app)	alte Datei löschen neu schreiben neu < alt: Rest verloren	neue Datei schreiben
`ios::noreplace` (mit out bzw. app)	*Fehlerstatus* *(Datei nicht ändern!)*	neue Datei schreiben
`ios::nocreate` (mit out bzw. app)	alte Datei löschen neu schreiben	*Fehlerstatus* *(keine neue Datei!)*
`ios::binary`	Binärdatei (sonst Textdatei)	Binärdatei (sonst Textdatei)

Bild 6-33: Betriebsarten bei der Öffnung einer Datei mit `fstream`

Man beachte, daß die Betriebsartbits mit dem logischen *Oder*-Operator | zusammengesetzt werden! Konnte die Datei nicht geöffnet werden, so wird der Dateizeiger mit dem Wert NULL zurückgeliefert. Beispiele für Fehlerprüfungen:

```
fstream  bild("schaltung.dat", ios::in);   // Datei öffnen
if (!bild) cout << "Fehler";                // ! negiert
if (bild == NULL) << cout << "Datei nicht vorhanden";
```

Bei allen Dateioperationen wird der Dateizeiger anstelle von `cin` und `cout` als Ziel bzw. Quelle verwendet. Dies gilt sowohl für die Übernahmeoperatoren `<<` und `>>` als auch für die Funktionen wie z.B. `.eof()`. Der Dateizeiger läßt sich mit `fstream` ohne Parameter deklarieren; das Öffnen der Datei (Betriebssystemname und Betriebsart) kann später erfolgen.

```
fstream  Dateibezeichner;
Dateibezeichner.open(Systemname, Betriebsart);
```

Der *Fehlerstatus* kann auch mit der Funktion

```
Dateibezeichner.fail()
```

abgefragt werden. Ist das `int`-Ergebnis nicht Null (*wahr*), so liegt ein Fehlerstatus vor, der mit der Funktion

```
Dateibezeichner.clear()
```

für die betreffende Datei wieder zurückgesetzt werden kann. Das folgende Beispiel deklariert eine Datei `bild`. Der Systemname wird über eine Stringvariable `name` gelesen und solange zurückgewiesen, bis die zu lesende Datei vorhanden ist.

```
int    fehler;      // Fehlermarke
char   name[81];    // für Betriebssystemnamen
fstream  bild;      // Dateibezeichner (Zeiger)
do
{
  cout << "\nDateiname -> "; cin >> name;
  bild.open(name, ios::in);    // Öffnungsversuch
  fehler = bild.fail();        // Fehlerbedingung
  if (fehler) { cout << "Nicht vorhanden "; bild.clear(); }
while (fehler);
```

Das Öffnen einer Datei bewirkt das Setzen des Zeigers (Dateinamens) auf eine interne Kontrollstruktur, einen Eintrag in eine Liste geöffneter Dateien, eine Verbindung des Dateinamens mit dem Systemnamen und das Anlegen von Pufferspeichern für die Datenübertragung. Die Datei wird, außer bei der Betriebsart `app` (append = anhängen), auf den Anfang positioniert. Eine Datei kann mit der Funktion

```
Dateibezeichner.close()
```

wieder geschlossen werden. Dabei werden die Pufferspeicher geleert, Dateiendemarken gesetzt, die Verbindung des Dateinamens mit dem Systemnamen gelöst, die Datei aus der Liste der geöffneten Dateien entfernt und das Inhaltsverzeichnis (directory) des Betriebssystems auf den neuesten Stand gebracht. Bei `fstream` geschieht dies automatisch bei Beendigung des Programms, so daß ein Schließen durch den Benutzer mit `close` nur in Sonderfällen erforderlich ist. Das Ende der Datei kann mit der Funktion

```
Dateibezeichner.eof()
```

sofort nach einer Leseoperation abgefragt werden. Ist das `int`-Ergebnis nicht Null (*wahr*), so wurde das Dateiende erkannt. Zwischen dem Lesen und der EOF-Abfrage sollte keine andere Ein-/Ausgabeoperation liegen. Der Endestatus kann mit `clear` wieder zurückgesetzt werden. Mit der Funktion

```
Dateibezeichner.seekg(0);
```

läßt sich die Datei zum Wiederlesen auf den Anfang positionieren. *Bild 6-34* zeigt den Zugriff auf eine Datendatei als Strom von Bytes zwischen Arbeitsspeicher und Disk.

Datei als Datenstrom vom bzw. zum Laufwerk

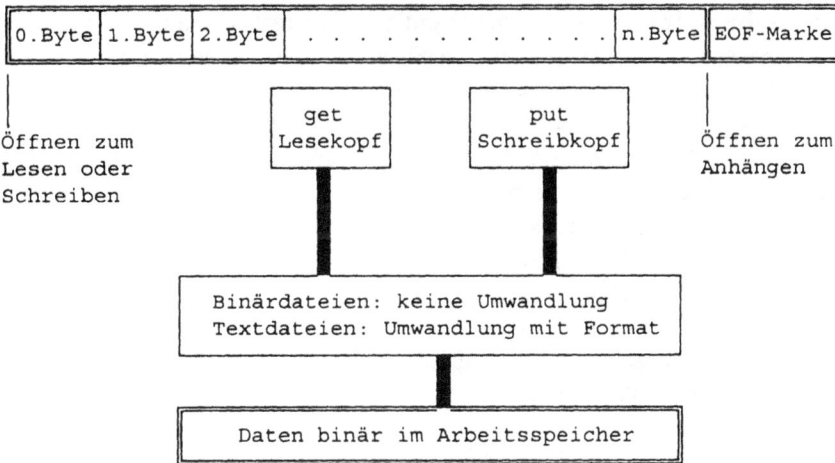

```
┌──────┬──────┬──────┬─────────────────────┬──────┬──────────┐
│0.Byte│1.Byte│2.Byte│  . . . . . . . . . . │n.Byte│EOF-Marke │
└──────┴──────┴──────┴─────────────────────┴──────┴──────────┘
```

↓		↓
Öffnen zum	get / Lesekopf put / Schreibkopf	Öffnen zum
Lesen oder		Anhängen
Schreiben		

```
┌───────────────────────────────────────────┐
│ Binärdateien: keine Umwandlung            │
│ Textdateien: Umwandlung mit Format        │
└───────────────────────────────────────────┘

┌───────────────────────────────────────────┐
│ Daten binär im Arbeitsspeicher            │
└───────────────────────────────────────────┘
```

Bild 6-34: Aufbau und Positionierung einer Datendatei

Der **sequentielle Dateizugriff** arbeitet wie ein Kassettenrecorder. Nach einer Positionierung auf den Dateianfang steht ein Schreib- bzw. Lesekopf am Anfang des gedachten Bandes. Jede Schreiboperation schreibt Daten auf das Band und bewegt es dabei vorwärts, so daß die Daten hintereinander angeordnet werden. Jede Leseoperation liest Daten vom Band und bewegt es dabei weiter; die Daten werden also in der gleichen Reihenfolge gelesen, in der sie geschrieben wurden. Am Ende der Datei wird beim Lesen eine (gedache) Endemarke erkannt und als EOF-Bedingung zurückgeliefert. Das Band läßt sich mit .seekg(0) wieder auf den Anfang zurücksetzen. Abschnitt 6.4.3 behandelt den *direkten Datenzugriff*, mit dem eine Datei auf eine bestimmte Stelle positioniert werden kann.

6.4.1 Textdateien

Bei der Bearbeitung einer Datei als *Textdatei* wird der Datenstrom als eine Folge von ASCII-Zeichen angesehen; am Ende der Datei steht die EOF-Marke. Die für cin und cout verwendeten Übergabeoperatoren und Funktionen lassen sich auch auf Datendateien anwenden. Die wichtigsten sind:

```
Datei schreiben:
Dateibezeichner << Ausdruck << . . .;

Datei lesen:
Dateibezeichner >> Variable >> . . .;
Dateibezeichner.get();
Dateibezeichner.getline(Stringvariable, max., Marke);
```

Beim *Schreiben* in eine Textdatei mit dem Übergabeoperator << werden die ganzzahligen (int) und reellen Datentypen (double) aus dem binären Maschinenformat in die

Zeichendarstellung umgewandelt; es gelten die gleichen Formatierungen wie bei der Konsolausgabe nach cout. Zeichen und Strings werden als ASCII-Zeichen unverändert übertragen. Beim *Lesen* einer Textdatei mit dem Übergabeoperator >> werden die Daten entsprechend dem Datentyp der Variablen behandelt. Für ganze und reelle Zahlen (z.B. int und double) findet wie bei der Konsoleingabe aus cin eine Umwandlung in die interne Maschinendarstellung statt. Zeichen (char) und Strings(char-Zeiger oder char-Felder) werden unverändert übertragen; jedoch dienen Whitespace-Zeichen (z.B. Leerzeichen) als Begrenzungsmarken. Zeichen lassen sich besser mit .get() und .getline lesen. Eine feste Satzstruktur oder Satzlänge ist bei Textdateien nicht vorgesehen. Es ist jedoch möglich, mit Hilfe der Zeilenendemarke *Wagenrücklauf* \n Datensätze bestimmter Länge aufzubauen. Die in *Bild 6-35* dargestellten Programmbeispiele zeigen das Schreiben und Lesen einer Textdatei. Das erste Programm enthält das Schaltbild als Textkonstante und schreibt es in eine Textdatei. Das zweite Programm liest die Datei und gibt ihren Inhalt auf dem Bildschirm aus.

```cpp
/* k6p35a.cpp   Bild 6-35a: Textdatei aufbauen */
#include <fstream.h>          // enthält iostream
main()
{
 char name[13] = "k6p35.dat";
 char  schalt [3][50] = {
 "                                                          ",
 " 0----[        ]-----[████████]--||-|------0 ",
 "                                                          " };
 int i;
 fstream bild (name, ios::out);      // Textdatei öffnen Schreiben
 for (i = 0; i < 3; i++) bild << schalt[i] << endl;
 bild.close();
 cout << "\nDatei >" << name << "< aufgebaut";
 return 0;
}
```

```cpp
/* k6p35b.cpp   Bild 6-35b: Textdatei lesen und ausgeben */
#include <fstream.h>          // enthält auch iostream
main()
{
 char name[13] = "k6p35.dat";          // Dateiname
 char  zeile[81];                      // Zwischenspeicher
 fstream bild (name, ios::in );        // Textdatei zum Lesen öffnen
 if ( !bild )                          // Datei vorhanden ?
 {
  cout << "\nKeine Bilddatei vorhanden  Abbruch ";
  return 3;                            // Programm abbrechen Fehlercode
 }
 cout << "\n               R - L - C  Schaltung \n\n";
 while( !bild.eof() )                  // Leseschleife bis Dateiende
 {
  bild.getline(zeile, 81, '\n');       // Zeile von Datei lesen
  cout << endl << zeile;               // Zeile auf ausgeben
 }
 bild.close();                         // Textdatei schließen
 return 0;
}
```

R - L - C Schaltung

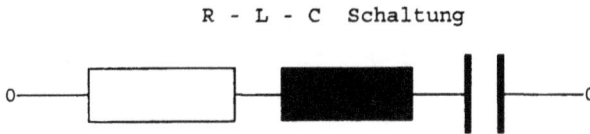

Bild 6-35: Schaltbild als Textdatei schreiben und ausgeben

Zahlen werden bei Textdateien mit dem Übergabeoperator >> in die dezimale Zeichendarstellung umgewandelt und lassen sich dann von Textverarbeitungsprogrammen oder
mit einem Editor lesen und bearbeiten. *Bild 6-36* zeigt als Beispiel den Aufbau einer
Lagerdatei, die den Lagerbestand und die Stückzahl als in Zeichen umgewandelte
Zahlenwerte enthält. Sie kann mit type oder edit bearbeitet werden.

```
/* k6p36.cpp Bild 6-36: Aufbau und Auswertung einer Bauteiledatei */
#include <fstream.h>      // auch iostream.h
#include <iomanip.h>      // Ausgabe-Manipulatoren
#include <conio.h>        // für getche
main()
{
 struct {    char name [81];      // String mit Bauteilbezeichnung
             int  menge;          // Lagerbestand
             double preis;        // Stückpreis
         } lager;
 char   dname[13] = "lager.dat";
 double   steu, sum, wert;
 cout.setf(ios::showpoint | ios::fixed);
 fstream teile (dname, ios::in | ios::out | ios::trunc);    // öffnen
 do        // Vorsicht: Keine Eingabekontrollen !!!!!!
 {
  cout << "\n\nBezeichnung -> "; cin >> lager.name;
  cout << " Lagermenge -> ";      cin >> lager.menge;
  cout << " Preis [DM] -> ";      cin >> lager.preis; cin.get();
  teile << lager.name << " " << lager.menge << " "
        << lager.preis << "\n";
  cout << "Noch ein Bauteil ? j = ja -> ";
 }
 while( getche() == 'j' );       // Taste ohne cr eingeben
 teile.seekg(0);
 cout << "\n\n Menge   Lagerwert  Bauteil\n";
 sum = 0;
 do
 {
  teile >> lager.name >> lager.menge >> lager.preis;
  if (teile.eof() ) break;
  wert = lager.menge * lager.preis;
  sum = sum + wert;
  cout << setw(7) << lager.menge
       << setprecision(2) << setw(12) << wert << "  "
       << lager.name << endl;
 }
 while ( 1 );
 cout << "====================";
 cout << "\nGesamt "<< setprecision(2)<< setw(12)<< sum << "  [DM]";
 return 0;
}
```

```
Bezeichnung -> Transistor
 Lagermenge -> 11
 Preis [DM] -> 0.95
Noch ein Bauteil ? j = ja -> j

Bezeichnung -> Widerstand
 Lagermenge -> 74
 Preis [DM] -> 0.04
Noch ein Bauteil ? j = ja -> n

  Menge    Lagerwert  Bauteil
     11        10.45  Transistor
     74         2.96  Widerstand
====================
Gesamt        13.41  [DM]


C:\>type lager.dat
Transistor 11 0.95
Widerstand 74 0.04
```

Bild 6-36: Aufbau und Auswertung einer Lagerdatei

6.4.2 Binärdateien

Bei *Binärdateien* entfällt jegliche Umwandlungsmöglichkeit; die Daten werden in der Form, in der sie im Arbeitsspeicher stehen, in die Datei geschrieben und sollten auch als Binärdatei wieder zurückgelesen werden. Bei der Öffnung der Datei kann die Betriebsart (Bild 6-33) mit "ios::binary" als *binär* gekennzeichnet werden. Das folgende Beispiel öffnet eine Binärdatei zum Schreiben:

```
fstream  mess("messung.dat", ios::out | ios::binary);
```

Die Arbeit mit *Binärdateien* geschieht blockweise. Ein Block kann als ein Datensatz angesehen werden, der z.B. alle Angaben einer Messung (Zeitpunkt und Wert) oder eines Bauteils (Bezeichnung, Lagerbestand und Preis) enthält. Die Funktionen

```
Dateibezeichner.write(char-Zeiger, Länge);
Dateibezeichner.read(char-Zeiger, Länge);
```

dienen zum Schreiben und Lesen eines Datenblocks einer Binärdatei. Der erste Parameter ist ein *Zeiger* auf die zu übertragenden Daten, in den meisten Fällen ein Feld oder eine Struktur, die dann mit dem Typoperator (char *) zu kennzeichnen ist. Der Parameter Länge enthält die Größe des Blocks in der Einheit byte. Er läßt sich mit dem Operator **sizeof** angeben. Beispiel:

```
struct styp x;                    // Struktur mit Datenblock
fstream  mess("messung.dat", ios::out | ios::binary);
mess.write( (char *) &x, sizeof(x) );  // Block schreiben
```

Das in *Bild 6-37* dargestellte Beispiel zeigt den Aufbau einer binären Meßwertdatei. Ein Datenblock besteht aus einer Struktur mit zwei int- und zwei double-Werten. Die Daten werden aus dem Arbeitsspeicher direkt ohne Umwandlung in die Datei geschrieben. Sie kann nicht mehr mit type oder einem Editor gelesen werden. Dazu ist ein Programm erforderlich, das die Daten binär von der Datei in den Arbeitsspeicher liest und zur Ausgabe auf der Konsole aufbereitet. Die beiden Programme des Beispiels verwenden die gleiche Datenstruktur.

```
/* k6p37a.cpp  Bild 6-37a: Binärdatei aus Meßwerten aufbauen */
#include <fstream.h>
#include <dos.h>        // vordefiniert: gettime  und  struct time
                        // .ti_hour  .ti_min  .ti_sec  .ti_hund
main()
{
 struct time  zeit;           // für Uhrzeit aus dos.h
 struct styp                  // Datensatz
      {
        long int  std;        // Stunde der Messung
        long int  min;        // Minute der Messung
        double  sek;          // Sekunde der Messung (+ 1/100 sek)
        double  wert;         // Meßwert
      } x;
 char  dname[12]  = "messung.dat";             // Betriebssystemname
 int  n = 0;
 fstream mess(dname, ios::out | ios::binary);  // öffne Binärdatei
 cout << "\nLeseschleife  Abbruch mit Strg und Z\n";
 while (1)
 {
  cout << "Wert -> "; cin >> x.wert;       // Meßwerte lesen
  if (cin.eof() )          // Ende der Eingabe
  {
   cin.clear(); cin.seekg(0); break;
  }
  if (cin.fail())          // Eingabe-Fehler
  {
   cin.clear(); cin.seekg(0);
   cout << "\aEingabe-Fehler\n"; continue;
  }
  gettime(&zeit);                          // aktuelle Uhrzeit
  x.std = zeit.ti_hour;                    // Stunde
  x.min = zeit.ti_min;                     // Minute
  x.sek = zeit.ti_sec + zeit.ti_hund/100.0; // Sekunde
  mess.write( ( char *) &x, sizeof(x) ); n++; // nach Datendatei
 }
 cin.clear();                             // Endebedingung
 cout << "Datei <" << dname << ">  " << n << " Meßwerte   "
      << mess.tellp() << " Bytes" << endl;
 return 0;
}

Leseschleife  Abbruch mit Strg und Z
Wert -> 1.111
Wert -> 2.222
Wert -> 3.333
Wert -> ^Z

Datei <messung.dat>  3 Meßwerte  72 Bytes
```

```
/* k6p37b.cpp  Bild 6-37: Binärdatei sequentiell auswerten */
#include <fstream.h>              // enthält iostream
#include <iomanip.h>
main()
{
  struct{                           // Datensatz wie bei Aufbau
       long int  std, min;
       double  sek, wert;
       } x;
  char  dname[12] = "messung.dat";           // Systemname
  cout.setf(ios::showpoint | ios::fixed);
  fstream  mess(dname, ios::in | ios::binary);  // Datei öffnen
  cout << "\nDatei " << dname << endl;
  cout << "\n       Wert  Uhr  Min     Sek\n";
  while ( 1 )                       // bis break bei EOF
  {
    mess.read( (char *) &x, sizeof(x) );        // Datensatz lesen
    if ( mess.eof() ) break;                    // bis EOF-Marke
    cout << setprecision(2) << setw(10) << x.wert << setw(5) << x.std
     << setw(5) << x.min << setprecision(2) << setw(7) << x.sek <<endl;
  }
  return 0;
}


Datei messung.dat

      Wert  Uhr  Min     Sek
      1.11   18   10    9.83
      2.22   18   10   12.80
      3.33   18   10   17.96
```

Bild 6-37: Aufbau und sequentielles Lesen einer Binärdatei

In den bisherigen Beispielen wurden die Dateien fortlaufend (sequentiell) bearbeitet. Nach der Öffnung oder mit der Funktion seekg(0) war die Datei auf das erste Byte eingestellt. Das Ende wurde beim Lesen mit der Funktion eof() erkannt.

6.4.3 Der direkte (random) Zugriff

Der *direkte Dateizugriff* läßt sich mit einem CD-Laufwerk vergleichen, das auf eine bestimmte Stelle positioniert werden kann. Es gibt keine besonderen Direktzugriffsdateien; auf jede Datei kann sowohl fortlaufend (sequentiell) als auch direkt (random) zugegriffen werden. Durch die Positionierungsmöglichkeit entfallen besonders bei großen Dateien langwierige Suchläufe, wenn die Datei direkt auf einen bestimmten Satz eingestellt werden kann. Dazu ist es erforderlich, den Suchbegriff in eine Satznummer umzusetzen. Dies geschieht z.B. durch Umrechnungsschlüssel oder Tabellen.

Bei einem direkten (random) Zugriff wird eine Textdatei oder Binärdatei durch Angabe einer Nummer auf eine bestimmte *Byteposition* eingestellt, von der ab sie bearbeitet werden kann. Nach dem Öffnen der Datei (außer bei den Betriebsarten ios::app bzw. ios::out | ios::ate) stehen beide Positionszeiger auf dem Byte *Nummer 0*. Sie lassen sich auf eine bestimmte Byteposition einstellen.

Die *Positionierung* erfolgt mit den Funktionen

```
Dateibezeichner.seekg (absolute get-Position)
Dateibezeichner.seekg (relative get-Position, Modus)

Dateibezeichner.seekp (absolute put-Position)
Dateibezeichner.seekp (relative put-Position, Modus)

Modus:  ios::beg   relativ zum Dateianfang
        ios::cur   relativ zu laufender Position
        ios::end   relativ zum Dateiende
```

Als *get-Position* bezeichnet man den Lesezeiger (Lesekopf), als *put-Position* den Schreibzeiger (Schreibkopf). Alle Positionsangaben sind vom Datentyp `long int`. Die augenblickliche Position der Zeiger läßt sich mit den Funktionen

```
Dateibezeichner.tellg();
Dateibezeichner.tellp();
```

ermitteln. Das erste Byte hat die Position **0**, die Position des letzten Bytes entspricht der Dateilänge in der Einheit *byte*. Das folgende Beispiel ermittelt die Länge der Datei `mess` durch Positionieren des Lesezeigers auf das Dateiende.

```
mess.seekg(0, ios::end);
cout << "Die Datei enthält " << mess.tellg() << " Bytes";
```

Die Verarbeitungsfolge "*Satz lesen*", "*um eine Satzlänge zurücksetzen*" und "*Satz neu schreiben*" verlangt eine Rückwärtspositionierung um eine Satzlänge (*Backspace*);die folgenden Beispiele setzen die Datei `mess` um einen Satz der Länge `slaeng` zurück.

```
mess.seekg(-slaeng, ios::cur);
mess.seekg(mess.tellg() - slaeng, ios::beg);
```

Das in *Bild 6-38* dargestellte Programmbeispiel wertet die in Bild 6-37 sequentiell aufgebaute binäre Meßwertdatei durch Direktzugriff aus. Nach Eingabe der Nummer einer bestimmten Messung werden die Position des entsprechenden Datensatzes aus der Satzlänge bestimmt, die Datei positioniert, der Satz gelesen und ausgegeben.

```
/* k6p38.cpp  Bild 6-38: Direktzugriff auf eine Binärdatei */
#include <fstream.h>    // enthält auch iostream
main()
{
 struct{                                     // Satzstruktur
      long int  std, min;
      double  sek, wert;
      } x;
 char  dname[13] = "messung.dat";            // Systemname
 long int  laenge, pos, n, nr;
 fstream  mess(dname, ios::in | ios::binary);  // Datei öffnen
```

```
mess.seekg(0L, ios::end);      // Datei auf Ende positionieren
laenge = mess.tellg();         // Länge = Nr. des letzten Satzes
cout << "\nDatei <" << dname << "> hat " << laenge << " Bytes";
mess.seekg(0L, ios::beg);      // Datei auf Anfang positionieren
n = laenge / sizeof(x);        // Zahl der Sätze ausgeben
cout << "\nNummer der Messung eingeben Ende mit Strg und Z";
while (1)
{
  cout << "\n\nNr 1.." << n << " -> ";   cin >> nr;
  if( cin.eof() ) {cin.clear(); cin.seekg(0); break; } // Strg-Z
  if (cin.fail() ){cin.clear(); cin.seekg(0); continue; } // Fehler
  if (nr < 1 || nr > n)        // Bereichskontrolle
  {
    cout << "\aNummer außerhalb des Bereiches\n";
    continue;                  // neuen Durchlauf
  }
  pos = (nr-1) * sizeof(x);    // Bytenummer der Messung berechnen
  mess.seekg(pos, ios::beg);   // auf Satz positionieren
  mess.read( (char *) &x, sizeof(x) );   // Satz lesen und ausgeben
  cout << "Wert " << x.wert << " gemessen um " << x.std << " Uhr  "
       << x.min  << " Min  " << x.sek << " Sek";
}
return 0;
}


Datei <messung.dat> hat 72 Bytes
Nummer der Messung eingeben Ende mit Strg und Z

Nr 1..3 -> 1
Wert 1.111 gemessen um 18 Uhr  10 Min   9.83 Sek

Nr 1..3 -> 2
Wert 2.222 gemessen um 18 Uhr  10 Min  12.8 Sek

Nr 1..3 -> ^Z
```

Bild 6-38: direktes Lesen einer binären Meßwertdatei

Bei der Arbeit mit Datendateien ist es oft zweckmäßig, den Inhalt der Datei unabhängig von ihren Aufbau (Text oder binär) zu untersuchen. Das in *Bild 6-39* dargestellte Programm liest jede Datei und gibt ihren Inhalt hexadezimal und im Zeichencode aus. Das Programm erfragt vom Benutzer den Betriebssystemnamen der Datei und weist nicht vorhandene Eingaben zurück. Der Benutzer hat jedoch die Möglichkeit, die "Notbremse" zu ziehen und mit einem * die Schleife zu beenden. Die Ausgabe hält nach einer Seite an und kann mit jeder beliebigen Taste fortgesetzt werden.

```
/* k6p39.cpp  Bild 6-39: Datei lesen und hexadezimal ausgeben */
#include  <fstream.h>     // enthält iostream
#include  <iomanip.h>
main()
{
 fstream  dat;
 char  name[81];
 unsigned char  x, z[16];
 int  ende, ns = 0, nz = 0, i;
 cout.setf(ios::hex | ios::uppercase); cout.fill('0'); // Formate
```

```
do                          // Leseschleife für Dateinamen
{
 cout << "\nAbbruch mit *  Dateiname.erw -> " << hex;
 cin.getline(name, 81, '\n');
 if (name[0] == '*') return 3;              // Abbruch
 dat.open(name, ios::in | ios::binary);     // zuordnen
 if (dat == NULL) cout << "\a Datei >" << name << "< unbekannt";
}
while (dat == NULL);   // solange Datei nicht vorhanden
do                              // Leseschleife für Dateiinhalt
{
 dat.read( (char *) &x, 1);            // 1 Byte aus Datei lesen
 ende = dat.eof() == 0;
 if (ende != 0)
 {
  if (ns == 0)                         // Seitenkontrolle
  {
   if ((nz+1) % 24 == 0) { cout << "\nWeiter -> "; cin.get(); }
   cout << "\n" << setw(4) << 16 * nz++ << " ";
  }
  cout << setw(2) << (int) x << " ";
  z[ns++] = x;                         // speichern für Zeichen
  if (ns == 16)                        // Zeilenkontrolle
  {
   ns = 0;                             // Zeichenzähler löschen
   for (i = 0; i < 16; i++)            // Ausgabe ASCII - Zeichen
       { if (z[i] > 31) cout << z[i]; else cout << '.'; }
  }       // Ende der Schleife if (ns == 16)
 }      // Ende der Schleife if (ende != 0)
}     // Ende der Schleife do-while Datei lesen
while (ende != 0);                      // bis Ende der Datei
for (i = ns; i < 16; i++) cout << "   ";
for (i = 0; i < ns; i++)
    { if (z[i] > 31) cout << z[i]; else cout << '.'; }
cout << "\nDateigröße: " << dec << dat.tellg() << " byte  Ende -> ";
cin.get();
return 0;
}


Abbruch mit *  Dateiname.erw -> k6p35.dat

0000 20 20 20 20 20 20 20 20 DA C4 C4 C4 C4 C4 C4 C4
0010 C4 C4 C4 BF 20 20 20 DC DC DC DC DC DC DC DC DC
0020 DC 20 20 20 20 DD 20 DE 20 20 20 20 20 20 20 20
0030 20 0D 0A 20 20 30 C4 C4 C4 C4 C4 B4 20 20 20 20
0040 20 20 20 20 20 20 C3 C4 C4 C4 DB DB DB DB DB DB
0050 DB DB DB DB C4 C4 C4 C4 DD 20 DE C4 C4 C4 C4 C4
0060 C4 30 20 20 0D 0A 20 20 20 20 20 20 20 20 C0 C4
0070 C4 C4 C4 C4 C4 C4 C4 C4 C4 D9 20 20 20 DF DF DF
0080 DF DF DF DF DF DF DF 20 20 20 20 DD 20 DE 20 20
0090 20 20 20 20 20 20 20 0D 0A
Dateigröße: 153 byte  Ende ->
```

Bild 6-39: Inhalt einer Datei hexadezimal ausgeben

6.4.4 Übungen mit Dateien

1. Aufgabe:
In der Textdatei *k6p4a1.dat* ist das Schaltbild eines Halbaddierers abzulegen.

```
Schaltbild eines Halbaddierers
```

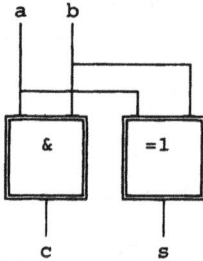

```
      a    b


        ┌──┐  ┌──┐
        │& │  │=1│
        └──┘  └──┘

        c     s
```

2. Aufgabe:
Die Schaltung eines Halbaddierers, die in der Textdatei *k6p4a1.dat* enthalten ist, ist zu lesen und auf der Konsole auszugeben. In einer Leseschleife sind für die Eingänge a und b Dualstellen zu lesen. Die Summe ist mit Hilfe der Logikverknüpfungen c = a & b sowie s = a ^ b zu ermitteln und auszugeben. Beispiel:

```
0 oder 1 eingeben   Ende mit Strg und Z
a -> 1
b -> 1
     1 + 1 = 1 0 dual
```

3. Aufgabe:
Es ist eine Textdatei für reelle Meßwerte aufzubauen, indem in einer Leseschleife Werte von der Konsole gelesen und in die Datei geschrieben werden. Die Textdatei kann mit den DOS-Betriebssystemkommandos type und edit kontrolliert werden.

4. Aufgabe:
Die in der 3.Aufgabe errichtete Textdatei mit Meßwerten soll ausgewertet werden. Man berechne den Mittelwert und gebe jeden Meßwert zusammen mit der Abweichung vom Mittelwert aus. Eine ähnliche Aufgabe wurde bereits mit einem eindimensionalen Feld zur Speicherung der Werte im Arbeitsspeicher gelöst.

5. Aufgabe:
Die in der 3.Aufgabe errichtete Textdatei mit Meßwerten soll in eine Binärdatei kopiert werden. Die Anzahl der übertragenen Datensätze ist auszugeben. Man versuche, die Binärdatei mit dem DOS-Betriebssystemkommando type zu lesen.

6. Aufgabe:
Die in der 5.Aufgabe errichtete Binärdatei mit Meßwerten soll ausgewertet werden. Man berechne den Mittelwert und gebe jeden Meßwert zusammen mit der Abweichung vom Mittelwert aus.

6.4.5 Die File-Funktionen

In der Systembibliothek **stdio** sind neben printf und scanf auch Funktionen enthalten, die anstelle der iostream-Methoden für die Behandlung von Datendateien verwendet werden können. Für jeden Datenstrom von und zu einer Datendatei ist mit dem vordefinierten Datentyp FILE ein Zeiger auf eine Kontrollstruktur zu vereinbaren.

```
FILE   *Dateibezeichner, ...;
```

Hinter dem in *stdio* vordefinierten Datentypbezeichner **FILE** steht eine Liste von Zeigern, die mit dem Zeigeroperator * und einem Dateinamen bezeichnet werden. Das folgende Beispiel vereinbart eine Zeigervariable mess für eine Datendatei.

```
FILE *mess;     // Dateiname in Ein-/Ausgabefunktionen
```

Vor dem ersten Zugriff muß jede Datei mit Hilfe der Funktion **fopen** (file open) geöffnet werden:

```
Dateiname = fopen (Systemname , Art);
```

Der erste Parameter ist ein String mit dem *Systemnamen*, der zweite ebenfalls ein String mit der gewünschten *Betriebsart*. Das Funktionsergebnis von fopen ist ein Zeiger; er wird der mit FILE vereinbarten Zeigervariablen zugewiesen. Das Ergebnis hat den vordefinierten Wert NULL (Zeigerkonstante), wenn die Datei nicht geöffnet werden konnte. *Bild 6-40* zeigt eine Tabelle der Betriebsarten.

Binärdatei	Textdatei	Zeiger auf	Anwendung
rb	rt	Dateianfang	*nur* lesen (read) einer bestehenden alten Datei Zeiger = NULL: Datei besteht noch nicht
wb	wt	Dateianfang	*nur* schreiben (write) einer neuen Datei bestehende alte Datei wird überschrieben
ab	at	Dateiende	an bestehende Datei anhängen (append) noch nicht bestehende Datei wird erzeugt
r+b	r+t	Dateianfang	lesen (read) und schreiben (write) einer bestehenden Datei, Zeiger = NULL: Datei besteht noch nicht
w+b	w+t	Dateianfang	schreiben (write) und lesen (read) einer neuen Datei bestehende alte Datei wird überschrieben
a+b	a+t	Dateianfang Dateiende	Leseoperation: bestehende alte Datei lesen Schreiboperation: anhängen an das Ende noch nicht bestehende Datei wird erzeugt

Bild 6-40: Betriebsarten der fopen-Funktion

Für Textdateien kann der Zusatz t entfallen. Bei einer Öffnung für die Betriebsart "Schreiben" (w oder w+) werden bereits bestehende alte Dateien überschrieben. Besteht die Datei noch nicht, so wird sie mit ihrem Systemnamen neu in das Inhaltsverzeichnis (directory) des Betriebssystems eingetragen. Das folgende Beispiel öffnet eine neue Textdatei (Systemname *WERTE.DAT*) unter dem Dateinamen mess zum Schreiben.

```
FILE  *mess;                  // vereinbaren
mess = fopen("WERTE.DAT", "wt"); // öffnen zum Schreiben
fclose(mess);                 // schließen
```

Bei einer Öffnung für die Betriebsart "Lesen" (r oder r+) muß das Funktionsergebnis auf NULL geprüft werden, um festzustellen, ob die zu lesende Datei überhaupt vorhanden ist. In dem folgenden Beispiel wird eine (hoffentlich) bereits bestehende Textdatei (Systemname *WERTE.DAT*) unter dem Dateinamen mess zum Lesen eröffnet.

```
FILE  *mess;                       // Datei vereinbart
mess = fopen("WERTE.DAT", "rt");   // zum Lesen öffnen
if (mess == NULL) printf("Datei nicht vorhanden!");
fclose(mess);                      // schließen
```

Vor der Beendigung des Programms *müssen* alle mit fopen eröffneten Dateien mit der Funktion

```
fclose (Dateiname);
```

wieder geschlossen werden. Wenn die Datei ordnungsgemäß mit fclose (file close) geschlossen wurde, ist der Funktionswert 0 (kein Fehler). Nach der Öffnung durch fopen steht die Datei auf den Anfang (bei append auf das Ende) positioniert für Schreib- und Leseoperationen zur Verfügung.

Mit der Positionierungsfunktion

```
rewind (Dateiname);
```

kann eine Datei jederzeit auf den Anfang gesetzt werden. Die Pufferspeicher werden dabei geleert bzw. neu eingelesen, so daß ein Wechsel vom Lesen zum Schreiben möglich ist. Eine Endemarke (EOF = End Of File) am Ende der Datei wird von den Lesefunktionen ausgewertet und dient als Endebedingung von Leseschleifen.

Man unterscheidet Textdateien und Binärdateien. Textdateien werden wie die Eingabe von der Tastatur (Datei lesen) bzw. Ausgabe auf dem Bildschirm (Datei schreiben) behandelt. Dabei erscheinen Zahlen in der Datei als Zeichen, die z.B. mit einem Editor bearbeitet werden können. In Binärdateien sind Zahlen wie im Arbeitsspeicher codiert und nicht mehr direkt lesbar. Bei Zeichen und Texten findet keine Umsetzung statt.

Bei der Bearbeitung von *Textdateien* wird der Datenstrom als Folge von ASCII-Zeichen angesehen. Die in *Bild 6-41* enthaltenen Funktionen fprintf und fscanf führen wie die entsprechenden Konsolfunktionen formatierte Zahlenumwandlungen durch.

Ergebnis	Funktionsaufruf	Aufgabe
EOF: Dateifehler	fputc(Zeichen, *Datei*)	Zeichen nach *Datei* schreiben
EOF: Dateifehler	fputs(String, *Datei*)	String nach *Datei* schreiben
EOF: Dateifehler	fprintf(*Datei*, Format, Liste)	wie printf \n gibt \n + \r
Zeichen	fgetc(*Datei*)	Zeichen lesen, EOF gibt -1 bei Ende
Zeiger	fgets(String, n, *Datei*)	String lesen, EOF gibt NULL bei Ende
Anzahl	fscanf(*Datei*, Format, Liste)	wie scanf EOF gibt -1 bei Ende
≠ 0: Dateiende	feof(*Datei*)	Dateiende prüfen, Ergebnis = 0: **kein** Ende
= 0: kein Fehler	remove(Sytemname)	Systemnamen im Inhaltsverzeichnis löschen
= 0: kein Fehler	rename(Altname, Neuname)	Systemnamen im Inhaltsverzeichnis ändern

Bild 6-41: Funktionen für die Arbeit mit Textdateien

Für das Schreiben und Lesen von **Binärdateien** stehen die Funktionen

```
fwrite(Zeiger, Größe, Anzahl, Dateiname);
 fread(Zeiger, Größe, Anzahl, Dateiname);
```

zur Verfügung. Der erste Parameter ist ein Zeiger auf die zu übertragenden Daten, in den meisten Fällen ein Feld oder eine Struktur. Der Parameter *Größe* enthält die Länge eines Blocks in der Einheit byte. Der Parameter *Anzahl* gibt die Anzahl der mit einer Operation zu übertragenden Blöcke an. Das Funktionsergebnis ist die Anzahl der fehlerfrei übertragenen Blöcke. Am Ende der Datei liefert fread den Wert 0.

Ergebnis	Funktionsaufruf	Aufgabe
≠ 0: Fehler	fseek(*Datei*, Nr., SEEK_SET)	positioniert *Datei* auf Byte Nr. rel. zum Anfang
	fseek(*Datei*, 0L, SEEK_SET)	positioniert *Datei* auf den Dateianfang
≠ 0: Fehler	fseek(*Datei*, Nr., SEEK_CUR)	positioniert *Datei* Nr. Bytes weiter
≠ 0: Fehler	fseek(*Datei*, Nr., SEEK_END)	positioniert *Datei* auf Byte Nr. rel. zum Ende
	fseek(*Datei*, 0L, SEEK_END)	positioniert *Datei* auf das Dateiende
long int	ftell(*Datei*)	ermittelt augenblickliche Position (ab Nr. 0)

Bild 6-42: Funktionen für den direkten Datenzugriff

Die in *Bild 6-42* zusammengestellten Funktionen dienen zum Positionieren einer Datei für den **direkten Datenzugriff**. Mit fseek läßt sich eine bestimmte Byteposition einstellen. Dieses Byte wird durch eine nachfolgende Eingabe- oder Ausgabeoperation gelesen oder beschrieben. Die Funktion `ftell` ermittelt die augenblickliche Byteposition. Alle Positionsangaben sind Ausdrücke vom Datentyp `long int` und zählen in der Einheit *byte*; das erste Byte einer Datei hat die Position 0. Das folgende Beispiel ermittelt die Dateigröße durch Positionierung auf das Ende und Lesen mit `ftell`.

```
FILE  *mess;                                 // vereinbaren
mess = fopen("messung.dat", "rb");   // Binärdatei öffnen
fseek(mess, 0L, SEEK_END);            // an das Ende
printf("\n%ld byte", ftell(mess)) ;  // letzte Position
fseek(mess, 0L, SEEK_SET);                   // auf Anfang
```

Die folgenden Beispiele zeigen die Arbeit mit den in **stdio** vordefinierten Dateifunktionen. Die gleichen Aufgaben wurden vorher mit `fstream`-Methoden behandelt.

```
/* k6p43a.cpp  Bild 6-43a: Textdatei aufbauen */
#include <stdio.h>
#include <conio.h>
main()
{
 FILE *bild;                     // Zeiger auf Datei
 char  schalt [3] [50] = {       // Schaltbild
 "                                           ",
 " 0————[      ]———█████———| |————0 ",
 "                                           "};
 int  i;
 bild = fopen("k6p43a.dat", "wt"); // Textdatei zum Schreiben öffnen
 for (i = 0; i < 3; i++) fprintf(bild, "%s\n", schalt[i]);
 fclose(bild);
 return 0;
}
```

Bild 6-43a: Textdatei mit Schaltbild schreiben (wie Bild 6-35 oben)

```
/* k6p43b.cpp  Bild 6-43b: Textdatei lesen und ausgeben */
#include <stdio.h>
#include <conio.h>
main()
{
 FILE *bild;                     // Zeiger auf Datei
 char  zeile[81];                // Zwischenspeicher
 bild = fopen("k6p43a.dat", "rt");  // Textdatei zum Lesen öffnen
 if (bild == NULL)               // Datei vorhanden ?
 {
  printf("\nKeine Bilddatei vorhanden Abbruch -> "); getch();
  return 3;
 }
 printf("\n                R - L - C  Schaltung \n\n");
 while(fgets(zeile, 81, bild) != NULL) printf("%s", zeile);
 fclose(bild);                   // Textdatei schließen
 printf("\nWeiter -> "); getch();
 return 0;
}
```

Bild 6-43b: Textdatei mit Schaltbild lesen (wie Bild 6-35 unten)

```
/* k6p43c.cpp  Bild 6-43c: Binärdatei aus Meßwerten aufbauen */
#include <stdio.h>
#include <conio.h>
#include <dos.h>         /* vordefiniert: gettime  und  struct time  */
                         /* .ti_hour  .ti_min  .ti_sec  .ti_hund     */
main()
{
 struct styp                     /* Deklaration des Datentyps   styp    */
      {
         struct time  zeit; /* struct time in dos.h vordefiniert */
         double s;          /* aus: zeit.ti_sec und zeit.ti_hund */
         double wert;
      };
 struct styp  x;                 // Definition der Strukturvariablen x
 char  dname[12]  = "mess43.dat";
 int  n = 0;
 FILE  *mess;
 mess = fopen(dname, "wb");
 printf("\nLeseschleife  Abbruch mit Strg und Z\n");
 while ( printf("Wert -> "), scanf("%lg", &x.wert) != EOF)
 {
  gettime(&x.zeit);            // aktuelle Uhrzeit nach struct time
  x.s = x.zeit.ti_sec + x.zeit.ti_hund/100.0;
  fwrite(&x, sizeof(x), 1 , mess); n++;
 }
 printf("Datei <%s> mit %d Meßwerten aufgebaut\n", dname, n);
 fclose(mess);
 printf("\nWeiter -> "); getch();
 return 0;
}
```

Bild 6-43c: Binärdatei aus Meßwerten schreiben (wie Bild 6-37 oben)

```
/* k6p43d.cpp  Bild 6-43d: Binärdatei sequentiell lesen */
#include <stdio.h>
#include <conio.h>
main()
{
 struct{
        unsigned char  min, std, hund, sek;
        double  s, wert;
        } x;
 char  dname[12] = "mess43.dat";  // Dateiname
 FILE  *mess;
 mess = fopen(dname, "rb");
 printf("\nAuswertung der Datei <%s>", dname);
 printf("\n Wert  Min      Sek");
 while(fread(&x, sizeof(x) , 1, mess) == 1)
   printf("\n%6.11'  ^d\' : %5.2lf\"", x.wert, x.min, x.s);
 fclose(mess);
 printf("\n\nWeiter -> "); getch();
 return 0;
}
```

Bild 6-43d: Binärdatei aus Meßwerten sequentiell lesen (Bild 6-37 unten)

```
/* k6p43e.cpp  Bild 6-43e: Direktzugriff auf Binärdatei */
#include <stdio.h>
#include <conio.h>
main()
{
 struct{
        unsigned char  min, std, hund, sek;
        double  s, wert;
        } x;
 char  dname[12] = "mess43.dat";     // Dateiname
 long int  laenge, pos, n, nr;
 FILE  *mess;
 mess = fopen(dname, "rb");
 fseek(mess, 0l, SEEK_END);
 laenge = ftell(mess);
 printf("\nDatei <%s> Länge %ld Bytes", dname, laenge);
 fseek(mess, 0L, SEEK_SET);          // wie rewind(mess)
 n = laenge / sizeof(x);             // Zahl der Sätze
 printf("\nNummer der Messung eingeben Ende mit Strg und Z");
 while(printf("\nNr 1..%d -> ", n), fflush(stdin),
     scanf("%D", &nr) != EOF)                 // bis Strg und Z
 {
  if (nr < 1 || nr > n)                       // Bereichskontrolle
  {
   printf("\aNummer außerhalb des Bereiches\n");
   continue;  // Durchlauf abbrechen und zur Schleifenkontrolle
  }
  pos = (nr-1) * sizeof(x);           // Nr. im Bereich
  fseek(mess, pos, SEEK_SET);         // positionieren
  fread(&x, sizeof(x), 1, mess);      // lesen
  printf("  Wert:%5.2lg  Zeit: %2d\':%5.2lf\"\n", x.wert,x.min,x.s);
 }
 fclose(mess);                        // Datei schließen
 return 0;
}
```

Bild 6-43e: Binärdatei aus Meßwerten direkt lesen (wie Bild 6-38)

6.5 Bitmuster und Bitfelder

Neben Zahlen und Zeichen lassen sich auch Bitmuster und Einzelbits als Daten verarbeiten. Bitmuster werden üblicherweise nicht binär durch 0 und 1, sondern kürzer durch Zusammenfassung von 4 Bitpositionen hexadezimal dargestellt. Bitoperationen sind in C++ nur auf die ganzzahligen Datentypen char (8 bit), int (16 bit) und long int (32 bit) sowohl in der signed als auch in der unsigned Darstellung anwendbar.

Die bevorzugten Datentypen für *Bitmustervariablen* sind int und unsigned int. *Bitmusterkonstanten* werden durch den Vorsatz 0x oder 0X vor einer hexadezimalen Ziffernfolge gekennzeichnet; die Buchstaben können sowohl groß (A, B, C, D, E, F) als auch klein (a, b, c, d, e, f) angegeben werden; führende Nullen können entfallen. In besonderen Fällen wird eine Konstante durch Anhängen der Kennbuchstaben u oder U als unsigned und/oder durch l oder L als long int (32 bit) gekennzeichnet. Das

folgende Beispiel vereinbart zwei Bitmustervariablen a und b mit Anfangswerten.
```
int   a = 0x00ff, b = 0XFF00;
```

Sowohl bei der Eingabe als auch bei der Ausgabe mit `iostream` kann das Zahlensystem durch die Manipulatoren `hex` (hexadezimal) und `dec` (dezimal voreingestellt) festgelegt werden; die Einstellungen gelten bis zur nächsten Änderung. Hexadezimalzahlen werden mit den Ziffer 0 . . 9, a . . f oder A . . F *ohne* 0x eingegeben. Beispiel:
```
unsigned int   a;
cout << "-> "; cin >> hex >> a;
cout << " = " << hex << a << " = " << dec << a;
```

Bildschirmanzeige:
```
-> cccc   cr
 = cccc = 52428
```

Bei der `stdio`-Eingabe mit dem `scanf`-Format `%i` (integer) ist sowohl eine dezimale als auch eine hexadezimale Darstellung auf der Eingabezeile möglich; Hexadezimalzahlen sind durch 0x bzw. 0X zu kennzeichnen. Bei den Formaten `%x` bzw. `%X` kann nur hexadezimal ohne den Vorsatz eingegeben werden. Beispiele:
```
scanf("%i", &a);      Eingabezeile: 0xaaaa   cr
scanf("%x", &a);      Eingabezeile: bbbb   cr
```

Für die hexadezimale Ausgabe mit `printf` gibt es die Formate `%nx` (Kleinbuchstaben) bzw. `%nX` (Großbuchstaben), n ist die Breite des Ausgabefeldes. Das Format `%0nx` gibt führende Nullen anstelle von führenden Leerzeichen aus; die Formatangaben `%#0nx` bzw. `%#0nX` setzen 0x bzw. 0X vor die Hexadezimalziffern. Das folgende Beispiel gibt das Bitmuster 0000 0000 0101 1010 in verschiedenen Darstellungen aus:
```
int   a = 0x005A;
printf("%X   %4X   %04X   %#06X", a, a, a, a);
```

Ausgabezeile: 5A   5A   005A   0X005A

Bild 6-44 zeigt die in C++ verfügbaren *logischen Operatoren* und *Schiebeoperatoren*. Sie lassen sich nur auf die ganzzahligen Datentypen anwenden. Alle folgenden Beispiele setzen voraus, daß drei `int`-Bitmustervariablen x, a und b vereinbart wurden:
```
int   x, a, b;
```

Der Operator ~ bildet das *Einerkomplement* durch eine Negation aller Bitpositionen. Beispiel:
```
a = 0x005A;          // 0000 0000 0101 1010
x = ~ a;             // 1111 1111 1010 0101 = 0xFFA5
```

Rang	Richtung	Operator	Wirkung	Beispiel
2	<---	~	Einerkomplement	~ 0x01 gibt 0xFE
6	--->	<< n	schiebe um n bit nach links	0x01 << 1 gibt 0x02
6	--->	>> n	schiebe um n bit nach rechts	0x02 >> 1 gibt 0x01
9	--->	&	logisches UND	0x01 & 0x03 gibt 0x01
10	--->	^	logisches EODER (XOR)	0x01 ^ 0x03 gibt 0x02
11	--->	|	logisches ODER	0x01 | 0x03 gibt 0x03
15	<---	<<= n	<< n und zuweisen	x <<=1; wie x = x <<1;
15	<---	>>= n	>> n und zuweisen	x >>=1; wie x = x >>1;
15	<---	&=	& und zuweisen	x &= y; wie x = x & y;
15	<---	^=	^ und zuweisen	x ^= y; wie x = x ^ y;
15	<---	|=	| und zuweisen	x |= y; wie x = x | y;

Bild 6-44: Logische Operatoren und Schiebeoperatoren

Der Operator **&** bildet das *logische UND* zweier Bitmuster und dient vorzugsweise zum Ausblenden (Löschen) von Bitpositionen mit einer Maske. Das Ergebnis wird in den Bitpositionen auf 0 gesetzt, in denen die Maske 0 ist, und in den Bitpositionen übernommen, in denen die Maske 1 ist. Das folgende Beispiel löscht alle Bits bis auf die letzten vier durch die Maske 0x000F:

```
a = 0x005A;          // 0000 0000 0101 1010
                     // 0000 0000 0000 1111 Maske
x = a & 0x000F;      // 0000 0000 0000 1010 = 0x000A
```

Der Operator **|** bildet das *logische ODER* zweier Bitmuster und kann zum Setzen von Bitpositionen verwendet werden. Das Ergebnis wird in den Bitpositionen auf 1 gesetzt, in denen eine Maske eine 1 enthält, und dort übernommen, wo die Maske 0 ist. Das folgende Beispiel setzt die vier rechts stehenden Bitposition auf 1.

```
a = 0x005A;          // 0000 0000 0101 1010
                     // 0000 0000 0000 1111 Maske
x = a | 0x000F;      // 0000 0000 0101 1111 = 0x005F
```

Eine andere Anwendung des *logischen ODER* ist die Zusammensetzung eines Bitmusters aus zwei Teilen, die vorher durch UND-Masken und Verschieben maskiert und in die richtige Position gebracht wurden. Das folgende Beispiel setzt zwei Bytes (8 bit) zu einem Wort (16 bit) zusammen:

```
a = 0x5500;          // 0101 0101 0000 0000
b = 0x00AA;          // 0000 0000 1010 1010
x = a | b;           // 0101 0101 1010 1010 = 0x55AA
```

Der Operator ^ bildet das *logische exklusive ODER* (EODER XOR) der beiden Operanden und wird dazu verwendet, ein Bitmuster nur an bestimmten Bitpositionen zu komplementieren. Das EODER liefert für den Fall, daß beide Eingänge 1 sind, das Ergebnis 0 (entweder oder, aber nicht alle beide!). Im Gegensatz zum Operator ~ , der alle Bitpositionen komplementiert, wird durch den Operator ^ das Ergebnis nur an den Bitpositionen komplementiert, an denen eine Maske eine 1 enthält, und bleibt dort unverändert, wo die Maske 0 ist. Das folgende Beispiel komplementiert nur das rechte Byte eines Wortes:

```
a = 0x5555;          // 0101 0101 0101 0101
                     // 0000 0000 1111 1111 Maske
x = a ^ 0x00FF;      // 0101 0101 1010 1010 = 0x55AA
```

Die Symbolzeichen & bzw. | werden auch im Zusammenhang mit einer logischen Verknüpfung von Aussagen (*wahr* und *falsch*) in Form der Doppelsymbole && bzw. || verwendet. In dem folgenden Beispiel wird die Schaltervariable abbruch wahr, wenn entweder ende oder fehler wahr ist.

```
int ende, fehler, abbruch;   // Schaltervariablen
abbruch = ende || fehler;    // Verknüpfung
```

Unglücklicherweise ist auch der Ausdruck abbruch = ende | fehler zulässig, jedoch wird nun eine bitweise logische Verknüpfung der beiden Operanden durchgeführt. Umgekehrt können auch Bitmustervariablen als Aussagen verknüpft werden, wenn man die Symbolzeichen & bzw. | einzeln verwendet. Das folgende Beispiel zeigt den Unterschied zwischen den Operationszeichen && und &:

"wahr" && *"wahr"* liefert *"wahr"* aber "0xffff" & "0xffff" liefert "0xffff"

```
int i = 0xffff, j = 0xffff;
cout << hex << (i && j) << " != " << (i & j);
```

Ausgabe: 1 != ffff

Der *Links-Schiebeoperator* << verschiebt bei der Bewertung den links stehenden Operanden um die Anzahl der rechts stehenden Stellen nach links. Die links herausgeschobenen Bits gehen verloren, die rechts frei werdenden Bitpositionen werden mit 0 aufgefüllt (logisches Schieben). Die Anzahl der Verschiebungen kann als Konstante oder Variable angegeben werden. Das folgende Beispiel verschiebt ein Bitmuster um 4 Bitpositionen nach links und zieht Nullen nach.

```
a = 0x1234;          // 0001 0010 0011 0100
x = a << 4;          // 0010 0011 0100 0000 = 0x2340
```

Der *Rechts-Schiebeoperator* >> verschiebt den links stehenden Operanden um die Anzahl der rechts stehenden Stellen nach rechts. Die rechts herausgeschobenen Bits gehen verloren. Die Behandlung der links frei werdenden Bitpositionen hängt vom Datentyp des Operanden ab. Bei allen *vorzeichenlosen* (unsigned) Datentypen wird jede links frei werdende Bitposition mit einer 0 aufgefüllt (*logisches Schieben*). Das folgende Beispiel verschiebt einen unsigned Operanden um 4 Bitpositionen nach rechts und zieht Nullen nach.

```
unsigned int  x, u;
u = 0x1234;            // 0001 0010 0011 0100
x = u >> 4;            // 0000 0001 0010 0011 = 0x0123
```

Bei allen *vorzeichenbehafteten* (signed) Datentypen bleibt die links stehende Bitposition, das Vorzeichenbit, erhalten und wird zusätzlich in die nächste rechts stehende Bitposition kopiert. Da dadurch das Vorzeichen erhalten bleibt, bezeichnet man dies auch als *arithmetisches Schieben*. Ist das links stehende Bit eine 1, so werden Einsen nachgezogen; ist es eine 0, so werden Nullen nachgezogen. Die folgenden Beispiele verschieben zwei signed Bitmuster jeweils um 4 Positionen nach rechts.

```
i = 0x89AB;            // 1000 1001 1010 1011
x = i >> 4;            // 1111 1000 1001 1010 = 0xF89A

j = 0x1234;            // 0001 0010 0011 0100
x = j >> 4;            // 0000 0001 0010 0011 = 0x0123
```

Die Doppeloperatoren << und >> sind für cin und cout sowie für fstream-Dateioperationen überladen, d.h. sie führen keine Schiebeoperationen durch, sondern kennzeichnen die Übergaberichtung. Ausdrücke mit Schiebeoperatoren, die ausgegeben werden sollen, sind zu klammern.

Ergebnis	Funktion	Wirkung
unsigned	_rotl(x ,n)	rotiere den 16-bit-Operanden x um n bit nach links
unsigned	_rotr(x, n)	rotiere den 16-bit-Operanden x um n bit nach rechts
unsigned long	_lrotl(x, n)	rotiere den 32-bit-Operanden x um n bit nach links
unsigned long	_lrotr(x, n)	rotiere den 32-bit-Operanden x um n bit nach rechts

Bild 6-45: Funktionen zum Rotieren (#include <stdlib.h>)

Beim zyklischen Schieben oder **Rotieren** wird die herausgeschobene Bitposition in die frei werdende Bitposition hineingeschoben. *Bild 6-45* zeigt die Funktionen für beide Schieberichtungen. Für die 32-bit-Schiebefunktionen _lrotl und _lrotr muß in einigen C-Versionen die Bibliothek stdlib mit #include zugeordnet werden. Das folgende Beispiel rotiert ein Bitmuster sowohl nach rechts als auch nach links.

```
unsigned int  u, l, r;
u = 0x1234;            // 0001 0010 0011 0100
l = _rotl(u,4);        // 0010 0011 0100 0001 = 0x2341
r = _rotr(u,4);        // 0100 0001 0010 0011 = 0x4123
```

Das in *Bild 6-46* dargestellte Programmbeispiel gibt den Inhalt einer dezimal oder hexadezimal einzugebenden int-Variablen binär in allen 16 Bitpositionen aus. Dabei muß mit der linken Bitposition begonnen werden. Sie wird mit der UND-Maske 0x8000 ausgeblendet und auf 0 oder 1 untersucht. Ist das Ergebnis nicht Null, also Eins, so wird durch den bedingten Ausdruck eine 1 ausgegeben, sonst eine 0. Danach wird das Bitmuster um eine Position nach links geschoben. Das in Bild 6-47 dargestellte Programmbeispiel zeigt eine andere Lösung mit einer Rotationsfunktion, die die jeweils links stehende Bitposition zyklisch in die rechteste Position schiebt, ausblendet und als Zahl ausgibt.

```
/* k6p46.cpp Bild 6-46: Bitoperationen und binäre Ausgabe */
#include  <iostream.h>
main()
{
 int  i, z;
 cout << "\ndezimale integer Eingabe Ende mit Strg und Z";
 while ( 1 )
 {
   cout << "\n  -> "; cin >> z; cin.seekg(0);
   if ( cin.eof() ) { cin.clear(); break; }
   if (cin.fail() ) { cin.clear(); cout << "\aFehler"; continue; }
   cout << "dual: ";
   for (i = 0; i < 16; i++)
   {
     cout << ( (z & 0x8000) ? 1 : 0) << ' ';
     z = z << 1;    // oder  z <<= 1; schiebe z um 1 bit nach links
   }
 }
 return 0;
}


dezimale integer Eingabe Ende mit Strg und Z
    -> 1
dual: 0 0 0 0 0 0 0 0 0 0 0 0 0 0 0 1
    -> -1
dual: 1 1 1 1 1 1 1 1 1 1 1 1 1 1 1 1
    -> ^Z
```

Bild 6-46: Binäre Ausgabe von Speicherinhalten

Durch die Vereinbarung von **Bitfeldern** in einer Struktur kann ein einzelnes Bit oder eine Gruppe von Bits innerhalb einer `int`-Variablen (16 bit) durch einen eigenen Bezeichner angesprochen werden. Die Vereinbarung erfolgt als *Struktur* in der Form

```
struct Typbezeichner {
                  Typ Komponente : Länge;   // low
                  .  .  .  .  .  . ;
                  Typ Komponente : Länge;   // high
                  }
            Variablenliste;
```

Wie bei einer Struktur kann der Typbezeichner oder die Variablenliste entfallen. Jede Komponente wird durch einen Datentyp (nur `char` oder `int` bzw. `signed` oder `unsigned`), einen Komponentenbezeichner und eine konstante Länge in der Einheit bit beschrieben. Die erste Komponente ist das wertniedrigste (rechteste) Bitfeld, die letzte Komponente das werthöchste (linkeste). Ein Bitfeld ohne Komponentenbezeichner ist möglich, aber nicht erreichbar. Die Summe der Bitlängen muß 16 betragen. Da dies (leider) nicht geprüft wird, können bei Gesamtlängen ungleich 16 unerwartete Ergebnisse erscheinen. Das folgende Beispiel unterteilt ein 16-bit Wert mbef in die drei Felder quel (4 bit), ziel (4 bit) und code (8 bit). Gleichzeitig wird ein Zeiger mzeig auf eine Struktur gleichen Aufbaues vereinbart.

```
struct {
        unsigned int  quel : 4;   // Länge 4 bit low
        unsigned int  ziel : 4;   // Länge 4 bit
        unsigned int  code : 8;   // Länge 8 bit high
        }
        mbef, *mzeig;        // 8_bit, 4_bit, 4_bit = 16_bit
```

Die *Bearbeitung* der Bitfelder erfolgt wie bei einer Struktur durch die Bezeichnungen

```
Variable  . Komponente
(*Zeiger) . Komponente
Zeiger  -> Komponente
```

Das folgende Beispiel setzt den Zeiger mzeig auf die Bitfeldstruktur mbef, weist den Komponenten Werte zu und gibt sie aus. Bei cout können nur die Einzelkomponenten ausgegeben werden, bei prinft die gesamte Struktur.

```
mzeig = &mbef;           // Zeiger mzeig zeigt auf mbef
mbef.quel = 0x4;         // direkte Variablenadressierung
(*mzeig).ziel = 0x3;     // indirekte Zeigeradressierung
mzeig -> code = 0x12;    // indirekte Zeigeradressierung
cout << hex << mbef.code << mbef.ziel << mbef.quel;
printf(" %04x", mbef);   // Strukturausgabe nur printf!
```
Ausgabezeile: 1234 1234

Für eine Weiterverarbeitung wie z.B. eine binäre Ausgabe muß die Struktur zuweilen in eine int-Variable kopiert werden. Dies geht nur über eine Verschiebung und Veroderung der Komponenten. Das folgende Beispiel setzt die Struktur mbef in eine Variable befehl um. Man beachte, daß lt. Tabelle Bild 6-44 die Verschiebungen vor dem logischen ODER ausgeführt werden.

```
unsigned int  befehl;
befehl = mbef.code << 8 | mbef.ziel << 4 | mbef.quel;
cout << hex << befehl;     // Ausgabezeile: 1234
```

Das in *Bild 6-47* dargestellte Programmbeispiel setzt einen 16-bit-Befehl, der durch eine Bitfeldstruktur beschrieben wird, aus einem 8-bit-Code, einer 4-bit-Zieladresse und einer 4-bit-Quelladresse zusammen. Das stark vereinfachte Beispiel arbeitet nur mit zwei Befehlen (*mov* und *add*) und zwei Registern (*r0* und *r1*) als Ziel und als Quelle, die durch einfache Vergleiche und nicht über Listen übersetzt werden.

```
/* k6p47.cpp Bild 6-47: Maschinencode im Bitfeld zusammensetzen */
#include <iostream.h>
#include <string.h>                  // für Stringfunktionen
#include <stdlib.h>                  // für _rotl-Funktion
main()
{
 struct {
         unsigned int  quel : 4;     // ────────────────────┐
         unsigned int  ziel : 4;     // ──────────────────┐ │
         unsigned int  code : 8;     // ──────────┐       │ │
         }                           // ──────┐   │       │ │
         mbefehl;                     // B15......B8 B7..B4 B3..B0
 int fehl, i;                         // <   code  > <ziel> <quel>
 unsigned int x;
 char bef[12], op1[12], op2[12];
 cout << "\n Befehle: mov  (=0x55)   add   (=0xAA)";
 cout << "\nRegister: r0   (=0x0)    r1    (=0x1)";
 cout << "\nBeispiel: mov r0,r1      Ende mit Strg und Z";
 while(cout << "\nBefehl -> ",
       cin.getline(bef, 4, ' '),  cin.get(),
       cin.getline(op1, 3, ','),  cin.get(),
       cin.getline(op2, 3, '\n'), cin.seekg(0),
       !cin.eof() )           // Abbruch mit Strg-Z
 {
  cout << "Kontrolle:" << bef << "|" << op1 << '|' << op2;
  fehl = 0;
  if (strcmp(bef, "mov") == 0) mbefehl.code = 0x55;
   else
   if(strcmp(bef, "add") == 0) mbefehl.code = 0xAA; else fehl=1;
  if (strcmp(op1, "r0") == 0) mbefehl.ziel = 0x00;
   else
   if(strcmp(op1, "r1") == 0) mbefehl.ziel = 0x01; else fehl = 1;
  if (strcmp(op2, "r0") == 0) mbefehl.quel = 0x00;
   else
   if(strcmp(op2, "r1") == 0) mbefehl.quel = 0x01; else fehl = 1;
  if (fehl == 1) cout << "\a  Eingabefehler!\n";
  else
   {
    x = (mbefehl.code << 8) | (mbefehl.ziel << 4) | mbefehl.quel;
    cout << "  Hexacode: 0x" << hex << x << "  binär: ";
    for (i = 0; i < 16; i++)
      cout << (int) ( (x = _rotl(x,1) ) & 0x0001 ) << " ";
   }
 }
 return 0;
}
```

```
Befehle: mov   (=0x55)   add   (=0xAA)
Register: r0   (=0x0)    r1    (=0x1)
Beispiel: mov r0,r1      Ende mit Strg und Z
Befehl -> mov r0,r0
Kontrolle:mov|r0|r0  Hexacode: 0x5500  binär: 0 1 0 1 0 1 0 1 0 0 0 0 0 0 0 0
Befehl -> add r1,r1
Kontrolle:add|r1|r1  h·· ac)de: 0xaa11  binär: 1 0 1 0 1 0 1 0 0 0 0 1 0 0 0 1
```

Bild 6-47: Maschinencode mit Bitfeldern zusammensetzen

6.6 Verkettete Listen

Zeiger wurden bereits im Kapitel 4 behandelt und im Zusammenhang mit Funktionen, dynamischen Feldern, Texten (Strings), Strukturen und Datendateien verwendet. Dieser Abschnitt zeigt besondere Anwendungen von Zeigern in verketteten Datenstrukturen.

Daten im Heap (Zusatzspeicher)

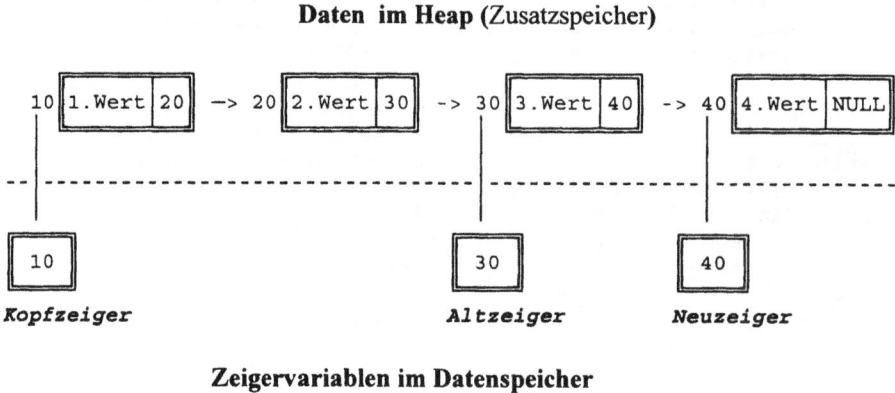

Zeigervariablen im Datenspeicher

Bild 6-48: Der Aufbau einer einfach verketteten Liste

Bei einer einfach verketteten Liste entsprechend *Bild 6-48* besteht ein Listenelement aus einer Struktur mit einem Datenteil und einem Zeigerteil. Der Datenteil enthält je nach Aufgabenstellung Meßwerte oder die Daten eines Bauteils, der Zeigerteil enthält einen Zeiger auf das nachfolgende Listenelement. Der Zeigerteil des letzten Elementes, das keinen Nachfolger hat, wird auf die vordefinierte Zeigerkonstante NULL als Endemarke gesetzt. Die verkettete Liste wird mit **new** oder malloc bzw. calloc im dynamischen Zusatzspeicher, dem *Heap*, angelegt und mit festen Zeigervariablen verwaltet. Dazu ist der Aufbau der Listenelemente (Datensätze) zu beschreiben.

```
struct Zeigertyp {
                Datenkomponenten ;
                   .   .    .   . ;
                struct Zeigertyp *Zeigerkomponente;
                };

struct Zeigertyp  *Zeigervariablen;
```

Das folgende Beispiel vereinbart drei Zeigervariablen kopfz, altz und neuz zur Adressierung einer verketteten Liste, deren Elemente aus einem Datenteil mit einem double-Meßwert und einem Zeiger auf das nachfolgende Listenelement bestehen.

```
struct styp {                 // Typdeklaration
            double  daten;     // Datenteil
            struct styp  *nach;  // Zeiger Nachfolger
            };
struct styp  *kopfz, *altz, *neuz; // Variablendefinition
```

Der Kopfzeiger `kopfz` zeigt auf das erste Listenelement. Die beiden Hilfszeiger `altz` und `neuz` zeigen auf das Ende der Liste und vereinfachen das Anketten neuer Elemente. Das in *Bild 6-49* dargestellte Beispiel baut eine verkettete Liste aus Meßwerten auf. Diese Aufgabe wurde bereits mit einem Feld und einer Datendatei behandelt.

```cpp
/* k6p49.cpp   Bild 6-49: verkettete Liste mit Meßwerten */
#include <iostream.h>
#include <iomanip.h>
main()
{
 struct styp
            { double  daten;        // Daten mit Meßwert
              struct styp *nach;     // Zeiger auf Nachfolger
            };
 struct styp  *kopfz, *neuz, *altz;
 double  wert, mwert, sum = 0;
 int  n = 0;
 kopfz = NULL;
 neuz = NULL;
 altz = NULL;
 cout << "\nWerte eingeben  Ende mit ^Z\n";
 while (1)     // Kontrolle des Wertes
 {
  cout << "-> "; cin >> wert;
  if (cin.eof() ) {cin.clear(); cin.seekg(0); break; }
  if (cin.fail())
     {cin.clear(); cin.seekg(0); cout << "\aFehler"; continue; }
  altz = neuz;
  neuz = new styp;
  neuz->daten = wert;
  neuz->nach  = NULL;
  if (kopfz != NULL) altz->nach = neuz; else kopfz = neuz;
  sum = sum + wert; n++;
 }
 if (n != 0) mwert = sum/n; else mwert = 0;
 cout << "\nMittelwert = " << mwert << " bei " << n << " Werten";
 cout << "\n       Wert Abweichung";
 neuz = kopfz;
 while (neuz != NULL)
 {
  wert = neuz->daten;
  cout << "\n" << setw(10) << wert << setw(11) << wert - mwert;
  neuz = neuz->nach;
 }
 return 0;
}
```

Bild 6-49: Verkettete Liste mit Meßwerten

Beim Start des Programms ist die Liste leer, alle drei Zeiger werden auf die Endemarke NULL gesetzt. Nach der Eingabe eines Meßwertes liefert der Operator **new** einen Zeiger für das neue Listenelement im Zusatzspeicher (Heap). In den Datenteil wird der Meßwert, in den Zeigerteil die Endemarke NULL eingetragen, da das jeweils letzte Element noch keinen Nachfolger hat. Beim Aufbau des allerersten Listenelementes (kopfz == NULL) wird seine Adresse in den Kopfzeiger eingetragen. Bei allen anderen Elementen (kopfz != NULL) wird im Zeigerteil des Vorgängers die Endemarke NULL mit dem neuen Zeiger überschrieben.

Auf den Aufbau der Liste folgt die Auswertung. Der Zugriff erfolgt *sequentiell* (fortlaufend) beginnend mit dem ersten Element, dessen Adresse sich im Kopfzeiger befindet. Ein direkter Datenzugriff wie bei Feldern und Datendateien ist nicht möglich. Das Ende der Liste ist erreicht, wenn in der Zeigerkomponente des letzten Eintrags die Endemarke NULL erscheint.

In vielen technischen Anwendungen werden *Zwischenspeicher* (Puffer) als verkettete Listen aufgebaut. Die zuerst aufgenommenen Einträge werden auch zuerst wieder entfernt (FIFO = First In, First Out). *Bild 6-50* zeigt ein Testprogramm zur Simulation eines Pufferspeichers mit einer verketteten Liste aus Zahlen.

```cpp
/* k6p50.cpp Bild 6-50: Pufferspeicher mit verketteter Liste */
#include <iostream.h>
#include <conio.h>              // für getche
main()
{
 struct styp
           { double  daten;         // Daten mit Meßwert
             struct styp *nach;   // Zeiger auf Nachfolger
           };
 struct styp  *kopfz, *neuz, *altz, *laufz;
 double  wert;
 char  ant;
 kopfz = NULL;
 neuz = NULL;
 altz = NULL;
 cout << "\nZ = Zugang A = Abgang L = Liste E = Ende eingeben\n";
 do
 {
  cout << "Z / A / L / E -> ";
  switch ( ant = getche() )
  {
   case 'z' :
     while (1)   // Kontrollschleife für Wert
     {
     cout << " Wert -> "; cin >> wert;        // lesen
     if ( cin.fail() )                    // Fehler oder EOF
     {
      cout << "Eingabe - Fehler: ";
      cin.clear(); cin.seekg(0); continue;   // nochmal versuchen
     }
     break;   // Eingabe war gut
     }
     altz = neuz;
     neuz = new styp;
     neuz->daten = wert;
     neuz->nach  = NULL;
     if (kopfz != NULL) altz->nach = neuz; else kopfz = neuz;
     break;
```

```
    case 'a' :
      cout << " Ab   ";
      if (kopfz == NULL) cout << " Liste leer\n";
      else
      {
       cout << "  " << kopfz->daten << endl;
       delete kopfz;        // Speicher freigeben
       kopfz = kopfz->nach;
      }
      break;
    case 'l' :
      cout << " Liste: ";
      laufz = kopfz;
      if (laufz == NULL) cout << " leer";
      while (laufz != NULL)
      {
       cout << " " << laufz->daten << " ";
       laufz = laufz->nach;
      }
      cout << endl;
      break;
    case 'e': cout << " Ende"; break;
    default : cout << " Eingabefehler\n"; break;
   }   // Ende switch
 } while (ant != 'e');
 return 0;
}


Z = Zugang  A = Abgang  L = Liste  E = Ende eingeben
Z / A / L / E -> z Zu -> 1.1
Z / A / L / E -> z Zu -> 2.2
Z / A / L / E -> l Liste:  1.1  2.2
Z / A / L / E -> a Ab     1.1
Z / A / L / E -> a Ab     2.2
Z / A / L / E -> a Ab     Liste leer
Z / A / L / E -> e Ende
```

Bild 6-50: Pufferspeicher mit verketteter Liste

Die Struktur des Pufferspeichers entspricht der des Bildes 6-48 mit dem Unterschied, daß Listenelemente nicht nur an das Ende angehängt, sondern auch am Anfang entfernt werden können. Dazu wird einfach der Kopfzeiger mit dem Zeigerteil des Kopfelementes, also mit dem Zeiger auf den Nachfolger, überschrieben. Der nicht mehr benötigte Speicher könnte mit delete wieder dem Betriebssystem zurückgegeben werden. Bei dem in Bild 6-50 dargestellten Demonstrationsprogramm bestimmt der Benutzer, wann Elemente an das Ende angehängt und wann Elemente am Anfang entfernt werden. Die Wirkung der Zu- und Abgänge läßt sich durch die Ausgabe des aktuellen Listeninhaltes kontrollieren. *Bild 6-51* zeigt die Struktur einer **doppelt verketteten** Liste, bei der jedes Element sowohl einen Zeiger auf den Nachfolger als auch einen Zeiger auf den Vorgänger enthält. Nur das letzte Element hat anstelle eines Zeigers auf einen Nachfolger die Endemarke NULL. Entsprechend hat das erste Element die Endemarke NULL anstelle eines Zeigers auf einen Vorgänger. Die doppelt verkettete Liste läßt sich im Gegensatz zu einer einfach verketteten Liste in beiden Richtungen durchlaufen.

Daten im Heap (Zusatzspeicher)

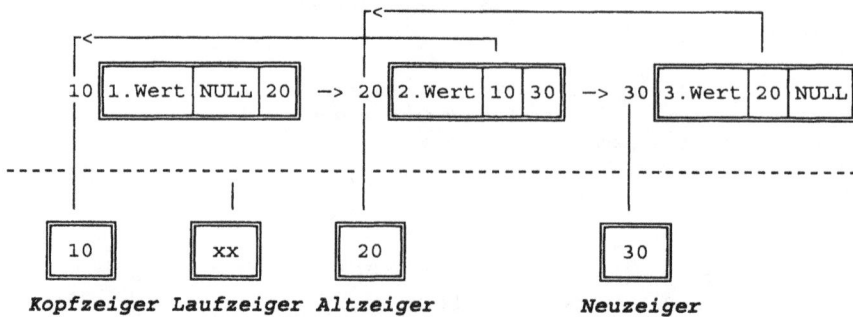

Zeigervariablen im Datenspeicher

Bild 6-51: Aufbau einer doppelt verketteten Liste

Ein weiteres häufig verwendetes Speicherprinzip ist der **Stapel**. Dies ist eine Liste, bei der die zuletzt eingespeicherten Elemente auch zuerst wieder entfernt werden (LIFO = Last In, First Out). *Bild 6-52* zeigt ein Demonstrationsprogramm für einen Stapelspeicher, der als doppelt verkettete Liste aufgebaut ist.

```
/* k6p52.cpp Bild 6-52: Stapel mit doppeltverketteter Liste */
#include <iostream.h>
#include <conio.h>             // für getche
main()
{
 struct styp
                 { double  daten;        // Daten mit Meßwert
                   struct styp  *nach;    // Zeiger auf Nachfolger
                   struct styp  *vorg;    // Zeiger auf Vorgänger
                 };
 struct styp  *neuz, *altz, *laufz;
 double  wert; char  ant;
 neuz = NULL;
 cout << "\nZ = Zugang  A = Abgang  L = Liste  E = Ende eingeben\n";
 do
 {
  cout << "Z / A / L / E -> ";
  switch ( ant = getche() )
  {
   case 'z' :
     while (1)     // Kontrollschleife
     {
      cout << " Wert -> "; cin >> wert;
      if (cin.fail() )
      {
        cin.clear(); cin.seekg(0);
        cout << "Eingabe - Fehler: "; continue;
      }
      break;
     }
```

```
      altz = neuz;                            // oberster wird alter
          // neuz = (struct styp*) calloc(1, sizeof(struct styp) );
      neuz = new styp;
      neuz->daten = wert;                     // neue Daten speichern
      neuz->nach  = NULL;                     // kein Nachfolger
      neuz->vorg  = altz;                     // alter ist Vorgänger
      if (altz != NULL) altz->nach  = neuz;   // alter Nachfolger
      break;
    case 'a' :
      cout << " Ab ";
      if (neuz == NULL) cout << "Liste leer\n";
      else
      {
        altz = neuz;                          // obersten entfernen
        cout << altz->daten << endl;          // Daten ausgeben
        neuz = altz->vorg;                    // Vorgänger wird neu
        if (neuz != NULL) neuz->nach = NULL;  // kein Nachfolger
        delete altz;                          // alten freigeben
      }
      break;
    case 'l' :
      cout << " Liste:";
      laufz = neuz;
      if (laufz == NULL) cout << " leer";
      while (laufz != NULL)
      {
        cout << "  " << laufz->daten;
        laufz = laufz->vorg;
      }
      cout << endl;
      break;
    case 'e': cout << " Ende"; break;
    default : cout << " Eingabefehler\n"; break;
  }     // Ende switch
} while (ant != 'e');
return 0;
}


Z = Zugang  A = Abgang  L = Liste  E = Ende eingeben
Z / A / L / E -> z Zu -> 1.1
Z / A / L / E -> z Zu -> 2.2
Z / A / L / E -> l Liste:  2.2  1.1
Z / A / L / E -> z Zu -> 3.3
Z / A / L / E -> a Ab 3.3
Z / A / L / E -> a Ab 2.2
```

Bild 6-52: Demonstration eines Stapelspeichers

Bei jedem Zugang sind zwei Zeigereintragungen erforderlich. In das neue Element wird die Adresse des Vorgängers eingetragen, in den Vorgänger wird die Adresse des neuen Elementes als Nachfolger eingetragen. Bei jedem Abgang muß in dem nunmehr obersten (letzten) Element die Endemarke NULL als Nachfolger eingetragen werden. Dann kann der Speicherplatz des entfernten Elementes dem System mit delete wieder zurückgegeben werden. Bei der Ausgabe der Liste müssen die Elemente von oben nach unten bis zur Endemarke NULL durchlaufen werden; dazu dient der Hilfszeiger laufz.

Bei verketteten Listen lassen sich Elemente nicht nur am Anfang der Liste (Puffer) oder am Ende der Liste (Stapel), sondern auch in der Mitte entfernen. Dazu sind lediglich die Zeiger der Nachbarelemente zu ändern; der nicht mehr benötigte Speicher kann dann freigegeben werden. Bei Feldern oder Dateien würde man zu entfernende Elemente entweder mit einer Löschmarke versehen oder man müßte die alte Liste ohne die zu entfernenden Elemente in eine neue Liste umkopieren. *Bild 6-53* zeigt eine doppelt verkettete Liste, bei der man beliebige Elemente entfernen kann. Ein praktisches Anwendungsbeispiel wäre die Aufgabe, Fehlmessungen (Ausreißer) einer Meßreihe unwirksam zu machen.

```cpp
/* k6p53.cpp Bild 6-53: Pufferspeicher doppelt verkettete Liste */
#include <iostream.h>
#include <conio.h>
main()
{
 struct styp
                { double  daten;           // Daten mit Meßwert
                  struct styp *nach;        // Zeiger auf Nachfolger
                  struct styp *vorg;        // Zeiger auf Vorgänger
                } *kopfz, *neuz, *altz, *laufz;
 double wert;  char ant;  int gefu;
 kopfz = NULL;
 neuz = NULL;
 cout << "\nZ = Zugang  A = Abgang  L = Liste  E = Ende eingeben\n";
 do
 {
  cout << "Z / A / L / E -> ";
  switch ( ant = getche() )
  {
  case 'z' :
    while (1)  // Kontrollschleife
     {
      cout << " Zu Wert -> "; cin >> wert; cin.seekg(0);
      if (cin.fail() )                  // Fehler
       {
        cout << "Eingabe - Fehler: ";
        cin.clear(); continue;
       }
      break;                            // war gut
     }
    altz = neuz;
    neuz = new styp;
    neuz->daten = wert;
    neuz->nach  = NULL;
    neuz->vorg  = altz;
    if (kopfz != NULL) altz->nach = neuz; else kopfz = neuz;
    break;
  case 'a' :
    while (1)     // Kontroll-Schleife
     {
      cout << " Ab Wert -> "; cin >> wert; cin.seekg(0);
      if ( cin.fail() )
       {
        cout << "Eingabe - Fehler: ";
```

```
      cin.clear(); continue;
    }
    break;
  } // Ende While-Kontroll-Schleife
  laufz = kopfz;
  gefu = 0;
  while (laufz != NULL)
  {
   if (laufz->daten == wert)
   {
    altz = laufz->nach;
    if (altz != NULL) altz->vorg = laufz->vorg;
     else neuz = laufz->vorg;
    altz = laufz->vorg;
    if (altz != NULL) altz->nach = laufz->nach;
     else kopfz = laufz->nach;
    delete laufz;
    gefu = 1;
    break;
   }
   else laufz = laufz->nach;
  } // Ende While
  if (gefu) cout << "                        entfernt\n";
   else cout << "                     nicht in Liste\n";
  break;
 case 'l' :
   cout << " Liste:";
   laufz = kopfz;
   if (laufz == NULL) cout << " leer";
   while (laufz != NULL)
   {
    cout << " " << laufz->daten << " ";
    laufz = laufz->nach;
   }
   cout << "\n";
  break;
 case 'e' : cout << " Ende"; break;
 default   : cout << " Eingabefehler\n"; break;
 }       // Ende switch
} while (ant != 'e');
return 0;
}
```

```
Z = Zugang  A = Abgang  L = Liste  E = Ende eingeben
Z / A / L / E -> z Zu Wert -> 1.1
Z / A / L / E -> z Zu Wert -> 2.2
Z / A / L / E -> z Zu Wert -> 3.3
Z / A / L / E -> a Ab Wert -> 1.1
                   entfernt
Z / A / L / E -> a Ab Wert -> 47.11
                   nicht in Liste
Z / A / L / E -> l Liste: 2.2  3.3
Z / A / L / E -> e Ende
```

Bild 6-53: Pufferspeicher mit doppelt verketteter Liste

Neue Elemente werden in dem Demonstrationsprogramm mit einem Zeiger neuz einfach an die alten Elemente angehängt. Alte Elemente werden, wenn sie in der Liste enthalten sind, durch Austausch der Zeiger der Nachbarelemente entfernt. In einer ähnlichen Technik lassen sich auch neue Elemente an beliebiger Stelle in die Liste einfügen. Dazu wird die alte Liste an der entsprechenden Stelle aufgetrennt. Die Adresse des neuen Elementes wird sowohl beim Nachfolger als auch beim Vorgänger in die entsprechenden Zeiger eingetragen.

Das *Stapelprinzip* wird in der Rechentechnik für den Aufruf und den Rücksprung von Unterprogrammen (Funktionen Kapitel 5) verwendet. *Bild 6-54* zeigt ein Programm, das den Aufbau und den Abbau eines Stapels am Beispiel von Zahlen demonstriert.

```cpp
/* k6p54.cpp Bild 6-54: Stapel mit Zeigerarithmetik */
#include  <conio.h>      // für cprintf und Bildschirmfunktionen
#include  <stdlib.h>     // für calloc
#define N 100
main()
{
 int  *stapelz, wert, snr = 24;
 char  antw;
 int n = 0;
 clrscr();
 gotoxy(30,24); cprintf("E = Ende  A = Abgang  Z = Zugang");
 gotoxy(30,25); cprintf("E / A / Z - > ");
 gotoxy(1,25);  cprintf(" Zeiger: xxxx:xxxx  Stapel");
 stapelz = (int*) calloc(N, sizeof(int) ) + (N * sizeof(int) ) ;
 do
 { gotoxy(10,25); cprintf("%p", stapelz);     // Stapelzeiger anzeig.
   gotoxy(44,25); antw = getch();             // Steuerzeichen lesen
   if (antw == 'z')                           // z = Zugang
   {
      gotoxy(47,25); clreol();
      gotoxy(47,25); cprintf(" Zu -> ");
      cscanf("%d", &wert);                    // Wert lesen
      getch();           // Abbruchzeichen von csanf entfernen
      gotoxy(15,snr--); cprintf("---->%7d", wert);  // Ausgabe zu
      *(--stapelz) = wert;                    // Wert nach Stapel
      n++;                                    // Anzahl + 1
   }
   if (antw == 'a')                           // a = Abgang
   if (n == 0) cprintf("\a");                 // Stapelkontrolle
   else
   {
      wert = *(stapelz++);                    // Wert vom Stapel
      gotoxy(15,++snr); cprintf("%15c",' ');  // Ausgabe wegnehmen
      gotoxy(47,25); clreol(); cprintf(" Ab <= %d", wert);
      n--;                                    // Anzahl - 1
   }
 } while (antw != 'e');                       // bis e = Endezeichen
 clrscr();
 return 0;
}
```

```
    - - - - >      444
    - - - - >      333
    - - - - >      222
    - - - - >      111     E = Ende  A = Abgang   Z = Zugang
Zeiger: 90D7:018C  Stapel    E / A / Z - > Weiter ->
```

Bild 6-54: Stapel mit Zeigerarithmetik

Im Gegensatz zu den Stapelbeispielen der Bilder 6-51 und 6-52 wird der **Stapel** des Beispiels *Bild 6-54* nicht als verkettete Liste, sondern mit einem **Stapelzeiger** wie eine Direktzugriffsdatei oder ein Feld direkt adressiert. Jedes Listenelement enthält nur Daten, in dem Beispiel einfache `int`-Zahlen, und keine Zeiger auf einen Vorgänger oder Nachfolger. Das Beispielprogramm orientiert sich an der üblichen Mikroprozessortechnik, bei der der Stapelzeiger bei jedem *Schreiben* in den Stapel (*push*-Befehl) vermindert wird und bei jedem *Lesen* aus dem Stapel (*pop*-Befehl) wieder erhöht wird. Der Stapel wird in einem fest dimensionierten Bereich des Zusatzspeichers (Heap) angelegt. Die Funktion `calloc` liefert die Anfangsadresse; der Stapelzeiger wird jedoch auf die Endadresse gesetzt, da er beim Schreiben in den Stapel abwärts läuft. Die Anweisung "`*(--stapelz) = wert`" vermindert erst den Stapelzeiger und verwendet ihn dann zum Schreiben eines Wertes in den Stapel (*push*-Befehl). Die Anweisung "`wert = *(stapelz++)`" holt erst den obersten Wert vom Stapel und erhöht anschließend den Stapelzeiger (*pop*-Befehl).

In einer **Baumstruktur** hat jedes Element, Knoten genannt, mehrere Nachfolger. Bei einem binären Baum enthält jeder Knoten neben den Daten zwei Zeiger auf Nachfolger. Bei der Ankettung neuer Elemente kann man z.B. alle Werte, die numerisch oder alphabetisch höher sind, in den oberen (oder linken) Zweig legen und alle niedrigeren in den unteren (oder rechten) Zweig. Ein Zeiger, der keinen Nachfolger hat, wird durch eine Endemarke gekennzeichnet.

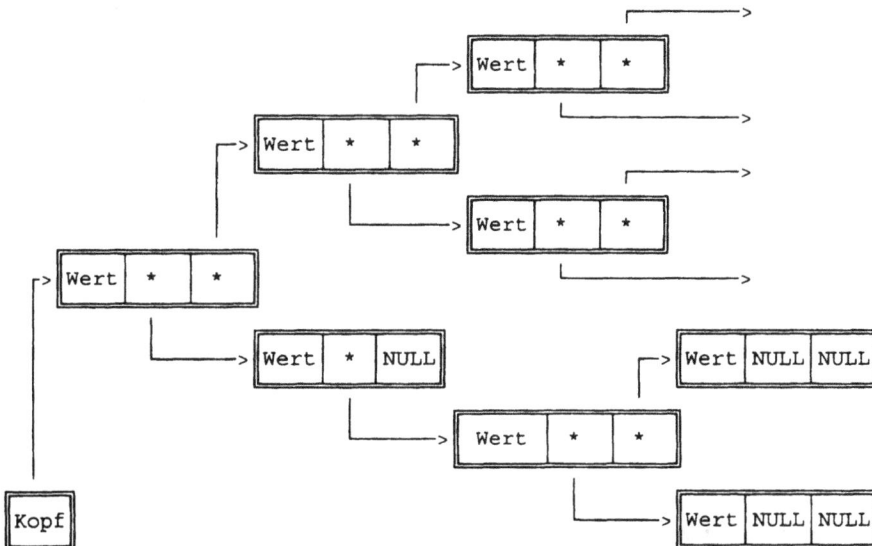

6.7 Benutzerdefinierte Datentypen

Mit dem Kennwort `typedef` kann der Benutzer neue Bezeichner für bestehende vordefinierte oder benutzereigene Datentypen einführen.

```
typedef  Alttyp Neubezeichner;
```

Auf das Kennwort `typedef` folgt ein einfacher oder zusammengesetzter alter Datentyp, der eine *neue* Bezeichnung erhält. Mit dieser neuen Bezeichnung können Typvereinbarungen vorgenommen werden. Beispiel:

```
typedef  unsigned int word;   // neuer Bezeichner word
word  a, b, c;                // wie unsigned int a,b,c
```

Mit `typedef` lassen sich auch neue Datentypen für Aufzählungen und Strukturen deklarieren, die zur Definition von Konstanten und Variablen verwendet werden.

```
typedef enum    { Konstantenliste  } Typbezeichner;
typedef struct { Komponentenliste } Typbezeichner;

Typbezeichner  Variablenliste;
```

Das folgende Beispiel deklariert einen Datentyp `logisch` für eine Aufzählung der logischen Zustände `falsch` und `wahr` sowie einen Strukturdatentyp `styp` bestehend aus den Komponenten `nr` und `wert`.

```
typedef enum { falsch, wahr } logisch; // Typdeklaration
typedef struct {                        // Typdeklaration
                int  nr;                // Komponente
                double  wert;           // Komponente
              } styp;                   // Strukturtyp
logisch  a, b;              // logische Variablen
styp  am, bm;               // Strukturvariablen
```

Auch ohne `typedef` lassen sich mit **enum** (enumeration = Aufzählung) benutzerdefinierte *Aufzählungstypen* deklarieren.

```
enum Typbezeichner { Konstantenliste } Variablenliste;
Typbezeichner  Variablenliste;
```

Die Konstantenliste der Deklaration darf nur Bezeichner und keine Zahlen-, Zeichen- oder Textkonstanten der vordefinierten Datentypen enthalten. Konstanten und Variablen eines Aufzählungstyps werden wie Daten des Zahlentyps `int` gespeichert und behandelt. Ohne besondere Zuordnung entspricht das erste Element der Liste dem Zahlenwert 0, das folgende dem Wert 1 und so fort. Die Wertigkeit ist also aufsteigend mit der Schrittweite 1. Bei einer direkten Zuordnung mit einer ganzzahligen Konstanten erhal-

ten alle Nachfolger einen um 1 höheren Wert. In dem folgenden Beispiel beginnt die
Zuordnung der Zahlenwerte nicht mit Null, sondern mit 1.

```
enum {eins = 1, zwei, drei, vier, fünf} note;
```

In gemischten Ausdrücken gelten für benutzerdefinierte Datentypen die gleichen Regeln
wie für vordefinierte. Der Datentypbezeichner läßt sich als Typoperator verwenden. Bei
Wertzuweisungen wird der Definitionsbereich nicht geprüft. Beispiele:

```
typedef  enum { falsch, wahr } logi;   // Datentyp logi
logi   a;             // logi-Variable
int   i = 1;          // int-Variable
a = (logi) i;         // gemischter Ausdruck
```

Die Werte der Aufzählungstypen werden bei der *Ausgabe* mit cout und printf wie
int-Zahlen behandelt. Das folgende Beispiel zeigt die Vereinbarung sowie die Ausgabe eines benutzerdefinierten Datentyps logisch für logische Größen.

```
enum logisch {falsch, wahr} a, b;   // Typ und Variablen
logisch  c, d;                      // logische Variablen
const logisch  e = falsch;          // logische Konstante
a = wahr;  b = falsch;              // Wertzuweisungen
c = a | b; d = a & b;              // Verknüpfungen
cout << a << b << c << d ;          // Ausgabe: 1010
printf("%i %i %i %i", a, b, c, d);  // Ausgabe: 1 0 1 0
```

Bei der *Eingabe* mit cin ist der Typoperator **(int)** zu verwenden, für die Eingabe mit
scanf benutzt man die Formatangaben %d und %i. Beispiele:

```
typedef enum { FALSE, TRUE } bool;  // nur Typdeklaration
bool   x, y, z;                     // logische Variablen
cout << "x -> "; cin >> (int) x;    // cin-Eingabe
cout << "y -> "; cin >> (int) y;    // cin-Eingabe
z = x & y;                          // logische Operation
cout << x << " UND " << y << " = " << z;
printf(" -> "); scanf("%i %d", &x, &y); // scanf-Eingabe
z = x & y;                          // UND-Verknüpfung
printf("%i UND %i = %i", x, y, z);  // printf-Ausgabe
```

In neueren C++ Versionen kann der Benutzer auf bereits vordefinierte logische Datentypen **bool** zugreifen, so daß eigene Deklarationen entfallen. Einzelheiten sind dem
Handbuch des verwendeten C++ Compilers zu entnehmen.

Das in *Bild 6-55* dargestellte Programmbeispiel zeigt die Vereinbarung eines eigenen
Datentyps bool, benannt nach dem Erfinder der Booleschen Algebra. Die Eingabe und
Ausgabe soll mit den Symbolen *falsch* und *wahr* erfolgen, die auch im Programm
als Konstanten verwendet werden. Dazu dienen die Strings sym[0] und sym[1]. Bei
der Eingabe müssen sie in die int-Zahlen 0 und 1 umgesetzt werden. Dies geschieht
durch eine vergleichende for-Schleife, die bei *gefunden* den Laufindex als Ergebnis
liefert. Bei der Ausgabe wird der auszugebende Wert (0 oder 1) zur direkten Adressierung des Ausgabestrings verwendet.

```
/* k6p55.cpp  Bild 6-55: Benutzerdefinierter Aufzählungstyp bool*/
#include <iostream.h>
#include <string.h>                          // strcmp
main()
{
 typedef  enum { falsch, wahr } bool;        // Typdeklaration bool
 bool  a = wahr, b = falsch, c;              // Variablendefinition
 char  sym [2] [7] = { "falsch", "wahr" };   // Ein/Ausgabesymbole
 int  i, fehl;  char esym[80];               // Hilfsvariablen
 cout << "\n" << sym[a] << " cr    oder " << sym[b] << " cr\n";
 do          // Leseschleife: Werte eingeben, Formeln und Ausgabe
 {
  do          // Eingabekontrolle für Variable a
   {
    cout << "a -> "; cin.getline(esym, 8, '\n'); fehl = 1;
    for (i=0; i<2; i++) if (!strcmp(esym,sym[i])) a=(bool)i, fehl=0;
    if (fehl) cout << "\aEingabefehler\n";
    }
  while (fehl);
  do          // Eingabekontrolle für Variable b
   {
    cout << "b -> "; cin.getline(esym, 8, '\n' ); fehl = 1;
    for (i=0; i<2; i++) if (!strcmp(esym,sym[i])) b=(bool)i, fehl=0;
    if (fehl) cout << "\aEingabefehler\n";
    }
  while (fehl);
/* Bitoperationen  wahr=0000000000000000  falsch=0000000000000001 */
  c = a & b;
  cout << endl << sym[a] << "  UND  " << sym[b] << " = " << sym[c];
  c = a | b;
  cout << endl << sym[a] << "  ODER " << sym[b] << " = " << sym[c];
  c = a ^ b;
  cout << endl << sym[a] << " EODER " << sym[b] << " = " << sym[c];
  cout << "\n\nEnde mit  ende cr   Weiter mit cr -> ";
  cin.getline(esym, 8, '\n');
 }
 while (strcmp(esym,"ende") != 0);  // Kontrolle der Leseschleife
 return 0;
}


wahr cr    oder falsch cr
a -> wahr
b -> wahr

wahr   UND   wahr = wahr
wahr   ODER wahr = wahr
wahr EODER wahr = falsch

Ende mit  ende cr    Weiter mit cr ->
a -> falsch
b -> falsch

falsch  UND  falsch = falsch
falsch  ODER falsch = falsch
falsch EODER falsch = falsch
```

Bild 6-55: Beispiel eines benutzerdefinierten Datentyps

7. Klassen und Objekte

Dieses Kapitel behandelt die Grundlagen der **O**bjekt **O**rientierten **P**rogrammierung (OOP) anhand einfacher Beispiele, die sich auch mit den bisher behandelten Verfahren programmieren lassen; die Vorteile der OOP zeigen sich erst bei größeren Projekten unter Verwendung von Klassenbibliotheken.

7.1 Einführendes Beispiel

Ein *Objekt* besteht aus *Daten* und aus *Funktionen*, die auf diese Daten zugreifen. Im Gegensatz zu den bisher verwendeten Verfahren sind bei einem Objekt beide Elemente in Form einer Struktur miteinander verbunden: ein Objekt ist eine Strukturvariable, die als Elemente neben den Daten auch Funktionen zur Bearbeitung der Daten enthält.

Eine *Klasse* beschreibt den Aufbau von Objekten in Form einer Vereinbarung von Datenelementen und Elementfunktionen. Mit diesem Bauplan (Deklaration) werden später Objekte aufgebaut (definiert). Das folgende Beispiel beschreibt die Struktur einer Klasse speicher, die aus dem Datenelement inhalt und den beiden Elementfunktionen ein und aus besteht.

```
class   speicher {              // Deklaration der Klasse
                int  inhalt;    // Datenelement privat
                public:         // Funktionen öffentlich
                void ein(int  neu)   // Elementfunktion
                {
                 inhalt = neu;       // besetzt Datenelement
                }
                int aus (void)       // Elementfunktion
                {
                 return inhalt;  // liefert Datenelement
                }
                };                   // Ende der Deklaration
```

Auf das Kennwort **class** folgt der frei gewählte Bezeichner speicher der Klasse. Sie beschreibt ein int-Datenelement inhalt und zwei Funktionen, die in dem Beispiel innerhalb (inline) der Klassendeklaration { } vereinbart werden. Die Elementfunktion mit dem frei gewählten Bezeichner ein besetzt das Datenelement mit einem übergebenen int-Wert. Die Elementfunktion mit dem Bezeichner aus liefert den int-Wert des Datenelementes als Funktionsergebnis zurück. Das Datenelement inhalt kann durch die Voreinstellung der Zugriffsberechtigung mit *private* nur innerhalb der Klassendeklaration angesprochen werden. Die beiden Elementfunktionen werden später in der Hauptfunktion main aufgerufen und müssen durch das Kennwort *public* öffentlich zugänglich gemacht werden.

Mit Hilfe der Klasse speicher können nun Objekte angelegt werden. Das folgende Beispiel erzeugt ein Objekt mit dem frei gewählten Bezeichner wert.

```
main() {
speicher wert;   / Objekt wert der Klasse speicher
```

Der Klassenbezeichner speicher wird wie ein vordefinierter Datentypbezeichner int oder double zur Definition von Objekten verwendet. Erst zu diesem Zeitpunkt legt der Compiler entsprechend dem Bauplan der Klasse speicher das Objekt wert im Speicher an. Das Datenelement inhalt des Objektes wert ist *private* und nicht mehr direkt, sondern nur über die Elementfunktionen zugänglich. Das folgende Beispiel setzt das Datenelement inhalt durch Aufruf der Elementfunktion wert.ein auf den Wert 4711 und gibt es mit Hilfe der Elementfunktion wert.aus auf der Konsole aus.

```
wert.ein(4711);     // Elementfunktion ein besetzt Inhalt
cout << wert.aus(); // Elementfunktion aus liefert Inhalt
```

Das in *Bild 7-1* dargestellte Programmbeispiel zeigt die globale Vereinbarung einer Klasse speicher vor main. Sie besteht aus einem int-Datenelement und zwei Elementfunktionen, die das Datenelement besetzen und auslesen. Die Hauptfunktion main benutzt diese Deklaration zur Definition eines Objektes wert.

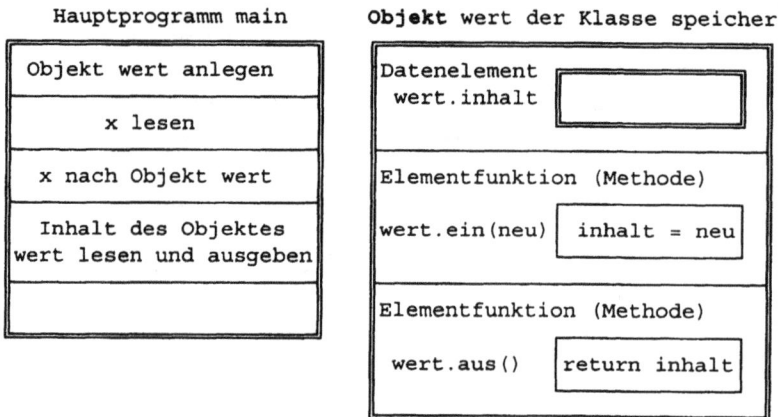

```
     Hauptprogramm main          Objekt wert der Klasse speicher

  ┌────────────────────────┐    ┌──────────────────────────────────────┐
  │   Objekt wert anlegen  │    │  Datenelement  ┌──────────────────┐  │
  ├────────────────────────┤    │    wert.inhalt │                  │  │
  │        x lesen         │    │                └──────────────────┘  │
  ├────────────────────────┤    │                                      │
  │   x nach Objekt wert   │    ├──────────────────────────────────────┤
  ├────────────────────────┤    │  Elementfunktion (Methode)           │
  │   Inhalt des Objektes  │    │                ┌──────────────────┐  │
  │ wert lesen und ausgeben│    │  wert.ein(neu) │  inhalt = neu    │  │
  ├────────────────────────┤    │                └──────────────────┘  │
  │                        │    ├──────────────────────────────────────┤
  └────────────────────────┘    │  Elementfunktion (Methode)           │
                                │                ┌──────────────────┐  │
                                │  wert.aus()    │  return inhalt   │  │
                                │                └──────────────────┘  │
                                └──────────────────────────────────────┘
```

```
/* k7p1.cpp  Bild 7-1: Einführendes Beispiel Klasse und Objekt */
#include  <iostream.h>           // für cin und cout
class speicher {                 // Deklaration der Klasse
          int  inhalt;           // Datenelement privat
          public:                // öffentlicher Zugriff
          void ein(int neu)      // Inline-Elementfunktion
          {
           inhalt = neu;         // besetzt Datenelement
          }
          int aus(void)          // Inline-Elementfunktion
          {
           return inhalt;        // liefert Datenelement
          }
        };                       // Ende Klassendeklaration
```

```
main()                              // Hauptfunktion
{
 int  x, y;                         // lokale Variablen in main
 speicher  wert;                    // Objekt wert vereinbart
 cout << "\nWert -> "; cin >> x;
 wert.ein(x);                       // Objekt wert mit x besetzt
 y = wert.aus();                    // Objekt wert auslesen
 cout << "Wert  = " << y;
 return 0;
}


Wert -> 12345
Wert  = 12345
```

Bild 7-1: Einführendes Beispiel Klasse und Objekt

Zusammenfassung:
Eine *Klasse* beschreibt (deklariert) eine Struktur von Datenelementen und Elementfunktionen, mit der sich entsprechende *Objekte* vereinbaren (definieren) lassen.

7.2 Die Vereinbarung von Klassen und Objekten

Die Vereinbarung einer einfachen Klasse, die weder Vorgänger noch Nachfolger hat,
entspricht der einer Struktur bzw. Union (Abschnitt 6.3). Verwendet man das Kennwort
struct, so sind alle Daten und Funktionen voreingestellt *public* (öffentlich) und
können wie die Elemente einer Struktur angesprochen werden. Mit dem Kennwort
class sind alle Elemente voreingestellt *private*, also von außen nicht zugänglich.
Die Elementfunktionen, die von außen aufgerufen werden, müssen mit dem Kennwort
public öffentlich zugänglich gemacht werden.

```
class Klassenbezeichner {
                         Datenelemente;
                         public:
                         Elementfunktionen;
                         };
```

Auf das Kennwort **class** folgt ein frei wählbarer Klassenbezeichner. Zwischen den
geschweiften Klammern {   } stehen Listen von Datenelementen und Elementfunktionen. Die Datenelemente sind wie die Komponenten einer Struktur oder Varianten einer
Union aufgebaut, aber voreingestellt *private*.

```
Datentyp_1 Datenelementliste_1;
. . . . . . . . . .    . . ;
Datentyp_n Datenelementliste_n;
```

Bei den Elementfunktionen unterscheidet man `inline`-Funktionen und *außerhalb* definierte Funktionen. Die `inline`-Funktionen werden *innerhalb* der Klassendeklaration definiert. Da der Compiler an der Stelle ihres Aufrufs bereits den benötigten Code einbaut, lassen sich besonders bei kleinen Funktionen Rechenzeit und Speicherplatz einsparen. Für `inline`-Funktionen gilt:

```
Ergebnistyp Funktionsbezeichner (Formalparameterliste)
{
  lokale Vereinbarungen;
  Anweisungen;
}
```

Außerhalb definierte Elementfunktionen müssen in der Klassendeklaration ähnlich wie Prototypen mit ihrer *Kopfzeile* deklariert werden. Dabei genügen die Typen der formalen Parameter, die Bezeichner können entfallen.

```
Ergebnistyp Funktionsbezeichner (Formalparameterliste);
```

Das folgende Beispiel deklariert eine Klasse `speicher` mit einem Datenelement `inhalt` und den *außerhalb* definierten Elementfunktionen `ein` und `aus`.

```
class speicher {
                int  inhalt;      // Datenelement
                public:           // für alle Funktionen
                void ein(int );   // äußere Elementfunktion
                int aus(void );   // äußere Elementfunktion
                };
```

Die Definition der lokalen Vereinbarungen und Anweisungen erfolgt nun *außerhalb* der Klassendeklaration. Dabei ist der Klassenbezeichner mit dem Operator `::` vor den Funktionsnamen zu setzen.

```
Typ Klassenbezeichner::Funktionsbezeichner (Liste)
{
  lokale Vereinbarungen;
  Anweisungen;
};
```

Mit dem Kennwort `inline` lassen sich auch *außerhalb* definierte Elementfunktionen wie `inline`-Funktionen compilieren, um Rechenzeit und Speicherplatz zu sparen. In dem folgenden Beispiel wird `ein` wie eine Funktion mit Übergabeparametern übersetzt, für `aus` wird der entsprechende Code direkt eingebaut.

```
void speicher::ein(int neu)      // außerhalb definiert
{
  inhalt = neu;
}
inline int speicher::aus(void)   // außerhalb definiert
{                                // aber Code inline
 return inhalt;
}
```

Ein **Konstruktor** ist eine Elementfunktion, die den gleichen Bezeichner wie die Klasse trägt. Er dient zur Initialisierung des Objektes mit Anfangswerten und darf keinen Ergebnistyp, auch nicht `void`, haben. Eine Klasse kann mehrere Konstruktoren enthalten, die sich in Anzahl und Typ der Parameter unterscheiden müssen. Für außerhalb vereinbarte Konstruktoren gilt:

> Deklaration als Prototyp:
> **Klassenbezeichner**(*Liste*);
>
> Definition außerhalb:
> **Klassenbezeichner**::Klassenbezeichner(*Liste*)
> { *Anweisungen* };

Das folgende Beispiel vereinbart einen Konstruktor für die Klasse `speicher`, der das Datenelement mit dem Wert des formalen Parameters initialisiert. Die Definition erfolgt außerhalb, die Klassendeklaration muß einen Prototyp enthalten.

```
speicher::speicher(int neu)      // Definition außerhalb
{
 inhalt = neu;
}
```

Ein **Destruktor** ist eine Elementfunktion, die das Objekt wieder freigibt; Parameter bzw. Ergebnisse sind nicht vorgesehen. Er wird automatisch aufgerufen, wenn das Objekt den Gültigkeitsbereich verläßt, also üblicherweise nach dem `return` der Hauptfunktion `main`. Fehlt der Destruktor, so erzeugt der Compiler einen Standarddestruktor zur Freigabe der Datenelemente. Benutzereigene Destruktoren werden nur bei dynamischen Objekten im Heap verwendet, um den vom Konstruktor belegten Speicher (`new`) wieder freizugeben (`delete`). Sie erhalten den gleichen Bezeichner wie die Klasse und werden durch den Operator ~ (bei Bitoperationen das Komplement) gekennzeichnet.

> Deklaration als Prototyp:
> **~Klassenbezeichner**();
>
> Definition außerhalb:
> **Klassenbezeichner**::~Klassenbezeichner()
> { *Anweisungen* };

Bei der *Vereinbarung von Objekten* dient die Klasse als Muster oder Bauplan. Dies nennt man auch *instanzieren*, da Objekte häufig als *Instanzen* bezeichnet werden. Für Klassen ohne Konstruktor wird der Klassenbezeichner wie ein Datentypbezeichner (`int` oder `double`) verwendet.

```
Klassenbezeichner  Objektbezeichnerliste;
```

Die dabei bereitgestellten Speicherstellen der Datenelemente werden von einem Standardkonstruktor mit Standardwerten vorbesetzt. Sie werden am Ende von `main` von einem Standarddestruktor wieder freigegeben. Das folgende Beispiel legt für die Klasse `speicher` die Objekte `wert` und `otto` an.

```
main()
{
 speicher  wert, otto; // Standardkonstruktor verwendet

 return 0;              // Standarddestruktor verwendet
}
```

Bei der Definition eines Objektes *mit* Konstruktor werden aktuelle Parameter für die Anfangswerte angegeben. Jeder Objektbezeichner benötigt eine eigene Parameterliste.

```
Klassenbezeichner  Objektbezeichner_1(Anfangswerte), ..;
```

Das folgende Beispiel vereinbart die Objekte `wert` und `otto` der Klasse `speicher` und besetzt sie gleichzeitig durch den Konstruktor mit Anfangswerten. Im Gegensatz zum Konstruktor `speicher`, der nur bei der Initialisierung aufgerufen wird, kann die Elementfunktion neu den Inhalt des Objektes jederzeit ändern.

```
speicher  wert(0), otto(1);     // Definition und Anfangswerte
wert.neu(4711);                 // Wert überschreiben
```

Die Datenelemente der Objekte sind üblicherweise durch die Voreinstellung *private* von außen nicht zugänglich. Dies bezeichnet man als *Kapselung*. Die Elementfunktionen, die mit dem Kennwort **public** öffentlich zugänglich gemacht worden sind, werden wie die Elemente von Strukturen in der Form

```
Objektbezeichner.Funktionsbezeichner(Parameterliste)
```

aufgerufen. Das folgende Beispiel weist dem Objekt `otto` mit der Funktion `ein` einen Wert zu und gibt diesen zur Kontrolle mit der Funktion `aus` wieder aus. Das Datenelement `otto.inhalt` ist nur über die Funktionen zugänglich und tritt nach außen nicht in Erscheinung. Die Elementfunktionen werden auch als *Methoden* bezeichnet, die *Botschaften* zwischen den gekapselten Daten und der Außenwelt übermitteln.

```
otto.ein(4711);        // Botschaft an das Objekt
cout << otto.aus();    // Objekt sendet Botschaft
```

Das in *Bild 7-2* dargestellte Beispiel vereinbart eine Klasse speicher mit außerhalb vereinbarten Elementfunktionen und definiert damit zwei Objekte wert und otto, die mit dem Konstruktor speicher initialisiert werden. Der Destruktor wird automatisch nach return aufgerufen. Die Funktionen ein und aus übermitteln Daten zwischen der Hauptfunktion und den nicht zugänglichen Datenelementen.

```
/* k7p2.cpp  Bild 7-2: Klasse mit Konstruktor und Destruktor */
#include  <iostream.h>         // für cin und cout
class speicher {               // Deklaration der Klasse
                int  inhalt;   // Datenelement privat
                public:        // Elementfunktionen öffentlich
                speicher(int); // Konstruktor deklarieren
                ~speicher();   // Destruktor deklarieren
                void ein(int); // Elementfunktion deklarieren
                int aus(void); // Elementfunktion deklarieren
                };
/* Elementfunktionen außerhalb der Klassendeklaration definieren */
speicher::speicher(int  neu)   // Konstruktor Anfangswerte
{
  inhalt = neu;                // initialisiert Datenelement
};
speicher::~speicher()          // Destruktor
{
  inhalt = -1;
  cout << "\nObjekt auf " << aus() << " gesetzt";
};
void speicher::ein(int  ein)   // Elementfunktion Eingabe
{
  inhalt = ein;                // überschreibt altes Datenelement
};
int speicher::aus(void)        // Elementfunktion Ausgabe
{
  return inhalt;               // liefert Datenelement
};
/***** Hauptfunktion definiert Objekte der Klasse speicher *****/
main()                         // Hauptfunktion
{
 int  x;                       // lokale Variable in main
 speicher wert(0), otto(1);    // wert und otto initialisieren
 cout << "\nwert -> "; cin >> x;
 wert.ein(x);                  // Daten an wert übergeben
 otto = wert;                  // Operation zwischen Objekten
 cout << "otto  = " << otto.aus();   // Objekt otto auslesen
 return 0;             // Destruktoren werden a  ɔmatisch aufgerufen
}

wert -> 12345
otto  = 12345

Objekt auf -1 gesetzt
Objekt auf -1 gesetzt
```

Bild 7-2: Klasse mit Konstruktor und Destruktor

Für Objekte lassen sich alle Vereinbarungen und Operationen anwenden, die bisher für vordefinierte oder benutzerdefinierte Datentypen möglich waren, so z.B.
- Wertzuweisungen zwischen Objekten,
- Objekte als Elemente von Feldern und Strukturen (Union),
- Objekte als Parameter und Rückgabewert von Funktionen sowie
- Zeiger auf Objekte

Bei *Wertzuweisungen* zwischen Objekten der gleichen Klasse werden alle Datenelemente kopiert. Beispiel:

```
wert = otto;   // kopiere Datenfelder von otto nach wert
```

Ein *direkter* Zugriff auf die Datenelemente eines Objektes ist nur möglich, wenn diese öffentlich zugänglich (*public*) sind. Das folgende Beispiel spricht unter der Voraussetzung eines öffentlichen Zugriffs ein Datenelement direkt an.

```
wert.inhalt = 4711;   // Daten schreiben
cout << wert.inhalt;   // Daten lesen und ausgeben
```

Normalerweise werden die Datenelemente durch die Einstellung *private* vor einem Zugriff von außen geschützt. Die Klasse muß entsprechende Elementfunktionen bzw. einen Konstruktor für den Datenzugriff zur Verfügung stellen. Beispiele:

```
speicher  wert(0);     // Konstruktor setzt Anfangswert
wert.ein(4711);        // Daten schreiben
cout << wert.aus();    // Daten lesen und ausgeben
```

Das in *Bild 7-3* dargestellte Programm zeigt einige Beispiele für den Umgang mit Objekten, die nur demonstrativen Charakter haben.

```
/* k7p3.cpp Bild 7-3: Objekte und Objektoperationen */
#include  <iostream.h>           // für cin und cout
class speicher {                 // Deklaration der Klasse
              int  inhalt;       // Datenelement privat
              public:            // Elementfunktionen öffentlich
              void ein(int x)    // inline-Elementfunktion
              { inhalt = x; }    // besetzt inhalt
              int aus(void)      // inline-Elementfunktion
              { return inhalt; }; // liefert inhalt
              };
/* Funktionen mit Objekten als Parameter und Funktionsergebnis */
void einaus (speicher *x)        // Funktion übernimmt Zeiger
{                                // auf Objekt als Parameter
  (*x).ein(6);                   // ruft Elementfunktionen auf
  cout << "Ausgabe in einaus: " << x->aus() << endl;  // (*x).aus()
};
speicher *zeiger (speicher *x)   // Funktion liefert Zeiger
{ return  x; }                   // auf Objekt als Ergebnis
speicher kopie (speicher x)      // Funktion liefert
{ return  x; };                  // Daten als Ergebnis


main()                           // Hauptfunktion
{
  int  i;                        // lokale Laufvariable
```

```
/* einfache Objektvariable */
speicher wert, otto;              // einfache Objektvariable
wert.ein(1);                      // Daten an wert übergeben
cout << " Einfaches Objekt: " << wert.aus() << endl;
/*  Feld aus Objekten  */
speicher tab[10];                 // Feldvereinbarung
for (i=0; i<10; i++) tab[i].ein(i);// Indizierung mit i
cout << "       Feldelemente: ";
for (i=0; i<10; i++) cout << " " << tab[i].aus(); cout << endl;
/* Objekt als Element einer Struktur = public Klasse */
struct {                          // Sonderfall einer Klasse !!!
        int test;                 // Datenelement public!!!!
        speicher  elem;           // Objekt ist Element
        void ein(int x)           // Elementfunktion public!!!!
        { test = x;  };           //
        } y;                      // Strukturvariable y
y.elem.ein(2);                    // Element elem des Objektes y
cout << "   Strukturelement: " << y.elem.aus() << endl;
y.ein(3);                         // Elementfunktion Objekt y
cout << " Objektvariable y: " <<  y.test << endl;
/* Zeiger auf Objekte */
speicher *zeig;                   // Zeiger vereinbart
zeig = &otto;                     // Zeiger auf otto gesetzt
(*zeig).ein(4);
cout << "Zeiger auf Objekt: " << (*zeig).aus() << endl;
zeig = new speicher;              // Objekt im Heap anfordern
(*zeig).ein(5);
cout << "  Zeiger auf Heap: " << (*zeig).aus() << endl;
delete zeig;                      // Heap wieder freigeben
/* Objekte als Parameter und Rückgabewert von Funktionen */
einaus(&wert);                    // Adresse von wert = Zeiger
wert.ein(wert.aus() + 1);         // 6 + 1 = 7
zeig = (speicher*) zeiger(&wert); // Funktion liefert Zeiger
cout << "   Ergebniszeiger: " << (*zeig).aus() << endl;
zeig->ein(8);                     // wie (*zeig).ein(8);
/* Operationen mit Objekten = Datenelemente kopieren */
otto = wert;                      // Objektvariable
otto = tab[0];                    // Objektfeld
otto = y.elem;                    // Objektstruktur
otto = *zeig;                     // Objektzeiger
otto = kopie(wert);               // Objektfunktion
cout << "Funktionsergebnis: " << otto.aus() << endl;
return 0;
}


Einfaches Objekt: 1
     Feldelemente:  0 1 2 3 4 5 6 7 8 9
  Strukturelement: 2
Objektvariable y: 3
Zeiger auf Objekt: 4
  Zeiger auf Heap: 5
Ausgabe in einaus: 6
   Ergebniszeiger: 7
Funktionsergebnis: 8
```

Bild 7-3: Operationen mit Objekten

7.3 Durch Vererbung abgeleitete Klassen und Friendklassen

Eine Klasse kann sowohl Elemente von einer bereits deklarierten Klasse übernehmen (*erben*) und als auch Elemente an andere, später deklarierte Klassen weitergeben (*vererben*). In der Basisklasse (Vorfahr) sind alle Elemente, die hinter dem Kennwort `protected` (geschützt) stehen, für die abgeleiteten Klassen verfügbar, vor einem Zugriff von außen jedoch geschützt (wie `private`). Alle mit `public` gekennzeichneten Elemente sind sowohl in den abgeleiteten Klassen als auch von außen zugänglich. Für eine *Basisklasse* ohne Vorgänger gilt:

```
class Basis_Bezeichner {
                        protected:
                        Basis_Datenelemente;
                        public:
                        Basis_Elementfunktionen;
                        };
```

Eine Klasse, die Elemente von Vorgängerklassen erbt, enthält hinter ihrem Klassenbezeichner eine Liste der Vorgängerklassen. Damit sind alle Datenelemente und Elementfunktionen der Vorgänger gleichzeitig auch in der Nachfolgerklasse vorhanden. Steht das Kennwort **public** vor einer Vorgängerklasse, so können die Objekte der abgeleiteten Klasse auch die Elementfunktionen der Basisklasse benutzen. Zusätzlich kann die *abgeleitete Klasse* eigene Elemente vereinbaren.

```
class Klassenbezeichner : public Vorgängerklasse_1,
                          .  .  .  .  .  .  .  ,
                          public Vorgängerklasse_n
                    {
                      eigene Datenelemente;
                      eigene Elementfunktionen;
                    }
```

In den Elementfunktionen der Nachfolgerklasse kann nun sowohl auf die Datenelemente (`protected`) als auch auf die Elementfunktionen (`public`) der Vorgängerklassen zugegriffen werden.

Das in *Bild 7-4* dargestellte Programmbeispiel zeigt eine Nachfolgerklasse mess, die das Datenelement inhalt und die Elementfunktionen inhalt (Konstruktor), ein und aus der Vorgängerklasse speicher erbt. Zusätzlich werden das Datenelement einheit, der Konstruktor mess sowie die beiden Elementfunktionen einmess und ausmess für die Eingabe und Ausgabe der Datenelemente vereinbart.

Basis-Klasse speicher

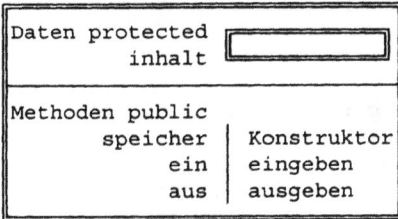

Daten protected inhalt	☐
Methoden public speicher ein aus	Konstruktor eingeben ausgeben

|

abgeleitete Klasse mess   ==>   **Objekt** wert der Klasse mess

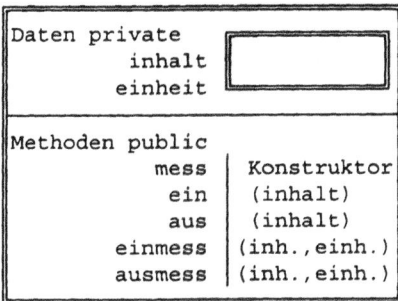

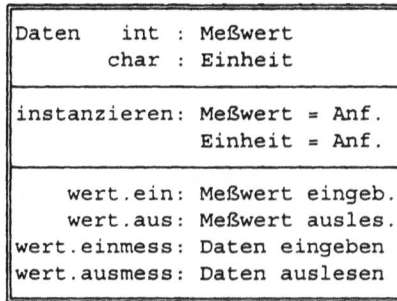

Daten private inhalt einheit	☐
Methoden public mess ein aus einmess ausmess	Konstruktor (inhalt) (inhalt) (inh.,einh.) (inh.,einh.)

Daten   int : Meßwert   char : Einheit
instanzieren: Meßwert = Anf.   Einheit = Anf.
wert.ein: Meßwert eingeb. wert.aus: Meßwert ausles. wert.einmess: Daten eingeben wert.ausmess: Daten auslesen

```cpp
/* k7p4.cpp  Bild 7-4: Durch Vererbung abgeleitete Klasse */
#include  <iostream.h>        // für cin und cout
class speicher {              // Basisklasse
            protected:        // erlaubt Ableitungen
            int inhalt;       // Datenelement
            public:           // erlaubt Ableitungen und Zugriff
            speicher(int);    // Konstruktor
            void ein(int);    // Elementfunktion eingeben
            int aus(void);    // Elementfunktion auslesen
            };
speicher::speicher(int  neu)  // Konstruktor
  { inhalt = neu;  }
void speicher::ein(int x)     // eingeben
  { inhalt = x;    }
int speicher::aus(void)       // ausgeben
  { return inhalt; }

class mess  : public speicher   // Vorgängerklasse verfügbar
            {                    // eigene Elemente
            char einheit;       // Daten
            public:
            mess(int, char);    // Konstruktor
            void ausmess(int *, char *); // ausgeben
            void einmess(int , char);    // eingeben
            };
mess::mess(int mneu, char zei)   // Konstruktor
: speicher(mneu)                 // Basisdaten
{ einheit  = zei; };
void mess::ausmess(int *wert, char *einh)
{  *wert = aus();                // Daten Basisklasse
   *einh = einheit;              // eigene Daten
};
```

```
void mess::einmess(int a, char b)
{
    inhalt = a;                 // Basisdaten
    einheit = b;                // eigene Daten
};
/***** Hauptfunktion definiert Objekte der Klasse messung *****/
main()
{
  int x = 123, y;  char z, c;   // lokale Variable in main
  mess wert(0, '*');            // Objekte initialisieren
  wert.einmess(x, 'm');         // eigene Funktionen aufrufen
  wert.ausmess(&y, &c);         //
  cout << "  Ergebnis = " <<  y << " " << c << endl;
  wert.ein(456);                // Basisfunktionen aufrufen
  cout << " Basis sagt: " << wert.aus() << endl;
  return 0;
}
```

Bild 7-4: Durch Vererbung abgeleitete Klasse

Bei der Vereinbarung des Konstruktors der abgeleiteten Klasse werden zunächst die Konstruktoren der Vorgängerklassen aufgerufen, bevor die eigenen Datenelemente vorbesetzt werden. Bei der Vereinbarung der Destruktoren der abgeleiteten Klasse bleiben die Destruktoren der Vorgängerklassen unberücksichtigt, da Destruktoren automatisch aufgerufen werden.

Eine *Klassenhierarchie* entsteht, wenn Klassen mehrere Vorgänger und Nachfolger haben. Das Beispiel *Bild 7-5* zeigt folgenden einfachen Aufbau:
- die abgeleitete Klasse test hat die Klasse mess als Vorgängerklasse,
- die Klasse mess hat die Klassen k1 und k2 als Vorgängerklassen,
- die Nachfolgerklassen können auf die Daten und Methoden aller Vorgänger zugreifen,
- nur die Klasse test hat ein Objekt (Instanz) wert,
- die Klassen mess, k1 und k2 sind Basisklassen ohne Instanzen,
- das Objekt wert kann die Methoden aller Klassen der Hierarchie aufrufen und
- die Datenelemente aller Klassen sind vor einem Zugriff von außen geschützt.

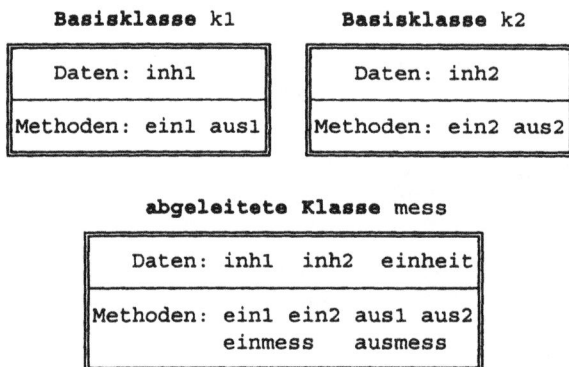

Basisklasse k1

```
| Daten: inh1          |
|----------------------|
| Methoden: ein1 aus1  |
```

Basisklasse k2

```
| Daten: inh2          |
|----------------------|
| Methoden: ein2 aus2  |
```

abgeleitete Klasse mess

```
| Daten: inh1   inh2   einheit        |
|-------------------------------------|
| Methoden: ein1 ein2 aus1 aus2       |
|           einmess     ausmess       |
```

```
        abgeleitete Klasse test          Objekt wert der Klasse test

  ┌─────────────────────────────┐   ┌─────────────────────────────┐
  │ Daten: inh1  inh2  einheit  │   │ Daten: Real-,Imaginärteil   │
  │         marke               │   │         Maßeinheit   Marke  │
  │                             │   │                             │
  │ Methoden: ein1 ein2 aus1 aus2│  │ Methoden: Einzelkomponen.   │
  │           einmess  ausmess  │   │           Meßwert+Einheit   │
  │           setze    loesche  │   │           gültig ungültig   │
  └─────────────────────────────┘   └─────────────────────────────┘
```

```cpp
/* k7p5.cpp  Bild 7-5: Mehrfachvererbung */
#include  <iostream.h>        // für cin und cout
class k1 {                    // Basisklasse  k1
        protected:            // erlaubt Ableitungen
        int  inh1;            // Datenelement
        public:               // erlaubt Ableitungen und Zugriff
        k1(int);              // Konstruktor
        void ein1(int);       // Elementfunktion eingeben
        int aus1(void);       // Elementfunktion auslesen
        };
  k1::k1(int  neu)            // Konstruktor
    { inh1 = neu;  }
  void k1::ein1(int x)        // eingeben
    { inh1 = x;     }
  int k1::aus1(void)          // ausgeben
    { return inh1; }
class k2 {                    // Basisklasse  k2
        protected:            // erlaubt Ableitungen
        int  inh2;            // Datenelement
        public:               // erlaubt Ableitungen und Zugriff
        k2(int);              // Konstruktor
        void ein2(int);       // Elementfunktion eingeben
        int aus2(void);       // Elementfunktion auslesen
        };
  k2::k2(int  neu)            // Konstruktor
    { inh2 = neu;  }
  void k2::ein2(int x)        // eingeben
    { inh2 = x;     }
  int k2::aus2(void)          // ausgeben
    { return inh2; }
class mess : public k1, public k2      // Vorgängerklassen
           {                           // eigene Elemente
           char einheit;               // Datenelement
           public:
           mess(int, int, char);       // Konstruktor
           void ausmess(int *, int *, char *); // ausgeben
           void einmess(int, int,  char);      // eingeben
           };
mess::mess(int a, int b,  char c)  // Konstruktor
  : k1(a), k2(b)                   // Basis-Konstruktoren
  { einheit = c; };                // eigene Daten
void mess::ausmess(int *a, int *b, char *c)
  {
  *a = aus1();                // Daten Basisklasse
  *b = aus2();
  *c= einheit;               // eigene Daten
  };
```

```
  void mess::einmess(int a, int b, char c)
  {
    inh1 = a;                     // Basisdaten
    inh2 = b;
    einheit = c;                  // eigene Daten
  };
class test : public mess
          {
          int marke;              // eigene Daten
          public:
          test(int ,int , char );  // Konstruktor
          void austest(int *, int *, char *);
          void setze(void);       // Marke setzen
          void loesche(void);     // Marke löschen
          };
  test::test(int a, int b, char c)     // Konstruktor
  : mess(a, b, c)
  { marke = 1;  };                     // Marke = 1
  void test::setze(void)
  { marke = 1;  }
  void test::loesche(void)
  { marke = 0;  }
  void test::austest(int *a, int *b, char *c)
  { if (marke == 1)  ausmess(a, b, c);
    else *a = 0, *b = 0, *c = '*';  }

/***** Hauptfunktion vereinbart Objekt der Klasse test *****/
main()
{
  int x, y;  char z;                   // lokale Variable in main
  test wert(0, 0, '?') ;               // Objekt initialisieren
  wert.austest(&x, &y, &z);
  cout << "initialisiert: " << x << " + j" << y << "  " << z << endl;
  wert.einmess(1, 2, 'm');             // Daten an Objekt senden
  wert.austest(&x, &y, &z);            // Objekt auslesen
  cout << " Dateneingabe: " << x << " + j" << y << "  " << z << endl;
  wert.loesche();                      // Daten gesperrt
  wert.austest(&x, &y, &z);            // Objekt auslesen
  cout << " Löschmarke 0: " << x << " + j" << y << "  " << z << endl;
  wert.setze();                        // Daten wieder freigegeben
  wert.austest(&x, &y, &z);            // Objekt auslesen
  cout << " Löschmarke 1: " << x << " + j" << y << "  " << z << endl;
  /* geerbte Elementfunktionen aufrufen */
  wert.ein1(123); cout << "      Realteil: " << wert.aus1() << "  ";
  wert.ein2(456); cout << " Imaginärteil: " << wert.aus2() << endl;
  return 0;
}


initialisiert: 0 + j0   ?
 Dateneingabe: 1 + j2   m
 Löschmarke 0: 0 + j0   *
 Löschmarke 1: 1 + j2   m
     Realteil: 123    Imaginärteil: 456
```

Bild 7-5: Dreistufige Mehrfachvererbung

Sind die Datenelemente einer Klasse *private* (Voreinstellung), so können nur die Elementfunktionen der Klasse auf sie zugreifen. Sind sie für *protected* (geschützt) erklärt, so sind sie auch für alle Nachfolger zugänglich. Mit dem Kennwort **friend** (Freund) kann weiteren Funktionen der Zugriff sowohl auf die Datenelemente als auch auf die Elementfunktionen gestattet werden. Für *Friendvereinbarungen* gilt:

```
class Klassenbezeichner {
                friend Typ Bezeichner (Liste);
                friend Typ Klasse::Bezeichner(Liste);
                friend Klasse;
```

Der Zugriff auf die Datenelemente erfolgt nicht direkt wie bei eigenen oder abgeleiteten Elementfunktionen, sondern nur über Objekte oder Elementfunktionen (Methoden). Das folgende Beispiel gibt einer Funktion ein, die keiner Klasse angehört, die Zugriffsberechtigung auf die Elemente der Funktion mess. Dabei werden ein Zeiger auf ein Objekt der Klasse mess und ein int-Wert übergeben.

```
class   mess {
                int inhalt;
                friend void ein(mess* , int);
```

Die Friendfunktion ein schreibt über den Zeiger zeig, der auf ein Objekt vom Typ mess zeigt, in das Datenelement inhalt einen im zweiten Parameter übergebenen Wert x. Die Definition von ein lautet:

```
void ein(mess *zeig, int x)
{
  (*zeig).inhalt = x;         // oder zeig->inhalt = x;
}
```

Nach der Instanzierung eines Objektes wert der Klasse mess wird das Datenelement auf den Wert 4711 gesetzt. Dies geschieht nicht mit einer Methode der Klasse mess, sondern mit der Friendfunktion ein.

```
mess   wert;            // Objekt der Klasse mess
ein(&wert, 4711);       // Friendfunktion sendet Botschaft
```

Der Zugriff einer Friendfunktion auf eine Elementfunktion geschieht über einen Zeiger. In dem folgenden Beispiel ruft die Friendfunktion ein die Elementfunktion setze auf.

```
class mess {
                int   inhalt;
                friend void ein(mess *, int );
                public:
                void setze(int x) { inhalt = x; };
                }
void ein(mess *zeig, int y) { (*zeig).setze(y); }
```

Das folgende Beispiel zeigt zunächst eine einfache Klasse mess ohne "Freunde", die alle Methoden (Elementfunktionen) zur Bearbeitung des Datenelementes inhalt enthält. Neben der Eingabe und der Ausgabe gibt es eine Methode (Elementfunktion) plus, die das Datenelement durch Erhöhen um 1 verändert.

```
class mess {                        // ohne Konstruktor
                int inhalt;         // Datenelement
                public:
                void ein(int );     // Eingabe eines Wertes
                int aus(void);      // Ausgabe des Inhalts
                void plus(void);    // Inhalt + 1
         };
void mess::ein(int x)  {  inhalt = x;  }
int  mess::aus(void)   {  return inhalt;  };
void mess::plus(void)  {  inhalt++;  };
main()
{
 mess wert;               // Objekt anlegen
 wert.ein(100);
 cout << " Inhalt = " << wert.aus() << endl;
 wert.plus();
 cout << "     + 1 = " << wert.aus() << endl;
 return 0;
}
```

In dem in *Bild 7-6* dargestellten Programm werden alle Methoden der Klasse mess auf Friendfunktionen verlagert, die auf das Datenelement inhalt und auf eine neue Elementfunktion test zugreifen. Dabei gibt es Probleme mit der Reihenfolge der Vereinbarungen, da der Compiler bei noch nicht deklarierten Bezeichnern Fehler meldet. Erklärt eine Klasse andere Klassen bzw. Funktionen zu Freunden, so müssen deren Bezeichner bereits deklariert sein. Andererseits müssen aber auch die Friendfunktionen den Klassenbezeichner als Parametertyp verwenden. Das Beispiel erklärt daher zunächst mit

```
class   mess;
```

mess als Klassenbezeichner, da er in den Funktionsdeklarationen der Klassen hilf1 und hilf2 als Parametertyp dient; bei der Deklaration von mess sind die Klassen hilf1 und hilf2 bereits bekannt. Dann folgen die Definitionen der Funktionen, die ja durch den Klassenbezeichner an die Klasse gebunden sind. Durch die *Vorabdeklaration* von mess und die Deklaration der Funktionen in den Klassenvereinbarungen findet der Compiler an allen Stellen bereits erklärte Bezeichner vor.

```
/* k7p6.cpp  Bild 7-6: Friendfunktionen arbeiten für Klasse */
#include  <iostream.h>
class mess;      // Deklaration für hilf1 und hilf2 erforderlich
class hilf1 {                          // Freundklasse
            public:
            int aus(mess );
            };

class hilf2 {                          // Klasse enthält Freundfunktion
            public:
            void plus(mess *);    // Freundfunktion
            };

class  mess {
            int inhalt;                      // von Freunden benutzt
            friend void ein(mess *, int ); // klassenloser Freund
            friend hilf1::aus(mess );        // Freundfunktion
            friend hilf2;                    // Freundklasse
            public:
            void test (int );                // von Freunden benutzt
            };
void mess::test(int x) {  inhalt = x;  }
/* Klassenlose Freundfunktion greift auf Funktion test() zu */
void ein(mess *zeig, int w) {  zeig->test(w);  };
/* Freundfunktion der Klasse hilf1 greift direkt auf inhalt zu */
int hilf1::aus(mess x) {  return x.inhalt;  };
// Funktion der Freundklasse hilf2 greift mit Zeiger auf inhalt zu */
void hilf2::plus(mess *zeig) {  (*zeig).inhalt++;  };

main()
{
 mess  wert;          // Objekt der Klasse mess
 hilf1  x;            // für Freundfunktion aus der Klasse hilf1
 hilf2  y;            // für Funktion plus der Freundklasse hilf2
 ein(&wert, 100);     // klassenlose Freundfunktion ohne Objekt!!!
 cout << "  Inhalt = " << x.aus(wert) << endl;
 y.plus(&wert);
 cout << "     + 1 = " << x.aus(wert) << endl;
 return 0;
}

  Inhalt = 100
     + 1 = 101
```

Bild 7-6: Friend-Funktionen und Friend-Klassen

7.4 Templates und Überladen von Operatoren

Mit Hilfe von *Templates* (Schablonen) ist es möglich, Klassen mit formalen Parametern (Dummys oder Platzhaltern) zu deklarieren, die erst bei der Instanzierung von Objekten mit aktuellen Parametern besetzt werden. Die häufigste Anwendung dient dazu, den Typ der Datenelemente und damit auch der Parameter der Elementfunktionen variabel zu gestalten.

```
template<class Parameter>
class Klassenbezeichner {
                        Parameter  anstelle der Datentypen
                      };
```

Auf das Kennwort **template** folgt in spitzen Klammern das Kennwort **class** und eine Liste von Bezeichnern (formale Parameter), die in der Deklaration anstelle von Datentypen verwendet werden. Die Templatevereinbarung ist vor jeder äußeren Elementfunktion zu wiederholen; hinter dem Klassenbezeichner steht in spitzen Klammern nochmals die Parameterliste.

```
template<class Parameter>
Typ Klassenbezeichner<Parameter>::Funktionsbezeichner(Liste)
{ Parameter  anstelle der Datentypen };
```

Das folgende Beispiel gestaltet den Typ des Datenelementes inhalt und der Parameter der Elementfunktionen ein und aus als Template variabel. Der Bezeichner ftyp für den formalen Parameter wurde frei gewählt. Er tritt an die Stelle des bisher in den Beispielen verwendeten vordefinierten Datentypbezeichners int.

```
template  <class ftyp>
class mess {
          ftyp   inhalt;
          void ein(ftyp );                       // äußere
          ftyp aus(void) { return inhalt; }; // inline
          };
template  <class ftyp>
void mess<ftyp>::ein(ftyp x) { inhalt = x; };
```

Die offenen Stellen der Klassendeklaration werden bei der *Erzeugung von Objekten* durch aktuelle Parameter ersetzt, die wieder in spitze Klammern zu setzen sind.

```
Klassenbezeichner<Parameterliste> Objektbezeichner;
```

Das folgende Beispiel vereinbart in main zwei verschiedene Objekte der Klasse mess. Für das Objekt wert ist das Datenelement vom Datentyp int, für das Objekt zei hat es den Datentyp char.

```
main()
{   mess<int> wert;      // Objekt mit Datentyp int
    mess<char> zei;      // Objekt mit Datentyp char
```

Templates lassen sich auch für *klassenlose Funktionen* anwenden und zwar für Datentypen, die nicht Funktionsparameter sein können!

> **template<class** *Parameter>*
> *Funktionsdefinition mit* Parametern

Das in *Bild 7-7* dargestellte Programmbeispiel zeigt einfache Templates für die Klasse mess und die klassenlose Funktion tausche. bei denen Datentypen als Parameter dienen. Erst bei Vereinbarung der Objekte bzw. beim Aufruf der Funktion werden die Typen der Daten festgelegt. Als Argumente von Templates können neben Datentypen auch Werte (z.B. Konstanten) verwendet werden.

```
/* k7p7.cpp  Bild 7-7: Templates für Klassen und Funktionen */
#include  <iostream.h>
template <class typ>              // Klassentemplate
class mess {
          typ inhalt;             // Datenelement
          public:
          void ein(typ );         // äußere Funktion
          typ aus(void);          // äußere Funktion
        };
template <class typ>              // äußere Funktion
void mess<typ>::ein(typ x) { inhalt = x; };
template <class typ>              // äußere Funktion
typ mess<typ>::aus(void) { return inhalt; };
/*  Template für klassenlose Funktion tausche  */
template <class ptyp>            // Funktionstemplate
void tausche(ptyp *x, ptyp *y)
{
 ptyp hilfe;
 hilfe = *x;  *x = *y;  *y = hilfe;
};
main()                           // Hauptfunktion
{
 /* Template für Klasse mess */
 mess<double> reell; reell.ein(47.11);        // mit double-Daten
 mess<int> ganz;     ganz.ein(4711);          // mit int-Daten
 mess<char> zeichen; zeichen.ein('*');        // mit char-Daten
 cout << reell.aus() << " " << ganz.aus() << zeichen.aus() << endl;
 /* Template für Funktion tausche */
 double x = 12.3, y = 4.56; tausche(&x, &y);  // für double-Daten
 int i = 1111, j = 2222;     tausche(&i, &j); // für int-Daten
 char a = 'a', b = 'b';      tausche(&a, &b); // für char-Daten
 cout << x << " " << i << " " << a << endl;
 return 0;
}
```

Bild 7-7: Templates für Klassen und Funktionen

Durch das ***Überladen von Operatoren*** läßt sich die Programmierung wesentlich flexibler gestalten. Operatoren sind Symbole (z.B. +), die bestimmte Verknüpfungen von Operanden (z.B. eine Addition) bewirken. In C++ können die standardmäßig voreingestellten Operatoren für Objekte bestimmter Klassen neu definiert werden. Ein Beispiel sind die Zeichenfolgen << und >>, die standardmäßig für Schiebeoperationen verwendet werden, jedoch im Zusammenhang mit cin und cout die Wirkung von Zuweisungsoperatoren für Ein-/Ausgabegeräte haben. Für Operatoren, die zwei Operanden verknüpfen, gilt als Sonderfall einer Funktionsvereinbarung:

```
Ergebnistyp operator Operationszeichen(Operandenliste)
{  Anweisungen für Operanden  }
```

Das folgende Beispiel vereinbart eine Operatorfunktion für den Operator +, der zwei Operanden a und b der benutzerdefinierten Klasse komplex zu einer Summe vom Ergebnistyp komplex addiert. Die Bezeichner re und im sind als Datenelemente der Klasse komplex vereinbart. Die Funktion komplex ist ein Konstruktor, der den beiden Datenelementen double-Werte zuweist.

```
komplex operator +(komplex a, komplex b)
{
   return komplex(a.re + b.re, a.im + b.im)
}
```

Die derart vereinbarten *Operatorfunktionen* können sowohl als Funktion als auch durch das Operationszeichen in einem *Ausdruck* aufgerufen werden.

```
operator Operationszeichen(Operandenliste)
oder
Operand_1  Operationszeichen  Operand_2
```

Das folgende Beispiel vereinbart zwei Objekte x und y der Klasse komplex und führt eine komplexe Addition durch.

```
komplex  x, y, z;
z = operator +(x, y);    // als Funktionsaufruf
z = x + y;               // als Operatorausdruck
```

Das in *Bild 7-8* dargestellte Programmbeispiel zeigt die Vereinbarung einer Klasse komplex zur Behandlung von komplexen Zahlen. Die Datenelemente sind vom Datentyp double. Das Beispiel verwendet zwei Konstruktoren. Der Konstruktor komplex *ohne* Parameter dient zur Typvereinbarung von komplexen Objekten. Der Konstruktor komplex aufgerufen mit *zwei* double-Parametern dient dazu, ein komplexes Objekt mit zwei double-Werten zu besetzen. Die Funktionen zur Ermittlung von Real- und Imaginärteil sowie die Operatorfunktion für die Addition sind keine Elementfunktionen der Klasse, sondern wurden wegen des bequemeren Aufrufs als Friendfunktionen ausgeführt.

```
/* k7p8.cpp  Bild 7-8:  Operator + überladen für komplexe Zahlen */
#include  <iostream.h>
class komplex {
              double   re, im;                    // Datenelemente
              public:
              komplex (void) { };               // inline-Konstruktor
              komplex (double , double );    // Konstruktor
              friend double reell(komplex );// Freundfunktion
              friend double imag(komplex ); // Freundfunktion
              friend komplex operator +(komplex , komplex );
              };
komplex::komplex(double a, double b)        // Konstruktor für
{                                           // Zusammensetzung
 re = a;  im = b;
};
//      Friend-Funktionen erleichtern den Aufruf
double reell(komplex a) { return a.re; }; // liefert Realteil
double imag(komplex a)  { return a.im; }; // liefert Imaginärteil
komplex operator +(komplex a, komplex b)  // komplexe Addition
{
 return komplex(a.re + b.re, a.im + b.im);
};
main()
{
 komplex  x, y, z1, z2;        // komplexe Zahlen als Objekte
 x = komplex (1.0, 2.0);       // setzt komplexe Zahl aus
 y = komplex (3.0, 4.0);       // zwei double-Werten zusammen
 z1 = operator +(x, y);        // Operator-Funktion
 z2 = x + y;                   // überladener Operator + addiert
 cout << "Summe = " << reell(z1) << " +j " << imag(z1) << endl;
 cout << "Summe = " << reell(z2) << " +j " << imag(z2) << endl;
 return 0;
}
```

Bild 7-8: Das Überladen des Operators + für komplexe Objekte

7.5 Sonderfragen

In den bisher als Beispiel behandelten Klassen waren alle Elemente nicht-statisch, da sie ohne den Spezifizierer `static` vereinbart wurden. *Nicht-statische Elemente* sind dadurch gekennzeichnet, daß für jedes Objekt eigene Datenelemente auf dem Stapel angelegt werden, während die Elementfunktionen allen Objekte gemeinsam sind. Bei jedem Aufruf erhält die Elementfunktion in dem vordefinierten Kennwort **this** einen Zeiger, der auf das aktuell aufrufende Objekt zeigt. Damit "weiß" die Funktion, für welches Objekt sie aufgerufen wurde. In dem folgenden Beispiel liefert eine Element-funktion naus der Klasse `nstat` den Inhalt des Datenelementes `nwert` über den Zeiger **this** zurück:

```
int nstat::naus(void)
{
 return (*this).nwert;   // oder this->nwert oder nwert
}
```

Mit dem Spezifizierer `static` gekennzeichnete *statische Datenelemente* werden nicht auf dem Stapel, sondern in einem festen (statischen) Speicherbereich angelegt und sind allen Objekten einer Klasse gemeinsam. Dazu ist eine globale Variablenvereinbarung erforderlich. Beispiel:

```
class  stat {
               static int  swert;  // statisches Datenelement
               };
int stat::swert;                   // statischer Speicher
```

Die Speicherstelle `swert` existiert auch ohne ein Objekt der Klasse `stat`; ohne das Kennwort *public* ist sie jedoch nur über den Aufruf von Elementfunktionen bestimmer Objekte verfügbar. Das folgende Beispiel legt zwei Objekte der Klasse `stat` an, schreibt mit der Elementfunktion `sein` des einen Objektes einen Wert in das statische Datenelement und liest es mit der Elementfunktion des anderen Objektes aus.

```
main()
{
stat   c, d;        // Objekte mit statischem Datenelement
c.sein(123);        // Eingabe über Objekt c
cout << d.saus();   // Ausgabe über Objekt d
```

Mit dem Spezifizierer `static` gekennzeichnete *statische Elementfunktionen* sind auch ohne Bindung an ein Objekt aufrufbar, wenn sie entweder auf keine oder auf statische Datenelemente zugreifen. Das folgende Beispiel vereinbart zu dem statischen Datenelement `swert`, das durch das Kennwort `public` öffentlich zugänglich ist, eine statische Elementfunktion `saus`.

```
class stat {
              public:
              static int  swert; // statische Daten
              public:
              static int saus(void) { return swert; };
              }
int   stat::swert = 0;                // Definition Anfangswert
```

Mit *statischen Elementfunktionen* ist ein Zugriff auf ebenfalls statische Datenelemente ohne eine Bindung an ein Objekt möglich, da ja statische Datenelemente frei von Objekten sind. Das folgende Beispiel besetzt das statische Datenelement direkt, da es zu *public* erklärt wurde, und gibt es aus, ohne daß ein Objekt angelegt wurde.

```
main()
{
stat::swert = 1234;     // Direktzugriff da public
cout << stat::saus();   // statische Elementfunktion
```

Konstante Objekte werden bei der Vereinbarung (Instanzierung) durch das Kennwort `const` gekennzeichnet. Sie werden durch einen Konstruktor initialisiert und können dann nicht mehr verändert werden. Ein Zugriff, nur lesend, ist über Elementfunktionen möglich, die mit dem nachgestellten Kennwort `const` bezeichnet wurden. Das folgende Beispiel vereinbart eine Funktion `aus` zur Ausgabe von konstanten Objekten.

```
class test {
            int wert;
            public:
            test (int x) { wert = x; };   // Konstruktor
            int aus(void) const;       // Konstante auslesen
            };
int test::aus(void) const {  return wert;  };
main()
{
const test x(123);       // Anfangswert durch Konstruktor
cout << x.aus();         // Konstante auslesen
```

Das Schlüsselwort **virtual** kennzeichnet Elementfunktionen, die in Nachfolgerklassen neu vereinbart werden, und sorgt dafür, daß jedes Objekt auf die zugehörige
Funktion zugreift. Bei allen Elementfunktionen, die *nicht* mit virtual gekennzeichnet
sind, erfolgt die Verbindung zu den Datenelementen durch den Compiler über den Code
(*frühe Bindung*). Bei Elementfunktionen, die mit dem Kennwort virtual gekennzeichnet sind, erfolgt die Verbindung mit den Datenelementen über eine Tabelle zur
Laufzeit des Programms (*späte oder dynamische Bindung*). Das folgende Beispiel
kennzeichnet die Elementfunktion melde sowohl in der Vorgänger- als auch in der
Nachfolgeklasse als *virtual*.

```
class vorg {
            public:
            virtual void melde(void) { cout << "vorg: " ;};
            };
class nach : public vorg
            {
            public:
            virtual void melde(void) { cout << "nach: " ;};
            };
main();
{
vorg a;   a.melde();
nach b;   b.melde();
```

Eine *reine virtuelle* (*pure virtual*) oder *abstrakte* Funktion wird mit der besonder-
ren Kennung **= 0** versehen und erhält üblicherweise keinen Definitionsteil, da sie in
den Nachfolgerklassen neu vereinbart werden muß. Eine Klasse, die mindestens eine
abstrakte Funktion enthält, wird auch als *abstrakte Klasse* bezeichnet. Sie kann nur als
Basisklasse verwendet werden, da sich für abstrakte Klassen keine Objekte erzeugen
lassen. Werden reine virtuelle Funktionen in der Nachfolgerklasse nicht neu definiert,
so ist auch diese Klasse eine abstrakte Klasse ohne Objekte. Das folgende Beispiel
vereinbart eine abstrakte Klasse vorg und eine abgeleitete Klasse nach, in der die
Elementfunktion meld neu vereinbart wird.

```
class vorg {            // abstrakte Klasse
         public:
         virtual void melde(void) = 0; // rein virtuell
         };
class nach : public nach
         {
         public:
         virtual void melde(void) { cout << "nach: " ;};
         };
main();
{
nach b;          // für abstrakte Klasse vorg keine Objekte
b.melde();
```

Eine *virtuelle Basisklasse* wird durch das Kennwort virtual vor dem Bezeichner von Vorgängerklassen gekennzeichnet. Damit lassen sich Mehrdeutigkeiten bei mehrstufiger Vererbung auflösen. In dem folgenden Beispiel vererbt die Basisklasse vorg an die beiden Nachfolger nach1 und nach2. Die Klasse letzt erbt von allen drei Vorgängerklassen, die zu virtual erklärt werden.

```
class vorg                        // Basisklasse
         {
         public:
         virtual void melde (void) { cout << " vorg "; };
         };
class nach1 : public virtual vorg  // Basisklasse
         {
         public:
         virtual void melde(void) { cout << " nach1 ";};
         };
class nach2 : public virtual vorg  // Basisklasse
         {
         public:
         virtual void melde(void) { cout << " nach2 ";};
         };
class letzt : public virtual vorg,
         public virtual nach1,
         public virtual nach2
         {
         public:
         virtual void melde (void) {cout << " letzt "; };
         };
main()
{
vorg a;    a.melde();
nach1 b1; b1.melde();
nach2 b2; b2.melde();
letzt c;   c.melde();
```

Dynamische Objekte werden auf den Heap angelegt. Dazu ist es erforderlich, einen Zeiger auf ein Objekt der entsprechenden Klasse zu vereinbaren und mit new bzw. delete Speicher für das Objekt anzufordern bzw. freizugeben. Dies geschieht üblicherweise über Konstruktoren bzw. Destruktoren. Das folgende Beispiel vereinbart einen Zeiger dzeig auf ein Objekt der Klasse dyn. Mit dem Konstruktor dyn wird das Datenelement mit dem Wert -1 vorbesetzt übergeben. Für den Zugriff auf die Elementfunktionen (Methoden) können sowohl die Ausdrücke (*dzeig).*Bezeichner* als auch dzeig->*Bezeichner* verwendet werden. Die Ausgabe einer Meldung durch den Destruktor dient hier nur dazu, den Zeitpunkt der Freigabe zu verfolgen.

```cpp
class dyn {              // Klasse mit Konstruktor und Destruktor
        int dwert;   // Datenelement
        public:
        dyn (int x) { dwert = x; };   // Konstruktor
        ~dyn()   { cout << "dyn frei:" << endl; };//Destruktor
        void dein(int x ) { dwert = x; }; // Eingabe
        int daus(void) { return dwert; }; // Ausgabe
        };
main()
{
dyn *dzeig;                      // Zeiger auf Objekt der Klasse dyn
dzeig = new dyn(-1);             // Objekt auf heap anlegen
dzeig->dein(12345);             // mit Wert besetzen
cout << (*dzeig).daus();         // auslesen
delete dzeig;                    // freigeben mit Destruktor
```

Bild 7-9 zeigt die in diesem Abschnitt behandelten Sonderfragen, die zu einem Testprogramm zusammengefaßt wurden.

```cpp
/* k7p9.cpp Bild 7-9: Test der Sonderfragen für Objekte */
#include  <iostream.h>
class nstat {              // Beispiel für nicht-statische Elemente
            int  nwert;
            public:
            nstat(int x) { nwert = x; }; // Konstruktor
            void nein(int );          // kein const möglich
            int naus(void) const;        // für const-Objekt
    };
 void nstat::nein(int x)          // kein const möglich
{
  (*this).nwert = x;        // oder this->wert oder wert
};
 int nstat::naus(void) const          // für const-Objekt
{
  return this->nwert;      // oder (*this).wert oder wert
};
class stat {          // Beispiel für statische Elemente
    static int swert;  // swert ist allen Objekten gemeinsam
    public:
    static void meldung (void) { cout << "TEST: ";};
    static void sein(int x) { swert = x; };
    static int saus(void) { return swert; };
    };
int stat::swert;    // globale Vereinbarung ohne Objekt
```

```
class abst {        // abstrakte Klasse ohne Objekte
    protected:
    int awert;
    virtual void plus(void) = 0;
    };
void abst::plus(void) { awert++; };
class vorg : public abst      // Beispiele für virtuelle Funktionen
    {
    public:
    virtual void plus(void) { awert++; };
    virtual void melde(void) { cout << "vorg: " << endl; };
    };
class nach : public vorg
    {
    public:
    virtual void melde() { cout << "nach: " << endl; }
    };
class letzt : public nach  {  /* noch leer */  };
class dyn {                   // Beispiel für dynamisches Objekt
    int dwert;
    public:
    dyn (int x) { dwert = 0; };   // Konstruktor
    ~dyn() { cout << "Destruktor von dyn" << endl; }
    void dein(int x ) { dwert = x; };
    int daus(void) { return dwert; };
    };
main()
{
// nicht-statische Elemente //
nstat   a(0), b(0);
a.nein(1);   b.nein(2);
cout << a.naus() <<  " " << b.naus() << " " <<  endl;
// statische Elemente //
stat::meldung();    // Aufruf der Funktionen ohne Objekt
stat::sein(4711); cout << stat::saus() << endl;
stat   c, d;        // jetzt erst Objekte der Klasse stat angelegt
c.meldung();        // Aufruf der Funktionen mit Objekten
c.sein(123); cout << d.saus() << endl;
// konstante Objekte //
const nstat e(0);           // Anfangswert durch Konstruktor
cout << e.naus() << endl;    // nur auslesen möglich
// abstrakte Klassen und virtuelle Elementfunktionen //
vorg   f;  f.melde();
nach   g;  g.melde();
letzt  h;  h.melde();
h.plus();
// dynamisches Objekt auf heap angelegt //
dyn *dzeig;                 // Zeiger auf Objekt der Klasse dyn
dzeig = new dyn(-1);        // Objekt auf heap anlegen
dzeig->dein(12345);         // mit Wert besetzen
cout << " Dynamisch: " << (*dzeig).daus() << endl;   // auslesen
delete dzeig;               // freigeben mit Destruktor
return 0;
}
```

Bild 7-9: Testprogramme für Sonderfragen der OOP

8. Betriebssystem DOS und Hardware

Dieses Kapitel zeigt die Programmierung von DOS-Betriebssystemfunktion und die Zusammenarbeit mit der Hardware des Rechners. Für weitergehende Anwendungen sollten die Unterlagen der Hersteller des verwendeten C++ Compilers, des Betriebssystems und des Rechners herangezogen werden. Der Anhang enthält Hinweise auf ergänzende und weiterführende Literatur.

8.1 Aufrufparameter und Rückgabewert von main

Der Compiler erzeugt aus dem Quellprogramm *Dateiname.CPP* ein Maschinenprogramm *Dateiname.EXE*, das in der Testphase aus dem Entwicklungssystem gestartet wird und anschließend dorthin wieder zurückkehrt. In der Anwendungsphase wird das ausführbare Maschinenprogramm *Dateiname.EXE* aus dem Betriebssystem (z.B. DOS) gestartet. Dabei kann es mehrere Aufrufparameter übernehmen und einen Ergebnisparameter zurückliefern. Der Aufruf erfolgt unter DOS üblicherweise ohne die Dateierweiterung in der Form:

> **Verzeichnis>***Dateiname Parameterliste*

Die *Parameterliste* der Kommandozeile besteht aus Strings (Texten), die durch mindestens ein Leerzeichen zu trennen sind. Das folgende Beispiel ruft im Verzeichnis *C:\TC\P1* das Programm *k8p1.EXE* mit den beiden Parametern *Test1* und *OTTO* auf.

```
C:\TC\P1>k8p1   Test1   OTTO
```

Für die Übernahme der Aufrufparameter und die Rückgabe eines Ergebniswertes muß die Hauptfunktion main entsprechend definiert werden. Die allgemeine Form lautet:

> *Typ* **main(int** *Anzahl,* **char** **Pzeiger[],* **char** **Ezeiger[])*

Der formale Parameter *Anzahl* übernimmt einen int-Wert mit der Anzahl der übergebenen Aufrufparameter; es wird mindestens ein Parameter, der vollständige Dateiname einschließlich Verzeichnis, übergeben. Der formale Parameter *Pzeiger* dient zur Adressierung der akuellen Aufrufparameter (Strings) der Kommandozeile; pzeiger[0] enthält den Dateinamen, pzeiger[i] den Text des i. Aufrufparameters. Der dritte formale Parameter *Ezeiger* für die Einträge der Environmenttabelle kann entfallen. Das folgende Beispiel definiert die Hauptfunktion main zur Übernahme der Aufrufparameter und gibt diese zur Kontrolle als Strings wieder aus.

```
main(int paranz, char *param[]) // ohne Environmenteinträge
{
int  i;
for (i = 0; i < paranz; i++) cout << "\n" << param[i];
```

Bei der Definition von `main` ohne Datentyp oder mit dem Datentyp `int` kann das Programm mit `return` und einem Rückgabewert zwischen 0 und 255, dem Fehlercode, verlassen werden. Das folgende Beispiel liefert den Codewert 2 an das Betriebssystem zurück; es werden keine Parameter übernommen.

```
int main ()        // oder main()   oder   main(void)
{
 return 2;
}
```

Der übergebene Fehlercode kann auf der Kommandoebene des DOS-Betriebssystems als bedingtes Kommando ausgewertet werden.

```
Verzeichnis>if errorlevel   Wert   Kommando
```

Auf die Kennwörter `if errorlevel` folgen ein Zahlenwert zwischen 0 und 255 und ein Kommando, das nur dann ausgeführt wird, wenn der Zahlenwert kleiner oder gleich dem übergebenen Fehlercode ist. Das folgende Beispiel ruft ein Programm *k8p1* auf und gibt nur dann das Inhaltsverzeichnis mit dem Kommando `dir` aus, wenn der Rückgabewert kleiner oder gleich 2 ist.

```
C:\TC\P1>k8p1
C:\TC\P1>if errorlevel  2  dir
```

Nach Zuordnung einer Standardbibliothek mit `#include <stdlib.h>` kann die Hauptfunktion `main` auch mit den vordefinierten Funktionen `exit` oder `abort` verlassen werden.

```
exit(Fehlercode);
abort();
```

Die Funktion `abort` wird ohne Parameter aufgerufen, liefert den Fehlercode 3 und gibt zusätzlich die Meldung *"Abnormal program termination"* aus. Das folgende Beispiel zeigt die Definition von `main` mit dem Datentyp `void` (unbestimmt) und ohne Parameter (`void`). Die Rückkehr in das aufrufende System ist nur noch über `exit` oder `abort` und nicht mehr mit `return` möglich.

```
void main(void)
{
 exit(2);     // Fehlercode 2
}
```

Das in *Bild 8-1* dargestellte Programmbeispiel mit dem Protokoll eines Testlaufes zeigt die Übernahme der Aufrufparameter und die Auswertung des mit abort zurückgelieferten Fehlercodes.

```
/* k8p1.cpp  Bild 8-1: Aufrufparameter und Rückgabewert von main */
#include <iostream.h>
#include <stdlib.h>        // für abort
void main(int paranz, char *param[])   // ohne Parameter char *env[]
{
  int  i, code;
  // Aufrufparameter ausgeben:
  cout << "\n" << paranz << " Parameter: ";
  for (i=0; i < paranz; i++) cout << "  " << param[i];
  // Exit Code lesen und ausgeben  auswerten mit: if errorlevel
  cout << "\nExit-Code -> ";
  cin >> code;
  if (code == 3) abort();    // Abbruch mit Meldung: Abnormal ......
  exit (code);               // statt: return code;
}


C:\TC\P1>k8p1  eins zwei drei vier

5 Parameter:   C:\TC\P1\K8P1.EXE  eins   zwei   drei   vier
Exit-Code -> 3
Abnormal program termination

C:\TC\P1>if errorlevel 3 dir k8p1

 Datenträger in Laufwerk C ist MS-DOS_6
 Datenträgernummer: 2D59-0DFA
 Verzeichnis von C:\TC\P1

K8P1     CPP         580 11.11.98   11:11
K8P1     AUS         522 11.11.98   11:11
K8P1     OBJ       1.044 11.11.98   11:11
K8P1     EXE      15.768 11.11.98   11:11
K8P1     BAK         578 11.11.98   11:11
        5 Datei(en)      18.492 Byte
                     60.456.960 Byte frei
```

Bild 8-1: Aufrufparameter und Rückgabewert von main

In der Testphase wird das Programm nicht aus dem Betriebssystem, sondern aus der C++ Entwicklungsumgebung gestartet. Die Aufrufparameter lassen sich in dem Menüpunkt *Run/Arguments* ... angeben; der zurückgelieferte Fehlercode erscheint im Menüpunkt *Compile/Information* ... als *Program exit code: xx.*

Das in *Bild 8-2* dargestellte Beispiel zeigt die Übergabe eines Dateinamens als Aufrufparameter an ein Programm, das den Inhalt der Datei als Text auf dem Bildschirm ausgibt. Fehlt der Name in der Aufrufzeile, so wird er vom Programm erfragt.

```
/* k8p2.cpp  Bild 8-2: Textdatei seitenweise ausgeben */
#include <fstream.h>
#include <conio.h>
#include <string.h>
main(int paranz, char *param[])    // ohne 3.Parameter char *env[]
{
 fstream  bild;
 char  zeile[81], dname[81];
 int  nzeile;
 if (paranz == 2) strcpy(dname, param[1]);
     else { cout << "\nDateiname ->"; cin >> dname; }
 bild.open(dname, ios::in);
 if (bild == NULL) { cout << "Datei nicht vorhanden"; return 3; }
 do
 {
  bild.seekg(0);
  bild.clear();
  cout << "\n";
  nzeile = 0;
  while( 1 )
  {
    bild.getline(zeile, 81, '\n');
    if (bild.eof()) break;
    cout << zeile << endl;
    nzeile++;
    if ((nzeile % 24) == 0)
       { cout << "Weiter mit Taste -> "; getch();  cout << "\n"; }
  }
  cout << "\n*** Ende der Datei *** \nAusgabe wiederholen ? j -> ";
 }
 while (getche() == 'j');
 return 0;
}
```

Bild 8-2: Übergabe eines Dateinamens als Aufrufparameter

8.2 Der Bildschirm im Text- und Graphikbetrieb

Die Funktionen der Unterprogrammbibliothek `conio` (Consol input output = Eingabe und Ausgabe über die Konsole) lesen direkt von der Tastatur und schreiben direkt in den Bildspeicher. *Bild 8-3* zeigt den Aufbau des Textbildschirms mit den wichtigsten standardmäßigen Betriebsarten. Die im Referenzhandbuch zusammengestellten Betriebsmöglichkeiten sind auf die Graphikkarte und den Monitor des Rechners abzustimmen. Die folgenden Beispiele beziehen sich auf eine VGA-Karte mit einer Auflösung von 640 x 480 Bildpunkten bei 16 Farben und einer Bildschirmseite.

In der Definitionsdatei `constrea.h` sind eine Reihe von Methoden (Funktionen) und Manipulatoren für die Bildschirmausgabe vereinbart, die wie die Konsoloperationen in `iostream` arbeiten. Wie bei `fstream` treten an die Stelle von `cin` und `cout` frei gewählte Bezeichner für Bildschirmfenster, deren Größe und Farbe bestimmt werden kann. Im Gegensatz zu `conio` können mehrere Fenster gleichzeitig geöffnet sein.

```
      ─────→ x                         textmode(Betriebsart)
 │  ┌──────────────────────┐
 │  │ 1,1            80,1   │      ┌──────┬──────────┬────────────────┐
 │  │                       │      │ Code │ Kennwort │ Aufbau         │
 y  │  window(1,1, 80,25)   │      ├──────┼──────────┼────────────────┤
    │    (voreingestellt)   │      │  -1  │ LASTMODE │ alter Wert     │
    │                       │      │   0  │ BW40     │ s/w    40x25   │
    │ 1,25           80,25  │      │   1  │ C40      │ Farbe  40x25   │
    └──────────────────────┘      │   2  │ BW80     │ s/w    80x25   │
                                   │   3  │ C80      │ Farbe  80x25   │
   Betriebsart 3 voreingestellt   │  64  │ C4350    │ 80x43/80x50    │
                                   └──────┴──────────┴────────────────┘
```

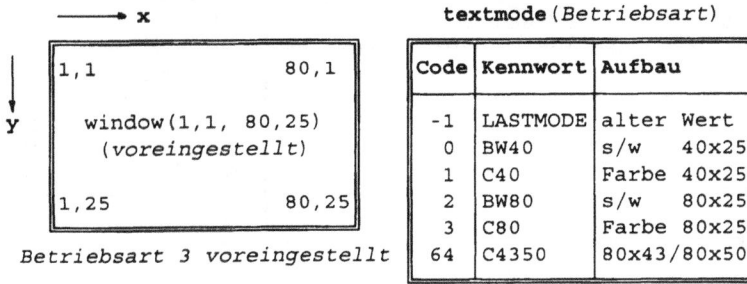

Bild 8-3: Der Aufbau des Textbildschirms

Die in *Bild 8-4* zusammengestellten Farbtabellen werden zur Einstellung der Farben verwendet. Sie gelten auch für den **Graphikbetrieb**. Im Textbetrieb kann der Hintergrund nur mit den Codes 0 bis 7 eingestellt werden, bei den Codes 8 bis 15 fehlt bei den Hintergrundfarben das Helligkeitsbit. Addiert man zum Code der Textfarbe den Wert 128 (oder BLINK), so blinken die Textzeichen.

Code	Kennwort	Farbe	Code	Kennwort	Farbe
0	BLACK	schwarz	8	DARKGRAY	dunkelgrau
1	BLUE	blau	9	LIGHTBLUE	hellblau
2	GREEN	grün	10	LIGHTGREEN	hellgrün
3	CYAN	türkis	11	LIGHTCYAN	helltürkis
4	RED	rot	12	LIGHTRED	hellrot
5	MAGENTA	fuchsin	13	LIGHTMAGENTA	hellfuchsin
6	BROWN	braun	14	YELLOW	gelb
7	LIGHTGRAY	hellgrau	15	WHITE	weiß

Durch Addition des Codes 128 (BLINK) blinken die Textzeichen!

Bild 8-4: Farbeinstellungen im Text- und Graphikbetrieb

Bild 8-5 zeigt eine Auswahl von Bildschirmfunktionen in <conio.h>. Mit der Funktion textmode kann eine bestimmte Betriebsart (Tabelle Bild 8-3) eingestellt werden. Die Betriebsart *LASTMODE* stellt die alten Farb- und Fenstereinstellungen wieder her; wurde die Betriebsart geändert (z.B. mit C40), so muß die alte Betriebsart wieder neu eingestellt werden (z.B. mit C80). Die Funktionen wirken nur innerhalb eines Textfensters, das sich mit der Funktion window von der Voreinstellung X=1, Y=1 (linke obere Ecke) und X=80, Y=25 (rechte untere Ecke) ändern läßt. Die Ein-/Ausgabefunktionen von conio.h arbeiten im Bereich des neuen Fensters mit den neuen Farbeinstellungen. Die Funktion clrscr() löscht das Fenster mit der neuen Hintergrundfarbe.

constrea.h	conio.h	**Aufgabe**
f.clrscr()	clrscr()	löscht Textfenster
f << clreol	clreol()	löscht rechts vom Cursor
f << delline	delline()	löscht Zeile, rollt aufwärts
f << insline	insline()	Leerzeile und rollt abwärts
f.window(.,.,.,.)	window(.,.,.,.)	Fenster (Xo, Yo, Xu, Yu)
f << setxy(X, Y)	gotoxy(X, Y)	positioniert Cursor
f << lowvideo	lowvideo()	Zeichen dunkel ausgeben
f << highvideo	highvideo()	Zeichen hell ausgeben
f.textmode(*Modus*)	textmode(*Modus*)	Betriebsart (Bild 8-3)
f << setclr(*Farbe*)	textcolor(*Farbe*)	Textfarbe 0 bis 15
f << setbk(*Farbe*)	textbackground(*Fa.*)	Hintergrundfarbe 0 bis 7
f << *Ausdruck*	cprintf(*Format*, ..)	formatierte Ausgabe
f << *Zeichen*	putch(*Zeichen*)	Zeichenausgabe
f << *String*	cputs(*String*)	Stringausgabe
nur Konsole: cin >>	cscanf(*Format*, ..)	formatierte Eingabe
	getch()	Zeichen ohne Echo
nur Konsole: cin.get()	getche()	Zeichen mit Echo
nur Konsole: cin.getli-ne(.....)	cgets()	String mit Echo

Bild 8-5: Bildschirmfunktionen in constrea.h *und* conio.h

Das folgende Beispiel stellt ein Fenster im Bereich der Bildschirmkoordinaten 10,10 bis 70,20 mit der Textfarbe *gelb* und der Hintergrundfarbe *fuchsin* ein, löscht das Fenster mit der neuen Hintergrundfarbe und gibt eine Meldung in der neuen Textfarbe aus. Der Bereich außerhalb des neuen Fensters bleibt im alten Zustand als Umrandung erhalten. Danach wird der alte Zustand des gesamten Bildschirms wiederhergestellt.

```
#include <conio.h>
main()
{
 clrscr();                     // gesamten Bildschirm löschen
 window(10,10, 70,20);         // neues Fenster einstellen
 textcolor(YELLOW);            // Textfarbe gelb
 textbackground(MAGENTA);      // Hintergrundfarbe fuchsin
 clrscr();                     // Fenster mit neuer Farbe
 textmode(LASTMODE);           // altes Fenster und Farben
 clrscr();                     // Bildschirm löschen
```

Mit der Funktion gotoxy(*X_Koordinate*, *Y_Koordinate*) läßt sich der Cursor innerhalb des Fensters auf die Stelle positionieren, an der die nächste Ausgabe bzw. Eingabe erfolgen soll. Das folgende Beispiel stellt den Cursor auf die relativen Fensterkoordinaten *X=2* und *Y=3* innerhalb des Fensters *10,10* und *70,20*. Dies sind die absoluten Bildschirmkoordinaten *X=12* und *Y=13*. Die Textfarbe wird auf weiß blinkend gesetzt.

```
window(10,10, 70,20);           // neues Fenster
textcolor(WHITE+BLINK);         // Text weiß blinkend
gotoxy(2, 3); cprintf("->");    // weiß blinkender Pfeil
```

Alle *Eingabe- und Ausgabefunktionen* wirken nur innerhalb des gesetzten Textfensters. Bei cscanf wird die Eingabe eines Zahlenwertes mit einem Nicht-Ziffern-Zeichen bzw. Leerzeichen beendet, das im Puffer verbleibt und mit getch() entfernt werden muß. Damit kann mit cscanf jeweils nur ein Wert (z.B. eine Zahl) eingegeben werden. Beim Lesen von Strings mit cgets muß im Element [0] die Anzahl der zu lesenden Zeichen übergeben werden. Bei der Rückkehr enthält das Element [1] die tatsächliche Anzahl; die gelesene Zeichenfolge wird erst ab Element [2] übergeben. Das in *Bild 8-6* dargestellte Programmbeispiel dient zur Beurteilung der Text- und Hintergrundfarben. Der Benutzer gibt die Farbcodes der Tabelle Bild 8-4 als Zahlenwert ein, das Ausgabefenster wird mit den neuen Farben eingestellt. Wegen der Umstellung auf eine neue Schriftgröße muß der alte Zustand mit textmode(C80) wiederhergestellt werden.

```
/* k8p6.cpp  Bild 8-6: Text- und Hintergrundfarben testen */
#include  <conio.h>
main()
{
  int   hinter = MAGENTA, text = YELLOW;     // Voreinstellungen
  char  ant;
  textmode(C40);                             // Farbe 40 x 25
  textbackground(LIGHTGRAY); clrscr(); textcolor(MAGENTA + BLINK);
  gotoxy(15,3); cprintf("Farbtest");         // Überschrift blinkt
  window(3,5, 37,20);            // neues Fenster einstellen
  do                            // Leseschleife mit Benutzerdialog
  {
    textcolor(text);            // Farbe Textzeichen setzen
    textbackground(hinter);     // Farbe Hintergrund setzen
    clrscr();                   // neues Fenster mit Hintergrund
    gotoxy(5, 2); cprintf("Neue Farben ?  j = ja  -> ");  // Frage
    ant = getche();             // Antwort lesen
    if (ant == 'j')             // ja: neue Farben eingeben
    {
      gotoxy(5,4); cprintf("Hintergrundfarbe 0..7  -> ");
      cscanf("%i", &hinter); getch();  // getch() entfernt Zeichen
      gotoxy(5,5); cprintf("Textzeichenfarbe 0..15 -> ");
      cscanf("%i", &text); getch();    // getch() entfernt Zeichen
    }
  }
  while (ant == 'j');                  // solange Antwort ja
  textmode(C80); clrscr(); return 0; // alten Zustand wiederherst.
}
```

*Bild 8-6: Test der Farbeinstellungen (*conio.h*)*

Die Definitionsdatei **constrea.h** enthält auch die conio-Funktionen, die auf den Gesamtbildschirm wirken, während die constream-Operationen den Aufbau mehrerer Teilfenster ermöglichen, die mit Namen bezeichnet werden.

> **constream** Liste von *Fensterbezeichnern;*

```
#include <constrea.h>              // enthält auch conio
main()
{ clrscr();                        // Gesamtfenster
  constream  bild1, bild2;         // zwei Teilfenster
  bild1.window(5,5, 60,10);  bild2.window(5,15, 60,20);
  bild1 << setbk(BLUE) << setclr(YELLOW); bild1.clrscr();
  bild2 << setbk(MAGENTA) << setclr(WHITE); bild2.clrscr();
  bild1 << setxy(2,2) << "Fenster 1";
  bild2 << setxy(3,3) << "Fenster 2  Weiter -> "; cin.get();
  textmode(LASTMODE); clrscr();    // Gesamtfenster
  clrscr(); return 0; }
```

Bild 8-7 zeigt als Vergleich das Testprogramm Bild 8-6 für Text- und Hintergrundfarben mit den Methoden (Funktionen) und Manipulatoren von **constream**.

```
/* k8p7.cpp  Bild 8-7: Text- und Hintergrundfarben testen */
#include <constrea.h>            // Version constream
main()
{
 int  hinter = MAGENTA, text = YELLOW;    // Voreinstellungen
 char  ant;
 textmode(C40);                    // Gesamtbildschirm wie conio
 textbackground(LIGHTGRAY); textcolor(MAGENTA + BLINK);
 clrscr(); gotoxy(15,3); cputs("Farbtest");
 constream bild;                   // Teilfenster vereinbaren und setzen
 bild.textmode(C40);  bild.window(3,5, 37,20);  bild.clrscr();
 do                                // Leseschleife mit Benutzerdialog
 {
   bild << setclr(text); bild << setbk(hinter);  // Farben setzen
   bild.clrscr();                  // neues Fenster mit Hintergrund
   bild << setxy(3, 2) << "Neue Farben ?  ja = j cr  -> ";
   ant = cin.get();                // Antwort lesen
   if (ant == 'j')                 // ja: neue Farben eingeben
   {
     bild << setxy(3,4); bild << "Hintergrundfarbe 0..7 cr  -> ";
     cin >> hinter; cin.get();     // cin.get() entfernt cr
     bild << setxy(3,5); bild << "Textzeichenfarbe 0..15 cr -> ";
     cin >> text; cin.get();       // cin.get() entfernt Zeichen
   }
 }
 while (ant == 'j');               // solange Antwort ja: wiederhole
 textmode(C80); clrscr();          // Gesamtbildschirm wiederherstellen
 return 0;
}
```

Bild 8-7: Test der Farbeinstellungen (constrea.h)

Im *Graphikbetrieb* (*Bild 8-8*) läßt sich der Bildschirm punktweise ansteuern. Die Auflösungen und die Farben sind von der eingebauten Graphikkarte, dem Bildschirmgerät und den zur Verfügung stehenden Graphiktreibern abhängig. Die folgenden Beispiele verwenden für die Bildschirmdarstellung eine VGA-Graphikkarte mit einer maximalen Auflösung von 640 x 480 Punkten bei 16 Farben. Die Zuordnung des Graphikpaketes mit vordefinierten Graphikfunktionen und Bezeichnern erfolgt durch `#include <graphics.h>`. Dazu sollte in der Entwicklungsumgebung im Menü `Options/Linker/libraries...` das Feld `Graphics library` eingeschaltet werden.

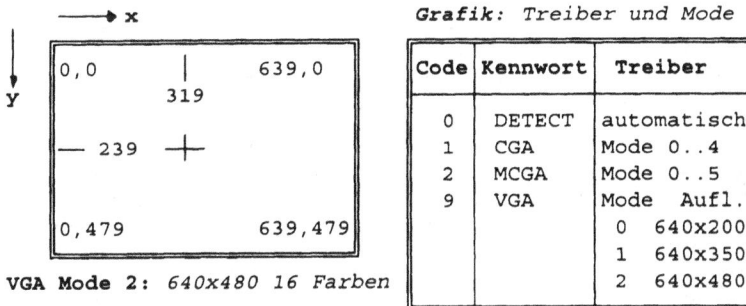

```
        ──▶ x                    Grafik: Treiber und Mode
  │   ┌────────────────────┐    ┌──────┬──────────┬──────────────┐
  ▼   │0,0      │     639,0 │    │ Code │ Kennwort │  Treiber     │
  y   │        319         │    ├──────┼──────────┼──────────────┤
      │                    │    │  0   │ DETECT   │ automatisch  │
      │ ── 239  ─┼─        │    │  1   │ CGA      │ Mode 0..4    │
      │                    │    │  2   │ MCGA     │ Mode 0..5    │
      │                    │    │  9   │ VGA      │ Mode  Aufl.  │
      │0,479       639,479 │    │      │          │  0   640x200 │
      └────────────────────┘    │      │          │  1   640x350 │
  VGA Mode 2: 640x480 16 Farben │      │          │  2   640x480 │
                                └──────┴──────────┴──────────────┘
```

Bild 8-8: Bildschirm und Einstellungen im Graphikbetrieb

Bild 8-9 zeigt eine Auswahl von Funktionen, die auch in den folgenden Programmbeispielen verwendet werden; das Referenzhandbuch enthält weitere Funktionen sowie ausführliche Beschreibungen mit Beispielen. Für die ersten orientierenden Versuche sollte man die automatische Zuordnung von Treiber und Mode mit DETECT wählen, bei der die höchste Auflösung der Karte erkannt und eingestellt wird.

Steuerfunktionen:

Ergebnis	Funktion	Aufgabe
	`initgraph(Treiber,Mode,Datei)`	Graphik initialisieren
	`closegraph()`	Graphik beenden
	`restorecrtmode()`	nach Textbetrieb
	`setgraphmode(Mode)`	zurück nach Graphikbetrieb
	`setbkcolor(Farbe)`	Hintergrundfarbe (Bild 8-4)
	`setcolor(Farbe)`	Zeichenfarbe (Bild 8-4)
`int`	`getmaxx()`	liefert max. X-Koordinate
`int`	`getmaxy()`	liefert max. Y-Koordinate

Linien- und Punktfunktionen:

Ergebnis	Funktion	Aufgabe
	`setlinestyle(Art,Muster,Dicke)`	Linienparameter einstellen

	Linienart
	`Code Linie`
	`  0  durchgezog.`
	`  1  gepunktet`
	`  2  strichpunkt`
	`  3  gestrichelt`
	`  4  benutzerdef` **Linienmuster**
	`nur Code 4`
	`benutzerdef.`
	`unsigned int`
	`xxxxxxxxxxxx`
	`Bit x=0:leer`
	`Bit x=1:ges.`
		Linendicke
		`Code Dicke`
		`  0  1 Pixel`
		`  1  3 Pixel`

	`setwritemode(Art)`	0=überschreiben 1=XOR
	`moveto(X, Y)`	Cursor absolut positionieren
	`moverel(DX, DY)`	Cursor relativ bewegen
	`line(X0, Y0,  X1, Y1)`	zeichnet Linie ohne Cursor
	`lineto(X1, Y1)`	zeichnet Linie mit Cursor
	`linerel(DX, DY)`	zeichnet Linie mit Cursor
	`rectangle(X0, Y0,  X1, Y1)`	zeichnet Rechteck
	`circle(X0, Y0, Radius)`	zeichnet Kreis
	`arc(X0,Y0, Awink,Ewink,Radius)`	zeichnet Kreisbogen
	`putpixel(X0, Y0, Farbe)`	setzt Farbpunkt (Bild 8-4)
Farbe	`getpixel(X0, Y0)`	liefert Farbe des Punktes

Textfunktionen:

Ergebnis	Funktion	Aufgabe
	`settextstyle(Font,Richt.,Größe)`	Textparameter einstellen

	Font(Zeichensatz)
	`Code Schriftart`
	`  0 · 8x8 Pixel`
	`  1  Vektor Triplex`
	`  2  Vektor klein`
	`  3  Vektor Sansserif`
	`  4  Vektor Gothic` **Richtung**
	`Code 0:`
	`links ->`
	`rechts`
	`Code 1:`
	`unten ->`
	`oben`
		Zeichengröße
		`Code   Faktor`
		`  0    Standardgröße`
		`  1    Faktor 1`
		`  .     .`
		`  .     .`
		` 10    Faktor 10`

	`settextjustify(horiz., vertik.)`	Textausgabe ausrichten

	`horizontal`
	`Code Wirkung`
	`  0  linksbündig`
	`  1  mittig`
	`  2  rechtsbündig` `vertikal`
	`Code Wirkung`
	`  0  oben`
	`  1  mittig`
	`  2  unten`	

Ergebnis	Funktion	Aufgabe
int	textheight(*String*)	liefert Höhe des Textstrings
int	textwidth(*String*)	liefert Breite des Textstrings
	outtext(*String*)	gibt Text ab Cursor aus
	outtextxy(*X0, Y0, String*)	Textausgabe Punkt X0 ,Y0

Bild 8-9: Bildschirmfunktionen des Graphikbetriebs (Auszug)

Mit der **Steuerfunktion** initgraph wird der Graphikbetrieb initialisiert. Übergibt man als Treiber die vordefinierte Konstante DETECT, so wird die höchstmögliche Auflösung verwendet und in dem Parameter *Mode* als Kennziffer zurückgeliefert. Der Parameter *Datei* ist ein String mit dem Suchweg (Verzeichnis), in dem sich zu ladende Hilfsdateien wie z.B. Textzeichensätze befinden müssen. Alle Steuergrößen sind meist mit 0 voreingestellt. Für die Einstellung der Hintergrund- und Punktfarben gelten die Farbtabellen des Bildes 8-4. Da das Blinken entfällt, kann auch die Hintergrundfarbe mit allen 16 Codes eingestellt werden. Die Funktion closegraph verläßt den Graphikbetrieb und kehrt in den Textbetrieb zurück.

Mit den **Linienfunktionen** lassen sich Rechtecke, Kreise und Kreisbögen zeichnen; die Funktion setlinestyle ändert die voreingestellten Linienparameter. Die Textfunktionen dienen für die Beschriftung von Bildern und Zeichnungen. Mit der Funktion settextstyle lassen sich die voreingestellten Schriftparameter ändern.

Das Referenzhandbuch enthält weitere Graphikfunktionen. Dazu gehören:
- weitere Linien, Kurven und Flächen,
- Flächenfüllungen,
- Einstellung von Graphikfenstern,
- Farbeinstellungen,
- Installation eigener Graphiktreiber und
- Laden und Speichern von Fenstern

Das in *Bild 8-10* dargestellte Testprogramm gibt ein Rechteck als Umrandung und einen Kreis im Mittelpunkt des Bildes aus. Mit diesem Testbild läßt sich das Bildschirmgerät mit der Horizontal- und Vertikaleinstellung so justieren, daß der Kreis auch als Kreis abgebildet wird. Das Referenzhandbuch enthält bei der Beschreibung der Funktion arc Hinweise auf eine mögliche Korrektur des Höhen-/Seitenverhältnisses. Das Testprogramm liefert Angaben über den verwendeten Graphiktreiber, den Graphikmode und die verwendete Auflösung des Bildschirms. Für die Ausgabe des Graphikbildschirms auf dem Drucker unter DOS kann die Hardcopy-Taste verwendet werden. Vorher ist mit

>graphics

ein entsprechender Druckertreiber zu installieren. Weitere Hinweise sind dem Handbuch des Betriebssystems und den Unterlagen des Druckerherstellers zu entnehmen.

```
/* k8p10.cpp Bild 8-10: Bildschirmsteuerung im Graphikbetrieb */
#include <iostream.h>
#include <graphics.h>        // für Graphik-Funktionen
main()
{
 char  datei[12] = "C:\\TC\\BGI\\";
 int   treiber = DETECT, mode, xmax, ymax, xmit, ymit;
 initgraph(&treiber, &mode, datei);
 xmax = getmaxx(); xmit = xmax/2;
 ymax = getmaxy(); ymit = ymax/2;
 setbkcolor(MAGENTA); setcolor(YELLOW);
 rectangle(0, 0, xmax, ymax);             // Umrandung des Bildes
 circle(xmit, ymit, ymit-50);             // Kreis im Mittelpunkt
 outtextxy(xmit, ymit,"+ Weiter mit cr"); // Vorgabewerte für Text
 cin.get();                               // Warten auf Taste
 closegraph();
 cout << "\nTreiber " << treiber << "  Mode " << mode
      << "  Format " << xmax+1 << "x" << ymax+1;
 return 0;
}
```

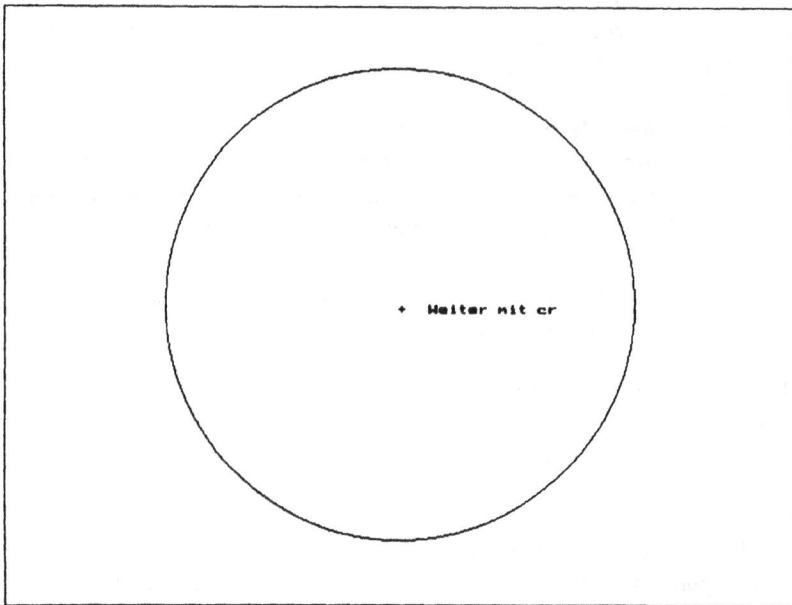

Bild 8-10: Testprogramm für die Graphikausgabe

Das in *Bild 8-11* dargestellte Programmbeispiel gibt die Sinusfunktion mit ungeradzahligen Oberwellen als Graphik auf dem Bildschirm aus. Die Grundwelle wird mit der Funktion `putpixel` punktweise ausgegeben; die Funktion `lineto` verbindet die Punkte bei der Ausgabe der aus Grund- und Oberwellen zusammengesetzten Funktion durch Linien.

```
/* k8p11.cpp  Bild 8-11: Sinus mit Oberwellen */
#include <iostream.h>
#include <math.h>        // für sin und M_PI
#include <graphics.h>    // für Graphik
main()
{
 int   treiber = DETECT, mode, xmax, ymax, xmit, ymit, i, x, y, n ;
 double  w, funk;
 char   meld[15] = "Weiter ->_";
 cout << "\nWieviel ungerade Oberwellen?  -> "; cin >> n; cin.get();
 initgraph(&treiber, &mode, "c:\\tc\\bgi\\");
 xmax = getmaxx(); xmit = xmax/2;
 ymax = getmaxy(); ymit = ymax/2;
 setbkcolor(WHITE); setcolor(RED);
 rectangle(0,0,xmax,ymax); line(0,0,0,xmax); line(0,ymit,xmax,ymit);
 setcolor(LIGHTRED); settextstyle(0, 0, 2);
 outtextxy(15, 10, "Grundwelle");
 for (x=0; x<=360; x++) putpixel(x, ymit-sin(x*M_PI/180)*200, RED);
 setcolor(LIGHTBLUE);
 outtextxy(xmit-100, 50, "Sinus mit Oberwellen");
 moveto(0, ymit);
 for (x=0; x<=360; x++)
 {
  w = x * M_PI/180;       funk = 0;
  for (i=0; i<=n; i++) funk += sin((2*i+1)*w)/(2*i+1);
  lineto(x, ymit - funk*200);
 }
 setcolor(GREEN); settextstyle(4, 0, 5);
 outtextxy(xmax-textwidth(meld)-20, ymax-textheight(meld)-20, meld);
 cin.get();  closegraph();   return 0;
}
```

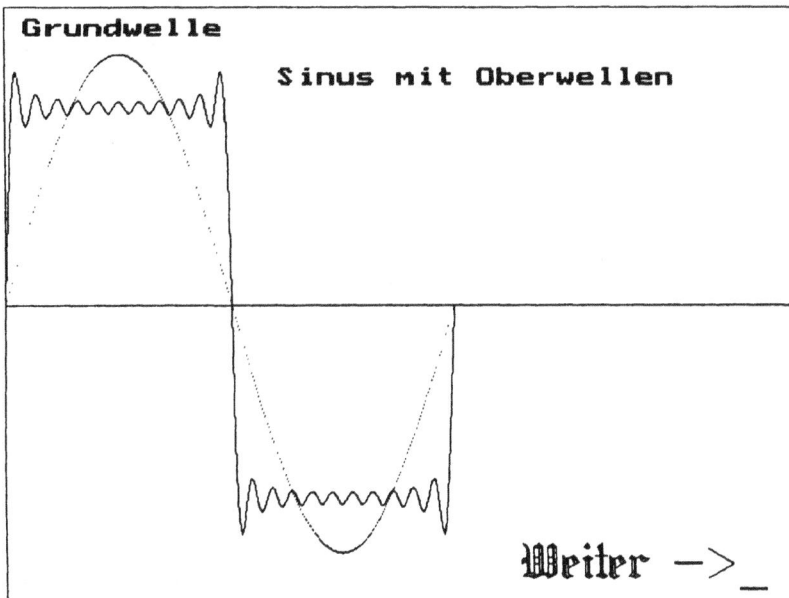

Bild 8-11: Graphikausgabe der Sinusfunktion mit Oberwellen

8.3 Die Speicher- und Peripherieadressierung unter DOS

Die Adressierung des Arbeitsspeichers erfolgt normalerweise durch die vom Programmierer vergebenen symbolischen Bezeichner, die der Compiler in relative Adressen (*Offset*) umsetzt. Erst beim Laden des Programms in den Arbeitsspeicher legt das Betriebssystem mit einer *Segmentangabe* die absolute Speicheradresse fest. Nur beim Zugriff auf die BIOS-Variablen und auf den Bildspeicher sollte der Benutzer von der Möglichkeit einer eigenen absoluten Adressierung des Arbeitsspeichers Gebrauch machen. Die folgenden Ausführungen gelten nur für Prozessoren der 80x86-Serie unter dem Betriebssystem MS-DOS. Der Abschnitt 6.5 über Bitmuster und Bitfelder behandelt die bei hardwarenahen Aufgaben übliche hexadezimale Darstellung von Adressen und Speicherinhalten. Alle Speicheradressen zählen, auch bei Wortzugriffen (also zwei Bytes), in der Einheit byte. Die folgenden Ausführungen legen ein DOS-Speichermodell der Größe 640 kbyte zu Grunde.

Eine absolute *Speicheradresse* besteht aus den beiden Anteilen

```
Segment : Offset
```

Beide sind vorzeichenlose ganze 16-bit-Dualzahlen. Die 20 bit lange "physikalische" Speicheradresse wird gebildet durch Multiplikation der Segmentadresse mit 16 (Verschieben um 4 bit nach links) und Addition des Offsets (Abstandes). Die in *Bild 8-12* zusammengestellten Funktionen werden mit `#include <dos.h>` zugeordnet.

Ergebnis	Funktion	Aufgabe
far-Zeiger	`MK_FP(`*Segment, Offset*`)`	liefert Zeiger auf Adresse
unsigned int	`FP_SEG(`*far-Zeiger*`)`	liefert Segmentanteil
unsigned int	`FP_OFF(`*far-Zeiger*`)`	liefert Offsetanteil
int	`peek(`*Segment, Offset*`)`	liest Speicher (16 bit)
	`poke(`*Segment,Offset, Wert*`)`	schreibt int-Wert (16 bit)
char	`peekb(`*Segment, Offset*`)`	liest Speicher (8 bit)
	`pokeb(`*Segment,Offset,Wert*`)`	schreibt char-Wert (8 bit)

Bild 8-12: Funktionen des Speicherzugriffs (`<dos.h>`)

Bei der Adressierung des Speichers durch einen Zeiger muß ein `far`-Zeiger verwendet werden, der die Angaben *Segment* und *Offset* enthält. Das folgende Beispiel vereinbart einen Zeiger auf eine Variable vom Datentyp `unsigned int` und besetzt ihn mit der Adresse `0xb800 : 0x0000` des in den meisten Systemen anzutreffenden Bildspeichers. In die linke obere Ecke des Bildschirms wird ein roter Stern gesetzt.

```
#include <dos.h>
main()
{
  unsigned int far * bild;
  bild = (unsigned int far *) MK_FP(0xb800, 0);
  *bild = 0x0c2a;        // Farben 0x0c  Zeichen 0x2a = *
```

Die Funktionen peek zum Lesen und poke zum Schreiben von 16-bit-Werten verlangen die Angabe des Segments und des Offsets als Parameter. Das folgende Beispiel schreibt einen hellroten Stern in die rechte obere Ecke des Bildspeichers:

```
poke(0xb800, 158, 0x0c2a);  // Farben 0x0c  Zeichen 0x2a
```

Bei den 80x86-Prozessoren werden bei einem *Wortzugriff* (int und unsigned int) sowohl beim Lesen als auch beim Schreiben das höhere und das niedere Byte im Speicher vertauscht. Dies ist beim Zugriff auf Bytes mit den Funktionen peekb und pokeb zu beachten. Das folgende Beispiel führt die beiden bereits erwähnten Wortoperationen zum Schreiben des Zeichens 0x0f2a mit zwei Byteoperationen durch.

```
pokeb(0xb800, 0, 0x2a);  // Low-Byte  -  Low-Adresse
pokeb(0xb800, 1, 0x0f);  // High-Byte -  High-Adresse
```

Bild 8-13 zeigt den bei EGA- und VGA-Karten standardmäßig verwendeten Bildspeicher im Textbetrieb. Eine Zeichenstelle des Bildschirms wird durch zwei Bytes (ein Wort) beschrieben. Das erste Byte enthält die Zeichencodierung im ASCII-Code, das folgende ein Attribut mit Farb-, Blink- und Helligkeitsinformationen. Bei einer wortweisen Adressierung mit der Schrittweite 2 erscheint in den Variablen und Konstanten erst das Attribut und dann der Zeichencode. Bei einer byteweisen Adressierung folgt auf das Zeichenbyte das Attributbyte. Sowohl für den Hintergrund als auch für das Zeichen (Text) gibt es die drei Farbinformationen *rot*, *grün* und *blau*, die sich zu insgesamt 8 Farben mischen lassen. Durch das zusätzliche Helligkeitsbit ergeben sich 16 Zeichenfarben. Die Farbtabelle des Bildes 8-4 zeigt die entstehenden Mischfarben. Das Blinkbit gilt nur für die Textzeichen. Die Zeichencodierungen im Bereich der ASCII-Codes von 32 bis 255 entsprechen im wesentlichen den im Anhang als Tabelle dargestellten Druckerzeichen, die Steuercodes werden durch Sondersymbole dargestellt..

Segment =0xB800	1.Spalte Code Attr.		2.Spalte Code Attr.				80.Spalte Code Attr.	
1.Zeile	+0000	+0001	+0002	+0003	. .	. .	+0158	+0159
2.Zeile	+0160	+0161	+0162	+0163	. .	. .	+0318	+0319
3.Zeile	+0320	+0321						
	.	.	.	.	. .	. .	.	.
24.Zeile								
25.Zeile	+3840	+3841	+3842	+3843	. .	. .	+3998	+3999

Berechnung der Adressen für Code und Attribut:

```
        Code Offset = (Zeile-1) * 160 + (Spalte-1) * 2
     Attribut Offset = (Zeile-1) * 160 + (Spalte-1) * 2 + 1
```

Zusammensetzung des Attributes:

	Zeichen	Hintergrundfarbe		Zeichen	Zeichenfarbe	
Attribut:						
0=frei	blink	rot	grün	blau	hell	rot	grün	blau
1=gesetzt						

Bild 8-13: Aufbau und Attribute des Bildspeichers

Der Bildschirmspeicher wird normalerweise nur durch die Ausgabefunktionen in
iostream.h, *stdio.h* und *conio.h* verwaltet. Über Betriebssystemfunktionen
läßt sich die Bildschirmausgabe in eine Datei oder auf ein Gerät (Drucker) umsteuern.
Das in *Bild 8-14* dargestellte Beispiel zeigt ein Programm, das den Inhalt des Bildspeichers in eine Textdatei kopiert. Dabei geht die oberste Bildschirmzeile durch die
Eingabe des Kommandos verloren.

```
/* k8p14.cpp  Bild 8-14: Bildschirm nach Textdatei kopieren */
#include   <fstream.h>
#include   <string.h>
#include   <dos.h>
main(int paranz, char *param[])     // ohne 3.Parameter char *env[]
{
 fstream bild;                      // Ausgabetextdatei
 char   zeile[81], dname[81];
 int   i, j, k;
 if (paranz == 2) strcpy(dname, param[1]);
     else { cout << "Dateiname ->"; cin >> dname; cin.get(); }
 bild.open(dname, ios::out);
 k = 0;
 for (i = 0; i < 25; i++)           // für alle Zeilen
 {
   for (j = 0; j < 80; j++)         // für alle Spalten
   {
     zeile[j] = peekb(0xB800, k);   // kopieren
     k = k + 2;                     // Attribut übergehen
   }                                // Leerzeichen am Ende entfernen
   for (j = 79; j >= 0; j--) if (zeile[j] != ' ') break;
   zeile[j+1] = 0;                  // String-Ende-Marke
   bild << zeile << endl;           // Zeile nach Datei schreiben
 }
 cout << "Bildspeicher nach Datei <" << dname << "> gespeichert";
 return 0;
}
```

```
C:\TC\P1>k8p14  k8p14.aus
Bildspeicher nach Datei <k8p14.aus> gespeichert
```

Bild 8-14: Ausgabe des Bildspeichers als Textdatei

Für den **Peripheriezugriff** (Drucker, serielle Schnittstelle) stehen für die normale Eingabe und Ausgabe von Daten genügend vordefinierte Systemfunktionen wie z.B. printf und fprintf zur Verfügung, so daß man nur bei sehr hardwarenahen Aufgaben auf die direkte Adressierung der Schnittstellenbausteine zurückgreifen muß. Die folgenden Ausführungen gelten wiederum nur für Systeme mit Prozessoren der 80x86-Familie.

Eine *Portadresse* besteht nur aus einer vorzeichenlosen 10-bit-Dualzahl, die oberen 6 Bitpositionen des unsigned int Ausdrucks bleiben unberücksichtigt.

Ergebnis	Funktion	Aufgabe
unsigned char	inportb(*Port*)	liest Byte vom Eingabeport
unsigned char	inp(*Port*)	liest Byte vom Eingabeport
	outportb(*Port, Wert*)	schreibt Byte nach Ausgabeport
	outp(*Port, Wert*)	schreibt Byte nach Ausgabeport
int	inport(*Port*)	liest Wort von Eingabeport
	outport(*Port, Wert*)	schreibt Wort nach Ausgabe

Bild 8-15: Funktionen des Peripheriezugriffs (<dos.h>)

Von den in *Bild 8-15* zusammengestellten Funktionen werden üblicherweise nur die Funktionen inp zum Lesen und outp Ausgeben von Bytes verwendet. Die Wortfunktionen setzen entsprechende wortorientierte Peripheriebausteine voraus. Die Abschnitte über die parallele Druckerschnittstelle und die serielle Schnittstelle enthalten die Adressen der Peripherieports mit Anwendungen.

Das folgende einfache Beispiel liest den Druckerausgabeport auf der Adresse 0x378 zurück, der normalerweise das zuletzt auf dem Drucker ausgegebene Zeichen enthält, und gibt den Wert zur Kontrolle auf dem Bildschirm dezimal, hexadezimal und als Zeichen aus.

```
#include   <iostream.h>
#include   <stdio.h>
#include   <dos.h>
main()
{
 unsigned char z;
 z = inp(0x378);
 printf("\n%i  %#04x  %c", z, z, z); // dezi hexa Zeichen
 cout << endl << dec << (int) z      // dezimal
      << "  0x" << hex << (int) z    // hexadezimal
      << "  "   << z;                // als Zeichen
```

8.4 Interrupt

Ein Interrupt bedeutet, daß ein Programm durch ein besonderes Ereignis unterbrochen wird. *Bild 8-16* zeigt die Interruptsteuerung der Prozessoren der 80x86-Familie. Man unterscheidet externe Interrupts durch Steuersignale, prozessorinterne Programmunterbrechungen und Softwareinterrupts durch besondere Maschinenbefehle.

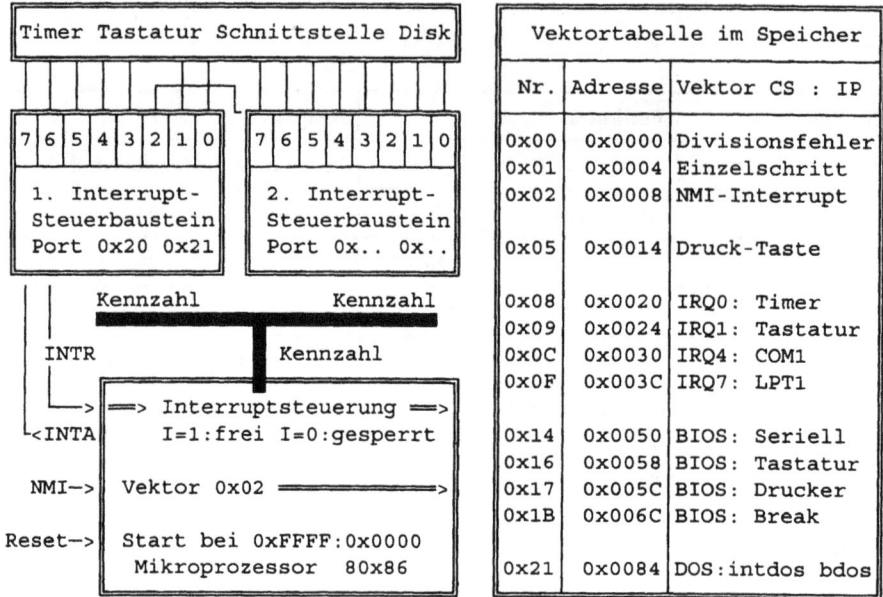

```
Timer Tastatur Schnittstelle Disk

7 6 5 4 3 2 1 0    7 6 5 4 3 2 1 0

1. Interrupt-       2. Interrupt-
Steuerbaustein      Steuerbaustein
Port 0x20 0x21      Port 0x.. 0x..

      Kennzahl          Kennzahl

INTR               Kennzahl

   ==> Interruptsteuerung ==>
        I=1:frei I=0:gesperrt
NMI->  Vektor 0x02 ===========>
Reset-> Start bei 0xFFFF:0x0000
        Mikroprozessor   80x86
```

Vektortabelle im Speicher		
Nr.	Adresse	Vektor CS : IP
0x00	0x0000	Divisionsfehler
0x01	0x0004	Einzelschritt
0x02	0x0008	NMI-Interrupt
0x05	0x0014	Druck-Taste
0x08	0x0020	IRQ0: Timer
0x09	0x0024	IRQ1: Tastatur
0x0C	0x0030	IRQ4: COM1
0x0F	0x003C	IRQ7: LPT1
0x14	0x0050	BIOS: Seriell
0x16	0x0058	BIOS: Tastatur
0x17	0x005C	BIOS: Drucker
0x1B	0x006C	BIOS: Break
0x21	0x0084	DOS:intdos bdos

Bild 8-16: Die Interruptsteuerung der 80x86-Prozessoren

Bei einem *Reset* wird das Basis-Betriebssystem BIOS (Basic Input Output System) aus einem Festwertspeicher (EPROM) gestartet, das wiederum das diskettenorientierte Betriebssystem DOS (Disk Operating System) von einem Disk-Laufwerk in den Arbeitsspeicher lädt. Bei allen Interrupts werden die Register CS (Codesegment), IP (Befehlszähler) und Flags (Anzeigebits) auf den Stapel gerettet. Die Startadresse des Interruptprogramms steht in einer Vektortabelle des Arbeitsspeichers. Der Maschinenbefehl IRET am Ende des Interruptprogramms lädt die drei geretteten Register vom Stapel zurück und setzt damit das unterbrochene Programm fort.

Ein Signal am *NMI-Eingang* des Prozessors unterbricht das laufende Programm und startet ein Interruptprogramm, dessen Startadresse im Eintrag Nr. 2 der Vektortabelle enthalten ist. NMI bedeutet "Nicht Maskierbarer Interrupt", weil er prozessorintern nicht gesperrt werden kann. In PC-Schaltungen wird er für die Behandlung von Hardwarefehlern verwendet.

Der *Eingang INTR* (Interrupt Request = Interruptanforderung) wird prozessorintern durch das I-Bit des Flagregisters kontrolliert. Ist der INTR-Interrupt beim Auftreten des Interruptsignals gesperrt, so setzt das laufende Programm ungestört seine Arbeit fort;

das Interruptsignal ist wirkungslos. Ist er jedoch freigegeben, so wird nach dem Retten der drei Register mit einem INTA-Signal (Interrupt Acknowledge = Interruptbestätigung) über den Datenbus eine Kennzahl angefordert. Diese wird von der Schaltung geliefert, die den Interrupt ausgelöst hat. Im PC sind die Schnittstellenbausteine (Timer, Tastatur, Disk, Drucker usw.) an einen Interruptsteuerbaustein PIC 8259A angeschlossen, der die externe Sperre und Freigabe der Signale sowie die Übergabe der Kennzahl kontrolliert (*Bild 8-17*). Die mit 4 multiplizierte Kennzahl liefert die Adresse eines Doppelwortes in der Vektortabelle. Dort befindet sich die Startadresse (Segment:Offset) des zu startenden Interruptprogramms.

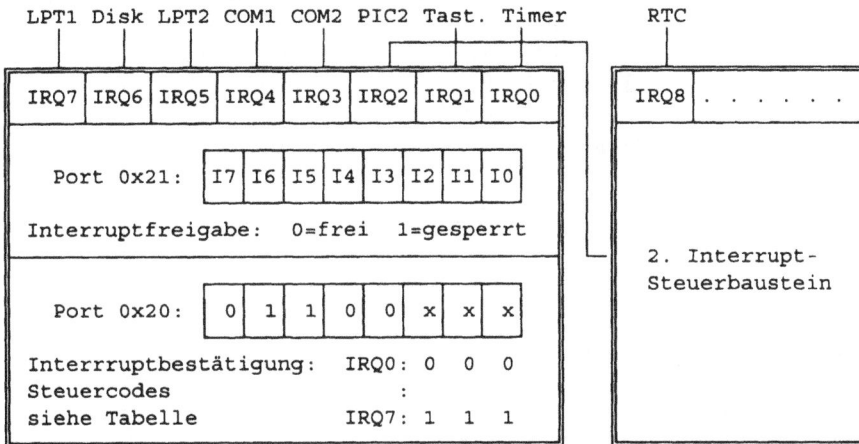

Gerät	Interrupt	Freigabe	Sperre	Bestätigung	Vektor-Nr.
Timer	IRQ0	UND 0xFE	ODER 0x01	Konstante 0x60	08 = 0x08
Tastatur	IRQ1	UND 0xFD	ODER 0x02	Konstante 0x61	09 = 0x09
PIC Nr 2	IRQ2	UND 0xFB	ODER 0x04	Konstante 0x62	10 = 0x0A
COM2	IRQ3	UND 0xF7	ODER 0x08	Konstante 0x63	11 = 0x0B
COM1	IRQ4	UND 0xEF	ODER 0x10	Konstante 0x64	12 = 0x0C
LPT2	IRQ5	UND 0xDF	ODER 0x20	Konstante 0x65	13 = 0x0D
Disk	IRQ6	UND 0xBF	ODER 0x40	Konstante 0x66	14 = 0x0E
LPT1	IRQ7	UND 0x7F	ODER 0x80	Konstante 0x67	15 = 0x0F

Bild 8-17: Der Interruptsteuerbaustein 8259A (voreingestellt)

Der Interruptsteuerbaustein PIC 8259A (Programmable Interrupt Controller) wird durch das Betriebssystem so programmiert, daß er je nach Gerät eine Kennzahl von 0x08 bis 0x0F bzw. für den zweiten PIC-Baustein eine Kennzahl von 0x70 bis 0x77 liefert. Die Abschnitte über die parallele Druckerschnittstelle und die serielle Schnittstelle enthalten Beispiele für die Freigabe, die Bestätigung und das Sperren von Geräteinterrupts.

Beim Auftreten besonderer Verarbeitungszustände löst der Prozessor interne Programm-unterbrechungen aus. Ein Beispiel ist eine ganzzahlige Division durch Null, die einen Prozessorinterrupt mit der internen Kennzahl Nr. 0 zur Folge hat. Damit wird ein Interruptprogramm gestartet, das den Divisionsüberlauf mit einer Fehlermeldung bzw. mit einem Abbruch des Programms weiterbehandeln kann. Als Softwareinterrupt bezeichnet man den Maschinenbefehl INT (Interrupt = Programmunterbrechung), der die Kennzahl des zu startenden Interruptprogramms im Operandenteil enthält. Mit diesem Befehl lassen sich alle 256 möglichen Interruptprogramme aufrufen, auch die prozessorinternen und externen (NMI und INTR). Im PC dienen die Softwareinterrupts zum tabellengesteuerten Aufruf von Betriebssystemfunktionen. *Bild 8-18* zeigt ein Programm, das die vom Betriebssystem vorbesetzten Interruptvektoren ausgibt. Die Tabelle *Bild 8-19* wurde nach dem Start des Programms aus der Turbo C++ Entwick-lungsumgebung erstellt, die teilweise eigene Vektoren in die Tabelle einträgt.

```
/* k8p18.cpp  Bild 8-18: Tabelle der Interruptvektoren ausgeben */
#include <iostream.h>
#include <iomanip.h>
#include <dos.h>              // für peek
#define NBEM  34
main()
{
 unsigned int  i, adr, seg, abst;
 char bem [NBEM][46] = {
       "Prozessor: Division durch Null  ",
       "Prozessor: Einzelschritt        ",
       "NMI-Interrupt: Systemfehler     ",
       "Haltepunkt                      ",
       "Befehl INTO bei Overflow        ",
       "BIOS: Hardcopy mit Druck-Taste  ",
       "Prozessor:  unbekannter Code    ",
       "Prozessor:  Speicherschutz      ",
       "Gerät IRQ0: Timer               ",
       "Gerät IRQ1: Tastatur            ",
       "Gerät IRQ2: AT: 2.PIC-Baustein  ",
       "Gerät IRQ3: COM2 (Serienschn.)  ",
       "Gerät IRQ4: COM1 (Serienschn.)  ",
       "Gerät IRQ5: AT: LPT2 (Drucker)  ",
       "Gerät IRQ6: Diskettenlaufwerke  ",
       "Gerät IRQ7: LPT1 (Drucker)      ",
       "BIOS: Bildschirmfunktionen      ",
       "BIOS: Konfigurationsdaten       ",
       "BIOS: Ausgabe der Speichergröße ",
       "BIOS: Disketten- und Harddisk   ",
       "BIOS: Serienschnittstellen      ",
       "BIOS: AT: Echtzeituhr           ",
       "BIOS: Tastatur- und Drucker     ",
       "BIOS: Parallelschnittstelle     ",
       "BIOS: Start des ROM-BASIC       ",
       "BIOS: Neustart (Strg+Alt+Entf)  ",
       "BIOS: Systemuhrenfunktionen     ",
       "BIOS: Unterbrechung (Strg+Pause)",
       "BIOS: Timer-Interrupt           ",
       "BIOS: Zeiger auf Videotabelle   ",
       "BIOS: Zeiger auf Laufwerktabelle",
       "BIOS: Zeiger auf Zeichentabelle ",
```

```
            "DOS:   Rücksprung nach DOS        ",
            "DOS:   DOS Funktionen intdos bdos"};
      cout << "\n Nummer Adresse   Segment   Offset Anwendung";
      cout.setf(ios::uppercase); cout.fill('0');    // Ausgabe-Formatierung
      for (i = 0; i < 64; i++)
      { adr = i * 4;
        abst = peek(0, adr);   seg = peek(0, adr+2);
        cout << "\n" << dec << setw(2) << i << hex << " 0X" << setw(2) << i
             << " 0X" << setw(4) << adr << " 0X" << setw(4) << seg
             << " : 0X" << setw(4) << abst;
        if(i < NBEM) cout << " " << bem[i];
        if ( (i+1) % 23 == 0) { cout << "\nWeiter -> "; cin.get(); }
      }
      return 0;
}
```

Bild 8-18: Programm zur Ausgabe der Interruptvektoren

```
Nummer Adresse   Segment   Offset Anwendung
 0 0000  000000  0X2142 : 0X015F Prozessor: Division durch Null
 1 0X01  0X0004  0X0070 : 0X06F4 Prozessor: Einzelschritt
 2 0X02  0X0008  0X09A9 : 0X0016 NMI-Interrupt: Systemfehler
 3 0X03  0X000C  0X0070 : 0X06F4 Haltepunkt
 4 0X04  0X0010  0X0070 : 0X06F4 Befehl INTO bei Overflow
 5 0X05  0X0014  0XF000 : 0XFF54 BIOS: Hardcopy mit Druck-Taste
 6 0X06  0X0018  0XF000 : 0XEB43 Prozessor:  unbekannter Code
 7 0X07  0X001C  0XF000 : 0XEAEB Prozessor:  Speicherschutz
 8 0X08  0X0020  0X142D : 0X1875 Gerät IRQ0: Timer
 9 0X09  0X0024  0X1B90 : 0X08D2 Gerät IRQ1: Tastatur
10 0X0A  0X0028  0X09A9 : 0X0057 Gerät IRQ2: AT: 2.PIC-Baustein
11 0X0B  0X002C  0X09A9 : 0X006F Gerät IRQ3: COM2 (Serienschn.)
12 0X0C  0X0030  0X1D6B : 0X1EC3 Gerät IRQ4: COM1 (Serienschn.)
13 0X0D  0X0034  0X09A9 : 0X009F Gerät IRQ5: AT: LPT2 (Drucker)
14 0X0E  0X0038  0X09A9 : 0X00B7 Gerät IRQ6: Diskettenlaufwerke
15 0X0F  0X003C  0X0070 : 0X06F4 Gerät IRQ7: LPT1 (Drucker)
16 0X10  0X0040  0X1D6B : 0X1012 BIOS: Bildschirmfunktionen
17 0X11  0X0044  0XF000 : 0XF84D BIOS: Konfigurationsdaten
18 0X12  0X0048  0X292F : 0X03CD BIOS: Ausgabe der Speichergröße
19 0X13  0X004C  0X27E8 : 0X1149 BIOS: Disketten- und Harddisk
20 0X14  0X0050  0X210A : 0X0103 BIOS: Serienschnittstellen
21 0X15  0X0054  0X142D : 0X19A0 BIOS: AT: Echtzeituhr
22 0X16  0X0058  0X292F : 0X03E9 BIOS: Tastatur- und Drucker
23 0X17  0X005C  0X210A : 0X017E BIOS: Parallelschnittstelle
24 0X18  0X0060  0XF000 : 0XE000 BIOS: Start des ROM-BASIC
25 0X19  0X0064  0X142D : 0X1990 BIOS: Neustart (Strg+Alt+Entf)
26 0X1A  0X0068  0XF000 : 0XFE6E BIOS: Systemuhrenfunktionen
27 0X1B  0X006C  0X1D61 : 0X0023 BIOS: Unterbrechung (Strg+Pause)
28 0X1C  0X0070  0XF000 : 0XFF53 BIOS: Timer-Interrupt
29 0X1D  0X0074  0XF000 : 0XF0A4 BIOS: Zeiger auf Videotabelle
30 0X1E  0X0078  000000 : 0X0522 BIOS: Zeiger auf Laufwerktabelle
31 0X1F  0X007C  0XC000 : 0X5AF3 BIOS: Zeiger auf Zeichentabelle
32 0X20  0X0080  0X0116 : 0X1094 DOS:  Rücksprung nach DOS
33 0X21  0X0084  0X27E8 : 0X116F DOS:  DOS Funktionen intdos bdos
```

Bild 8-19: Tabelle der Interruptvektoren

Die folgenden Ausführungen geben einige Beispiele für die Behandlung von Interrupts in der Programmiersprache C++. Dabei ist es zweckmäßig, die Handbücher des Turbo C++ und des Betriebssystemherstellers zu Rate zu ziehen und sich auf Systemabstürze ·vorzubereiten.

Benutzerfunktionen, die anstelle der vorbesetzten Interruptprogramme aufgerufen werden sollen, müssen bei der Prototypdeklaration und bei der Definition durch das Kennwort `interrupt` besonders gekennzeichnet werden.

```
void interrupt Bezeichner (Registerliste)
```

Interruptfunktionen liefern keinen Ergebniswert zurück (`void`). Alle Werte bzw. ihre Adressen werden als Parameter über eine in `<dos.h>` vordefinierte Registerliste oder über globale statische Variablen übergeben, wenn die Registerliste leer ist (`...`). Das folgende Beispiel zeigt die Vereinbarung eines benutzerdefinierten Interruptprogramms mit dem Bezeichner `pieps` ohne Parameter.

```
void interrupt pieps (...);
```

Ergebnis	Funktion	Aufgabe
	`getdate(&Datum)`	Datum nach vordef. Strukturtyp `date` `.da_year` `.da_day` `da_mon`
	`gettime(&Uhrzeit)`	Zeit nach vordef. Strukturtyp `time` `.ti_min` `_hour` `_hund` `_sec`
	`delay(Millisekunden)`	Wartezeit in ms (`unsigned int`)
	`sleep(Sekunden)`	Wartezeit in sek (`unsigned int`)
	`sound(Frequenz)`	Lautsprecher ein (`unsigned int`)
	`nosound()`	Lautsprecher aus
`ax`	`int86(Nr.,&Ein,&Aus)`	BIOS-Interrupt mit Nummer 0..255
`ax`	`intdos(&Ein, &Aus)`	DOS-Interrupt 0x21
Zeiger	`getvect(Nummer)`	liefert alten Vektor als `far`-Zeiger
	`setvect(Nr.,Funktion)`	setzt Interruptvektor auf Funktion
	`geninterrupt(Nummer)`	löst Interrupt (0..255) aus
	`disable()`	INTR-Interrupt sperren
	`enable()`	INTR-Interrupt freigeben

Bild 8-20: DOS-Betriebssystemfunktionen (<dos.h>)

Die in *Bild 8-20* zusammengestellte Tabelle enthält eine Auswahl von vordefinierten Betriebssystemfunktionen in dos.h. Die Funktion int86 wird mit einer Nummer von 0 bis 255 (0x00 bis 0xFF) aufgerufen, die Funktion intdos löst immer einen Software-Interrupt mit der Nummer 0x21 aus. Der Parameter *&Ein* enthält den Zustand der Prozessorregister vor dem Aufruf (Eingabewerte), der Parameter *&Aus* enthält den Zustand der Prozessorregister nach dem Aufruf (Ergebnisse). Für die Prozessorregister definiert dos.h eine union **REGS**, die aus den beiden Strukturen x und h besteht. Für die *wortweise* Adressierung der Register enthält die Struktur **x** die Bezeichner
unsigned int   ax, bx, cx, dx, si, di, cflag, flags;

Für die *byteweise* Adressierung der Register enthält eine Struktur **h** die Bezeichner
unsigned char   al, ah, bl, bh, cl, ch, dl, dh;

Üblicherweise verwendet man eine einzige Registerstruktur, die vor dem Aufruf von int86 oder intdos mit Übergabewerten geladen wird und die nach dem Aufruf die Rückgabewerte enthält. Beispiel: Interrupt 0x21 zur Ermittlung von Datum und Uhrzeit:

```
union REGS reg;          // REGS in dos.h vordefiniert
reg.h.ah = 0x2A;         // ah = 0x2A: Datum auslesen
int86(0x21, &reg, &reg); // 0x21 mit BIOS-Funktion
printf("\n%u.%u.%u ", reg.h.dl, reg.h.dh, reg.x.cx);
reg.h.ah = 0x2C;         // ah = 0x2C: Uhrzeit auslesen
intdos(&reg, &reg);      // 0x21 mit DOS-Funktion
printf("%u:%u:%u", reg.h.ch, reg.h.cl, reg.h.dh);
```

Mit der vordefinierten Betriebssystemfunktion setvect muß der entsprechende Interruptvektor auf die Interruptfunktion des Benutzers umgelenkt werden. Das Wiederherstellen des alten Vektors wird entweder durch C-Systemprogramme automatisch oder durch Retten des alten Vektors mit der Funktion getvect und Zurückschreiben mit setvect vorgenommen. *Bild 8-21* zeigt ein Programmbeispiel, das den Interrupt Nr. 5 (Druck- oder Hardcopy-Taste) auf eine Benutzerfunktion pieps umlenkt.

```
/* k8p21.cpp Bild 8-21: Interrupt-Funktion Hardcopy-Taste IRQ5 */
#include  <iostream.h>
#include  <dos.h>
/* Benutzer-Interrupt-Funktion für Hardcopy-Taste  Vektor Nr. 5  */
void interrupt pieps(...)      // (...) bedeutet ohne Registerliste
{
  sound(400); delay(500); nosound();  // 500 ms lang 400 Hz ausgeben
}
void interrupt (*retter) (...);// Zeiger-Funktion für alten Vektor
main()
{
  retter = getvect(5);          // alten Vektor retten
  setvect(5,pieps);             // Vektor auf Benutzerfunktion setzen
  geninterrupt(5);              // Hardcopy-Taste durch Befehl testen
  cout <<"\nHardcopy-Taste drücken!\npiepst? Weiter -> "; cin.get();
  setvect(5,retter);            // alten Vektor wiederherstellen
  cout <<"\nHardcopy-Taste drücken!\ndruckt? Weiter -> "; cin.get();
  return 0;
}
```

```
Hardcopy-Taste drücken!
piepst?  Weiter ->
Hardcopy-Taste drücken!
druckt?  Weiter ->
```

Bild 8-21: Beispiel einer Benutzer-Interrupt-Funktion

Die Taste *Hardcopy* (Druck, Print, PrtScr) wird standardmäßig über den Interrupt Nr. 5 auf ein Systemprogramm gelenkt, das den Inhalt des Bildschirms als Hardcopy auf dem Drucker ausgibt. In dem Beispiel wird der alte Vektor vor dem Umlenken auf die Benutzerfunktion gerettet. Die Betriebssystemfunktion `getvect` liest den angegebenen Interruptvektor und legt ihn als Zeiger auf eine Hilfsfunktion mit dem frei gewählten Bezeichner `retter` ab. Er wird vor dem Ende des Programms mit der Funktion `setvect` wieder zurückgeschrieben. In der benutzerdefinierten Interruptfunktion `pieps` werden die Betriebssystemfunktionen `sound`, `delay` und `nosound` zur Ausgabe eines akustischen Signals aufgerufen. Bild 8-25 zeigt Beispiele für die Funktionen `int86`, `intdos` und `geninterrupt`, die Softwareinterrupts auslösen. Die in *Bild 8-22* zusammengestellten Betriebssystemfunktionen erlauben einen vereinfachten Aufruf von BIOS-Funktionen.

Ergebnis	Funktion	Aufgabe
`int`	`bioscom(`*Komm., Byte, Port*`)`	Int 0x14: serielle Schnittstelle
`int`	`biosprint(`Komm.,Byte,Port`)`	Int 0x17: Druckerschnittstelle
`long int`	`biostime(`*Kommando, Wert*`)` `biostime(0, 0)`	Int 0x1A: Timer Tic Variable liefert `long int` Zählerstand

`int`	`bioskey(`*Kommando*`)`
	`bioskey(0)`
	`bioskey(1)`
	`bioskey(2)`
		Int 0x16 Tastaturabfrage
		liefert Scan- und ASCII-Code
		liefert 0, wenn keine Taste
		liefert Modifizierer-Tasten

Bild 8-22: BIOS-Betriebssystemfunktionen (`<bios.h>`)

Von besonderem Interesse ist die Funktion `bioskey`, die den Tastaturstatus auf einer sehr hardwarenahen Ebene ermittelt. Sie liefert neben dem ASCII-Code einen sogenannten Scancode (Abtastcode) und den Zustand der Modifizierertasten, die zusammen mit einer Zeichentaste eingeschaltet oder gedrückt werden können. Dies sind die *Dauertasten* Einf(INS), Caps (Großschrift), Scroll (Rollen) und Num (numerisches Sondertastenfeld) sowie die *Zusatztasten* Strg(Steuerung), Alt, linke Umschalttaste (Shift) und rechte Umschalttaste (Shift). Das in *Bild 8-23* dargestellte Programm gibt den ASCII-Code, den Scan-Code und den Status der Modifizierertasten aus.

```
/* k8p23.cpp  Bild 8-23: Tastaturstatus ermitteln und ausgeben */
#include <conio.h>
#include <iostream.h>
#include <iomanip.h>
#include <stdlib.h>      // für _rotl
#include <bios.h>        // für bioskey
```

```
main()
{
 int  z, zz, zh, zl, i;
 unsigned int  zu;
 cout << "\n        Tastaturzustand            Ende mit Taste Esc !!!";
 cout << "\nTaste ASCII Scan Mod Efg Cap Num Scr Alt Stg";
 cout << " Shl Shr    Text cr";
 do
  {
   cout << "\n->"; z = bioskey(0);
   zz = bioskey(2); if (zz == -1) zz = 0;
   zh = z >> 8;                              // Scan-Code
   zl = z & 0xff;                            // ASCII-Code
   if (zl < 32) cout << "..."; else cout << setw(3) << (char) zl;
   cout << setw(6) << zl << setw(5) << zh
        << hex << " x" << setw(2) << zz << dec;
   zu = zz << 8;                             // Modifizierertasten
   for (i=0; i<8; i++)                       // binaer ausgeben
    {
     zu=_rotl(zu,1);
     cout << setw(4) << (zu&1);
    }
   cout << " ->";
 while (getche() !=13);                      // Bemerkungen bis cr
 } while (zl != 27);                         // Schleifenende Esc
 return 0;
}
```

```
        Tastaturzustand            Ende mit Taste Esc !!!
Taste ASCII Scan Mod Efg Cap Num Scr Alt Stg Shl Shr    Text cr
-> a      97   30 xa0   1   0   1   0   0   0   0   0 ->klein a
-> A      65   30 xa1   1   0   1   0   0   0   0   1 ->groß A
->...      0   59 ax0   1   0   1   0   0   0   0   0 ->F1-Taste
->...     27    1 xa0   1   0   1   0   0   0   0   0 ->Esc-Taste
Ende ->
```

Bild 8-23: Tastaturstatus ermitteln und ausgeben

Die Betriebssystemfunktionen in `<dos.h>` und `<bios.h>` arbeiten direkt mit den interruptgesteuerten Eingabe- und Ausgabegeräten zusammen und benutzen einen eigenen Variablenbereich. *Bild 8-24* zeigt die Adressen einiger BIOS-Variablen, die auch mit den Betriebssystemfunktionen peek und poke (Bild 8-12) von C aus zugänglich sind.

Speicheradresse	Länge	Inhalt
`0x0040:0x0000`	2 byte	Portadresse COM1 (1. serielle Schnittstelle)
`0x0040:0x0008`	2 byte	Portadresse LPT1 (1. Druckerschnittstelle)
`0x0040:0x006C`	4 byte	`unsigned long int` Timer Tic Variable

Bild 8-24: Die Adressen einiger BIOS-Variablen

Von besonderem Interesse ist die unsigned long Variable auf der Adresse 0x0040:0x006C, die alle 55 ms durch einen Timerinterrupt um 1 erhöht wird und die die Zeit nach Mitternacht enthält. Das in *Bild 8-25* dargestellte Programmbeispiel liest den 32 bit (4 byte) langen Zähler mit zwei peek-Aufrufen und setzt die beiden int-Werte (16 bit) wieder zu einem 32-bit-Wert in der unsigned long Variablen x zusammen. Die Betriebssystemfunktion biostime liefert direkt einen unsigned long Wert. Die anderen Betriebssystemfunktionen rechnen den Zähler in die Zeitangaben Stunde, Minute, Sekunde und Hundertstelsekunde um.

```
/* k8p25.cpp  Bild 8-25: Zeitfunktionen des Betriebssystems */
#include <stdio.h>
#include <conio.h>
#include <dos.h>
#include <bios.h>
main()
{
struct time  z;          // Struktur time in <dos.h> vordefiniert
union REGS  reg;         // Struktur REGS in <dos.h> vordefiniert
long int x;
double t = 18.206513;
/*    Lesen der Timer-Tic-Variablen im Arbeitsspeicher           */
x = (long int) peek(0x40, 0x6e) * 0x100001
            + (unsigned int) peek(0x40, 0x6c);
printf("\n   Timer-Tic: %li = %lg sek ab Mitternacht", x, x/t);
/*    Betriebssysstemfunktion biostime (Bild 8-22)               */
x = biostime(0,0);
printf("\n    biostime: %li = %lg min ab Mitternacht",x,x/(60*t));
/*    Betriebssystemfunktion gettime (Bild 8-20)                 */
gettime(&z);
printf("\ngettime gibt: %i:%i:%i", z.ti_hour, z.ti_min, z.ti_sec);
sleep(1);
/*    Betriebssystemfunktion geninterrupt vordef. Pseudoregister */
_AH = 0x2c;  geninterrupt(0x21);
printf("\ngeninterrupt: %i:%i:%i",_CH,_CL,_DH);
sleep(1);
/*    Betriebssystemfunktion int86 vordef. Union REGS in <dos.h> */
reg.h.ah = 0x2c;  int86(0x21, &reg, &reg);
printf("\n int86 gibt: %i:%i:%i", reg.h.ch, reg.h.cl, reg.h.dh);
sleep(1);
/*    Betriebssystemfunktion intdos vordef. Union REGS in <dos.h>*/
reg.h.ah = 0x2c;  intdos(&reg, &reg);
printf("\n intdos gibt: %i:%i:%i", reg.h.ch, reg.h.cl, reg.h.dh);
return 0;
}


   Timer-Tic: 1183408 = 64999.2 sek ab Mitternacht
    biostime: 1183408 = 1083.32 min ab Mitternacht
gettime gibt: 18:3:19
geninterrupt: 18:3:20
  int86 gibt: 18:3:21
 intdos gibt: 18:3:22
```

Bild 8-25: Funktionen zur Ausgabe der Uhrzeit

8.5 Die parallele Druckerschnittstelle

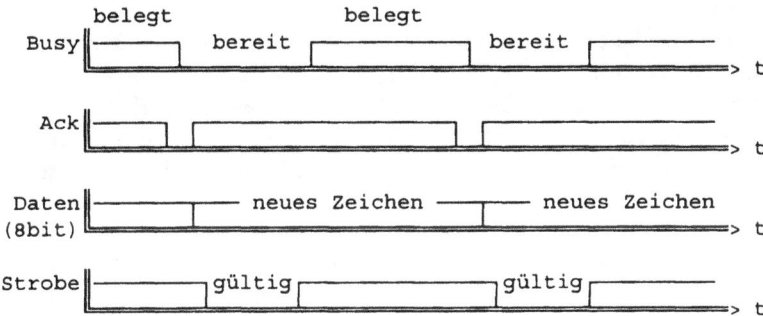

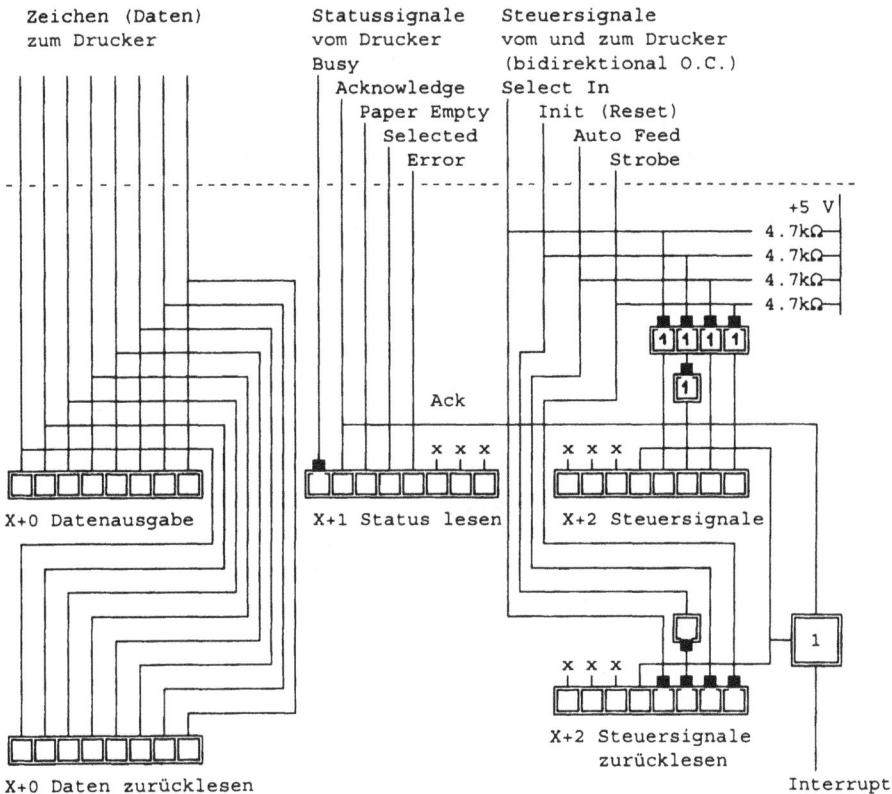

Bild 8-26: Druckerschnittstelle und Übertragungsprotokoll

Die parallele Druckerschnittstelle wird nach einem Hersteller von Druckern auch Centronics-Schnittstelle genannt. Die Übertragung der acht Bits eines Zeichens erfolgt gleichzeitig auf acht parallelen Leitungen. Die in einem Rechner installierten Druckerschnittstellen werden mit LPT1 oder PRN und mit LPT2 bezeichnet. LPT bedeutet Lineprinter, PRN bedeutet Printer. Für die technische Ausführung der Druckerschnittstelle gibt es verschiedenartige Schaltungsausführungen auf der Hauptplatine oder auf dem Bildschirmadapter oder auf besonderen Schnittstellenkarten. *Bild 8-26* zeigt ein hardwareunabhängiges Modell; im Anhang befindet sich ein Schaltplan.

Die Druckerschnittstelle besteht aus fünf Registern (Ports) auf drei aufeinanderfolgenden Adressen. Die Anfangsadresse "X" läßt sich auf den meisten Karten mit Brücken (Jumpern) einstellen. Liegt eine Schnittstelle z.B. als LPT2 auf der Anfangsadresse X = 0x0278, so hat der Datenport die Adresse 0x0278, der Statusport die Adresse 0x0279 und der Steuerport die Adresse 0x027A. Die erste Schnittstelle LPT1 hat standardmäßig die Anfangsadresse X = 0x0378.

Das auszugebende Zeichen wird in den Datenport auf der Adresse X+0 geschrieben (Funktion `outp`) und dort solange gespeichert, bis es durch ein neues Zeichen überschrieben wird. Die Leitungen können durch einen auf der gleichen Adresse liegenden Eingabeport zurückgelesen werden (Funktion `inp`).

Auf der Adresse X+1 befindet sich ein Eingabeport, mit dem die vom Drucker ausgehenden Statussignale gelesen werden können. Ein Punkt bedeutet, daß das Signal invertiert wird. Eine doppelte Invertierung wie z.B. bei Ack ergibt wieder eine Bejahung. Die drei untersten Bitpositionen sind nicht angeschlossen.

Auf der Adresse X+2 befindet sich ein Port für die Ausgabe von Steuersignalen von der Schnittstelle zum Drucker und ein Eingabeport, mit dem die Ausgangssignale teilweise wieder zurückgelesen werden können. Auch hier bedeuten Punkte am Ausgang bzw. Eingang, daß das Signal invertiert wird. Die Bitposition B4 dient der Interruptkontrolle; die drei obersten Bitpositionen werden nicht verwendet.

Die Datenübertragung von der Schnittstelle des Rechners zum Drucker erfolgt im Quittungs- oder Handshakebetrieb. Ist der Drucker bereit (Busy = Low), so schreibt das Ausgabeprogramm das auszugebende Zeichen in den Ausgabeport auf der Adresse X+0. Ein Low-Impuls am Steuerausgang Strobe (Bit B0 des Steuerports) signalisiert dem Drucker, daß ein neues Zeichen am Datenausgang bereitliegt. Während der Übernahme und Verarbeitung des Zeichens meldet der Drucker mit Busy = High, daß er belegt ist. Die Übernahme des Zeichens wird vom Drucker mit einem Low-Impuls auf der Statusleitung Ack (Acknowledge) bestätigt. Nachdem der Drucker wieder bereit ist (Busy = Low), kann das nächste Zeichen übertragen werden. Das in *Bild 8-27* dargestellte Programmbeispiel dient zur Untersuchung von Druckerschnittstellen.

```
/* k8p27.cpp  Bild 8-27 Test der parallelen Druckerschnittstelle */
#include <stdio.h>
#include <conio.h>
#include <dos.h>
main()
{
 char  z;
 unsigned char byte;
 int  i;
 unsigned int padr;
 printf("\nInstallierte Parallelschnittstellen:");
 for (i = 0; i <= 3; i++)
 if (peek(0x40,(i+4)*2) != 0)
```

```
      printf(" LPT%i: 0x%3x  ", i+1, peek(0x40, (i+4)*2));
 printf("\nAuswahl: LPT 1, 2, 3 oder 4 --> "); scanf("%i", &i);
 padr = peek(0x40,(i+3)*2); printf("Basisadresse: 0x%3x\n",padr);
 do
 {
   printf("\nDatenreg.:%#04X  Statusreg.:%#04X  Steuerreg.:%#04X",
   inp(padr+0), inp(padr+1) & 0xf8, inp(padr+2) & 0x1f);
   printf("\nAusgabe: D=Daten  S=Steuer  X=Keine  E=Ende ->");
   z = getche();
   if (z == 'd')
   { printf("\nDatenbyte 0x.. -->"); scanf("%i",&byte);
     outp(padr+0,byte);
   }
   if ( z == 's')
   { printf("\nSteuerbyte 0x.. -->"); scanf("%i",&byte);
     outp(padr+2,byte);
   }
 } while(z != 'e');    return 0;
}


Installierte Parallelschnittstellen: LPT1: 0x378
Auswahl: 1, 2, 3 oder 4 --> 1
Basisadresse: 0x378

Datenreg.:0X2A  Statusreg.:0XD8  Steuerreg.:0X0C
Ausgabe: D=Daten  S=Steuer  X=Keine  E=Ende ->d
Datenbyte 0x.. -->0x2a
```

Bild 8-27: Untersuchung von Druckerschnittstellen

Beim Start des Betriebssystems werden die Adressen der Paralleldruckerschnittstellen in die BIOS-Variablen eingetragen (Bild 8-24). Das Testprogramm zeigt diese Anfangsadressen an; der Benutzer wählt eine Schnittstelle aus, deren Register angezeigt werden. In der Leseschleife können auch neue Werte in das Daten- und Steuerregister geschrieben werden.

Die Druckerschnittstelle kann entsprechend der in *Bild 8-28* dargestellten Testschaltung zur Eingabe und Ausgabe von digitalen Signalen für technische Anwendungen eingesetzt werden. Die acht Leitungen des Datenports auf der Adresse X+0 lassen sich nur als Ausgänge verwenden; wegen der (leider) verwendeten Schaltungstechnik ist kein sicherer Eingabebetrieb möglich. Die fünf Leitungen des Statusports auf der Adresse X+1 lassen sich nur lesen. Die vier Leitungen des Steuerports auf der Adresse X+2 dagegen können wegen der Ausgänge mit offenen Kollektoren (O.C.) in beiden Richtungen (bidirektional) sowohl zur Ausgabe als auch zur Eingabe von digitalen Signalen verwendet werden. Im Eingabebetrieb ist dafür zu sorgen, daß die Leitungen durch Einschreiben des Bitmusters 0000 0100 = 0x04 auf High-Potential liegen.

In den Anwendungen, bei denen die 17 Leitungen des Druckerports nicht ausreichen, können durch zusätzliche Speicherschaltungen weitere Eingabe- und Ausgabekanäle geschaffen werden.

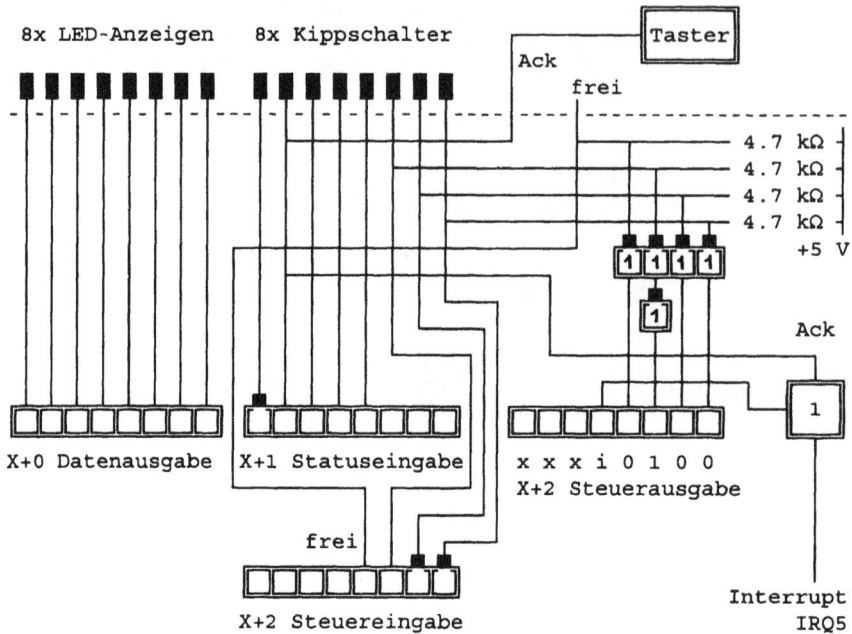

Bild 8-28: Externe Beschaltung des Druckerports

Das in *Bild 8-29* dargestellte Testprogramm liest entsprechend der externen Beschaltung die am zusammengesetzten Status- und Druckerport anliegenden Leitungspotentiale und gibt sie auf dem Datenport wieder aus. Das Eingabebyte muß aus den fünf Statuseingängen und drei Steuereingängen durch logische Bitoperationen zusammengesetzt und an bestimmten Bitpositionen zusätzlich negiert werden.

```
byte = ((inp(x+1) & 0xf8) | (inp(x+2) & 0x07)) ^ 0x83;
```

```
/* k8p29.cpp  Bild 8-29: Druckerport zur digitalen Ein-/Ausgabe */
#include <stdio.h>
#include <conio.h>
#include <dos.h>        // für inp, outp
main()
{
 unsigned char  byte;
 unsigned int   x = 0x378, nr;
 printf("\nSchnittstelle LPT 1 oder 2 --> "); scanf("%i", &nr);
 if (nr == 2) x = 0x278;
 printf("\nEnde mit Taste -> ");
 outp(x+2, 0x04);                       // Steuerleitungen auf High
 while ( !kbhit() )                     // Ein-/Ausgabeschleife
 {
  byte = ((inp(x+1) & 0xf8) | (inp(x+2) & 0x07)) ^ 0x83;
  outp(x+0, byte);
 }
 return 0;
}
```

Bild 8-29: Testprogramm für die digitale Ein- und Ausgabe

Mit dem Bestätigungssignal Ack (Acknowledge) kann die Druckerschnittstelle einen Geräteinterrupt auslösen. Als Beispiel diene eine Karte, die als LPT2 an den Eingang IRQ5 des Interruptsteuerbausteins angeschlossen ist. Das in *Bild 8-30* dargestellte Programmbeispiel zeigt die Freigabe auf der Schnittstellenkarte (Steuerport Bit B4 = 1), die Freigabe im Interruptcontroller (Maske 0xDF) und die Umlenkung des Vektors Nr. 0x0D in der Interruptvektortabelle auf eine Benutzerfunktion, die bei jeder steigenden Flanke am Eingang Ack, ausgelöst durch einen entprellten Taster, ein Hupsignal ausgibt. Jede Interruptannahme muß mit der Steuerkonstanten 0x65 im Interruptsteuerbaustein bestätigt werden. Am Ende des Benutzerprogramms wird der alte Vektor wieder zurückgeschrieben und der Interrupt IRQ5 gesperrt.

```cpp
/* k8p30.cpp Bild 8-30: Druckersignal ACK zur Interruptauslösung */
#include <stdio.h>
#include <conio.h>
#include <dos.h>                    // DOS - Funktionen
void interrupt ack(...);           // Benutzer-Interrupt-Programm
void interrupt (*retter) (...);    // retten des alten Vektors
main()
{
 unsigned char taste;
 unsigned int x = 0x378, nr;
 printf("\nLPT 1 oder 2 --> ");
 scanf("%i", &nr);
 if (nr == 2) x = 0x278;
 retter = getvect(0x0D);           // Vektor 0x0D IRQ 5 retten
 setvect(0x0D, ack);               // Vektor 0x0D umlenken
 outp(x+2, 0x14);                  // 0001 0100 B4=1: Interrupt frei
 outp(0x21, inp(0x21) & 0xDF);     // PIC 8259A IRQ5 freigeben
 printf("\nTastencode ausgeben  ACK hupt  Ende mit Esc-Taste -> ");
 do
 {
  outp(x+0, taste = getche() );    // Tastencode zum Druckerport
 }
 while( taste != 0x1B);            // Schleifenabbruch mit Esc-Taste
 outp(0x21, inp(0x21) | 0x20);     // PIC 8259A IRQ5 wieder gesperrt
 setvect(0x0D, retter);            // Vektor 0x0D zurückschreiben
 return 0;
}
/* Benutzer-Interrupt-Funktion für ACK-Signale am Druckerport */
void interrupt ack(...)
{
 sound(400); delay(100); nosound();   // 100 ms lang 400 Hz
 outp(0x20, 0x65);                     // PIC 8259A IRQ5 bestätigen
}
```

Bild 8-30: Druckerport zur Interruptauslösung

8.6 Die serielle Schnittstelle

Die serielle Schnittstelle dient zum Anschluß von Hilfsgeräten (serielle Drucker, Plotter oder Maus) und zur Datenübertragung über Modems und Datennetze. *Bild 8-31* zeigt den Aufbau des in den meisten Systemen verwendeten Schnittstellenbausteins UART 8250 mit zusätzlichen V.24-Pegelwandlern. Der Anhang enthält die Stiftbelegung der Stecker sowie Einzelheiten über den Aufbau und die Programmierung der Register.

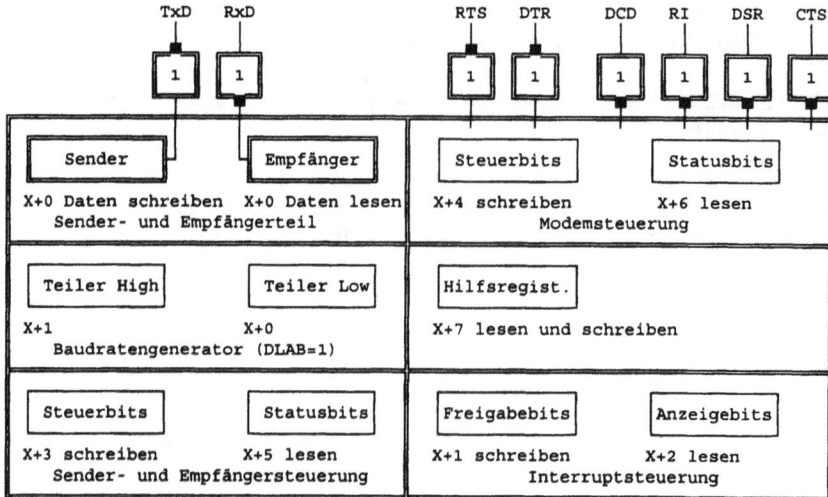

```
        TxD   RxD              RTS   DTR    DCD   RI    DSR   CTS
       ┌──┐  ┌──┐             ┌──┐  ┌──┐  ┌──┐  ┌──┐  ┌──┐  ┌──┐
       │ 1│  │ 1│             │ 1│  │ 1│  │ 1│  │ 1│  │ 1│  │ 1│
       └──┘  └──┘             └──┘  └──┘  └──┘  └──┘  └──┘  └──┘

 ┌──────────────────────────┬──────────────────────────────────┐
 │  ┌────────┐  ┌──────────┐ │ ┌────────────┐   ┌────────────┐  │
 │  │ Sender │  │ Empfänger│ │ │ Steuerbits │   │ Statusbits │  │
 │  └────────┘  └──────────┘ │ └────────────┘   └────────────┘  │
 │ X+0 Daten schreiben X+0 Daten lesen │ X+4 schreiben   X+6 lesen       │
 │     Sender- und Empfängerteil       │         Modemsteuerung          │
 ├──────────────────────────┼──────────────────────────────────┤
 │  ┌────────────┐ ┌────────────┐ │ ┌────────────┐                   │
 │  │ Teiler High│ │ Teiler Low │ │ │ Hilfsregist.│                  │
 │  └────────────┘ └────────────┘ │ └────────────┘                   │
 │ X+1              X+0            │ X+7 lesen und schreiben          │
 │     Baudratengenerator (DLAB=1)│                                  │
 ├──────────────────────────┼──────────────────────────────────┤
 │  ┌────────────┐ ┌────────────┐ │ ┌────────────┐  ┌────────────┐   │
 │  │ Steuerbits │ │ Statusbits │ │ │Freigabebits│  │Anzeigebits │   │
 │  └────────────┘ └────────────┘ │ └────────────┘  └────────────┘   │
 │ X+3 schreiben   X+5 lesen      │ X+1 schreiben   X+2 lesen        │
 │     Sender- und Empfängersteuerung │     Interruptsteuerung       │
 └──────────────────────────┴──────────────────────────────────┘
```

Bild 8-31: Der Aufbau der seriellen Schnittstelle (8250)

Die seriellen Schnittstellen des PC werden mit COM1 (AUX) bis COM4 bezeichnet. COM bedeutet Communication und AUX Auxiliary. Die Portadressen der beim Systemstart erkannten Schnittstellen können den BIOS-Variablen (Bild 8-24) entnommen werden. Standardmäßig sind folgende Portadressen vorgesehen:

COM1 : 0x03F8
COM2 : 0x02F8
COM3 : 0x03E8
COM4 : 0x02E8

Die folgenden Beispiele arbeiten mit 9600 Baud (Bit/sek), 8 Datenbits, 1 Stopbit und ohne Parität. Die Übertragung eines Zeichens dauert bei diesen Übertragungsparametern ca. 1 ms. Ein Terminal ist eine Datensichtstation bestehend aus einer Eingabetastatur und einem Ausgabebildschirm zum Betrieb eines Rechners wie z.B. eines Mikrocomputers. Mit dem in *Bild 8-32* dargestellten Terminalprogramm werden alle auf der PC-Tastatur eingegebenen Zeichencodes seriell gesendet und alle seriell ankommenden Zeichen auf dem Bildschirm des PC angezeigt. Dabei findet sowohl auf der Sende- als auch auf der Empfangsseite eine Codeumsetzung statt, die den Bedürfnissen der Gegenstation, eines Mikrocomputer-Versuchs- und Übungssystems (MVUS), angepaßt wurde.

```
/* k8p32.cpp  Bild 8-32: Drei-Draht-Verbindung 9600 Baud */
#include <stdio.h>
#include <conio.h>
#include <dos.h>
#include <ctype.h>        // für toupper klein nach Groß
main()
{
 unsigned char taste, sonder, zeichen;
 unsigned int  x = 0x3F8, nr;
 cprintf("\n\rCOM 1 oder 2 -> "); scanf("%i", &nr);
 if (nr == 2) x = 0x2F8;          // Portadressen festgelegt
 clrscr();
 cprintf("         Pos_1: Bildschirm löschen  Esc: Programmende");
 outp(x+3, 0x80);                 // 1000 0000 DLAB=1: Baudrate
 outp(x+1, 0); outp(x+0, 12);     // 9600 Baud eingestellt
 outp(x+3, 0x03);                 // 0000 0111 DLAB=0 1 Stop 8 Daten
 zeichen = inp(x+0);              // Empfangsdatenregister leeren
 taste = 0;
 window(1,2, 80,25); clrscr();    // Ein-Ausgabefenster
 do                               // Sende- und Empfangsschleife
 {
  if ( kbhit() )                      // wenn Taste gedrückt dann
  {
   taste = getch();                   // Tastencode abholen
   if (taste == 0) sonder = getch(); // bei Code 0 Sondertaste
   if (taste == 0 && sonder == 71) clrscr();  // Sondertaste Pos_1
   else                               // alle anderen Tasten senden
   {
    while( ! (inp(x+5) & 0x40) );  // 0100 0000  bis Sender frei
    outp(x+0, toupper(taste));     // Klein- nach Groß und senden
   }
  }   // Ende if ( kbhit() )
  if (inp(x+5) & 0x01)                // 0000 0001 wenn Zeichen da
  {
   zeichen = inp(x+0);              // Zeichen von Empfänger abholen
   switch (zeichen)                 // Steuerzeichen umsetzen
   {
    case 0x00 : break;                // Füllzeichen: keine Wirkung
    case 0x08 : gotoxy(wherex()-1, wherey()); break;// Backspace
    case 0x0C : gotoxy(wherex()+1, wherey()); break;// Cursor rechts
    case 0x0D : gotoxy(1, wherey()); break;         // neue Zeile
    default : putch(zeichen); break;                // ausgeben
   }          // Ende switch
  }           // Ende if
 } while (taste != 0x1B);          // Ende mit Esc-Taste
 textmode(LASTMODE); clrscr();  return 0;
}
```

Bild 8-32: Terminalprogramm für Drei-Draht-Verbindung

Bei der Ausgabe auf dem Bildschirm kann es durch das "Rollen" am Ende der untersten Zeile zu einem Zeichenverlust kommen, da dieser Vorgang ca. 10 bis 15 ms dauern kann. Dies läßt sich durch Handshakeverfahren (Hardware oder Software) vermeiden, welche die Gegenstation während des Bildschirmrollens sperren. *Bild 8-33* zeigt eine Lösung mit einem Empfängerinterrupt, der die ankommenden Zeichen in einen Pufferspeicher bringt.

```
/* k8p33.cpp  Bild 8-33: Serienschnittstelle Empfängerinterrupt */
#include <conio.h>
#include <dos.h>
#include <ctype.h>                    // für toupper klein nach Groß
#define  N  1024                      // Länge für Empfangspuffer
unsigned char zpuf[N];                // globales Feld Empfangspuffer
unsigned int azeig, ezeig, x=0x3F8;   // COM1 voreingestellt
unsigned char  best = 0x64;           // IRQ4 voreingestellt
void interrupt empf(...);             // Interrupt bei Empfänger voll
void interrupt (*retter) (...);       // retten des alten Vektors
main()
{
  unsigned char taste, zeichen, nr, vek=0x0C, frei=0xEF, sperr=0x10;
  cprintf("\n\rCOM 1 oder 2 -> "); cscanf("%i", &nr);    // Wahl COM2
  if (nr==2) {x=0x2F8; vek=0x0B; frei=0xF7; sperr=0x08; best=0x63;}
  cprintf("\n\rEnde mit Esc-Taste\n\r");
/*       Schnittstelle initialisieren  Interrupt vorbereiten       */
  outp(x+3, 0x80);                    // 1000 0000 DLAB=1: Baudratenreg
  outp(x+1, 0); outp(x+0, 12);        // 9600 Baud eingestellt
  outp(x+3, 0x03);                    // 0000 0011 DLAB=0 1 Stop 8 Daten
  zeichen = inp(x+0);                 // Empfangsdatenregister leeren
  outp(x+1, 0x01);                    // 0000 0001 Empfängerinterr. frei
  outp(x+4, 0x08);                    // 0000 1000 OUT2=1:Schnittst.frei
  zeichen = inp(x+2);                 // Interruptanzeige löschen (lesen)
  retter = getvect(vek);             // alten Interruptvektor retten
  setvect(vek, empf);                 // Vektor auf Benutzerfunktion
  outp(0x21, inp(0x21) & frei);       // Maske PIC IRQ3/IRQ4 freigeben
  taste = 0; ezeig = azeig = 0;       // Pufferzeiger auf Pufferanfang
  do                                  // Sende- und Empfangsschleife
  {
   if ( kbhit() )                     // wenn Taste gedrückt dann
   {
    taste = getch();                  // Tastencode abholen
    while( ! (inp(x+5) & 0x40) );     // 0100 0000  bis Sender frei
    outp(x+0, toupper(taste));        // Klein- nach Groß und senden
   }
   if (ezeig != azeig)                // wenn Zeichen im Pufferpeicher
   {
    zeichen = zpuf[azeig];            // Zeichen aus Puffer abholen
    if (azeig < N-1) azeig++; else azeig = 0;  // Pufferzeiger + 1
    switch (zeichen)
    {
    case 0x00 : break;                           // keine Wirkung
    case 0x08 : gotoxy(wherex()-1, wherey()); break;// Backspace
    case 0x0C : gotoxy(wherex()+1, wherey()); break;// Cursor rechts
    case 0x0D : gotoxy(1, wherey()); break;      // Zeilenanfang
    default : putch(zeichen); break;             // ausgeben
    }        // Ende switch
   }         // Ende if
  } while (taste != 0x1B);            // Ende mit Esc-Taste
  setvect(0x0B, retter);             // Vektor wiederherstellen
  outp(0x21, inp(0x21) | sperr);     // PIC: Interrupt sperren
  clrscr();
  return 0;
}
```

```
/* Benutzer-Interrupt-Funktion: Zeichen im Empfänger angekommen   */
void interrupt empf(...)
{
  zpuf[ezeig] = inp(x+0);                    // Zeichen nach Puffer
  if( ezeig < N-1 ) ezeig++; else ezeig = 0; // Pufferzeiger + 1
  outp(0x20, best);                          // PIC bestätigen
}
```

Bild 8-33: Terminalprogramm mit Empfängerinterrupt

8.7 Die Mausschnittstelle

Die *Maus* besteht aus einer Rollkugel, deren Lage von zwei Lichtschranken abgetastet wird. Dadurch lassen sich Bewegungen in X- und in Y-Richtung erkennen. Dazu kommen zwei oder drei Steuertasten. Die Übertragung der Mausdaten erfolgt meist über die serielle Schnittstelle. Dann wird eine Diskette mit einem Treiber zur Auswertung der Mausdaten mitgeliefert, der eine einfache Einbindung der Maus in Anwendungssoftware (z.B. Textverarbeitung) oder in Benutzerprogramme ermöglicht. Als Verbindung zwischen der mitgelieferten Software und dem Anwender dient unter dem Betriebssystem DOS der Interrupt 0x33. *Bild 8-34* zeigt einige Parameter der Maussteuerung, die in den Prozessorregistern übergeben und zurückgeliefert werden.

Aufruf	Rückgabe	Anwendung
ax = 0x00	ax = *Mausstatus* bx = *Tastenzahl*	liefert Status 0: keine Maus Anzahl der Maustasten
ax = 0x01		Cursor-Marke +1: Maus ein
ax = 0x02		Cursor-Marke -1: Maus aus
ax = 0x03	bx = *Tastenstatus* cx = *X-Position* dx = *Y-Position*	Statuswort: 0 - 0 0 M L R Mittlere Linke Rechte Taste 0 = nicht gedrückt 1 = gedrückt
ax = 0x07 cx = *linke Grenze* dx = *rechte Grenze*		Fenster für horizontale Cursorgrenzen einstellen
ax = 0x08 cx = *obere Grenze* dx = *untere Grenze*		Fenster für vertikale Cursorgrenzen einstellen

Bild 8-34: Parameter des Maus-Interrupt 0x33 (Auszug)

Die folgenden Beispiele gehen davon aus, daß der Maustreiber installiert ist, d.h. daß der Interruptvektor 0x33 auf das geladene Maustreiberprogramm zeigt, und daß die Maus betriebsbereit ist. Für die Parameterübergabe mit der Funktion int86 stellt die Datei dos.h die union REGS zur Verfügung. Für die Wortregister ax, bx, cx und dx wird der vordefinierte Strukturbezeichner x verwendet. Das in Bild *8-35* dargestellte

Testprogramm verwendet die mit `reg` bezeichnete Registerstruktur sowohl für die Eingabe- als auch für die Ergebnisparameter. Nach der Ermittlung des Mausstatus werden die Grenzen des Mauscursors festgelegt. Dies geschieht in dem Beispiel mit einer Auflösung von 640 x 200 Pixel. Die Schrittweite der Cursorposition beträgt in beiden Richtungen 8 Pixel. Das Programm berechnet daraus die Lage des Mauscursors in einem Fenster von 1 bis 80 (Spalten) und 1 bis 25 (Zeilen). Aus einer Maskierung des Tastenbytes ergibt sich, welche Maustaste betätigt wurde. Vor dem Ende des Programms wird der Mauscursor wieder abgeschaltet.

```cpp
/* k8p35.cpp  Bild 8-35: Test der Mausfunktion Interrupt 0x33 */
#include <stdio.h>
#include <conio.h>
#include <dos.h>
main()
{
 union REGS reg;                // REGS in dos.h vordefiniert
 clrscr(); cprintf("Ende mit Betätigung der PC-Tastatur      ");
 reg.x.ax = 0x00;               // ax = 0x00: Maus-Status
 int86(0x33, &reg, &reg);       // Interrupt 0x33 Maus-Funktion
 if (reg.x.ax == 0xffff) printf("Maus mit %i Tasten", reg.x.bx);
 reg.x.ax = 0x01;               // ax = 0x01: Maus-Cursor ein
 int86(0x33, &reg, &reg);       //
 reg.x.ax = 0x07;               // ax = 0x07: Horizontale Grenzen
 reg.x.cx = 0; reg.x.dx=632;    // 0 .. 632 Pixel horizontal
 int86(0x33, &reg, &reg);       // jedoch Schrittweite 8 !
 reg.x.ax = 0x08;               // ax = 0x08: Vertikale Grenzen
 reg.x.cx = 0; reg.x.dx=192;    // 0 .. 192 Pixel vertikal
 int86(0x33, &reg, &reg);       // jedoch Schrittweite 8 !
 while ( !kbhit() )             // Schleife bis Tastatur betätigt
 {
  reg.x.ax = 0x03;              // ax = 0x03: Cursorpositon und Tasten
  int86(0x33, &reg, &reg);
  gotoxy(15,10);
  cprintf("Pixel: X=%3i Y=%3i  ", reg.x.cx, reg.x.dx);
  cprintf("Koordinate: X=%2i Y=%2i ", reg.x.cx/8+1 , reg.x.dx/8+1);
  if ((reg.x.bx & 1)==1) cprintf("links  ");
     else cprintf("       ");
  if ((reg.x.bx & 4)==4) cprintf(" mitte ");
     else cprintf("       ");
  if ((reg.x.bx & 2)==2) cprintf(" rechts");
     else cprintf("       ");
 }
 reg.x.ax = 0x02;               // ax = 0x02: Maus-Cursor aus
 int86(0x33, &reg, &reg);
 clrscr();
 return 0;
}
```

Bild 8-35: Test der Mausfunktionen

9. Anhang

9.1 Lösungen der Übungsaufgaben

Lösungen zum Abschnitt 2.5 Formelprogrammierung

```cpp
/* k2p5a1.cpp  Übungen 2.5 Aufgabe 1: Kugelberechnung        */
#include <iostream.h>              // für cin cout
#include <math.h>                  // für M_PI und pow
main()
{
 double durch, volumen, flaeche;
 cout << "\nDurchmesser -> ";  cin >> durch;
 volumen = M_PI * pow(durch, 3) / 6;
 flaeche = M_PI * durch * durch;        // oder pow(durch, 2)
 cout << "      Volumen = " <<  volumen << endl;
 cout << "  Oberfläche = " <<  flaeche << endl;
 return 0;
}
```

```cpp
/* k2p5a2.cpp  Übungen 2.5 Aufgabe 2: Scheinwiderstand einer Spule */
#include <iostream.h>              // für cin und cout
#include <math.h>                  // für M_PI sqrt pow
main()
{
 double z, r, f, l;
 cout << "\n  Widerstand [Ω] -> ";   cin >> r;
 cout << "Induktivität [H] -> ";      cin >> l;
 cout << "    Frequenz [Hz] -> ";     cin >> f;
 z = sqrt(r*r + pow(2 * M_PI * f * l, 2) );
 cout << " Scheinwiderstand = " << z << " [Ω]" << endl;
 return 0;
}
```

```cpp
/* k2p5a3.cpp  Übungen 2.5 Aufgabe 3: Trägerberechnung */
#include <iostream.h>              // für cin und cout
#include <conio.h>                 // für getch()
main()
{
 double laenge, last, lager, biege;
 cout << "\n Trägerlänge [m] -> "; cin >> laenge;
 cout << "Belastung [kp/m] -> ";    cin >> last;
 lager = last * laenge / 2;
 biege = last * laenge * laenge / 8;
 cout << "    Auflagerkraft: " << lager << " [kp]" << endl;
 cout << "      Biegemoment: " << biege << " [kpm]" << endl;
 return 0;
}
```

```
/* k2p5a4.cpp  Übungen 2.5 Aufgabe 4: Widerstandsberechnung  */
#include <iostream.h>                    // für cin und cout
main()
{
 double r1, r2, reihe, paral;
 cout << "\nWiderstand R1 [Ω] -> "; cin >> r1;
 cout << "Widerstand R2 [Ω] -> ";    cin >> r2;
 reihe = r1 + r2;
 paral = r2 * r2 / (r1 + r2);
 cout << "  Reihenwiderstand = " << reihe << " [Ω]" << endl;
 cout << "Parallelwiderstand = " << paral << " [Ω]" << endl;
 return 0;
}
```

Lösungen zum Abschnitt 3.4 Programmverzweigungen

```
/* k3p4a1.cpp  Übungen 3.4 Aufgabe 1: Bereichsprüfung  */
#include <iostream.h>
main()
{
 double  x, unter = 0, ober = 100;
 cout << "\nMeßwert -> "; cin >> x;
 if (unter <= x && x <= ober)
    cout << x << " im Bereich von " << unter << " bis " << ober;
 if (unter > x || x > ober)
    cout << x << " außerhalb von " << unter << " bis " << ober;
 return 0;
}
```

```
/* k3p4a2.cpp  Übungen 3.4 Aufgabe 2: Tendenz  */
#include <iostream.h>
main()
{
 double  wert_1, wert_2;
 cout << "\n1. Meßwert -> "; cin >> wert_1;
 cout << "2. Meßwert -> ";    cin >> wert_2;
 if (wert_1 <  wert_2) cout << "Tendenz steigend";
 if (wert_1 == wert_2) cout << "Tendenz gleichbleibend";
 if (wert_1 >  wert_2) cout << "Tendenz fallend";
 return 0;
}
```

```
/* k3p4a3.cpp  Übungen Abschnitt 3.4 Aufgabe 3: Koordinaten */
#include <iostream.h>
main()
{
 double x, y;
 cout << "\nX-Koordinate -> "; cin >> x;
 cout << "Y-Koordinate -> ";    cin >> y;
 cout << "Lage des Punktes: ";
```

```
if (x == 0)
{ if (y < 0)   cout << "Negative Y-Achse";
  if (y == 0) cout << "Nullpunkt";
  if (y > 0)   cout << "Positive Y-Achse";
}
if (y == 0)
{ if (x < 0) cout << "Negative X-Achse";
  if (x > 0) cout << "Positive X-Achse";
}
if (x > 0 && y > 0) cout << "1.Quadrant";
if (x < 0 && y > 0) cout << "2.Quadrant";
if (x < 0 && y < 0) cout << "3.Quadrant";
if (x > 0 && y < 0) cout << "4.Quadrant";
return 0;
}
```

```
/* k3p4a4.cpp  Übungen 3.4 Aufgabe 4: Reihenwiderstand  */
#include <iostream.h>
main()
{
 double r1, r2, rg;
 cout << "\nWiderstand R1 [Ω] -> "; cin >> r1;
 cout << "Widerstand R2 [Ω] -> ";   cin >> r2;
 rg = r1 + r2;
 cout << "  Reihenwiderstand = ";
 if (rg < 1)                 cout << 1e3 * rg << " mΩ";
 if (1 <= rg && rg < 1e3)    cout << rg << " Ω";
 if (1e3 <= rg && rg < 1e6) cout << 1e-3 * rg << " kΩ";
 if (rg >= 1e6)              cout << 1e-6 * rg << " MΩ";
 return 0;
}
```

```
/* k3p4a5.cpp  Übungen 3.4 Aufgabe 5: Parallelwiderstand  */
#include <iostream.h>
main()
{
 double  r1, r2, rg;
 cout << "\nWiderstand R1 [Ω] -> ";  cin >> r1;
 cout << "Widerstand R2 [Ω] -> ";     cin >> r2;
 if (r1 <= 0 || r2 <= 0) cout << "\aEingabefehler";
 else
 {
   rg = r1 * r2 / (r1 + r2) ;
   cout << "Parallelwiderstand = ";
   if (rg < 1)                 cout << 1e3 * rg << " mΩ";
   if (1 <= rg && rg < 1e3)    cout << rg << " Ω";
   if (1e3 <= rg && rg < 1e6) cout << 1e-3 * rg << " kΩ";
   if (rg >= 1e6)              cout << 1e-6 * rg << " MΩ";
 }
 return 0;
}
```

```
/* k3p4a6.cpp  Übungen 3.4 Aufgabe 6: Drahtwiderstand  */
#include <iostream.h>
#include <math.h>                        // für M_PI
main()
{
 const double k_silber = 60.6;  // double wichtig, da sonst
 const double k_kupfer = 56.8;  // Datentyp int angenommen
 const double k_alumin = 36.0;  // wird und die Stellen hinter
 const double k_messin = 13.3;  // dem Punkt abgeschnitten werden!!
 char   kenn;                    // Auswahlzeichen
 double  lae, durch, flae, wid, kappa;
 int  fehler = 0;                // Fehlerschalter voreingestellt
 cout << "\n   Drahtlänge [m] -> "; cin >> lae;
 cout << "Durchmessser [mm] -> ";   cin >> durch;
 cout << "Material:\ns = Silber\nk = Kupfer\na = Alu\nm = Messing";
 cout << "\nEingabe s | k | a | m -> "; cin >> kenn;
 switch (kenn)
 {
   case 's' : kappa = k_silber; break;
   case 'k' : kappa = k_kupfer; break;
   case 'a' : kappa = k_alumin; break;
   case 'm' : kappa = k_messin; break;
   default  : fehler = 1; break;        // Fehlerschalter ein
 }
 if (fehler) cout << "\n\aFalscher Kennbuchstabe";
 else
 {
  flae = M_PI * durch * durch / 4;
  cout << "\nDrahtquerschnitt = " << flae << " [mm²]";
  wid = lae / (kappa * flae);
  cout << "\n Drahtwiderstand = " << wid << " [Ω]";
 }
 return 0;
}


/* k3p4a7.cpp  Übungen 3.4 Aufgabe 7: Bereichsauswahl  */
#include <iostream.h>
main()
{
 double  x, y;
 cout << "\nX-Wert eingeben -> ";  cin >> x;
 if (x <= 0)              y = 0;
 if (0 < x && x <= 1)  y = x * x;
 if (1 < x && x <= 10)  y = x;
 if (x > 10)              y = 10;
 cout << "Ergebnis: Y-Wert = " << y << "  Bereich:";
 if (x <= 0)             cout << " null";
 else if (x <= 1)        cout << " quadratisch";
     else if (x <= 10) cout << " linear";
        else           cout << " konstant";
 return 0;
}
```

```
/* k3p4a8.cpp  Übungen 3.4 Aufgabe 8: sin²x + cosx = 1 ? */
#include <iostream.h>
#include <iomanip.h>
#include <math.h>
main()
{
 double  win, bogen, wert;
 cout << "\nWinkel [°] eingeben -> "; cin >> win;
 bogen = win * M_PI / 180;
 wert = pow(sin(bogen), 2) + pow(cos(bogen), 2);
 cout.precision(16);
 cout << " sin²(" << win << ") + cos²(" << win << ") = " <<  wert;
 if (wert != 1)
     cout << "\n" << setw(21) << "Abweichung: " <<  1.0 - wert;
 return 0;
}


/* k3p4a9.cpp  Übungen 3.4 Aufgabe 9: Rechnerfunktionen  */
#include <iostream.h>
main()
{
 int  op1, op2;
 char  funk;
 cout << "\n    1. Operanden ganzzahlig -> "; cin >> op1;
 cout << "    2. Operanden ganzzahlig -> ";    cin  >> op2;
 cout << "Operationszeichen + - * / -> ";    cin >> funk;
 switch (funk)
 {
 case '+': cout << op1 << " + " << op2 << " = " << (op1 + op2); break;
 case '-': cout << op1 << " - " << op2 << " = " << (op1 - op2); break;
 case '*': cout << op1 << " * " << op2 << " = " << (op1 * op2); break;
 case '/': if (op2 == 0)
           {
            cout << "\nDivision durch 0 verhindert";
            break;
           }
           else
           {
            cout << op1 << " / " << op2 << " = " << op1 / op2;
            cout << " Rest " << op1 % op2;
            break;
           }
 default : cout << "\n\aEingabefehler";
 }
 return 0;
}
```

Lösungen zum Abschnitt 3.6 Zählschleifen

```cpp
/* k3p6a1.cpp Übungen 3.6 Aufgabe 1: Summe der Zahlen von 1 bis n */
#include <iostream.h>                    // für cin und cout
main()
{
 int  i, sum, n;
 cout << "\nSumme von 1 bis n Endwert n ganz -> ";
 cin >> n;
 sum = 0;
 for (i = 1; i <= n; i++) sum = sum + i;
 cout << "\nSumme von 1 bis " << n << " = " << sum;
 return 0;
}
```

```cpp
/* k3p6a1z.cpp Übungen 3.6 Zusatzaufgabe 1: Test Zahlenbereiche */
#include <iostream.h>                    // für cin und cout
main()
{
 unsigned long  i, isum, n;
 long double rsum;
 cout << "\nSumme von 1 bis n Endwert n ganzzahlig -> ";
 cin >> n;
 isum = 0;
 rsum = 0;
 for (i = 1; i <= n; i++)
 {
  isum = isum + i;
  rsum = rsum + i;
 }
 cout << "\nSumme von 1 bis " << n << " unsigned long = " << isum;
 cout << "\nSumme von 1 bis " << n << "        double = " << rsum;
 if (isum != rsum) cout << "\nDas war wohl ein INTEGER - Überlauf!";
 return 0;
}
```

```cpp
/* k3p6a2.cpp Übungen 3.6 Aufgabe 2: Berechnung von n! */
#include <iostream.h>                    // für cin und cout
main()
{
 int  i, n;
 double  rfak;
 cout << "\nFakultätenberechnung n > 0 ganz -> ";
 cin >> n;
 rfak = 1;
 for (i = 1; i <= n; i++) rfak = rfak * i;
 cout << n << "! = " << rfak;
 return 0;
}
```

```
/* k3p6a3.cpp Übungen 3.6 Aufgabe 3: Summe und Mittelwert */
#include <iostream.h>                    // für cin und cout
main()
{
 int  i, n;
 double  wert, summe, mittel;
 cout << "\nAnzahl der Meßwerte -> "; cin >> n;
 summe = 0;
 for (i = 1; i <= n; i++)
 {
   cout << i << ".Meßwert -> "; cin >> wert;
   summe = summe + wert;
 }
 if (n != 0)
 {
   mittel = summe / n;
   cout << "\n      Summe = " << summe << "   Mittel = " << mittel;
 }
 else cout << "\nKeine Werte vorhanden";
 return 0;
}


/* k3p6a4.cpp Übungen 3.6 Aufgabe 4: Fakultätentabelle */
#include <iostream.h>              // für cin und cout
#include <iomanip.h>               // für setw
main()
{
 int  i, j, nmax;
 double  fakul;
 cout << "\nMaximales n ganz -> "; cin >> nmax;
 for (i = 1; i <= nmax; i++)
 {
   fakul = 1;
   for (j = 1; j <= i; j++) fakul = fakul * j;
   cout << "\n" << setw(3) << i << "! = " << fakul;
 }
 return 0;
}


/* k3p6a4z.cpp Übungen 3.6 Zusatzaufgabe 4: Seitenkontrolle */
#include <iostream.h>                   // für cin und cout
#include <iomanip.h>                    // für setw
main()
{
 int  i, j, nmax, n, nzeil;
 double  fakul;
 cout << "\nMaximales n ganz -> ";
 cin >> nmax;  cin.seekg(0);
 nzeil = 0;
 for (i = 1; i <= nmax; i++)
 {
   fakul = 1;
   for (j = 1; j <= i; j++) fakul = fakul * j;
   cout << "\n" << setw(3) << i << "! = " << fakul;
   nzeil++;
```

```
   if (nzeil == 24)
   { nzeil = 0; cout << "\n-> "; cin.get(); }
  }
  return 0;
}


/* k3p6a5.cpp Übungen 3.6 Aufgabe 5: Scheinwiderstand einer Spule */
#include <iostream.h>              // für cin und cout
#include <iomanip.h>               // für setw
#include <math.h>                  // für sqrt und M_PI
main()
{
 int  nzeil = 0;
 double  r, l, f, fa, fe, fs, zre, zim, zab, wink;
 cout.precision(4); cout.setf(ios::showpoint);
 cout << "\nScheinwiderstand einer Spule\n";
 cout << "          R in [Ohm] -> "; cin >> r;
 cout << "          L in [Henry] -> "; cin >> l;
 cout << "Anfangsfrequenz [Hz] -> "; cin >> fa;
 cout << "     Endfrequenz [Hz] -> "; cin >> fe;
 cout << "    Schrittweite [Hz] -> "; cin >> fs;
 cin.seekg(0);
 if (fa > fe || fs <= 0) cout << "\aEingabefehler!";
 else
 for (f = fa; f <= fe + 0.5*fs; f += fs)
 {
  if (nzeil == 0)
     cout << "\n    f[Hz]    Zre[Ω]    Zim[Ω]    Zab[Ω]    Winkel";
  zre = r;
  zim = 2 * M_PI * f * l;
  zab = sqrt(zre*zre + zim*zim);
  wink = atan2(zim, zre) * 180 / M_PI;
  cout << "\n" << setw(9) << f << setw(10) << zre << setw(10)
       << zim << setw(10) << zab << setw(8) << wink << "°";
 nzeil++;
 if (nzeil == 23)
 {
  nzeil = 0;
  cout << "\n-->";
  cin.get();
 }
 }
 return 0;
}


/* k3p6a6.cpp Übungen 3.6 Aufgabe 6: Trigonom. Funktionen */
#include <iostream.h>              // für cin und cout
#include <iomanip.h>               // für setw
#include <math.h>                  // für Funktionen
main()
{
 int  w, wa, we, ws, nzeil = 0;
 double  bog, si, co, tg, ctg;
 cout.precision(3); cout.setf(ios::showpoint);
 cout << "\nAnfangswinkel [°] -> "; cin >> wa;
 cout << "     Endwinkel [°] -> ";  cin >> we;
```

```
cout << " Schrittweite [°] -> ";    cin >> ws;
cin.seekg(0);
if (wa > we || ws <= 0) cout << "\aEingabefehler!";
else
  for (w = wa; w <= we; w += ws)
  {
    if (nzeil == 0)
    cout << "\nWinkel      Sinus     Cosinus    Tangens      Cotang";
    bog = w * M_PI /180;
    si = sin(bog);
    co = cos(bog);
    tg = tan(bog);
    if (tg != 0) ctg = 1 / tg; else ctg = 1e16;
    cout << "\n" << setw(6) << w << setw(11) << si << setw(11) << co
         << setw(11) << tg << setw(11) << ctg;
    nzeil++;
    if (nzeil == 23) { nzeil = 0;   cout << "\n ->";   cin.get(); }
  }
 return 0;
}


/* k3p6a7.cpp Übungen 3.6 Aufgabe 7: Hypothenusentabelle */
#include <iostream.h>              // für cin und cout
#include <iomanip.h>               // für setw
#include <math.h>                  // für Funktionen
main()
{
 int  a, b;
 double hypo;
 cout.precision(2); cout.setf(ios::fixed);
 cout << "\n      Hypothenuse im rechtwinkligen Dreieck ²√(a² + b²)";
 cout << "\n        ";
 for (a = 1; a <= 8; a++) cout << "   a=" << setw(2) << a;
 for (b = 1; b <= 10; b++)
 {
  cout << "\n b=" << setw(2) << b;
  for (a = 1; a <= 8; a++)
  {
   hypo = sqrt(a*a + b*b);
   cout << setw(6) << hypo;
  }
 }
 return 0;
}


/* k3p6a8.cpp Übungen 3.6 Aufgabe 8: Kupferdrahttabelle */
#include <iostream.h>              // für cin und cout
#include <iomanip.h>               // für setw
#include <math.h>                  // für Funktionen
main()
{
 int  i, ia= 5, ie = 10, nzeil = 0;
 double  lae, anf, end, schritt, flae, wid, kappa = 56.8;
 cout.precision(3); cout.setf(ios::showpoint | ios::fixed);
```

```
cout << "\nDraht-Anfangslänge [m] -> "; cin >> anf;
cout << "    Draht-Endlänge [m] -> ";   cin >> end;
cout << "      Schrittweite [m] -> ";   cin >> schritt;
cin.seekg(0);
if (schritt <= 0) { cout << "\nFehler! -> "; cin.get(); return 3; }
for (lae = anf; lae <= end + 0.5*schritt; lae += schritt)
{
 if (nzeil == 0)
 {
  cout << "\n                 Widerstand eines Kupferdrahtes in Ω";
  cout << "\n   l[m]   φ [mm]";
  for (i = ia; i <= ie; i++) cout << setw(8) << 0.1*i;
  cout << " ";
 }
 cout << "\n " << setw(6) << lae << "          ";
 for (i = ia; i <= ie; i++)
 {
   flae = M_PI * pow(0.1*i, 2) / 4;
   wid = lae / (kappa * flae);
   cout << setw(8) << wid;
 }
 nzeil++;
 if (nzeil == 22)
 {
  nzeil = 0;
  cout << "\n-->";
  cin.get();
 }
}
 return 0;
}


/* k3p6a9.cpp Übungen 3.6 Aufgabe 9: Dezimal/Dual-Umwandlung */
#include <iostream.h>                // für cin und cout
#include <math.h>                    // für pow
main()
{
 unsigned int  dezimal, i, teiler, stellen = 16;
 cout << "\nDezimalzahl > 0 ganz -> "; cin >> dezimal;
 cout << dezimal << " dezimal = dual ";
 teiler = pow(2, stellen-1);         // höchste Wertigkeit
 for (i = 1; i <= stellen; i++)      // für alle Dualstellen
 {
  cout <<  dezimal / teiler;         // Quotient gibt Dualstelle
  dezimal = dezimal % teiler;        // Rest für nächsten Schritt
  teiler = teiler / 2;               // nächster Teiler
 }
 return 0;
}
```

Lösungen zum Abschnitt 3.8 Schleifen

```cpp
/* k3p8a1.cpp Übungen 3.8 Aufgabe 1: Summe und Mittelwert */
#include <iostream.h>              // für cin und cout
main()
{
 int  n;
 double  ende, wert, sum, mittel;
 cout << "\nEndemarke = Abbruchwert -> ";
 cin >> ende;
 sum = n = 0;
 do          // Leseschleife ohne Fehlerkontrolle !!!!
 {
  cout << "Ende bei " << ende << " Eingabe: " << (n+1) << ".Wert -> ";
  cin >> wert;  cin.seekg(0);
  if (wert != ende)
  {
    sum = sum + wert;
    n++;
  }
 }
 while (wert != ende);
 if (n != 0) mittel = sum/n; else mittel = 0;
 cout << "\nSumme = " << sum << "  Mittel = " << mittel
      << "  bei " << n << " Werten";
 return 0;
}


/* k3p8a2.cpp Übungen 3.8 Aufgabe 2: Wurzel mit Kontrollen */
#include <iostream.h>              // für cin und cout
#include <math.h>                  // für sqrt
main()
{
 double  radi;
 do                // Leseschleife für Radikanden
 {
  while ( 1 )     // Kontrollschleife
 {
  cout << "\nRadikand > 0 reell -> ";
  cin >> radi; cin.seekg(0);
  if ( cin.fail() || radi <= 0)    // Eingabefehler: nochmal
  {
   cout << "\aEingabefehler";
   cin.clear();
  }
  else break;    // Eingabe gut: Ende der Kontrollschleife
 }
  cout << "     Quadratwurzel aus " << radi <<  " = " << sqrt(radi);
  cout << "\nNochmal? j = ja -> ";
 }
 while (cin.get() == 'j');
 return 0;
}
```

```
/* k3p8a3.cpp Übungen 3.8 Aufgabe 3: Kontrollschleifen und Formel */
/* Formel funk = sin(bog)*sin(bog) + cos(bog)*cos(bog); testen !! */
#include <iostream.h>
#include <iomanip.h>
#include <math.h>                      // für sin und cos
main()
{
 int   nzei;
 double  w, wa, we, ws, bog, si, co, funk;
 do       // Leseschleife
 {
  while ( 1 )     // Kontrollschleife für Anfangswinkel
  {
   cout << "\n   Anfangswinkel reell -> "; cin >> wa;
   if ( !cin.fail() ) break;            // Eingabe gut
   cout << "\aFehler\n"; cin.clear(); cin.seekg(0);
  }
  while ( 1 )     // Kontrollschleife für Endwinkel
  {
   cout << "\n   Endwinkel >= " << wa << " reell -> "; cin >> we;
   if ( !cin.fail() && we >= wa) break; // Eingabe gut
   cout << "\aFehler\n"; cin.clear(); cin.seekg(0);
  }
  while ( 1)      // Kontrollschleife für Schrittweite
  {
   cout << "\nSchrittweite > 0 reell -> "; cin >> ws;
   if ( !cin.fail() && ws > 0 ) break; // Eingabe gut
   cout << "\aFehler\n"; cin.clear(); cin.seekg(0);
  }
  nzei = 0;
  for (w = wa; w <= we; w = w + ws)
  {
   bog = w * M_PI / 180;
   si = sin(bog);  co = cos(bog);
   funk = si*si + co*co;
//     funk = sin(bog)*sin(bog) + cos(bog)*cos(bog);  testen!!!!
   if (funk != 1.0)
   {
    cout << "\n(sin² + cos²) ungleich 1  bei " << setprecision(3)
         << setw(6) << w << "° Wert = " << setprecision(16) << funk;
   nzei++;          // Kontrolle der Ausgabezeilen
   if (nzei == 24)
   {
     nzei = 0; cout << "   -> ";
     cin.get();
   }
   }
  }
  cout << "\nNochmal? j = ja -> ";
  cin.seekg(0);                  // Eingabepuffer löschen
 } // Leseschleife
 while (cin.get() == 'j');        // lesen und bewerten
 return 0;
}
```

```
/* k3p8a4.cpp Übungen 3.8 Aufgabe 4: Schiefer Wurf */
#include <iostream.h>
#include <iomanip.h>
#include <math.h>                          // für sin und cos
main()
{
 double  vanf, wanf, ts, t, xweite, yhoehe, ymax, g = 9.81;
 int  nz, gelandet;
 cout.precision(3);
 cout << "\nSchiefer Wurf in der Ebene";
 cout << "\nAbwurfgeschwindigkeit [m/s] -> "; cin >> vanf;
 cout << "      Abwurfwinkel 0..90 [°] -> ";   cin >> wanf;
 cout << "Schrittweite der Zeit [sek] -> ";   cin >> ts;
 t = 0;  nz = 0; ymax = 0;
 do
 {
  if (nz == 0) cout << "\nZeit [s]   Weite [m]   Höhe [m]";
  xweite = vanf*t*cos(wanf*M_PI/180);
  yhoehe = vanf*t*sin(wanf*M_PI/180) - 0.5*g*t*t;
  if (yhoehe > ymax) ymax = yhoehe;
  gelandet = yhoehe <= 0 && t != 0;
  if (gelandet) cout << "\n" << setw(8) << t << "    schon gelandet";
    else cout << "\n" << setw(8) << t << setw(11) << xweite <<
        setw(10) << yhoehe;
  t = t + ts;  nz++;
  if (nz == 23) { nz = 0; cout << "\n -> "; cin.get(); }
 }
 while (!gelandet);
 cout << "\n\n Maximale Flughöhe: " << ymax << " [m]";
 return 0;
}


/* k3p8a5.cpp  Übungen 3.8 Aufgabe 5: Kubikwurzel nach Newton */
#include <iostream.h>
#include <math.h>          // für fabs
main()
{
 double  radi, xalt, xneu, genau;
 int  n, nmax;
 cout << "\n    Relative Genauigkeit reell -> "; cin >> genau;
 cout << "Näherungsschritte maximal ganz -> ";   cin >> nmax;
 do              // Leseschleife für den Radikanden mit Benutzerdialog
 {
  while (1 )  // Kontrollschleife
  {
   cout << "\nRadikand != 0 reell -> ";
   cin >> radi;  // radi lesen
   if ( !cin.fail() && radi != 0) break;  // Eingabe war gut
   cout << "\aEingabefehler"; cin.clear(); cin.seekg(0);
  }
  if (radi > 1) xneu = radi/3; else xneu = radi * 3;
  n = 0;
```

```
   do            // Näherungsschleife nach Newton
   {
    xalt = xneu;                              // alte Lösung
    xneu = (2*xalt + radi/(xalt*xalt)) / 3;   // bessere Lösung
    n++;                                      // Durchlaufzähler
   }   // Ende der Näherungsschleife
    while ( fabs( (xalt - xneu)/xneu ) > genau && n < nmax);
   if (n >= nmax)
      cout << "Abbruch bei " << n << " Näherungen xneu = " << xneu;
   else
      cout << "            3.Wurzel aus " << radi << " = "<< xneu;
   cout << "\nNochmal? j = ja -> ";
   cin.seekg(0);
   }   // Ende der Leseschleife für den Radikanden
   while (cin.get() == 'j');
   return 0;
 }


 /* k3p8a6.cpp   Übungen 3.8 Aufgabe 6: e-Reihe Näherung */
 #include <iostream.h>
 #include <math.h>
 main()
 {
  int  n;
  double  x, g, ealt, eneu, abwei, genau = 1e-10;
  cout.precision(12);
  cout << "\nLeseschleife bis Eingabe Strg und Z";
  while ( 1 )    // Lese- und Kontrollschleife
  {
   cout << "\n\n ^Z Ende:  x reell -> ";
   cin >> x;
   if (cin.eof()  ) { cin.clear(); cin.seekg(0); break; }        // Ende
   if (cin.fail() )
   {
    cin.clear(); cin.seekg(0);
    cout << "\aFehler"; continue;
   } // Fehler
   n = 1;
   g = 1;
   eneu = 1;
   do            // Naeherungsschleife
   {
    ealt = eneu;
    g = g * x / n++;
    eneu = ealt + g;
    if (eneu != 0) abwei = fabs((eneu - ealt)/eneu); else abwei = 1;
   }
   while (abwei > genau);
   cout << "\n e hoch " << x << " = " << eneu << "  n = " << n;
   cout << "\n   Exp(" << x << ") = " << exp(x);
  }
  return 0;
 }
```

Lösungen zum Abschnitt 4.3 Zeiger

```
/* k4p3a1.cpp Übungen 4.3 Aufgabe 1:Formel mit Zeigeradressierung */
#include <iostream.h>
#include <math.h>                        // für sqrt
main()
{
 double  *pa = new double, *pb = new double, *pc = new double;
 cout << "\n1. Kathete -> "; cin >> *pa;
 cout << "\n2. Kathete -> "; cin >> *pb;
 *pc = sqrt(*pa * *pa + *pb * *pb);
 cout << "\nHypothenuse = " << *pc << endl;
 return 0;
}
```

```
/* k4p3a2.cpp Übungen 4.3 Aufgabe 2: Zeiger auf Zeiger */
#include <iostream.h>
#include <math.h>                        // für sqrt
main()
{
 double  *pa = new double, *pb = new double , *pc = new double;
 double  **ppa = &pa, **ppb = &pb, **ppc = &pc;  // Zeiger auf Zeiger
 cout << "\n1. Kathete -> "; cin >> **ppa;       // oder *pa
 cout << "\n2. Kathete -> "; cin >> *pb;         // oder **ppb
 **ppc = sqrt(**ppa * **ppa + **ppb * **ppb);    // viele Sterne !!!!
 cout << "\nHypothenuse = " << **ppc << " = " << *pc;  // aus
 return 0;
}
```

```
/* k4p3a3.cpp Übungen 4.3 Aufgabe 3: Zeigerarithmetik */
#include <iostream.h>
main()
{
 int  i, n, *hilfe, sum = 0;          // Hilfszeiger
 cout << "\nAnzahl ganz -> ";
 cin >> n;                            // Anzahl lesen
 int *wert = new int[n];              // Zeiger auf Feld
 if (wert == NULL)                    // kein Zeiger zugewiesen
 {
  cout << "\n\aZeigerfehler -> ";
  cin.seekg(0); cin.get();
  return 3;
 }
 hilfe = wert;                 // hilfe zeigt auf Feld
 for (i = 1; i <= n; i++) *hilfe++ = i; // Werte zuweisen
 for (i = 0; i < n; i++)
 {
  sum = sum + *(wert+i);
  cout << *(wert+i) << " ";
 }
 cout << "\nSumme der Zahlen von 1 .. " << n << " = " << sum;
 return 0;
}
```

Lösungen zum Abschnitt 5.4 Funktionen

```cpp
/* k5p4a1.cpp Übungen 5.4 Aufgabe 1: Dritte Wurzel nach Newton */
#include <iostream.h>
#include <math.h>                                // für fabs
/* Funktion berechnet die 3.√ eines Radikanden nach Newton */
double dwurz(double r)
{
 const double genau = 1e-12;                     // Genauigkeit
 double xneu, xalt;
 if (fabs(r) < 1e-150) xneu = 0;                 // wegen Unterlauf!
 else                                            // und Division durch 0
 {
   xneu = r/3;                                   // Anfangslösung
   do                                            // Näherungsschleife
   {
     xalt = xneu;
     xneu = (2*xalt + r/(xalt*xalt))/3;            // bessere Lösung
   }
   while (fabs((xneu - xalt)/xalt) > genau);     // bis genau genug
 }
 return xneu;                                    // Funktionsergebnis
}

main()                                           // Hauptfunktion
{
 double  rad;
 while (1)     // Leseschleife
 {
  cout << "\nRadikand -> "; cin >> rad;                     // lesen
  if (cin.eof() ) {cin.clear(); cin.seekg(0); break; }  // Ende
  if (cin.fail())                                         // Fehler
  {
   cout << "\aFehler\n";
   cin.clear(); cin.seekg(0);
   continue;
  }
  cout << "        3.√" << rad << " = " << dwurz(rad); // Aufruf
 }
 return 0;
}


/* k5p4a2.cpp Übungen 5.4 Aufgabe 2: Cotangens-Funktion */
#include <iostream.h>
#include <math.h>                        // für tang und M_PI
/* Funktion liefert korrigierten cotangens eines Winkels */
double cotan(double wink)
{
 double  erg, tang;
 tang = tan(wink*M_PI/180);
 if (tang == 0) tang = 1e-30;           // Wegen Division durch Null
 erg = 1 / tang;
 if (fabs(erg) < 1e-15) erg = 0;        // Korrektur z.B. bei 90°
 return  erg;                           // Funktionsergebnis
}
```

```
main()                              // Hauptfunktion
{
 double  x;
 while (1)                          // Leseschleife
 {
   cout << "\nWinkel [°] -> "; cin >> x;
   if (cin.eof() ) {cin.clear(); cin.seekg(0); break;}   // Ende
   if (cin.fail())                               // Fehler
    {cout << "\aFehler"; cin.clear(); cin.seekg(0); continue;}
   cout << "Cotangens(" << x << "°) = " << cotan(x);     // Aufruf
 }
 return 0;
}
```

```
/* k5p4a3.cpp Übungen 5.4 Aufgabe 3: n! Ergebnis long double */
#include <iostream.h>
/* Funktion liefert n! ohne Prüfung auf n < 0 oder Überlauf */
long double fakul (int n)
{
 int i;
 long double erg = 1;
 for (i = 1; i <= n; i++) erg = erg * i;
 return  erg;          // Funktionsergebnis
}

main()                // Hauptfunktion
{
 int n;               // ganzzahlig, Ergebnis n! ist long double
 while (1)             // Leseschleife bis n == 0
 {
   cout << "\nEnde mit Wert 0  ganz -> "; cin >> n;
   if (n == 0) break;                       // Ende
   else cout << "\n" << n << "! = " << fakul(n);  // Aufruf
 }
 return 0;
}
```

```
/* k5p4a4.cpp Übungen 5.4 Aufgabe 4: Komponenten aus abs und phi */
#include <iostream.h>
#include <math.h>              // für sin und cos
/* Funktion liefert Komponenten a + j b mit Korrektur */
void kompo(double ab, double wi, double& a, double& b)
{
 double bogen;
 bogen = wi * M_PI / 180;
 a = fabs(ab) * cos(bogen);    // fabs wegen Eingabefehler bei
 b = fabs(ab) * sin(bogen);    // negativen Absolutwerten
 if (fabs(a) < 1e-12) a = 0;   // Korrektur wegen Ungenauigkeit
 if (fabs(b) < 1e-12) b = 0;   // der trigonometrischen Funktion
}
```

```
main()                              // Hauptfunktion
{
  double  a, b, abso, wink;
  char  vor;                        // Vorzeichen Imginärteil
  cout << "\nEnde mit Strg - Z";
  while (1)                         // Leseschleife ohne Fehlerkontrolle
  {
    cout << "\nAbsolutwert -> "; cin >> abso;
    if (cin.eof() ) {cin.clear(); cin.seekg(0); break; } // Ende
    cout << " Winkel [°] -> "; cin >> wink;
    kompo(abso, wink, a, b);                    // Funktionsaufruf
    vor = b < 0 ? '-' : '+';                    // Vorzeichen Imaginärteil
    cout << "  Komponenten: " << a << " " << vor << "j " << fabs(b);
  }
  return 0;
}


/* k5p4a5.cpp  Übungen 5.4 Aufgabe 5: Quadratische Gleichung */
#include  <iostream.h>
#include  <math.h>              // für fabs und sqrt
/* Funktion quagl liefert Marke mit Ergebnistyp      */
int quagl(double p, double q, double& x1, double& x2)
{
  double disk;                  // Hilfsvariable Diskriminante
  disk = p*p/4 - q;
  if (disk < 0)                 // Zwei komplexe Lösungen
  { x1 = -p/2;                  // Realteil
    x2 = sqrt(fabs(disk));      // Imaginärteil
    return -1; }                // Marke -1 als Funktionsergebnis
  if (disk == 0)                // Eine reelle Lösung
  { x1 = -p/2;                  // Lösung
    x2 = -p/2;                  // gleiche Lösung
    return 0; }                 // Marke 0 als Funktionsergebnis
  if (disk > 0)                 // Zwei reelle Lösungen
  { x1 = -p/2 + sqrt(disk);     // 1. Lösung
    x2 = -p/2 - sqrt(disk);     // 2. Lösung
    return +1;}                 // Marke +1 als Funktionsergebnis
}


main()                        // Hauptfunktion
{
  double  p, q, x1, x2;
  cout << "\nQuadratische Gleichung X² + pX + q = 0  "
       << "Ende mit Strg - Z";
  while (1)        // Leseschleife
  {
    cout << "\np reell -> "; cin >> p;
    if (cin.eof() ) {cin.clear(); cin.seekg(0); break; }    // Ende
    if (cin.fail() ) {cin.clear(); cin.seekg(0); continue; } // Fehler
    cout << "q reell -> ";   cin >> q;
    if (cin.fail() ) {cin.clear(); cin.seekg(0); continue; } // Fehler
    switch ( quagl(p, q, x1, x2) )       // Aufruf und Marke auswerten
    {
```

```
        case -1 : cout << "zwei komplexe Lösungen:";
                  cout << " X1 = " << x1 << " + j" << x2;
                  cout << "  X2 = " << x1 << " - j" << x2;
                  break;
        case  0 : cout << "eine reelle Lösung: X = " << x1;
                  break;
        case +1 : cout << "zwei reelle Lösungen: ";
                  cout << " X1 = " << x1 << "  X2 = " << x2;
                  break;
        default : cout << "keine Lösung"; break;
    }    // Ende switch
  }    // Ende while
  return 0;
}
```

Lösungen zum Abschnitt 6.1 Felder

```
/* k6p1a1.cpp  Übungen 6.1 Aufgabe 1: Skalarprodukt Produktvektor */
#include <iostream.h>
#define N 3         // Vektoren aus drei Elementen
main()
{
 int  i;
 double x[N], y[N], z[N], skapro;
 cout << "\nVektor X aus " << N << " Werten -> ";
 for (i = 0; i < N; i++)  cin >> x[i]; cin.seekg(0);
 cout << "Vektor Y aus " << N << " Werten -> ";
 for (i = 0; i < N; i++)  cin >> y[i]; cin.seekg(0);
 skapro = 0;
 for (i = 0; i < N; i++)
 {
  skapro += x[i] * y[i];
  z[i] = x[i] * y[i];
 }
 cout << "\nDas Skalarprodukt ist " << skapro;
 cout << "\nDer Produktvektor ist { ";
 for (i = 0; i < N; i++) cout << z[i] << "  "; cout << "}";
 return 0;
}
```

```
/* k6p1a1dy.cpp  Übungen 6.1 Aufgabe 1: Skalarprodukt Produktvektor */
/* dynamische Felder */
#include <iostream.h>
main()
{
 int  i, anz;
 double  skapro;
 cout << "\nAnzahl der Elemente -> "; cin >> anz;
 double *x = new double [anz];
 double *y = new double [anz];
 double *z = new double [anz];
 cout << "\nVektor X aus " << anz << " Werten -> ";
 for (i = 0; i < anz; i++)  cin >> x[i]; cin.seekg(0);
 cout << "Vektor Y aus " << anz << " Werten -> ";
 for (i = 0; i < anz; i++)  cin >> y[i]; cin.seekg(0);
```

```
  skapro = 0;
  for (i = 0; i < anz; i++)
  {
   skapro += x[i] * y[i];
   z[i] = x[i] * y[i];
  }
  cout << "\nDas Skalarprodukt ist " << skapro;
  cout << "\nDer Produktvektor ist { ";
  for (i = 0; i < anz; i++) cout << z[i] << "   "; cout << "}";
  return 0;
}


/* k6p1a1fu.cpp  Übungen 6.1 Aufgabe 1: Skalarprodukt Produktvektor */
/* Dynamische Felder mit Funktionsaufruf */
#include  <iostream.h>
double skapro(const int &n, double x[], double y[])
{
 int i;
 double prod = 0;
 for (i = 0; i < n; i++)
 {
  prod += x[i] * y[i];
 }
 return prod;
}

void vekpro(const int &n, double x[], double y[], double z[])
{
 int i;
 for (i = 0; i < n ; i++) z[i] = x[i] * y[i];
 return ;
}

main()
{
 int   i, anz;
 cout << "\nAnzahl der Elemente -> "; cin >> anz;
 double *x = new double [anz];
 double *y = new double [anz];
 double *z = new double [anz];
 cout << "\nVektor X aus " << anz << " Werten -> ";
 for (i = 0; i < anz; i++)  cin >> x[i]; cin.seekg(0);
 cout << "Vektor Y aus " << anz << " Werten -> ";
 for (i = 0; i < anz; i++)  cin >> y[i]; cin.seekg(0);
 cout << "\nDas Skalarprodukt ist " << skapro(anz, x, y); // Aufruf
 vekpro(anz, x, y, z);                        // Aufruf der Funktion
 cout << "\nDer Produktvektor ist { ";
 for (i = 0; i < anz; i++) cout << z[i] << "   "; cout << "}";
 return 0;
}
```

```
/* k6p1a2.cpp  Übungen 6.1 Aufgabe 2: Integral einer Tabelle */
#include  <iostream.h>
#define N 100
main()
{
 int  i, imax, n;
 double  x[N], y[N], h, sum, flae;
 while (1)        // Kontrollschleife fuer Anzahl
 {
   cout << "\nAnzahl n (2.." << N << ") -> ";
   cin >> n; cin.seekg(0);
   if( cin.fail() || n < 2 || n > N)
     { cout << "\aEingabefehler !\a"; cin.clear(); continue; }
   else break;
 }
 imax = n-1;              // Index läuft von 0 bis imax
 cout << "\nFunktion eingeben!   X-Achse linear geteilt!\n";
 for (i = 0; i <= imax; i++)
 {
   cout << i+1 << ".Wertepaar X  Y -> ";
   cin >> x[i] >> y[i]; cin.seekg(0);
 }
 sum = 0;                // Summe vom 2. bis vorletzten Y-Wert
 for (i = 1; i <= imax-1; i++) sum += y[i];
 h = (x[imax] - x[0]) / (n-1);
 flae = 0.5 * h * (y[0] + y[imax] + 2 * sum);
 cout << "\nFläche (Integral) = " << flae;
 return 0;
}


/* k6p1a2dy.cpp  Übungen 6.1 Aufgabe 2: Integral einer Tabelle */
/* Dynamisches Feld */
#include  <iostream.h>
main()
{
 int  i, imax, n;
 double  h, sum, flae;
 while (1)        // Kontrollschleife fuer Anzahl
 {
   cout << "\nAnzahl n > 1  -> ";
   cin >> n; cin.seekg(0);
   if( cin.fail() || n < 2)
     { cout << "\aEingabefehler !\a"; cin.clear(); continue; }
   else break;
 }
 double *x = new double [n];
 double *y = new double [n];
 imax = n-1;              // Index läuft von 0 bis imax
 cout << "\nFunktion eingeben!   X-Achse linear geteilt!\n";
 for (i = 0; i <= imax; i++)
 {
   cout << i+1 << ".Wertepaar X  Y -> ";
   cin >> x[i] >> y[i]; cin.seekg(0);
 }
 sum = 0;                // Summe vom 2. bis vorletzten Y-Wert
 for (i = 1; i <= imax-1; i++) sum += y[i];
```

```
  h = (x[imax] - x[0]) / (n-1);
  flae = 0.5 * h * (y[0] + y[imax] + 2 * sum);
  cout << "\nFläche (Integral) = " << flae;
  return 0;
}


/* k6p1a2fu.cpp  Übungen 6.1 Aufgabe 2: Integral einer Tabelle */
/* Dynamisches Feld mit Funktionsaufruf */
#include  <iostream.h>
double trapez(const int &n, double x[], double y[])
{
 int i, imax;
 double sum, flae, h;
 imax = n - 1;
 sum = 0;                 // Summe vom 2. bis vorletzten Y-Wert
 for (i = 1; i <= imax-1; i++) sum += y[i];
 h = (x[imax] - x[0]) / (n-1);
 flae = 0.5 * h * (y[0] + y[imax] + 2 * sum);
 return flae;
}

main()
{
 int  i, n;
 while (1)       // Kontrollschleife fuer Anzahl
  {
   cout << "\nAnzahl n > 1  -> ";
   cin >> n; cin.seekg(0);
   if( cin.fail() || n < 2)
     { cout << "\aEingabefehler !\a"; cin.clear(); continue; }
   else break;
  }
 double *x = new double [n];
 double *y = new double [n];
 // Index läuft von 0 bis (n-1) bei n Werten
 cout << "\nFunktion eingeben!   X-Achse linear geteilt!\n";
 for (i = 0; i <= (n-1); i++)
 {
  cout << i+1 << ".Wertepaar X  Y -> ";
  cin >> x[i] >> y[i]; cin.seekg(0);
 }
 cout << "\nFläche (Integral) = " << trapez(n, x, y);
 return 0;
}


/* k6p1a3.cpp Übungen 6.1 Aufgabe 3: Tabelle aufbauen  */
#include  <iostream.h>
#define N 5            // für Test
#define ENDE 1e30     // Endemarke
main()
{
 int  i, gefu;
 double tab[2][N], x;
 cout << "\nGenau " << N << " Wertepaare eingeben\n";
```

```
for (i=0; i<N; i++)
{
   cout << i+1 << ".Wertepaar X  Y -> ";
   cin >> tab[0][i] >> tab[1][i]; cin.seekg(0);
}
cout << "\nLeseschleife für X-Werte  Ende bei >= " << ENDE;
while (1)
{
 cout << "\n\n X -> ";
 cin >> x; cin.seekg(0);
 if ( x >= ENDE ) break;
 for (i = 0; i < N; i++)     // für alle Tabellenwerte
 {
  gefu = x == tab[0][i];
  if (gefu) break;           // Abbruch der Suchschleife
 }
 if (gefu) cout << " Y => " << tab[1][i];
 else cout << " X nicht in Tabelle! ";
}
cout << "\nDas war das Ende";
 return 0;
}


/* k6p1a3dy.cpp Übungen 6.1 Aufgabe 3: Tabelle aufbauen  */
/* Dynamische Felder Strg - Z als Endemarke */
#include  <iostream.h>
main()
{
 int  i, anz, gefu;
 double  wert;
 cout << "\nAnzahl der Wertepaare -> "; cin >> anz;
 double *x = new double [anz];
 double *y = new double [anz];
 for (i = 0; i < anz; i++)      // Tabelle lesen
 {
   cout << i+1 << ".Wertepaar X  Y -> ";
   cin >> x [i] >> y[i]; cin.seekg(0);
 }
 cout << "\nLeseschleife für X-Werte bis Strg -Z";
 while (1)                       // Leseschleife gesuchte Werte
 {
  cout << "\n\n X -> "; cin >> wert; cin.seekg(0);
  if ( cin.eof() ) {cin.clear(); break; }            // Ende
  if ( cin.fail()) {cin.clear(); cout << "\aFehler"; continue; }
  for (i = 0; i < anz; i++)     // für alle Tabellenwerte
  {
   gefu = wert == x[i];
   if (gefu) break;             // Abbruch der Suchschleife
  }
  if (gefu) cout << " Y => " << y[i];
  else cout << " X nicht in Tabelle! ";
 }
 cout << "\nDas war das Ende";
 return 0;
}
```

```
/* k6p1a3fu.cpp Übungen 6.1 Aufgabe 3: Tabelle aufbauen  */
/* Dynamische Felder Lesefunktion */
#include  <iostream.h>
void lesen(const int &n, double x[], double y[])
{
 int i;
 for (i = 0; i < n; i++)        // Tabelle lesen
  {
    cout << (i+1) << ".Wertepaar X  Y -> ";
    cin >> x [i] >> y[i]; cin.seekg(0);
  }
 return ;
}


main()
{
 int   i, anz, gefu;
 double  wert;
 cout << "\nAnzahl der Wertepaare -> "; cin >> anz;
 double *x = new double [anz];
 double *y = new double [anz];
 lesen (anz, x, y);  // Funktion liest Tabelle
 cout << "\nLeseschleife für X-Werte bis Strg -Z";
 while (1)                      // Leseschleife gesuchte Werte
  {
   cout << "\n\n X -> "; cin >> wert; cin.seekg(0);
   if ( cin.eof() ) {cin.clear(); break; }          // Ende
   if ( cin.fail()) {cin.clear(); cout << "\aFehler"; continue; }
   for (i = 0; i < anz; i++)     // für alle Tabellenwerte
    {
     gefu = wert == x[i];
     if (gefu) break;           // Abbruch der Suchschleife
    }
   if (gefu) cout << " Y => " << y[i];
   else cout << " X nicht in Tabelle! ";
  }
 cout << "\nDas war das Ende";
 return 0;
}



/* k6p1a4.cpp Übungen 6.1 Aufgabe 4: Matrixaddition */
#include  <iostream.h>
#include  <iomanip.h>
#define NZ 2    // Zeilen
#define NS 3    // Spalten
main()
{
 int   i, j, nz, ns;
 double  a[NZ][NS], b[NZ][NS], c[NZ][NS], x;
 cout << "\nMatrix A eingeben\n";
 for (i = 0; i < NZ; i++)
  {
   cout << i+1 << ".Zeile: " << NS << " Werte -> ";
   for (j = 0; j < NS; j++) cin >> a[i][j];
   cin.seekg(0);
  }
```

```
cout << "\nMatrix B eingeben\n";
for (i = 0; i < NZ; i++)
{
 cout << i+1 << ".Zeile: " << NS << " Werte -> ";
 for (j = 0; j < NS; j++) cin >> b[i][j];
 cin.seekg(0);
}
cout << "\nKonstanten Summanden eingeben -> ";
cin >> x;
for (i = 0; i < NZ; i++)
 for (j = 0; j < NS; j++) c[i][j] = a[i][j] + b[i][j] + x;
cout << "\nSummenmatrix A + B + " << x;
for (i = 0; i < NZ; i++)
{
 cout << "\n";
 for (j = 0; j < NS; j++) cout << setw(6) << c[i][j];
}
return 0;
}


/* k6p1a4dy.cpp Übungen 6.1 Aufgabe 4: Matrixaddition */
/* Matrizenfelder dynamisch angelegt */
#include  <iostream.h>
#include  <iomanip.h>
main()
{
int  i, j, nz, ns;
double  x, **a, **b, **c;
cout << "\nAnzahl der  Zeilen -> "; cin >> nz;
cout << "\nAnzahl der Spalten -> "; cin >> ns;
a = new double *[nz];                    // Matrix A
for (i = 0; i < nz; i++) a[i] = new double[ns];
b = new double *[nz];                    // Matrix B
for (i = 0; i < nz; i++) b[i] = new double[ns];
c = new double *[nz];                    // Matrix C
for (i = 0; i < nz; i++) c[i] = new double[ns];
cout << "\nMatrix A eingeben\n";
for (i = 0; i < nz; i++)
{
 cout << (i+1) << ".Zeile: " << ns << " Werte -> ";
 for (j = 0; j < ns; j++) cin >> a[i][j];
 cin.seekg(0);
}
cout << "\nMatrix B eingeben\n";
for (i = 0; i < nz; i++)
{
 cout << (i+1) << ".Zeile: " << ns << " Werte -> ";
 for (j = 0; j < ns; j++) cin >> b[i][j];
 cin.seekg(0);
}
cout << "\nKonstanten Summanden eingeben -> ";
cin >> x;
for (i = 0; i < nz; i++)
 for (j = 0; j < ns; j++) c[i][j] = a[i][j] + b[i][j] + x;
cout << "\nSummenmatrix A + B + " << x << "\n";
```

```
for (i = 0; i < nz; i++)
{
  cout << "\n";
  for (j = 0; j < ns; j++) cout << setw(6) << c[i][j];
}
return 0;
}


/* k6p1a4fu.cpp Übungen 6.1 Aufgabe 4: Matrixaddition */
/* Matrizenfelder dynamisch angelegt mit Funktion */
#include  <iostream.h>
#include  <iomanip.h>
/* Funktion Matrix lesen */
void mein(const int &nz, const int &ns, double **max)
{
  int i, j;
  cout << "\nMatrix eingeben\n";
  for (i = 0; i < nz; i++)
  {
    cout << (i+1) << ".Zeile: " << ns << " Werte -> ";
    for (j = 0; j < ns; j++) cin >> max[i][j];
    cin.seekg(0);
  }
  return ;
}


/* Funktion Matrizen addieren + Konstante */
void madd(const int &nz, const int &ns,        // Zeile und Spalten
          double **a, double **b, double **c,  // Matrizen
          const double &addi)                  // Summand
{
  int i, j;
  for (i = 0; i < nz; i++)
    for (j = 0; j < ns; j++) c[i][j] = a[i][j] + b[i][j] + addi;
  return ;
}
/* Funktion Matrix ausgeben */
void maus(const int &nz, const int &ns, double **max)
{
  int i, j;
  for (i = 0; i < nz; i++)
  {
    cout << "\n";
    for (j = 0; j < ns; j++) cout << setw(6) << max[i][j];
  }
  return ;
}


main()    // Hauptfunktion vereinbart Matrizen und ruft Funktionen
{
  int  i, j, nz, ns;
  double  x, **a, **b, **c;
  cout << "\nAnzahl der  Zeilen -> "; cin >> nz;
  cout << "\nAnzahl der Spalten -> "; cin >> ns;
  a = new double *[nz];                          // Matrix A
  for (i = 0; i < nz; i++) a[i] = new double[ns];
```

```
b = new double *[nz];                          // Matrix B
for (i = 0; i < nz; i++) b[i] = new double[ns];
c = new double *[nz];                          // Matrix C
for (i = 0; i < nz; i++) c[i] = new double[ns];
mein(nz, ns, a);           // Matrix a lesen
mein(nz, ns, b);           // Matrix b lesen
cout << "\nKonstanten Summanden eingeben -> "; cin >> x;
madd(nz, ns, a, b, c, x); // Matrizen und x adddieren
cout << "\nSummenmatrix A + B + " << x << "\n";
maus(nz, ns, c);           // Summenmatrix ausgeben
return 0;
}
```

```
/* k6p1a5.cpp Übungen 6.1 Aufgabe 5: Zeilenmaximum einer Matrix */
#include  <iostream.h>
#define NZ 3      // 3 Zeilen
#define NS 4      // 4 Spalten
main()
{
 int  i, j, jmax;
 double  a[NZ][NS];          // Feld mit festen Grenzen
 cout << "\nMatrix aus " << NZ << " Zeilen " << NS << " Spalten\n";
 for (i = 0; i < NZ; i++)  // Koeffizienten lesen
 {
  cout << i+ 1 << ".Zeile: " << NS << " Werte -> ";
  for (j = 0; j < NS; j++) cin >> a[i][j];
  cin.seekg(0);
 }
 cout << "\nMaximum der Zeilenelemente";
 for (i = 0; i < NZ; i++)
 {
  jmax = 0;
  for (j = 1; j < NS; j++) if (a[i][j] > a[i][jmax]) jmax = j;
  cout << "\n" << i+1 << ".Zeile "     << jmax+1
       << ".Spalte: " << a[i][jmax];
 }
return 0;
}
```

```
/* k6p1a5dy.cpp Übungen 6.1 Aufgabe 5: Zeilenmaximum einer Matrix */
/* Matrix dynamisch vereinbart */
#include  <iostream.h>
main()
{
 int  i, j, jmax, ns, nz;
 double  **a;                // Feld mit dynamischen Grenzen
 cout << "\n Zeilen -> "; cin >> nz;
 cout << "\nSpalten -> "; cin >> ns;
 a = new double *[nz];                        // Zeilenfeld
 for (i = 0; i <nz; i++) a[i] = new double [ns]; // Spaltendaten
 cout << "\nMatrix aus " << nz << " Zeilen " << ns << " Spalten\n";
 for (i = 0; i < nz; i++)  // Koeffizienten lesen
 {
  cout << (i + 1) << ".Zeile: " << ns << " Werte -> ";
  for (j = 0; j < ns; j++) cin >> a[i][j];
```

```
  cin.seekg(0);
  }
  cout << "\nMaximum der Zeilenelemente";
  for (i = 0; i < nz; i++)
  {
   jmax = 0;
   for (j = 1; j < ns; j++)
    if (a[i][j] > a[i][jmax]) jmax = j;
      cout << "\n" << i+1 << ".Zeile "    << jmax+1
          << ".Spalte: " << a[i][jmax];
  }
 return 0;
}


/* k6p1a5fu.cpp Übungen 6.1 Aufgabe 5: Zeilenmaximum einer Matrix */
/* Matrix dynamisch vereinbart mit Funktionen */
#include  <iostream.h>
/* Funktion liest Elemente einer Matrix */
void mein(const int &nz, const int &ns, double ** mat)
{
 int i, j;
 cout << "\nMatrix aus " << nz << " Zeilen " << ns << " Spalten\n";
 for (i = 0; i < nz; i++)  // Koeffizienten lesen
 {
   cout << (i + 1) << ".Zeile: " << ns << " Werte -> ";
   for (j = 0; j < ns; j++) cin >> mat[i][j];
   cin.seekg(0);
 }
 return ;
}

main()
{
 int  i, j, jmax, ns, nz;
 double  **a;                    // Feld mit dynamischen Grenzen
 cout << "\n Zeilen -> "; cin >> nz;
 cout << "\nSpalten -> "; cin >> ns;
 a = new double *[nz];              .             // Zeilenfeld
 for (i = 0; i <nz; i++) a[i] = new double [ns]; // Spaltendaten
 mein(nz, ns, a);               // Funktion liest Matrixelemente
 cout << "\nMaximum der Zeilenelemente";
 for (i = 0; i < nz; i++)
 {
  jmax = 0;
  for (j = 1; j < ns; j++)
   if (a[i][j] > a[i][jmax]) jmax = j;
     cout << "\n" << i+1 << ".Zeile "    << jmax+1
         << ".Spalte: " << a[i][jmax];
 }
 return 0;
}
```

Lösungen zum Abschnitt 6.2 Zeichen und Texte

```
/* k6p2a1.cpp  Übungen 6.2 Aufgabe 1: Tabelle Scheinwiderstand */
#include <iostream.h>
#include <iomanip.h>
#include <math.h>
main()
{
 double r,l,c, f,fa,fe,fs, zre, xl, xc, zim, zab, zwi, zmin, fmin;
 cout << "\nScheinwiderstand einer RLC-Reihenschaltung\n";
 cout << "        Widerstand [Ω] -> "; cin >> r;
 cout << "       Induktivität [H] -> "; cin >> l;
 cout << "         Kapazität [F] -> "; cin >> c;
 cout << " Anfangsfrequenz [Hz] -> "; cin >> fa;
 cout << "     Endfrequenz [Hz] -> "; cin >> fe;
 cout << "     Schrittweite [Hz] -> "; cin >> fs;
 cout << "\n┌─────────────────────────────────────────────────────────┐";
 cout << "\n│ f[Hz]      Zre[Ω]       Zim[Ω]       Zab[Ω]      δ[°] │";
 cout << "\n├─────────────────────────────────────────────────────────┤";
 zmin = fmin = 1e100;
 zre = r;
 for (f = fa; f <= fe; f += fs)
 {
  xl = 2 * M_PI * f * l;
  if (c == 0) xc = 0;
     else xc = f != 0 ? 1/(2 * M_PI * f * c) : 1e20;
  zim = xl - xc;
  zab = sqrt(zre * zre + zim * zim);
  if (zab < zmin) zmin = zab, fmin = f;
  zwi = atan2(zim,zre) * 180 / M_PI;
  cout.precision(3);
  cout << "\n│" << setw(6) << f << '│' << setw(10) << zre << '│'
       << setw(11) << zim << '│' << setw(11) << zab << '│'
       << setprecision(1) << setw(7) << zwi << '│';
 }
 cout << "\n└─────────────────────────────────────────────────────────┘";
 cout << "\n\nMinimum Zab " << zmin << " Ω bei " << fmin << " Hz";
 cout << "\nWeiter mit cr -> "; cin.seekg(0); cin.get();
 return 0;
}


/* k6p2a2.cpp Übungen 6.2 Aufgabe 2: Widerstandstabelle */
#include <iostream.h>
#include <iomanip.h>
#include <math.h>
main ()
{
 const double  da = 0.5, de = 1.0, ds = 0.1;   // Durchmesser in mm
 char m[3] [80] = { "\nLänge Anfangswert [m] -> ",
                    "    Länge Endwert [m] -> ",
                    "    Länge Schritt [m] -> " };
 int  l, la, le, ls;                         // Länge in m
 double  d, r, a, k;
 char  ant;
```

```
cout << m[0]; cin >> la;
cout << m[1]; cin >> le;
cout << m[2]; cin >> ls;
do
{
  cout << "Material: S=Silber K=Kupfer A=Alu M=Messing _ cr -> ";
  cin.seekg(0);   ant = cin.get();
  switch (ant)
  {
    case 'S' : ;
    case 's' : k = 60.6; cout << "\nSilber"; break;
    case 'K' : ;
    case 'k' : k = 56.8; cout << "\nKupfer"; break;
    case 'A' : ;
    case 'a' : k = 36.0; cout << "\nAluminium"; break;
    case 'M' : ;
    case 'm' : k = 13.3; cout << "\nMessing"; break;
    default  : k = 0; cout << "Eingabefehler!\n";
  }
}
while (k == 0);
cout.precision(1);
cout << "draht  Durchmesser in mm  Widerstand in Ω";
cout << "\n┌─────"; for (d=1; d<7; d++) cout << "┬─────";
cout << "┐";
cout << "\n│l [m] │";
for (d = da; d <= de; d += ds) cout << setw(5) << d << " φ │";
cout.precision(3);
cout << "\n├─────"; for (d=1; d<7; d++) cout << "┼─────";
cout << "┤";
for (l = la; l <= le; l += ls)
{
  cout << "\n│" << setw(5) << l << '│';
  for (d = da; d <= de; d += ds)
  {
    a = M_PI * d * d / 4;
    r = l / (k * a);
    cout << setw(8) << r << '│';
  }
}
cout << "\n└─────";
for (d=1; d<7; d++) cout << "┴─────";
cout << "┘";
cout << "\n\nWeiter -> "; cin.seekg(0); cin.get();
return 0;
}
```

```
/* k6p2a3.cpp  Übungen 6.2 Aufgabe 3: Schaltbild */
#include <iostream.h>
main()
{
 int  i;
 const char  x[3][50] =
```

```
 cout.put('\n');
 for (i=0; i<3; i++) cout << endl << x[i] ;
 return 0;
}
```

```
/* k6p2a4.cpp Übungen 6.2 Aufgabe 4: Schaltung auswählen */
#include <iostream.h>
#include <string.h>
main()
{
 const char   bild[3][7][10]= {"       |       ",
```
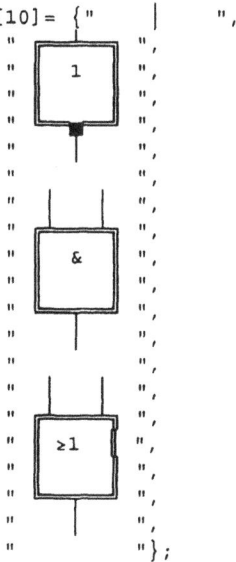
```
                                               "}; 
 int i, j;  char  antw [80];
 do
 {
  cout << "\nBitte  nicht  und  oder  ende  _cr eingeben -> ";
  cin >> antw; cin.seekg(0);
  i = -1;
  if (strcmp("ende" , antw) == 0) break;
  if (strcmp("nicht" , antw) == 0) i = 0;
  if ( ! strcmp("und", antw) ) i = 1;
  if ( ! strcmp("oder", antw) ) i = 2;
  if (i == -1) continue;
  cout.put('\n'); for (j=0; j<7; j++) cout << bild[i][j] << endl;
 }
 while (1);
 return 0;
}
```

```
/* k6p2a5.cpp Übung 6.2 Aufgabe 5: Einheiten mit Faktor*/
#include <iostream.h>
#include <iomanip.h>
#include <string.h>
#define N 10
main()
{
 int  i, anz, gut;
 double  fakt, skal, sum, mess[N];
 char  ein[80];
 while  (1)        // Kontrollschleife
  {
   cout << "\nAnzahl der Werte max. " << N << " -> ";
   cin >> anz; cin.seekg(0);
  .if( cin.fail() || anz < 1 || anz > N )
      { cout << "Eingabefehler"; cin.clear(); continue; }
    break;    // Eingabe war gut
  }
 cout << "  Skalenfaktor für Werte -> "; cin >> skal;
 cout << "Wert mit Einheit   mm   cm   m    z.B. 12 mm  cr\n";
 for (i = 0; i < anz; i++)
  {
   cout << i+1 << ".Eingabe: -> ";
   cin >> mess[i] >> ein ;
   if ( !cin.fail() ) fakt = 0;
   else
    {
     cout << " Fehler\n"; i--; cin.clear();
     cin.seekg(0); continue;
    }
   if (! strcmp("mm", ein) ) fakt = 1;
   if (! strcmp("cm", ein) ) fakt = 10;
   if (! strcmp("m",  ein) ) fakt = 1000;
   if (fakt == 0) { cout << " Falsche Einheit\n"; i--; continue; }
    else mess[i] = fakt*skal*mess[i];
  }
 cout << "\n Ergebnisse Skalenfaktor " << skal; sum = 0;
 for (i = 0; i < anz; i++)
  {
   if ( cin.fail() )
    {
     cin.clear(); cin.seekg(0);
    }
   else
    {
     sum += mess[i];
     cout << "\n" << i+1 << ".Ergebnis: " << setw(7)
          << mess[i] << " [mm]";
    }
  }
 cout << "\n=========================";
 cout << "\nGesamtlänge: " << setw(6) << sum << " [mm] \n";
 return 0;
}
```

Lösungen zum Abschnitt 6.4 Datendateien

```cpp
/* k6p4a1.cpp Übungen 6.4 Aufgabe 1: Datendatei aufbauen */
#include   <fstream.h>
#define    name "k6p4a1.dat"   // Systemname
#define    NS 31               // max. Spalten
#define    NZ 13               // Zeilen
main()
{
 int  i;
 char   bild [NZ] [NS] = {
 "Schaltbild eines Halbaddierers",
 "                              ",
 "       a   b                  ",
 "                              ",
 "                              ",
 "                              ",
 "                              ",
 "                              ",
 "       &       =1             ",
 "                              ",
 "                              ",
 "       c       s              ",
 "                              " };
 fstream   datei(name, ios::out);       // Textdatei öffnen
 for (i = 0; i < NZ; i++)
 {
  datei << bild[i] << endl;       //  Datei schreiben
  cout << bild[i] << endl;        //  Bildschirmausgabe
 }
 datei.close();
 cout << "Datei > " << name << " < aufgebaut"; return 0;
}


/* k6p4a2.cpp  Übungen 6.4 Aufgabe 2: Halbaddierer */
#include <fstream.h>
main()
{
 char   zeile[81];    int a, b, c, s;
 fstream  bild ("k6p4a1.dat", ios::in);
 if (bild == NULL)
    { cout << "\nDatei fehlt -> "; cin.get(); return 3; }
 while( 1 )                        // Textdatei lesen
 {
  bild.getline(zeile , 81, '\n');
  if ( bild.eof() ) break;         // Ende bei EOF
  cout << endl << zeile;
 }
 cout << "\n0 oder 1 eingeben  Ende mit Strg und Z";
 while (1)
 {
  cout << "\na -> "; cin >> a; cin.seekg(0);
  if (cin.eof()  ) { cin.clear(); break; }
  if (cin.fail() || a < 0 || a > 1 )
     { cin.clear(); cout << "Fehler"; continue; }
  cout << "b -> "; cin >> b; cin.seekg(0);
```

```
   if (cin.eof()   ) { cin.clear(); break; }
   if (cin.fail() || b < 0 || b > 1 )
      { cin.clear(); cout << "Fehler"; continue; }
   c = a & b;        // Übertrag c = a UND b
   s = a ^ b;        // Summe     s = a EODER b
   cout << "\n" << a << " + " << b << " = " << c << " " << s
        << " dual" <<  endl;
 }
 return 0;
}


/* k6p4a3.cpp  Übungen 6.4 Aufgabe 3: Textdatei aufbauen */
#include <fstream.h>
main()
{
 char  name[12] = "k6p4a2.dat"; int  n = 0; double wert;
 fstream mess (name, ios::out);
 cout << "\nLeseschleife  Abbruch mit Strg und Z\n";
 while (1)
 {
  cout << "Wert -> "; cin >> wert; cin.seekg(0);
  if( cin.eof() ) { cin.clear(); break; }
  if( cin.fail()) { cin.clear(); cout << "\aFehler\n"; continue; }
  mess << wert << endl;   n++;
 }
 mess.close();
 cout << "\nDatei  > " << name << " < enthält " << n << " Werte";
 return 0;
}


/* k6p4a4.cpp  Übungen 6.4 Aufgabe 4: Textdatei auswerten */
#include <fstream.h>
#include <iomanip.h>
main()
{
 char  name[12] = "k6p4a2.dat";  int  n = 0;
 double  wert, mittel, sum = 0;
 fstream mess (name, ios::in);
 if (mess == NULL) { cout << "Abbruch -> "; cin.get(); return 3; }
 cout << "\nAuswertung der Datei > " << name << " <\n";
 while ( 1 )
 {
   mess >> wert;
   if ( mess.eof() ) break;      // bis EOF-Marke
   sum = sum + wert; n++;
 }
 mess.clear();  mittel = sum / n;
 cout << "\nMittel = " << mittel << "  bei " << n << " Werten";
 mess.seekg(0);
 cout << "\n   Meßwert  Abweichung";
 while ( 1 )
 {
   mess >> wert;
   if (mess.eof() ) break;       // bis EOF-Marke
   cout << "\n" << setw(10) << wert << setw(12) << wert - mittel;
```

```
}
 return 0;
}


/* k6p4a5.cpp  Übungen 6.4 Aufgabe 5: Textdatei nach Binärdatei */
#include <fstream.h>
main()
{
 char  tname[12] = "k6p4a2.dat", bname[12] = "k6p4a4.dat";
 int  n = 0;
 double wert;
 fstream tmess (tname, ios::in);
 fstream bmess (bname, ios::out | ios:: binary);
 while ( 1 )
 {
   tmess >> wert;
   if ( tmess.eof() ) break;
   bmess.write( (char *) &wert, sizeof(wert) );   n++;
 }
 cout << "\n" << n << " Sätze Textdatei > " << tname
      << "< nach Binärdatei > " << bname << " < kopiert";
 return 0;
}


/* k6p4a6.cpp  Übungen 6.4 Aufgabe 6: Binärdatei auswerten */
#include <fstream.h>                        // auch iostream
#include <iomanip.h>                        // setw
main()
{
 char  name[12] = "k6p4a4.dat";             // Systemname
 int  n = 0;
 double  wert, mittel, sum = 0;
 fstream  mess (name, ios::in | ios::binary); // öffnen Binärdatei
 cout << "\nAuswertung der Datei > " << name << " <\n";
 while ( 1 )
 {
  mess.read( (char *) &wert, sizeof(wert) );
  if (mess.eof() ) break;                   // bis EOF
  sum += wert;  n++;
 }
 mittel = sum / n;
 cout << "\nMittel = " << mittel << "  aus " << n << " Messungen";
 mess.clear();                              // EOF-Status löschen
 mess.seekg(0);                             // auf Dateianfang
 cout << "\n   Meßwert  Abweichung";
 while ( 1 )
 {
  mess.read ( (char *) &wert, sizeof(wert) );
  if (mess.eof() ) break;                   // bis EOF
  cout << "\n" << setw(10) << wert << setw(12) << wert - mittel;
 }
 return 0;
}
```

9.2 DOS-Betriebssystemkommandos

Angabe / Aufgabe	Bezeichnung / Kommando
vollständiger Dateiname	`Laufwerk:\Verz.\Unterverz.\. . \Name.Typ`
Datei im zugeordneten Laufwerk	`Verz.\Unterverz.\. . \Name.Typ`
Datei im zugeordneten Verzeichnis	`Name.Typ`
alle Dateien oder alle Typen	`Name.*        *.Typ        *.*`
Ersatz für einzelne Zeichen	`?    ??    ???    ????    ?????`
Laufwerk wechseln	`>Laufwerk:`
neues Verzeichnis eröffnen	`>md Name`
leeres Verzeichnis schließen	`>rd Name`
Verzeichnis wechseln	`>cd Name      >cd ..          >cd \`
Dateiliste des Verzeichn. ausgeben	`>dir    >dir Datei.*    >dir *.Typ`
Ausgabe im <u>W</u>eitformat	`>dir   . . .      /w`
Ausgabe mit Seitenkontrolle	`>dir   . . .      /p`
Dateien kopieren	`>copy Quelle  Ziel`
einzelne Datei kopieren	`>copy Name.Typ  Ziel`
mehrere Dateien kopieren	`>copy *.Typ  Ziel     >copy *.*  Ziel`
Disketten kopieren	`>diskcopy Quelllaufwerk  Ziellaufwerk`
Datei umbenennen	`>ren Altname  Neuname`
eine Datei löschen	`>del Name.Typ`
mehrere Dateien löschen	`>del Name.*    >del *.Typ    >del *.*`
Textdatei auf Bildschirm ausgeben	`>type Name.Typ`
Textdatei auf Drucker ausdrucken	`>print Name.Typ`
Kommandodatei .bat ausführen	`>Name.bat   oder    >Name`
Programmdatei .exe starten	`>Name.exe   oder    >Name`
alten Suchweg anzeigen	`>path`
neuen Suchweg festlegen	`>path Verz._1; Verz._2; . . ...`
5¼"-Disk DD 360Kbyte formatieren	`>format Laufwerk:   /4  /v`
5¼"-Disk HD 1.2Mbyte formatieren	`>format Laufwerk:   /v`
3½"-Disk DD 720Kbyte formatieren	`>format Laufwerk:   /N:9/T:80/v`
3½"-Disk HD 1.4Mbyte formatieren	`>format Laufwerk:   /v`

9.3 Editorfunktionen

Aufgabe	Kommando / Taste
Aufruf ohne Datei Vorgabe: NONAME00.CPP	`Arbeitsverzeichnis>tc`
Aufruf mit Laden einer Datei `Name.cpp`	`Arbeitsverzeichnis>tc Name`
aus Editor nach Hauptmenü (oberste Zeile)	`F10    oder    Mausclick`
aus Editor nach Dateiverwaltung	`Datei`
Beenden des Turbo C++; zurück nach DOS	`Datei/Beenden          Alt + X`
Menü beenden und zurück nach Editor	`                          Escape`
Text nach alter Datei retten	`Datei/Speichern              F2`
Text nach neuer Datei retten	`Datei/Speichern unter ...`
Text aus Datei nach Editorbereich laden	`Datei/Öffnen ...             F3`
neuen Text eingeben	`Datei/Neu`
Text ausdrucken	`Datei/Drucken`
nach Betriebssystem DOS wechseln	`Datei/DOS aufrufen`
aus DOS zurück nach Turbo C++	`Arbeitsverzeichnis>exit`
Programm nur übersetzen	`Compiler/Compilieren    Alt + F9`
Programm übersetzen, laden und starten	`Start/Ausführen        Strg + F9`
Compileroptionen ändern	`Option/Compiler ...`
Cursor im Textfenster positionieren	`Cursortasten   Bild_auf   Bild_ab`
Cursor auf Anfang der Textzeile positionieren	`Pos_1`
Cursor auf Ende der Textzeile positionieren	`Ende`
umschalten Eingabe: *einfügen/überschreiben*	`Einfg`
durch Cursor positioniertes Zeichen löschen	`Entf`
Zeichen links vom Cursor löschen	`<-- Rücktaste`
durch Cursor positionierte Zeile löschen	`Strg + Y`
ASCII-Zeichen mit Code 123 erzeugen	`Alt festhalten, dann Ziffernblock` `                        1   2   3`
DOS-Betrieb oder Lesen: Drucker *ein/aus*	`Strg + P`
Endemarke für Eingabe setzen	`Strg + Z`
Programmlauf abbrechen	`Strg + Break (Pause)`
Betriebssystem neu starten	`Strg + Alt + Entf`

9.4 Vereinfachte Struktogrammdarstellungen

Anweisungsfolge

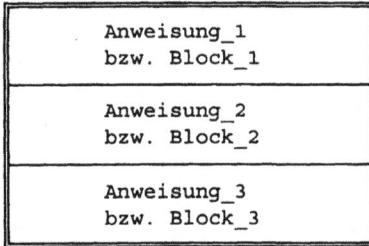

Anweisung_1 bzw. Block_1
Anweisung_2 bzw. Block_2
Anweisung_3 bzw. Block_3

bedingte Anweisung

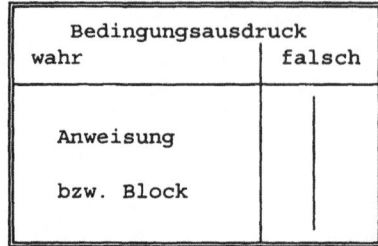

Bedingungsausdruck	
wahr	falsch
Anweisung bzw. Block	

alternative Anweisung

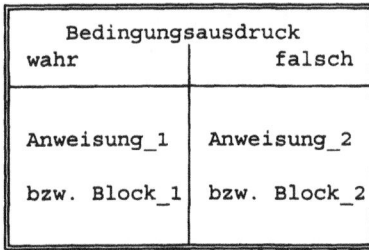

Bedingungsausdruck	
wahr	falsch
Anweisung_1 bzw. Block_1	Anweisung_2 bzw. Block_2

bedingte Schleife

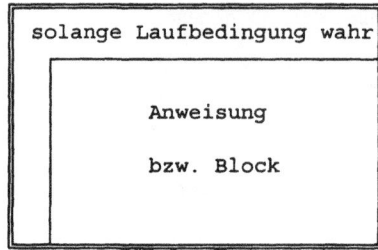

solange Laufbedingung wahr
Anweisung bzw. Block

wiederholende Schleife

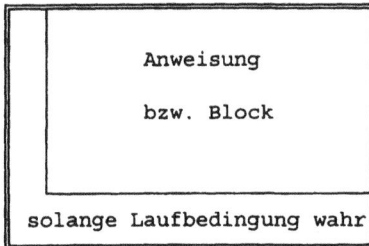

Anweisung bzw. Block
solange Laufbedingung wahr

Schleife mit Abbruch

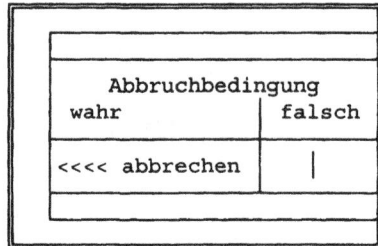

Abbruchbedingung	
wahr	falsch
<<<< abbrechen	

Fallunterscheidung

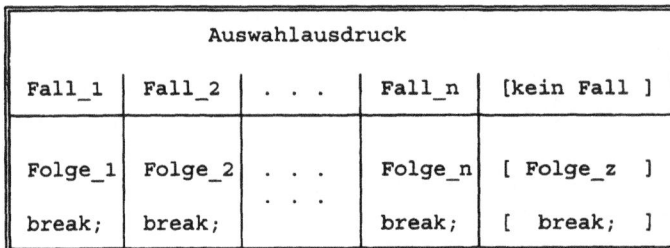

Auswahlausdruck				
Fall_1	Fall_2	. . .	Fall_n	[kein Fall]
Folge_1 break;	Folge_2 break;	. . .	Folge_n break;	[Folge_z] [break;]

9.5 Rangfolge der Operatoren

Rang	Richtung	Operator	Wirkung
1	- - - >	( )	Funktionsaufruf bzw. Vorrangklammer
		[ ]	Feldelement
		.	Strukturvariable . Komponente
		->	Strukturzeiger -> Komponente
		::	Klasse :: Elementfunktion (Methode)
2	< - - -	~ !	bitweise Negation bzw. negiere Aussage
		+ -	positives bzw. negatives Vorzeichen
		++ --	+1 bzw. -1 vor oder nach Bewertung
		&	*unär:* Adreßoperator
		*	*unär:* Indirektionsoperator
		(Typ)	*unär:* Typumwandlung
		sizeof	Operandenlänge in byte
		new delete	Speicher bereitstellen bzw. freigeben
3	- - - >	.* ->*	(siehe Handbuch des Herstellers)
4	- - - >	* / %	Multiplikation Division Divisionsrest
5	- - - >	+ -	Addition bzw. Subtraktion
6	- - - >	<< >>	schiebe logisch links bzw. rechts
7	- - - >	< <= > >=	logische Vergleiche von Ausdrücken
8	- - - >	== !=	vergleiche auf gleich bzw. ungleich
9	- - - >	&	bitweise logisches Und
10	- - - >	^	bitweise logisches Eoder
11	- - - >	|	bitweise logisches Oder
12	- - - >	&&	logisches Und zweier Ausssagen
13	- - - >	||	logisches Oder zweier Aussagen
14	< - - -	Bed ? ja : nein	bedingter Ausdruck
15	< - - -	= *= /= %= += -= &= ^= |= <<= >>=	Zuweisungen
16	- - - >	,	Folge von Ausdrücken

9.6 Codetabellen

Die Codes Nr. 0, 7, 8, 9, 10, 12, 13, 26 und 27 lösen Drucker-Steuerfunktionen aus!

Hex	Dez	Zei	Hex	Dez	Zei	Hex	Dez	Zei	Hex	Dez	Zei
$40	64	@	$50	80	P	$60	96	`	$70	112	p
$41	65	A	$51	81	Q	$61	97	a	$71	113	q
$42	66	B	$52	82	R	$62	98	b	$72	114	r
$43	67	C	$53	83	S	$63	99	c	$73	115	s
$44	68	D	$54	84	T	$64	100	d	$74	116	t
$45	69	E	$55	85	U	$65	101	e	$75	117	u
$46	70	F	$56	86	V	$66	102	f	$76	118	v
$47	71	G	$57	87	W	$67	103	g	$77	119	w
$48	72	H	$58	88	X	$68	104	h	$78	120	x
$49	73	I	$59	89	Y	$69	105	i	$79	121	y
$4A	74	J	$5A	90	Z	$6A	106	j	$7A	122	z
$4B	75	K	$5B	91	[	$6B	107	k	$7B	123	{
$4C	76	L	$5C	92	\	$6C	108	l	$7C	124	|
$4D	77	M	$5D	93	]	$6D	109	m	$7D	125	}
$4E	78	N	$5E	94	^	$6E	110	n	$7E	126	~
$4F	79	O	$5F	95	_	$6F	111	o	$7F	127	⌂

Hex	Dez	Zei	Hex	Dez	Zei	Hex	Dez	Zei	Hex	Dez	Zei
$00	0	⁂	$10	16	▲	$20	32		$30	48	0
$01	1	☺	$11	17	▼	$21	33	!	$31	49	1
$02	2	●	$12	18	‗	$22	34	"	$32	50	2
$03	3	►	$13	19	=	$23	35	#	$33	51	3
$04	4	◆	$14	20	◄	$24	36	$	$34	52	4
$05	5	♣	$15	21	§	$25	37	%	$35	53	5
$06	6	♠	$16	22	∎	$26	38	&	$36	54	6
$07	7	BEL	$17	23	‡	$27	39	'	$37	55	7
$08	8	BS	$18	24	↑	$28	40	(	$38	56	8
$09	9	TAB	$19	25	↓	$29	41	)	$39	57	9
$0A	10	LF	$1A	26	⁂	$2A	42	*	$3A	58	:
$0B	11	♂	$1B	27	⁂	$2B	43	+	$3B	59	;
$0C	12	FF	$1C	28	⌐	$2C	44	,	$3C	60	<
$0D	13	CR	$1D	29	↔	$2D	45	-	$3D	61	=
$0E	14	♪	$1E	30	◄	$2E	46	.	$3E	62	>
$0F	15	✿	$1F	31	►	$2F	47	/	$3F	63	?

Der Code Nr. 255 wird vom Drucker nicht ausgegeben!

Hex	Dez	Zei
$80	128	Ç
$81	129	ü
$82	130	é
$83	131	â
$84	132	ä
$85	133	à
$86	134	å
$87	135	ç
$88	136	ê
$89	137	ë
$8A	138	è
$8B	139	ï
$8C	140	î
$8D	141	ì
$8E	142	Ä
$8F	143	Å
$90	144	É
$91	145	æ
$92	146	Æ
$93	147	ô
$94	148	ö
$95	149	ò
$96	150	û
$97	151	ù
$98	152	ÿ
$99	153	Ö
$9A	154	Ü
$9B	155	¢
$9C	156	£
$9D	157	¥
$9E	158	₧
$9F	159	ƒ
$A0	160	á
$A1	161	í
$A2	162	ó
$A3	163	ú
$A4	164	ñ
$A5	165	Ñ
$A6	166	ª
$A7	167	º
$A8	168	¿
$A9	169	⌐
$AA	170	¬
$AB	171	½
$AC	172	¼
$AD	173	¡
$AE	174	«
$AF	175	»
$B0	176	░
$B1	177	▒
$B2	178	▓
$B3	179	│
$B4	180	┤
$B5	181	╡
$B6	182	╢
$B7	183	╖
$B8	184	╕
$B9	185	╣
$BA	186	║
$BB	187	╗
$BC	188	╝
$BD	189	╜
$BE	190	╛
$BF	191	┐
$C0	192	└
$C1	193	┴
$C2	194	┬
$C3	195	├
$C4	196	─
$C5	197	┼
$C6	198	╞
$C7	199	╟
$C8	200	╚
$C9	201	╔
$CA	202	╩
$CB	203	╦
$CC	204	╠
$CD	205	═
$CE	206	╬
$CF	207	╧
$D0	208	╨
$D1	209	╤
$D2	210	╥
$D3	211	╙
$D4	212	╘
$D5	213	╒
$D6	214	╓
$D7	215	╫
$D8	216	╪
$D9	217	┘
$DA	218	┌
$DB	219	█
$DC	220	▄
$DD	221	▌
$DE	222	▐
$DF	223	▀
$E0	224	α
$E1	225	ß
$E2	226	Γ
$E3	227	π
$E4	228	Σ
$E5	229	σ
$E6	230	µ
$E7	231	τ
$E8	232	Φ
$E9	233	Θ
$EA	234	Ω
$EB	235	δ
$EC	236	∞
$ED	237	φ
$EE	238	ε
$EF	239	∩
$F0	240	≡
$F1	241	±
$F2	242	≥
$F3	243	≤
$F4	244	⌠
$F5	245	⌡
$F6	246	÷
$F7	247	≈
$F8	248	°
$F9	249	∙
$FA	250	·
$FB	251	√
$FC	252	ⁿ
$FD	253	²
$FE	254	■
$FF	255	

Funktions- und Sondertasten

Funktionstaste	1.Code		2.Code		
F1 - Taste	x 0	0	x3B	59	;
F2 - Taste	x 0	0	x3C	60	<
F3 - Taste	x 0	0	x3D	61	=
F4 - Taste	x 0	0	x3E	62	>
F5 - Taste	x 0	0	x3F	63	?
F6 - Taste	x 0	0	x40	64	@
F7 - Taste	x 0	0	x41	65	A
F8 - Taste	x 0	0	x42	66	B
F9 - Taste	x 0	0	x43	67	C
F10 - Taste	x 0	0	x44	68	D
F11 - Taste	x 0	0	x85	133	à
F12 - Taste	x 0	0	x86	134	å
Einfügen	x 0	0	x52	82	R
Entfernen	x 0	0	x53	83	S
Position_1	x 0	0	x47	71	G
Ende	x 0	0	x4F	79	O
Bild_auf	x 0	0	x49	73	I
Bild_ab	x 0	0	x51	81	Q
Cursor_auf	x 0	0	x48	72	H
Cursor_ab	x 0	0	x50	80	P
Cursor_links	x 0	0	x4B	75	K
Cursor_rechts	x 0	0	x4D	77	M
Rückschritt	x 8	8	-----	-----	---
Tabulator	x 9	9	-----	-----	---
Return	x D	13	-----	-----	---
Escape	x1B	27	-----	-----	---

Blockgraphikzeichen

⌐	⊥	⌐	╔	╩	╗	╠	╨	╦	╔	⊥	⌐
218	193	191	201	202	187	214	208	183	213	207	184
┤	+	├	╣	╬	╠	╣	╫	╟	┤	╪	╞
180	197	195	183	206	204	182	215	199	181	216	198
│	–	│	║	=	║						
179	196	179	186	205	186						
L	┬	┘	╚	╤	╝	╙	╥	╜	╘	╤	╛
192	194	217	200	203	188	211	210	189	212	209	190
░	▒	▓	█	▄	▌	▐	▀				
176	177	178	219	220	221	222	223				

ASCII-Bildschirm- und Druckerzeichen (Schrift PC-8 Code Page 437)

	0	1	2	3	4	5	6	7	8	9
0_ :		☺	☻	♥	♦	♣	♠			
1_ :							►	◄	↕	‼
2_ :	¶	§	▬	↕	↑	↓			∟	↔
3_ :		▲		!	"	#	$	%	&	'
4_ :	(	)	*	+	,	-	.	/	0	1
5_ :	2	3	4	5	6	7	8	9	:	;
6_ :	<	=	>	?	@	A	B	C	D	E
7_ :	F	G	H	I	J	K	L	M	N	O
8_ :	P	Q	R	S	T	U	V	W	X	Y
9_ :	Z	[	\	]	^	_	`	a	b	c
10_ :	d	e	f	g	h	i	j	k	l	m
11_ :	n	o	p	q	r	s	t	u	v	w
12_ :	x	y	z	{	|	}	~	⌂	Ç	ü
13_ :	é	â	ä	à	å	ç	ê	ë	è	ï
14_ :	î	ì	Ä	Å	É	æ	Æ	ô	ö	ò
15_ :	û	ù	ÿ	Ö	Ü	¢	£	¥	Pt	ƒ
16_ :	á	í	ó	ú	ñ	Ñ	ª	º	¿	⌐
17_ :	¬	½	¼	¡	«	»	░	▒	▓	│
18_ :	┤	╡	╢	╖	╕	╣	║	╗	╝	╜
19_ :	╛	┐	└	┴	┬	├	─	┼	╞	╟
20_ :	╚	╔	╩	╦	╠	═	╬	╧	╨	╤
21_ :	╥	╙	╘	╒	╓	╫	╪	┘	┌	█
22_ :	▄	▌	▐	▀	α	ß	Γ	π	Σ	σ
23_ :	µ	τ	Φ	θ	Ω	δ	∞	φ	ε	∩
24_ :	≡	±	≥	≤	⌠	⌡	÷	≈	°	·
25_ :	·	√	ⁿ	²	■					

ANSI-Bildschirm- und Druckerzeichen (Schrift Windows 3.0 Latin 1)

	0	1	2	3	4	5	6	7	8	9
0_ :										
1_ :										
2_ :										
3_ :				!	"	#	$	%	&	'
4_ :	(	)	*	+	,	-	.	/	0	1
5_ :	2	3	4	5	6	7	8	9	:	;
6_ :	<	=	>	?	@	A	B	C	D	E
7_ :	F	G	H	I	J	K	L	M	N	O
8_ :	P	Q	R	S	T	U	V	W	X	Y
9_ :	Z	[	\	]	^	_	`	a	b	c
10_ :	d	e	f	g	h	i	j	k	l	m
11_ :	n	o	p	q	r	s	t	u	v	w
12_ :	x	y	z	{	|	}	~	▓		
13_ :										
14_ :					`	'				
15_ :										
16_ :		¡	¢	£	¤	¥	¦	§	¨	©
17_ :	ª	«	¬	-	®	¯	°	±	²	³
18_ :	´	µ	¶	·	¸	¹	º	»	¼	½
19_ :	¾	¿	À	Á	Â	Ã	Ä	Å	Æ	Ç
20_ :	È	É	Ê	Ë	Ì	Í	Î	Ï	Ð	Ñ
21_ :	Ò	Ó	Ô	Õ	Ö	×	Ø	Ù	Ú	Û
22_ :	Ü	Ý	Þ	ß	à	á	â	ã	ä	å
23_ :	æ	ç	è	é	ê	ë	ì	í	î	ï
24_ :	ð	ñ	ò	ó	ô	õ	ö	÷	ø	ù
25_ :	ú	û	ü	ý	þ	ÿ				

9.7 Schaltung des Druckerports

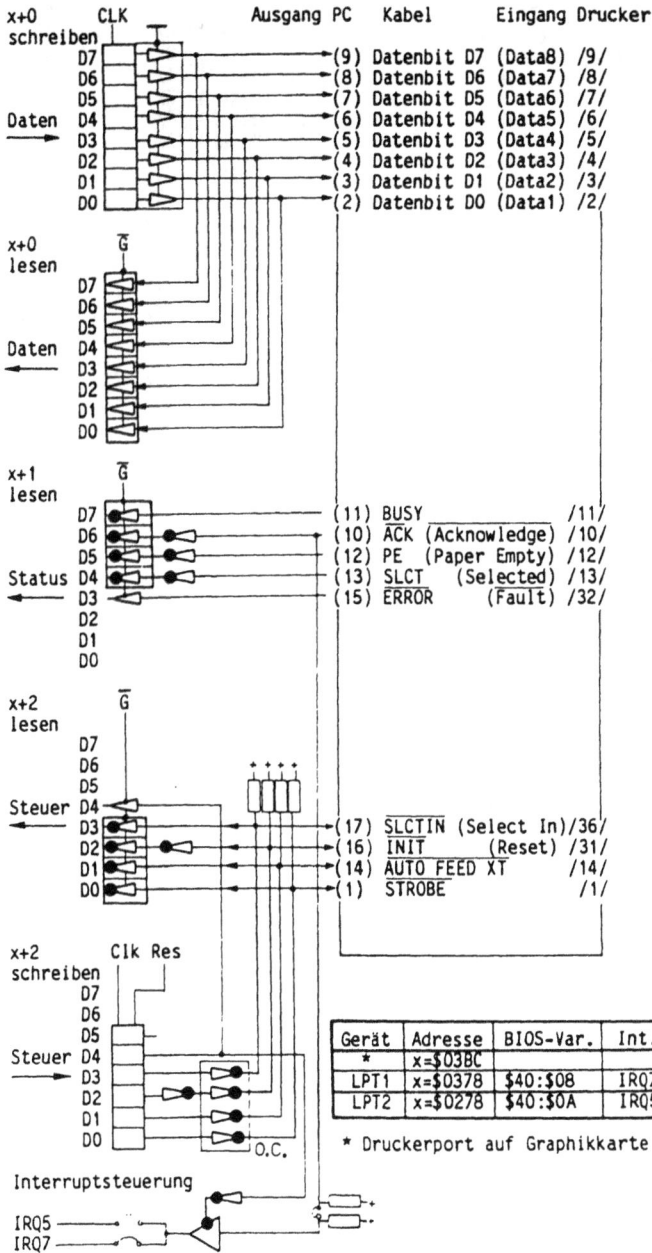

x+0 CLK   Ausgang PC   Kabel   Eingang Drucker
schreiben

D7   (9) Datenbit D7 (Data8) /9/
D6   (8) Datenbit D6 (Data7) /8/
D5   (7) Datenbit D5 (Data6) /7/
Daten D4   (6) Datenbit D4 (Data5) /6/
D3   (5) Datenbit D3 (Data4) /5/
D2   (4) Datenbit D2 (Data3) /4/
D1   (3) Datenbit D1 (Data2) /3/
D0   (2) Datenbit D0 (Data1) /2/

x+0
lesen

D7
D6
D5
Daten D4
D3
D2
D1
D0

x+1
lesen

D7   (11) BUSY /11/
D6   (10) $\overline{\text{ACK}}$ (Acknowledge) /10/
D5   (12) PE (Paper Empty) /12/
Status D4   (13) SLCT (Selected) /13/
D3   (15) $\overline{\text{ERROR}}$ (Fault) /32/
D2
D1
D0

x+2
lesen

D7
D6
D5
Steuer D4
D3   (17) $\overline{\text{SLCTIN}}$ (Select In)/36/
D2   (16) $\overline{\text{INIT}}$ (Reset) /31/
D1   (14) $\overline{\text{AUTO FEED XT}}$ /14/
D0   (1) $\overline{\text{STROBE}}$ /1/

x+2   Clk Res
schreiben

D7
D6
D5
Steuer D4
D3
D2
D1
D0   O.C.

Interruptsteuerung

IRQ5
IRQ7

Gerät	Adresse	BIOS-Var.	Int.
*	x=$03BC		
LPT1	x=$0378	$40:$08	IRQ7
LPT2	x=$0278	$40:$0A	IRQ5

* Druckerport auf Graphikkarte

Anschlußbelegung der Druckerschnittstelle

Druckerportausgang	Kabel	Druckereingang

```
Druckerportausgang

 STROBE │(1)
              (14)│ AUTO FEED
DO (Data1)│(2)
              (15)│ ERROR
D1 (Data2)│(3)
              (16)│ INIT
D2 (Data3)│(4)
              (17)│ SLCT IN
D3 (Data4)│(5)
              (18)│ GND
D4 (Data5)│(6)
              (19)│ GND
D5 (Data6)│(7)
              (20)│ GND
D6 (Data7)│(8)
              (21)│ GND
D7 (Data8)│(9)
              (22)│ GND
    ACK│(10)
              (23)│ GND
   BUSY│(11)
              (24)│ GND
     PE│(12)
              (25)│ GND
   SLCT│(13)
```

```
Druckereingang

   STROBE │/1/     /19/│ GND
DO (Data1)│/2/     /20/│ GND
D1 (Data2)│/3/     /21/│ GND
D2 (Data3)│/4/     /22/│ GND
D3 (Data4)│/5/     /23/│ GND
D4 (Data5)│/6/     /24/│ GND
D5 (Data6)│/7/     /25/│ GND
D6 (Data7)│/8/     /26/│ GND
D7 (Data8)│/9/     /27/│ GND
      ACK │/10/    /28/│ GND
     BUSY │/11/    /29/│ GND
       PE │/12/    /30/│ GND
     SLCT │/13/    /31/│ INIT
AUTO FEED │/14/    /32/│ ERROR
          │/15/    /33/│
          │/16/    /34/│
          │/17/    /35/│
          │/18/    /36/│ SLCT IN
```

9.8 Die serielle Schnittstelle

Anschlußbelegung der Serienschnittstelle

```
9poliger Portausgang

 DCD │(1)
          (6)│ DSR
 RxD │(2)
          (7)│ RTS
 TxD │(3)
          (8)│ CTS
 DTR │(4)
          (9)│ RI
 GND │(5)
```

```
25poliger Portausgang

       │(1)
            (14)│
  TxD │(2)
            (15)│
  RxD │(3)
            (16)│
  RTS │(4)
            (17)│
  CTS │(5)
            (18)│
  DSR │(6)
            (19)│
  GND │(7)
            (20)│ DTR
  DCD │(8)
            (21)│
       │(9)
            (22)│ RI
       │(10)
            (23)│
       │(11)
            (24)│
       │(12)
            (25)│
       │(13)
```

Sender- und Empfängersteuerung

TxD ↑RxD   RCLK   BAUDOUT

Schieberegister   Schieberegister :16

| x | x | x | x | x | x | x | x | | x | x | x | x | x | x | x | x |

Abtastungen: Schiebetakt*16

Sendedaten
x+0 schreiben
DLAB=0

Empfangsdaten
x+0 lesen
DLAB=0

1.8432 MHz

:16 — Teiler für Baudratengenerator (Takt*16)

| x | x | x | x | x | x | x | x | | x | x | x | x | x | x | x | x |

Teiler High
x+1
DLAB=1

Teiler Low
x+0
DLAB=1

$$\text{Teiler} = \frac{1.8432 \cdot 10^6}{\text{Baudrate} \cdot 16}$$

Baudrate	110	150	300	600	1200	2400	4800	9600	19200
Teiler Takt*16	1047	768	384	192	96	48	24	12	6

Leitungssteuerregister
x+3

Leitungsstatusregister
x+5

| B7 | B6 | B5 | B4 | B3 | B2 | B1 | B0 | | B7 | B6 | B5 | B4 | B3 | B2 | B1 | B0 |

```
                    0  0: 5 bit                    0: leer
                    0  1: 6 bit                    1: voll
                    1  0: 7 bit                    Empfangsdatenr.
                    1  1: 8 bit                  0: kein Überlauf
                    Datenbits                    1: Empfängerüberl.
                0: 1 Stopbit                  0: kein Paritätsf.
                1: 2 Stopbits                  1: Paritätsfehler
                1: 1 1/2 (5 bit)           0: kein Stopbitfehler
              0: kein Paritätsbit           1: Stopbitfehler
              1: mit Paritätsbit         0: kein Empfängerbreak
            0: ungerade Parität           1: Empfängereingang Low
            1: gerade Parität           0: Sendedatenregister voll
          0: ohne Ausgleichsparität      1: Sendedatenregister leer
          1: mit Ausgleichsparität     0: Sendeschieberegister voll
        0: Senderfreigabe                1: Sendeschieberegister leer
        1: TxD = 0 (Break)             0: B7 ist immer 0
      0: (DLAB) Sendedatenregister
         Interruptfreigaberegister
      1: (DLAB) Teilerregister
```

Interruptsteuerung

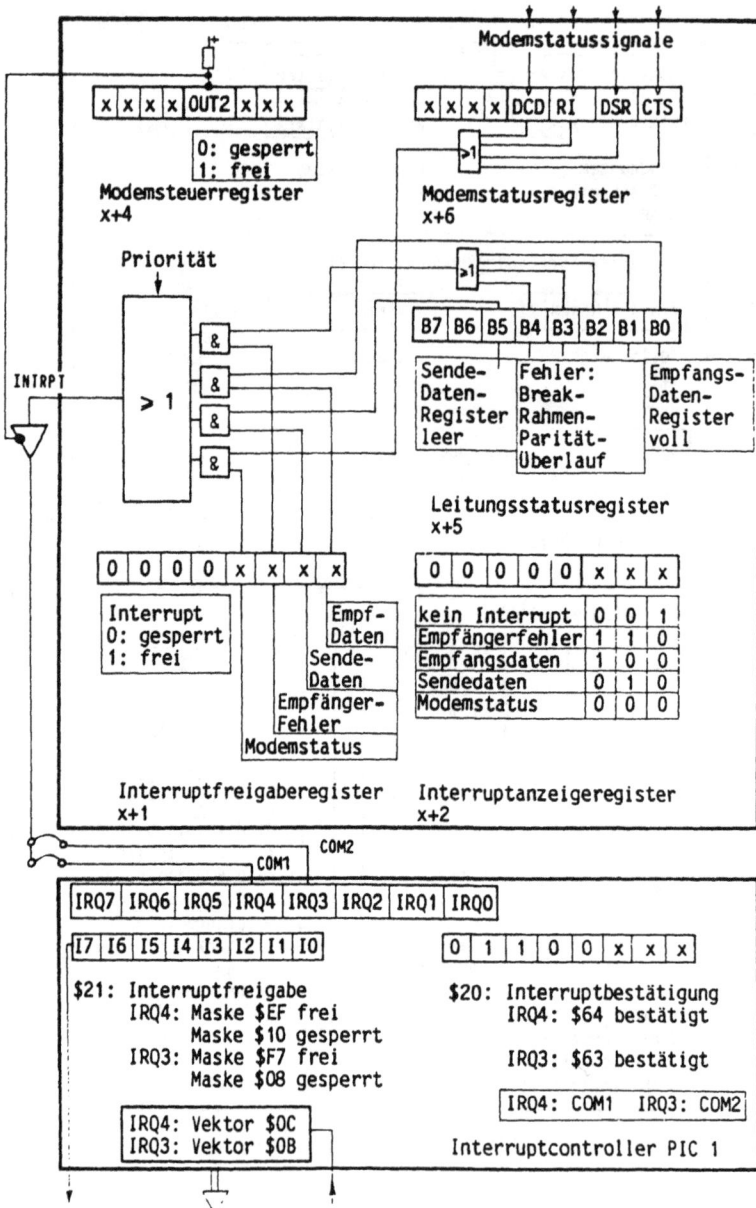

Modemstatussignale

| x | x | x | x | OUT2 | x | x | x |

0: gesperrt
1: frei

Modemsteuerregister
x+4

| x | x | x | x | DCD | RI | DSR | CTS |

>1

Modemstatusregister
x+6

Priorität

| B7 | B6 | B5 | B4 | B3 | B2 | B1 | B0 |

>1

> 1

&
&
&
&

INTRPT

| Sende-Daten-Register leer | Fehler: Break-Rahmen-Parität-Überlauf | | Empfangs-Daten-Register voll |

Leitungsstatusregister
x+5

| 0 | 0 | 0 | 0 | x | x | x | x |

| 0 | 0 | 0 | 0 | x | x | x |

| Interrupt 0: gesperrt 1: frei | | | | Empf-Daten Sende-Daten Empfänger-Fehler Modemstatus |

kein Interrupt	0	0	1
Empfängerfehler	1	1	0
Empfangsdaten	1	0	0
Sendedaten	0	1	0
Modemstatus	0	0	0

Interruptfreigaberegister
x+1

Interruptanzeigeregister
x+2

COM2

COM1

| IRQ7 | IRQ6 | IRQ5 | IRQ4 | IRQ3 | IRQ2 | IRQ1 | IRQ0 |

| I7 | I6 | I5 | I4 | I3 | I2 | I1 | I0 |

| 0 | 1 | 1 | 0 | 0 | x | x | x |

$21: Interruptfreigabe
  IRQ4: Maske $EF frei
        Maske $10 gesperrt
  IRQ3: Maske $F7 frei
        Maske $08 gesperrt

IRQ4: Vektor $0C
IRQ3: Vektor $0B

$20: Interruptbestätigung
  IRQ4: $64 bestätigt

  IRQ3: $63 bestätigt

IRQ4: COM1   IRQ3: COM2

Interruptcontroller PIC 1

Modemsteuerung und Nullmodemschaltung

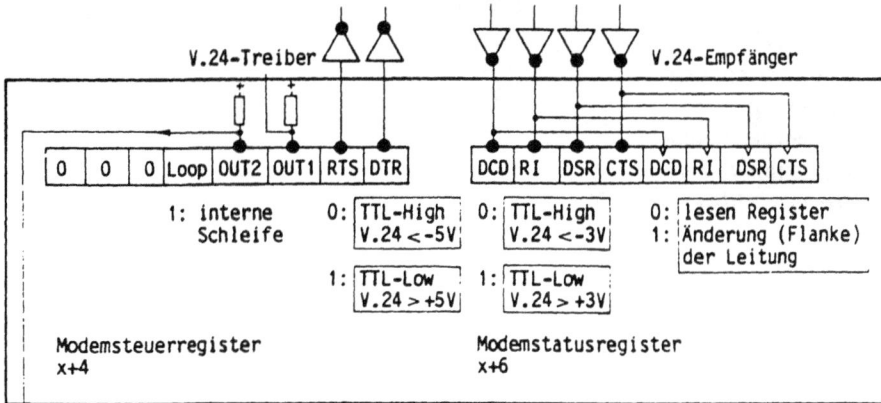

V.24-Treiber   V.24-Empfänger

| 0 | 0 | 0 | Loop | OUT2 | OUT1 | RTS | DTR | | DCD | RI | DSR | CTS | DCD | RI | DSR | CTS |

1: interne Schleife

0: TTL-High V.24 < -5V   0: TTL-High V.24 < -3V   0: lesen Register
1: TTL-Low V.24 > +5V   1: TTL-Low V.24 > +3V   1: Änderung (Flanke) der Leitung

Modemsteuerregister x+4

Modemstatusregister x+6

OUT2 = Ausgang für Interruptsteuerung
OUT1 = nicht verwendet
RTS = Request To Send = Schnittstelle schaltet Sendeteil des Modems ein
DTR = Data Terminal Ready = Sendeteil der Schnittstelle ist bereit
DCD = Data Channel Detected = Modem meldet, daß Empfangspegel anliegt
RI = Ring Indicator = Modem meldet ankommenden Ruf
DSR = Data Set Ready = Modem meldet sich betriebsbereit
CTS = Clear To Send = Modem meldet sich sendebereit

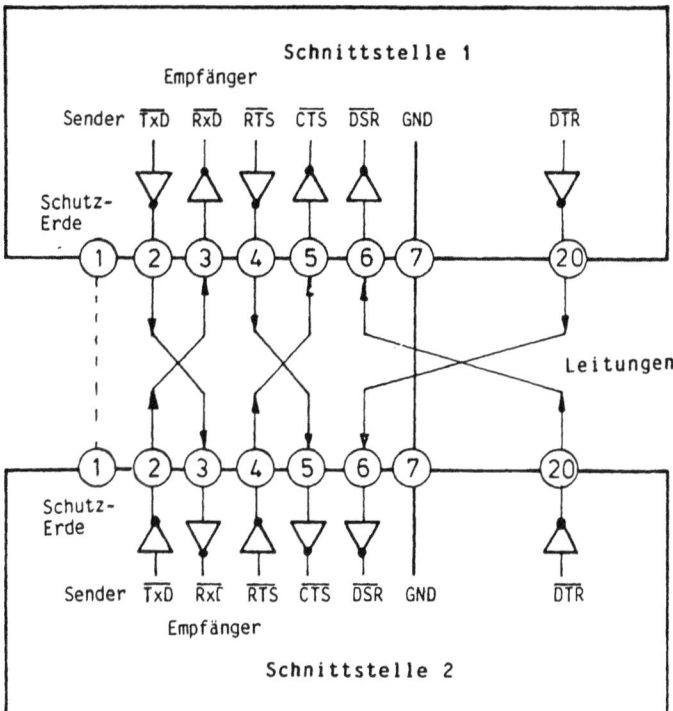

9.9 Ergänzende und weiterführende Literatur

[1] Borland: C++ Version x.x
    Benutzerhandbuch
    Einführung
    Referenzhandbuch
    Programmierhandbuch
    Firmenschriften je nach Version

[2] E.-W. Dieterich
    Borland C++
    Oldenbourg Verlag München 2. Auflage 1996

[3] Klaus Schröder
    C - Das Pointer Buch
    Oldenbourg Verlag 1992

[4] Bjarne Stroustrup
    Die C++ Programmiersprache
    Addison-Wesley Bonn 2. Auflage 1992

[5] Bjarne Stroustrup
    Design und Entwicklung von C++
    Addison-Wesley Bonn 1994

[6] Kernighan/Ritchie
    Programmieren in C
    Carl Hanser Verlag München 1991

[7] Klöppel/Dapper/Dietrich/Seeber
    Objektorientierte Modellierung und Programmierung mit C++
    Band 1: Grundkonzepte und praktischer Einsatz
    Band 2: Fortgeschrittene Techniken und Design Patterns
    Oldenbourg Verlag München 1997

[8] Günter Schmitt
    Pascal-Kurs - technisch orientiert
    Band 2: Anwendungen
    Oldenbourg Verlag München 2. Auflage 1995

10. Register

www.ingramcontent.com/pod-product-compliance
Lightning Source LLC
Chambersburg PA
CBHW081527190326
41458CB00015B/5474

9 783486 250466